如何赢得一场“战争”

——从二战经典战役中学到的商业经验

HOW TO WIN A WAR

Business Lessons from the Second World War

〔西〕伊格纳西奥·冈萨雷斯-波萨达 著

贾文娟 译

创于1897 商務印書館 The Commercial Press

2017年·北京

HOW TO WIN A WAR

Business Lessons from the Second World War

献给葆拉、我的父母，

以及所有给我爱和温暖的人们。

“那些事后诸葛亮最好闭上嘴巴。”

——英国首相，

温斯顿·丘吉尔（1874—1965）

“战争中，唯有简单的策略才能真正取胜。”

——德国陆军元帅，

保罗·冯·兴登堡（1847—1934）

目　　录

序　言

阅读《如何赢得一场"战争"》这本书时，我不禁思绪万千。

作者伊格纳西奥对第二次世界大战（文中简称为二战。编者注）期间和当今商界的战略、领导者、士兵等的对比让我不由想起自己的从商经历、职业现状，以及备受媒体关注的大型上市公司的近期动向等。思绪万千并不是因为感到乏味或不能全神贯注，而是因为书中的内容和我自己的职业生涯有着太多直接的联系，而且很多东西可以在我的工作中得到直接应用。

在牺牲的士兵和失业的工人之间画上等号似乎有些冷酷无情。然而令人欣慰的是，在今天这样一个全球化的社会，我们不用在战场上和地堡里培养竞争意识，很多时候，办公室或会议室就是最好的训练场所。即便如此，我们这些或西装革履或套裙翩翩、终日辛劳的职场人员仍可以从战场上冒着更大风险、敢于直面狡猾敌人的将领身上有所借鉴。

伊格纳西奥向读者提出挑战，让他们来担任第二次世界大战参战方的陆军上将、舰队司令及三军统帅，以考验他们在面临同样情形时的应对策略。他对二战的各大战役和参战国的各位将领如数家珍；另外，多年的商界从业经验让他能够从独特的视角出发，深度剖析事件，揭秘不同领导者独特的管理风格和这些风格背后的文化根源，并锁定同盟国战争胜利的最终法宝。

制定战略决策时，该不该听取客户服务部门的建议？进军一个新的市场，应该等万事俱备后缓慢“行进”还是应该在条件尚未成熟时“闪电”式闯入，我们能否从二战中得到某些启示？我们对竞争对手的认识和了解是怎样在我们打入市场前就开始发挥作用的？二战对这些问题的解答或许会让我们有意外收获，相信我们的视线因此会离开具体的树木而关注整个森林。要时不时换一种方式来思考，这样，你才会对明天早晨八点钟的战役更加胸有成竹。

杰里米·厄舍（Jeremy Usher）

欧洲、中东、非洲地球网络股份有限公司副总裁

前　言

二战能给我们怎样的启示？我们能不能把希特勒看作是高效的管理者？今天的商学院对丘吉尔的管理风格会作何评价？美国总统罗斯福有没有留意市场部提出的建议？

本书从商界人士的全新视角解读第二次世界大战。从1939—1945年，另一种“经理人”面临巨大的挑战——一场前所未有的危机、争夺世界市场、大规模使用新技术等。

领导者的决定可能导致上千人性命不保或让上万人饱受煎熬，作出这样的决定时，他们究竟在想些什么？他们是如何应对巨大压力的？他们有没有顾虑，又是如何制定战略战术的？他们是出类拔萃的天才，还是时势造就的英雄？

任职于公司可以让我们不断回顾历史，对我们这些热爱历史的人来说尤其如此。战场和商场有着惊人的相似之处，只可惜图书馆的书架上几乎没有对二者进行深入比较分析的专门著作。

人类历史为商界人士提供了取之不尽的精神资源。这是一本既分享二战历史又探讨企业管理的著作，我希望书中总结的经验教训能够为公司里的每一个人照亮前行的道路。欢迎加入这趟穿越时空的旅程，你会发现它和今天早上的报纸一样，并不过时。

第 *1* 章

从轰炸华沙到伦敦闪电战

1 不幸的波兰

1939 年 9 月 1 日凌晨 4 点 45 分，德军入侵波兰，第二次世界大战正式拉开帷幕。波兰指挥官对这次突袭并不感到意外，因为波兰总参谋部早在数月前就得知德国将伺机入侵波兰。

他们深知在实力上难以与德国相抗衡，但也并未因此完全失去希望，因为他们还有两个重要的伙伴可以依靠——大英帝国和法兰西共和国。1939 年，英法两国都是拥有庞大殖民地的世界强国。一战后，它们便承担起维护世界秩序的责任。

总之，只有英法两国从西面进攻德国的时候，波兰人民才能真正抗击来自德国的猛攻。

波兰的防御可以采取两种策略。第一种策略会置军队于不利的境地：他们要保卫长达 1792 公里的边境，努力保护工业、交通运输以及大片人口密集区民众的生命安全，所以很容易被包围。

第二种策略重点沿主要河谷，如维斯杜拉河（Vistula）、桑河（San）以及布格河（Bug）发起抵抗，在对这些地区加强防卫的同时等待英法两国的援助。这一战略的缺点在于，波兰可能会丧失大部分工业区和一些人口聚居区，但其优点是能够拖延抗击时间。[1]

波兰最终决定采取第一种策略，捍卫本国领土完整，这就好像一家全国性公司面对强大的跨国公司时，会竭力保护自己在本国的地位，绝不屈服一样。此时的波兰发现灾难近在眼前。众所周知，无视现实就会给偏见可乘之机，这样的结果通常是一团糟（见地图 1.1）。

地图 1.1　入侵波兰（1939 年）：德国的进攻和波兰的选择

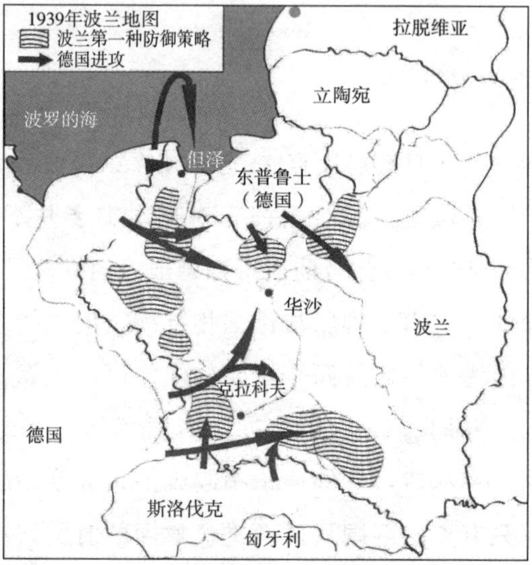

英法两位伙伴的态度并没有帮助波兰选择正确的战略。两国政府向波兰最高统帅传达了错误信息，让他感觉不会大难临头，但显然英法的答复更多基于理论预测而非准确的现状评估。

事实上，英法对参战并不十分热心，它们不愿开战，也不愿造成伤亡或被迫采取行动。冷淡被动的结果就是行动迟缓，置不幸的波兰于更加艰难的境地。英法领导人认为希特勒或许会改变主意，选择撤退，不会对波兰造成重大损失。

结果，当德国的坦克在波兰全速穿梭时，法德两国边境局势虽也紧张，但因战争爆发时两国并无敌对迹象而显得格外平静。百姓照常工作生活，好像并没有发生过什么。[2]

如果同盟国反应迅速，历史就可能被改写。正如《决战》（*Decisive Battles*）一书中写到的，“如果法国对莱茵河和鲁尔区（靠近法国边境的德国工业区）发动攻击，情况可能会有所不同，这种可能性在波兰战役的前 10 天里更加明晰，当时法军可以投入 110 个师对战德军 35 个师。”[3]

这一事件对我们的企业管理有着重要的启示作用。一旦作出决定，就必须确保竭尽全力、执行到底。优柔寡断、半途而废不仅会殃及我们的伙伴（如其他部门、我们的顾客、员工等），同时也让我们自己身处险境，就像二战中的英法两国一样。

历史不可改变。德军在三周之内便大败波兰，而此时法军仍在向边境方向移动。9 月 17 日，苏联入侵，波兰腹背受敌。问题是，苏军从何而来？原来，为避免再生麻烦，苏德达成秘密协议，共同瓜分波兰。尽管如此，无论法国还是英国，都没有因为苏联入侵波兰而对苏宣战，因为德国人已经让它们手忙脚乱。

10月3日，华沙沦陷，这也是历史上苏德第五次瓜分波兰（其实还有第六次，1945年战争一结束，波兰再次面临苏联的宰割）。

但德国为什么一开始要入侵波兰？很多历史学家认为，其实二战在一战刚刚结束后的1918年9月11日，也就是21年前就开始了。当时德国遭到瓜分，饱受屈辱，日本受到鼓舞，俄国不甘服输，欧洲许多地方陷入民族矛盾的漩涡，这种紧张关系无异于一颗威力无比的定时炸弹。

1929年的股市大崩盘使性格古怪的阿道夫·希特勒在1933年成功上台。在他的领导下，德国实行重整军备、武装扩张的政策，自此走上了占领其他德语国家（如奥地利和捷克斯洛伐克）的道路。英法出于多种原因容忍了德国的侵占行为，但是入侵波兰的做法着实过火。尽管波兰也有大量讲德语的人口，但领土分割线已经存在——穿过边境线就意味着战争。正如我们看到的那样，德国挑起战争，但用不了多久，世界上几乎所有的国家都会卷入其中。

2　希特勒的第一次欧洲之行（1940年）

扫除东部障碍后，德国决定继续进攻，而这一次，矛头直指英法联盟。希特勒虽急于尽快与西方强国一决雌雄，但他还是选择先确保拿下北翼，占领丹麦和挪威后再为接下来入侵法国的铤而走险的行动作好准备。

德国最高指挥官当时面临着企业董事会常常遇到的难题：究竟应该听取专家意见，还是应该让革新者一展才华？

专家们长期从事研究，是他们各自领域的专门人才，他们的思维方式和毕生从事的职业有着密切关系（他们会说，“我们必须这样做，但一定要做得更漂亮”，“必须这样做，但一定要削减成本”)。他们提出的方案能更好地解决老问题。

革新者通常也是经验丰富的专门人才，但他们针对老问题能提出令人耳目一新的解决方案(“我们可以尝试用不同的方法应对挑战”)。专家们会批评说，虽然新方法可能另辟蹊径，让问题迎刃而解，但风险太大。

我们看到，通常专家们的方案并不灵验，因为情况已经发生变化，传统思维方式已不能很好地应对新的现实。

这种例子不胜枚举，例如，一些大型跨国公司高管的新项目往往无疾而终。有时，人力、财力雄厚的大公司也常在新产品发布上摔跟头（《哈佛商业评论》发布的数据显示，新产品发布失败的比例高达 90%)。

1940 年，德军最高指挥官提出攻打西方的“黄色计划”，这正是现代版的 1914 侵法计划，即先进入比利时再向巴黎进发，摧毁盟军（见地图 1.2)。其目的是绕过北翼然后掉头发动攻击，这样就可以避开法德边境。1914 年，之所以要避开法德边境是因为大批法军聚集于此，而此次主要是避开马奇诺防线，这是一条一战以后法国沿其与德意边境修筑的颇为复杂且代价高昂的防御线。

埃里希·冯·曼施坦因（Erich Von Manstein）是典型的革新派，对此次行动，他有着不同的战略规划（见地图 1.3)。在他看来，尽管这一次军队管理更加完善，坦克、飞机以及用于协调战事和上传下达的无线电广播设备等也更加先进多样，但德国面临的风险并不亚于一战。

专家们是如何看待革新派冯·曼施坦因的建议呢？1975 年，当比尔·盖茨预测“每个办公室、每个家庭都将拥有一台电脑，每台电脑也都会安装微软操作系统”时，专家们给出了大致相同的反对意见，比如，当时信息技术界的先锋级人物、创办数字设备公司（DEO）的美国工程师肯·奥尔森（Ken Olsen）就说：“人们没有理由在家里安装电脑。”[4]

地图 1.2　1914 年施里芬计划/1940 年黄色计划

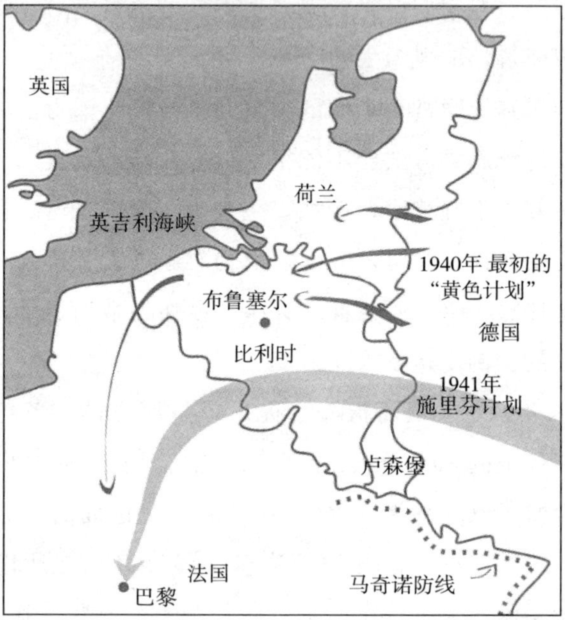

运气有时会起到举足轻重的作用。因一系列的巧合，革新派代表人物曼施坦因提出的进攻方案传入德军最高指挥希特勒的耳中，他决定给革新者一次机会。

那么，曼施坦因的方案究竟是怎样的呢？他提出，应该将战略重心转向南翼，在敌军兵力部署最薄弱的地方开辟前线；同时，军队应向英吉利海峡而非巴黎进军，这样一来就可以通过“钳形攻击”将英法困在死胡同里，一举拿下，这与最高指挥部各位专家（你也可以称他们为董事会成员）的建议是截然不同的。

曼施坦因的计划还有另一个优点，那就是英法专家们会认为德国将再次采用 1914 年的行动方案，并会据此将所有军队集中于比利时，致使其深陷包围之中。

地图 1.3　1940 年曼施坦因的进攻计划

阿登高地是同盟国战略布局的软肋，这里森林密布、山脉低矮，同盟国和德国的专家都认为此处不宜布设装甲部队。倘若德军愚蠢至极，试图向这一地区进军，那么在同盟国看来，炮火轰击和其他攻击行动将为其争取充足的反击时间。

德军有自己的突出优势：德国陆军在他们的战略行动中配备了非常优质可靠的产品。

总的来说，更好的产品（这里当然是指更好的军队）并不能百分百地确保大获成功（实现预期的市场份额、收益，或是打胜仗）。在胜利（JVC）与索尼（Sony）两家公司的模拟信号战中，日本保持了领先地位。事实上，索尼公司的技术更发达，且客观上其 Beta 系统优于 VHS（家用视频系统），但最终取得成功并得到广泛应用的却是 VHS。早在 1914—1918 年，就已经出现类似的情况，当时的德国虽然装备优越，却未能夺取战争胜利。

“经典”的德军产品（纪律严明、毅力顽强、灵活主动、高度的责任感、出色的军官）在 1940 年因为“闪电战”这一新的作战方式的辅助而性能大增。

“闪电战”战略有三个基本要素：

1）编入独立部队的坦克能全体前进，投入战役，而不用担心后面与其仍有一定距离的步兵师。步兵能肃清坦克身后的小片区域，并巩固已经征服的领土。装甲部队不仅配备了机动车辆，同时还会由装甲车辆运输的步兵给予其支持。

2）一旦坦克深陷敌区，就不能再得到经典炮击的支持，因为这会拖延前进速度。这时，空军取代炮兵对敌军阵地进行大规模轰炸，中断其运输和补给线，阻断敌军增援。

3）攻击还需要同步协调无线电通信设备，因为无线电可以安装在任何车辆或飞机上，通信信息也就能迅速加密和解密。

如此一来，部队以前所未有的速度推进，这就是所谓的闪电战：以闪电般的速度战斗。

冯·曼施坦因的商业计划交由两个军官来实施。军团总司令负责将主攻进行到底，一位名叫冯·龙德施泰特（Von Rundstedt）的专家被选中，他因具备紧紧抓住问题关键的能力以及允许下级军官随机应变而闻名。曼施坦因在他的回忆录中写道：“冯·龙德施泰特能够迅速抓住问题的核心，他潜力巨大。的确，他能抛开无关紧要的细枝末节，让注意力只停留在核心问题上。”[5]

走在装甲部队第一线的是海因茨·古德里安（Heinz Wilhelm Guderian)，他是一位名副其实的革新者。古德里安是闪电战的发明人之一，也是非常出色的闪电战战术理论家。在波兰，他第一次接到将闪电战理论付诸实践的军事任务。闪电战是一种军队调动的现代战争形式，它要求飞机和坦克在一整套理念的基础上密切配合。这些理念同样适用于我们的日常商业活动，它们包括集中资源、善用策略、注重速度、理性指挥以及保持远见。

2.1　集中资源

在关键处花再大气力也不为过。战略一旦制定，就该选择一个最有力量、最重要的关键点，然后在这里集中资源，也从这里轻而易举地瓦解敌军防御。

为最大程度地集中资源，有时需要放弃部分前线阵地，切断一些部队的供给，以有效集中。任何没有为此作好准备的人永远不可能在关键时刻变得无比强大。

宝洁公司卖掉其软饮料“阳光心情（Sunny Delight）”和除臭剂“舒耐（Sure）”两个薄利品牌的行为正是在释放资源，将重心转移到那些潜在效益高、竞争少的主要增长点上，就如同将部队集中到最有可能打胜仗的战场上一样。这也同样适用于金霸王电池（Duracell）和博朗公司（Braun）发展低迷的阶段，它们减少投资，确保其他关键业务可以得到更好发展。[6]

有一天，它们最强劲的对手联合利华意识到，旗下虽有 1600 个品牌，但公司 63%的收入却仅来自其中的 50 个品牌。公司领导层会作何决定呢？最终，他们将资源集中在了其中 40 个国际大品牌上，如多芬（Dove）、家乐（Knorr）、立顿（Lipton）等，用更集中、更充沛的资源确保这些品牌的国际竞争力。其余品牌则被归入两类：公司保留了 360 个品牌，以参与当地竞争；其余 1200 个品牌有的被兼并，有的被出售，还有的被撤掉或任其自行灭亡。[7]

总之，要实现资源集中，就必须找准能利用大量优势资源的地方，毕竟我们需要的是树干而不是木屑。

2.2 策略

突破敌军防御，继续前进。要出其不意，攻其不备。想要有所突破，就要发挥想象力，行动要出乎敌人意料，但前提仍然是要集中资源。

在我们看到的这个案例中，德军的策略就是将兵力集中于敌人完全没有预料到的，也是他们防守最薄弱的阿登高地。那里就是他们认定的突破口。

德国有句谚语，“一环薄弱全局散。”奇怪的是，当我们计划推出新产品，一心想要将对手挤出市场时，最初的冲动却是要直击对方所长，就好像我们已经被他们耀眼的成就晃花了眼，想要站在对方的立场竞争一样。尽管我们意识到必须尽快应战，但没有想到，只要能够发挥想象，就能削减预算，减少投资和浪费，至少能够确保取得阶段性成功。

本田公司的例子十分有趣。最初打入美国市场时，他们选择避开利润高、发展快、竞争对手也更庞大的非常成熟的汽车市场。与其他公司不同，考虑到摩托车易生产、零部件少，而且汽车产业对此也兴趣不高的特点，本田将注意力转移到小众的摩托车市场上，并开始了小规模的销售。到 2006 年，本田汽车公司在美国、加拿大的四轮机动车销量已经超过 140 万辆。[8]

2.3 速度

只要我方不停移动，敌军就会陷入瘫痪、失去方向，难以集中资源到特定区域。正如古德里安在其回忆录中写到的，

"只要我们动起来，法国军队就无法指挥其后备部队。"[9]德军的进军方向是巴黎还是英吉利海峡？持续移动是阻碍敌方定位我军的关键，也是防止其调集增援部队的关键，借此我们就能削弱并摧毁敌人的防御系统。

事实上，一旦敌军掌握我方动向，就能建造防御工事，积极自我保护。如此一来，一场原本能够速战速决的战斗却在不断拖延的时间里赔上更多性命。

前线除了有难以逾越的障碍、固若金汤的防御工事、全副武装的兵士、精良的武器外，也还有坦克可以飞速行驶的露天场所和整齐的绿野，这一选择造成的伤亡只有前者的一半。这就是 W. 钱 · 金（W. Chan Kim）和勒妮 · 莫博涅（Renee Mauborgne）所说的"蓝海"，"蓝海"里没有竞争，也没有战争所致的血流成河。常规竞争被称作"红海"，也就是竞争异常激烈、殊死拼杀的市场。

当然，注重速度也蕴藏着风险，比如说，我们有时不得不弃侧翼于不顾，也可能会耗尽燃料，抑或被切断与大本营的联络，但这些风险都在意料之中，是我们为获取优势而承担的必要风险。要知道，不冒险才是最大的风险。

商业史上类似的案例比比皆是，许多公司可以很轻松地以不为人知的方法、闪电般的速度占领一个又一个的利基市场，而背后的驱动力就是每个季度的销量攀升。

在你止步不前的那一刻，敌人就会现身，他们有成熟的专家团队、雄厚的资金、强大的现金流。谁又能想到 1997 年引领互联网发展潮流的是谷歌而非微软？所以，一旦突破前线，勇士们，冲吧，继续冲！

2.4　指挥（委任/赋权）

领导人必须足够信任员工，因为公司的发展离不开员工的经验、知识和主动性。德国人称其为“指挥战术”，管理学专家则将其命名为“权力委任”或“赋权”。德军的每一位士兵都受到接任上级工作的专业训练，以便为某些不测作好准备。

这一思想或策略最初由19世纪的普鲁士军队发展而成，当今已是北约的官方策略。任务指挥的意思是，总部只负责下达任务目标，战场上的军官最终决定选取何种最佳方式完成任务。

这种思想不仅保证了德军的首战告捷，同时也使摧毁德军的过程漫长而且代价高昂。我们看到，德军在物资、人力极度紧缺时仍能痛击敌人。然而，正如我们即将看到的那样，最高指挥部的很多专家以及战场上的军队强烈反对这一思想，当然也包括“元首”希特勒自己。

公司任何岗位的负责人可能都会受到来自员工的干扰，他们会要求领导事无巨细，事必躬亲，结果导致程序僵化，误解滋生，经营复杂化，进而影响工作效果。

出色的管理者应该为团队制定清晰的战略方向与奋斗目标，并为员工提供针对性的培训，保证他们获得充足的资源。但这类管理者也允许部队在战场上自作决定。无论过去担任最佳副官时如何胸有成竹、英勇无畏，没有一位上将愿意再让自己像副官一样教条。在将军们全心致力于自己的工作时，也应该让副官们做好本职工作，这样才能取得预期效果。

1974年，孟加拉国的一位商人穆罕默德·尤努斯（Mohamed Yunus）感觉自己应该帮助同胞脱贫，尽管一己之力非常有限。他全然不顾专家们的正统理论，毅然决定向43名妇女发放个人无担保小额贷款，为她们提供从事手工艺品工作的机会。他相信大家会找到最佳方式偿还贷款，并假定她们不会失信。

贷款如期偿还，产生的利息可以用于未来的信贷。因为项目持续发展壮大，1983 年尤努斯决定建立银行，它就是我们今天熟知的孟加拉乡村银行（Grameen Bank）或人民银行。到 1996 年，乡村银行分行已遍布 3.6 万个村庄，拥有员工 1.2 万名。孟加拉国的平均贷款偿还率不足 30%，而孟加拉乡村银行的贷款偿还率竟高达 98%。

2006 年，该银行创建的孟加拉乡村银行基金会进入 22 个国家。据评估，其信贷人数已经达到 1100 万。

那么，它的成功秘诀是什么？小额信贷的目标就是实现个体经营，其基本理念是“如果一个人能够看到希望，改变习惯，释放自己的内在潜能，就一定能收获意想不到的成果。”[10] 所以说，指挥的道理其实很简单。

2.5　远见

坚持意味着永不放弃目标，坚守最初的行动和目的。从一开始，我们就要清楚自己的计划，不改初心，也要避免同时制定太多目标；另外，也不能被最初的成功冲昏头脑，从而放弃目标。[11]

正如我们从这本书里了解到的那样，许多必然的成功却以失败告终，是因为领导者的满腔热情到最后一刻消失殆尽，或是因为领导者在某一特殊时刻为一两次成功而沾沾自喜，为追逐唾手可得的次要目标而放弃了主要目标。

“历史证明，战争中最难做到的就是始终坚持一个作战计划。很多时候，我们一边看到的是不可预知却又似乎近在眼前的成功，另一边又是突如其来的困难或风险，彼此都在不断诱惑我们选择一边而放弃另一边。”[12]

“战场，和商场一样，与其说胜利的真谛是成功与否，还不如说是能否在困难和挫折面前方寸不乱，临危不惧。”[13]

1914年，西班牙菲斯奈特跨国酒庄（Freixenet）生产出第一瓶起泡酒，但实际上直到1965年约瑟夫·路易斯·博内特（Josep Lluis Bonet）到来之后，酒庄才开始系统运营。国际化发展被确定为酒庄的主要发展路径，博尼特认为，在这一领域，占领英国市场是成功的关键，“谁赢得英国，谁就能赢得全世界”。[14]

博尼特以坚韧不拔的毅力朝着这一目标奋斗。在20年的时间里，酒庄在英国的分公司始终“颗粒无收”，直到其市场份额最终改变了公司资产负债情况，扭亏为盈。到2008年，菲斯奈特已经向150个国家售出2亿瓶葡萄酒，收入的70%来自于国际市场。[15]

让我们再把目光从菲斯奈特的英国市场转向1940年5月的法国之战。5月10日，德国入侵荷兰、比利时、卢森堡，开始了对西线战场的进攻。

盟军总参谋部的所有专家达成共识，认为这只是现代版的1914计划。经历过一战，有着丰富经验的同盟国各位将军坚信，这一次绝不会再让德军乘虚而入。

英军总参谋长曾这样说道：“老实说，如果他们发动攻击，我们应该感到高兴，因为我们对此早有准备。”[16]英法总参谋部的专家再次重申这一观点，“这一次我们不会再像1914年那样在法国作战，而是要选择在比利时开辟前线，严防死守，保证法国免遭入侵。”

盟军精锐部队进入比利时搜索德军大部队，却不幸误入“虎穴”，因为12日当天，古德里安和他的装甲部队穿过阿登高地，三天后，盟军防线出现了一条80公里长的缺口。德军马不停蹄地快速推进，盟军集中力量阻止德国部队的努力也都被德国空军无情粉碎。盟军人心惶惶，敌人的行进目标到底指向何处？巴黎？还是英吉利海峡？

很快，真相大白。5 月 18 日，德军一个装甲师抵达英吉利海峡，盟军精锐部队遭到围困。5 月 26 日，法英两军岌岌可危，反攻也以失败告终。前方是向比利时进军的德军，后方是阴险恐怖的古德里安，一旦古德里安抵达英吉利海峡，就会迅速右转，搜寻盟军后方部队。

盟军仅存的一线希望就是全力通过海路撤退，将损失最小化。此时，部队集中于敦刻尔克的港口和海滩，摆在每个人面前的问题是：能否在德军抵达之前成功撤离？能营救多少人？或许 5 万？如果撤离计划失败，战争在夏天到来之前就会结束。唯有奇迹能够帮助盟军免遭灭顶之灾（见地图 1.4）。

地图 1.4　盟军在法国北部大败（1940 年）

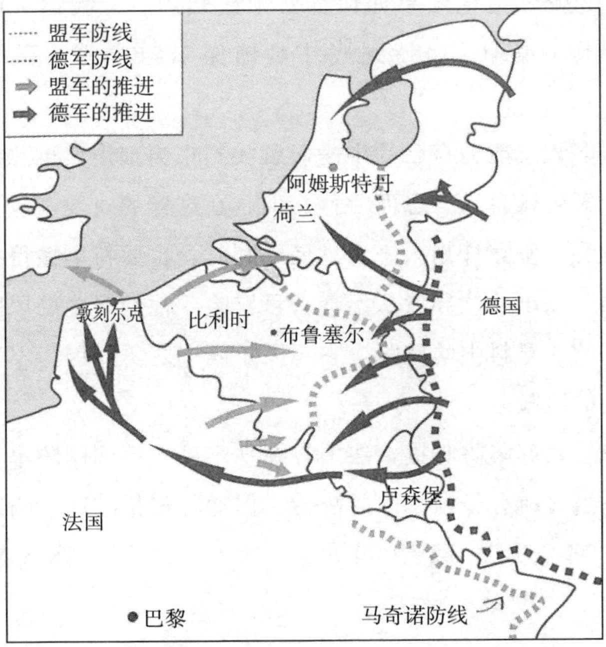

奇迹真的发生了。因最高指挥部的一再坚持，希特勒在关键时刻丧失远见，命令古德里安的坦克部队停止前进。在距离前线几百公里的地方，专家们正在讨论将战斗进行到底的最佳方式，他们决定叫停古德里安的战斗机器，交由比利时方向来的部队继续完成任务。

作出这一决定的理由相当充分：重新集结部队、士兵歇息、防止敌人反击等。总之，“聪明人总会为他们的无所作为给出聪明的理由。”[17] 两天以后，命令终于被撤销，但为时已晚。很显然，命令古德里安停止前进是大错特错的。

在这奇迹般的两天中，盟军争分夺秒，成功撤离约 34 万人。情势所迫，他们只好放弃全部武装设备，如坦克、枪炮、车辆等，最后它们也都一一落入德军手中。

我们每一天都在作决定，但作出正确决定并非易事。一旦选定了道路，无论结果如何都必须毅然前行。我们可能会犹豫，但是不退缩、坚持到底才是确保不会功亏一篑的最佳方法。

很多人总能为自己的半途而废找到正当理由，也总能听到一些专家告诫自己三思而后行。但越在这样的时候，越要懂得审时度势、坚守计划。一切进展顺利时，也要特别懂得抵制各种诱惑。杰出的领导者从不会盲目冒险，他们眼中的风险是经过计算的、意料中的风险，它不同于匹夫之勇，因为不冒险才是最大的风险。

一旦北部陷阱收拢，法国将在劫难逃。德国国防军（理论上是对当时所有德国军队的统称，但通常仅指陆军）瞄准法国陆军的残余力量，1940 年 6 月 22 日，法国投降（见地图 1.5）。

地图 1.5　法国沦陷（1940 年）

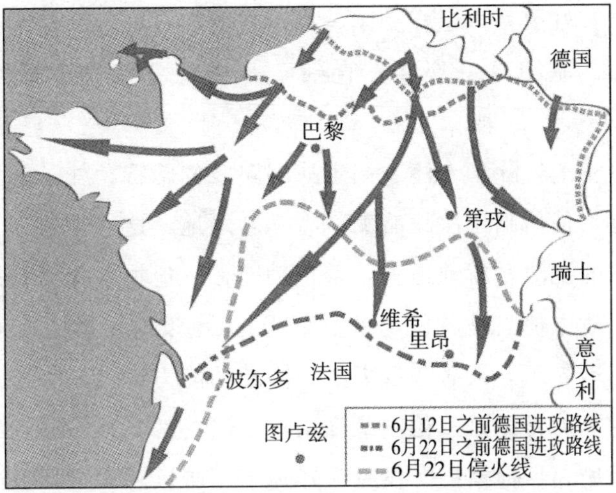

德军仅用一个月的时间就完成了前辈们 20 年前耗时四年却最终无果而终的事业。此外，德军人员损失极小。整个战斗中，牺牲及失踪士兵仅 4.5 万人，殊不知 1916 年仅凡尔登一场战役就牺牲了 10 万人。[18]

3　如何应对海狮计划？

法德签署停战协定后，德国和英国都陷入了不知所措的奇怪境地。法国、波兰已经沦陷，英国也濒于崩溃，武器装备严重匮乏（所有物资都留在了法国）。因此，如果德军能设法踏入英国，战争很可能就要画上句号。

但是，希特勒的“大德国”，即广为人知的第三帝国（继神圣罗马帝国和俾斯麦帝国之后的德意志第三帝国），对入侵英国毫无策略。首先，威风凛凛的英国海军让德国舰队相形见绌；更糟糕的是，德军指挥官犹豫不决，拿不出对英行动的具体措施。

一方面，显然，如果能避免美国插手，那么占领不列颠群岛则是关键之举，胜利也将势在必得。但希特勒认为德英有可能建立友好关系，这样德国就可以在欧洲自由行动，不必再劳神费力。基于这一愿望，直到 7 月中旬希特勒才最终作出决定。

事实上，除了专注于制定战略路线的希特勒外，德国军队里没有为任何高层次战略家留有一席之地，这才是德军面临的最严峻的挑战。就阿道夫·希特勒而言，他本人并没有技术背景（一战中他只是一位勇敢的下士），也没有足够的时间和专业训练培养领导人必备的思考和决断的能力。

雪上加霜的是，德国最高指挥部的首席专家们制订的计划缺乏远见、目标模糊。没有人知道下一步该怎么走，也没有人在波兰、法国沦陷后向希特勒提出下一步作战建议。

战争结束后，双方都意识到，德国没有团结一心、高效作战的指挥部。温斯顿·丘吉尔在他的回忆录中一针见血地总结到，“德国最高指挥部绝对称不上是一个志同道合、目标一致、彼此知晓对方能力与不足的协作团队，因为他们每一个人都想成为天空中最耀眼的明星。”[19]

要不丧失远见，首先，也是最重要的就是要有远见。要做到这一点，关键是要有一个团结一致的指挥系统，或者说只设一位领导者和一个明确的奋斗方向。这位领导者要善于观察分析，并能在面对困难和机遇时果断执行计划。这一能力需要日积月累的锤炼，当然也是不懈努力的结果。

就英军而言，敦刻尔克的撤退奇迹不仅拯救了大部分军队，同时还使战争赢得更多公众的支持。如果所有英国远征军被困法国，纵使领导人温斯顿·丘吉尔具备独特的魅力，面对来势汹汹的德军也一样会束手无策。

尽管如此，英军还是和敌人一样，被迫面对“怎样做”的问题。在强大的第三帝国面前，英国及其殖民地显得孤立无援。然而，英国首相丘吉尔坚定的意志、鼓舞人心的领导才能改变了这一切。那么我们该如何评价丘吉尔的管理风格呢？

首先，应该强调他令人振奋的乐观精神，他能从大局出发，聚拢人心。2001 年 9 月 11 日，恐怖分子袭击美国双子塔后，纽约市市长鲁迪·朱利安尼（Rudolph Giuliani）引用丘吉尔的例子提醒大家，"即使是在不列颠之战那段最黑暗无助的日子里，他也从未在唐宁街（首相官邸所在地）的讲话中称自己无能为力或茫然无措。相反，他提出方案、指明方向，尽管他不得不编造这一切。"[20]

形势非常严峻。在法国沦陷、苏联遭到入侵的整整一年时间里，英国只能独自面对德国的战争机器，损失巨大且几无收获。丘吉尔奉献了"热血、汗水和眼泪"，但更重要的是，他在困境中维护了一个民族的团结，并将积极乐观的精神融入他领导的每个人心中。正如历史学家安德鲁·罗伯特（Andrew Robert）解释的那样，驱使丘吉尔的是一种坚定的信念，即要战胜困境，团结一心显然强过孤军奋战。

他也懂得如何广纳贤才、悉心聆听，并将决策过程集中化、组织化。托尼·布莱尔（Tony Blair）说过，"领导的艺术是知道如何说不，而不是满口答应。"丘吉尔也不是一人独挑指挥重担，大英帝国总参谋长艾伦布鲁克爵士（Lord Alambroke）会对其决策进行约束或补充。而希特勒却并没有这样的顾问团队。

对丘吉尔而言，在战争中避免战略失误的最佳方法就是统一管理、统一决策。这一做法可以削减各种委员会的数量，使决策更趋合理。"如果将最英勇的水手、最无畏的飞行员和最勇敢的士兵集中在一起，会发生什么？答案是，你将无所畏惧。”[21]

此外，丘吉尔还乐于听取他人意见。他也是“走动管理”的典型代表，战争期间他常常置个人安危于不顾，亲自走进工厂、防空部队、反坦克部队以及刚刚遭到德军轰炸的居民集中区。

艾森豪威尔上将在他的回忆录里这样评价丘吉尔的管理风格，“在我看来，这个英国人是鼓舞人心的领头人，他展现了英国人面对困境时的勇气和坚韧……如果他对某一决定并不满意，就一定会不厌其烦、竭尽全力地争取调整改变，直到最后按他自己的计划执行。但是，一旦行动开始，他会消除一切杂念、勇往直前，全心全意为国效劳。”[22]

最后，他的第三个品质也一样重要，那就是做有原则、有道德、有信念的人。用他自己的话来说就是“良心是一个人唯一的向导，行得端、走得正是记忆唯一的港湾。如果你的人生没有受到良知的庇护，那便是极大的错误，因为人生无常，世事难料，难免不被命运捉弄；但有了良知这一盾牌，我们就能与荣誉相伴，大胆前行。”[23]

现在让我们再回到不列颠战役上。英国拒绝签订德国人的和解条约，希特勒别无选择，只能下令制订入侵英国的作战计划。德国最高指挥部的专家们迅速行动，敲定了“海狮行动”的具体方案。

英军的海上优势成了德国入侵的最大障碍。英国海军实力强大，无论德军如何部署都无力抗衡。其次，英国几乎完整保留了其皇家空军，其实力同样不可小觑。最后就是从法国撤退回来的英国陆军，尽管丢掉了重型武器和设备，但在紧急关头能够成功撤离已是大幸。

计划制订完毕，德国人得出的结论是，只有摧毁英国皇家空军才有可能成功入侵。这样，德国空军就能首先集中兵力攻打海军，然后转向陆军，尽管这种攻势只是暂时性的。最乐观的估计是，德军需要三天完成第一阶段的入侵，这一阶段没有英国皇家海军的干扰。但无论如何，首先必须置皇家空军于死地。

对德军来说非常不幸的是，德国空军当时掌握在赫尔曼·戈林手中。此人是一战时期的飞行员，也是当时的战争英雄，他从一开始就对纳粹的事业忠心耿耿，最后被任命为第三帝国空军司令。如此光彩的简历却无法掩饰他的真正无能，而他之所以能够高升也是凭借了与希特勒的私人交情。

所以，除了专家和革新者，现在我们还要增加另一类型的管理者——无能之辈，他们善于让事态恶化，或使整个组织付出更大代价，抑或是在拥有相同资源的情况下表现更糟。企业或许对前两者的需求比例不一，但毋庸置疑，像后者这样的庸才，它们唯恐避之不及。

我们每个人都会在不同时期遇到这种无能的管理者，而且深受其害。最糟糕的不是他们对工作的无知或是身居要职，真正的问题在于他们不会给革新者任何机会，也阻碍专家们做好本职工作。

他们不仅剥夺革新者施展才华的大好机会，还处处设置障碍，影响专家正常工作。

无能之辈扰乱他人工作，败坏他人名声，把事情搞得一团糟。正如德国军工部部长阿尔伯特·斯佩尔（Albert Speer）所言，“戈林的指挥（事实上，任何庸才都是如此）通常会造成困惑和不解，因为他从不深入分析问题，他的决定大多是临时拍拍脑袋的结果。”[24] 这类人谎话连篇却还表现得理直气壮，一无所知的事情也能讲得义正辞严，并且在团队其他人面前否认、贬低那些真正掌握事实真相的人。

但出于种种原因，很多公司不得不任用这类不能胜任工作的蠢材，甚至还让一些人身居要职。免受其害的最佳方法是什么？他们可以担任第三帝国的司令，但必须防止权力过度集中，或者至少可以剥夺他们否定专家和革新者真知灼见的权力。

事实上，在特定情况下，无能之辈可能暂时会有存在的必要，比如赋予某人政治权力以平衡部门之间的争斗。但如果有人在知情的情况下提供给他们职位，就必须尽力限制这种人的实权，或让他们早一天离开。

有了训练有素且经验丰富的飞行员、先进的飞机、现代化的战术，再加上专家级的指挥官，德国空军上下团结一致，最终决定集中全部兵力出击英国皇家空军，尽可能摧毁机场上大量的飞机以及其他设施——雷达站、补给站等。

英国在飞机数量、飞行员素质方面并不占优势，但他们有一架先进的喷火式战斗机和第一次用于战事的雷达，这种战机能在战争最需要的地方集中火力，并伺机击退敌人突袭。此外，英国的海岸有不少瞭望站，它们与基地保持密切联系，如果战机不幸被击中，飞行员可以利用降落伞着陆，身体恢复后便可返回战场。

1940 年 7 月底战争开始，8 月中旬前，双方几乎势均力敌（损失也都十分惨重）。此后，德国大量战机再次集结，对英国空军的地面装置发动猛烈袭击，英军的地位已危如累卵。

8 月底，英军已几近崩溃。新生产的飞机数量远远低于战争中损失的战机，据指挥官估计，英军 3 周内将耗尽所有战斗机。[25]无论如何，德军似乎很快就要得逞。

然而，意想不到的事情发生了。8 月 24 日，几枚炸弹意外落在了伦敦。或许只是为鼓舞士气，但丘吉尔抓住这次机会，决定轰炸德国首都柏林。恰好同一天，在德国以为大英帝国已被彻底摧毁后，苏联总理莫洛托夫受邀前去讨论如何瓜分世界。

正当德国试图说服苏联同意将欧洲纳入其势力范围，以牺牲大英帝国的利益作为条件换取苏方增强其在亚洲的影响力时，空袭警报突然响起。苏联总理匆忙躲进防空洞的时候，不禁大喊："如果英国已经被摧毁，那现在空袭我们的又是谁？"[26]

此次突袭虽未造成很大破坏，却使德国领导人失去了方向。他们决定将战略目标暂时搁置一边，集中兵力追求次要目标——炸毁对方城镇及民用目标，为柏林报仇雪恨。胜利已经近在眼前，可惜德国永远地与其失之交臂了。

没有了远见和正确的方向，自然也不会尽最大努力，此时德军竟然将突破点转移到了敌军的强项上。同样，正如我们在办公室日常工作中看到的那样，我们就像斗牛场里的牛，拼尽全力冲向那块火红的布，殊不知斗牛士才是比赛的最终受益者，他们正手持长剑，伺机置我们于死地。

英国皇家空军总算可以长舒一口气了。大家开始维修机场，重新集中空军力量，抵抗德国入侵。没过多久，德国空军飞行员和战机的损失数量足以证明德军先前具备的重要空中优势已不复存在。

英国平民虽然伤亡严重，却已开始扭转局势，掌握主动。德国也及时察觉到这一变化，开始质疑入侵的决定是否明智。白日轰炸因代价高昂而放弃，这一决定对指挥部的信心造成不小打击，于是在1940年10月12日，德军决定取消进攻计划。

那个夏天，英国皇家空军拯救了整个英国。正如丘吉尔所言，“（在人类战争史上）从来没有一次像这样，以如此少的兵力，取得如此大的成功，保护如此多的众生。”如果他当时掌握足够信息，很可能也会感谢希特勒和戈林，因为是他们的战略失误帮助英国走出了泥潭。

就像我们职业生涯中遇到的很多管理者一样，英国首相丘吉尔在回顾历史时这样总结道，“每次回忆起当年的困难，我都会想起一位老人的故事。临终前，他说一生中他担心过很多事，但大多从未发生。这和我 1940 年 9 月的经历极为相似。当时德国在空战中失利，对英国的海外入侵也没有发生，希特勒的触角此时已经延伸到东方。意大利也没有攻打埃及……在马耳他受到大空袭前我们已经加强防御措施，没有人敢轻易在此登陆作战。”[27]

所以，认定方向，坚持战略，不要因为那些幻想出来的问题而气馁。尽管我们惶恐不安，但或许德军并不会到来，那些凶猛可怕的意大利敌人可能只是纸老虎。意大利？是的。请继续跟我读下去……

第 2 章

巴尔干半岛、希腊和地中海

1 新的凯撒大帝诞生——贝尼托·墨索里尼

一家公司之所以能成为业界领跑者，部分原因在于它几十年来或多或少依赖于垄断市场，这样的例子我们并不陌生。有一天，受新形势的影响，这家公司热血澎湃，决定进军新市场，原因很简单：一方面，公司领导人雄心勃勃；另一方面，他们错误地认为，别人经历的挫折会是自己走向成功的最好保证。

然而，事实却不尽如人意，竞争对手存在不足并不意味着我们自己一定具备优势。多数情况下，这些公司的领导人会宣布破产，颜面尽失，曾经在垄断市场的优势地位也不幸丧失，而这正是二战期间贝尼托·墨索里尼和意大利的不幸遭遇。墨索里尼犯了什么错？他无视事实，刚愎自用，最后在 1945 年和情人一起被游击队员枪决，落得尸首示众的下场。在德国人侵波兰以前，意大利就急于表明自己非交战国的立场，也就是说，他们站在德国一方但并不向英法宣战。直到 6 月 10 日在法国沦陷前，墨索里尼才决定向西方盟国宣战。他认为当时是一个不可错失的“商业”良机，可以利用较低成本换得巨大收益……

法国沦陷以后，意大利期待能在不久的将来入侵英国，于是决定攻取英国的保护国埃及，因为埃及不仅是打开中东大门的关键，同时也是通往亚洲的必经之地。利比亚自 1912 年以来就沦为意大利的殖民地，进攻首先从这里开始。

1940 年 9 月，意大利军队开始进发。然而，意大利远不如德国，除了装备、训练不足外，士兵们对作战也毫无兴致。队伍中几乎没有军事专家，革新者少之又少，掌控全局的都是一些无用之辈。

总之，意军的战斗力仅能表面唬人，其领导者也都清楚这一事实。但一想到征服埃及带来的无限荣耀，他们便有些忘乎所以，无视事实，并试图将墨索里尼打造成另一位凯撒大帝。

3.5 万名英军对战意大利第十军团的 25 万兵力，胜负显而易见。但尽管意方有数量优势，其进展却并不顺利。抵达埃及境内 104 公里处的西迪拜拉尼（Sidi Barrani）后，意军不得不停止前进，等待增援（此时战役才进行了仅仅一个月）。在陆地上，英军只能有序撤退，但在海上，英国人痛击意大利舰队，造成严重损失，有力打击了对方的海上优势。此时，得到增援对双方来说至关重要。10 月初，英军的增援部队到来，他们以为意大利会发起第二波直取开罗的进攻。夏天即将过去，德国仍无意攻打英国，这也就意味着丘吉尔有更多兵力巩固其在地中海的地位。在非洲进展缓慢的墨索里尼决定于 10 月入侵希腊。考虑到墨索里尼在埃及的表现，英军对其战斗力表示怀疑。于是，最高指挥部决定通过有限的反攻行动巩固防御，并派两个师的兵力对抗意大利第十军团的防御体系。

英军在近两周的时间里行军近 900 公里，俘虏 13 万人，缴获坦克 380 辆、大炮 845 门，士兵中 500 人牺牲，1400 人受伤，另有 56 人失踪。[1]英国外交部部长带着明显挖苦嘲笑的口气改述了丘吉尔在不列颠之战后发表的名句，以此鼓舞士气，“从来没有一次像这样，以如此少的兵力，取得如此大的成功，让如此多的敌人投降。”

英国人夺回埃及并入侵利比亚大片领土，英军在意属非洲殖民地势不可挡，很快开进埃塞俄比亚和索马里。2 月 3 日，英军占领了位于利比亚东北部的昔兰尼加半岛（Cyrenaic Peninsula）前方的战略地——阿格海拉（El Agheila）。1941 年伊始，意大利被彻底逐出非洲后，整个利比亚很有可能为英国所有。英国大获全胜会带来什么样的结果？或许，鉴于此次屈辱溃败，意大利会重新审视自己的处境并选择投降，从而使维希卖国政府[2]控制下的法国殖民地，如摩洛哥、阿尔及利亚以及突尼斯也收入英国人囊中。

但这仅仅只是假设，不一定成真。现在轮到英军决策失误了，他们分散兵力，准备夺取多个目标，不过这一战术意味着他们将一无所获。1941 年 2 月，当英军准备给予意大利控制的利比亚以致命打击的时候，温斯顿·丘吉尔及其总参谋部认为昔兰尼加地区仍是其安全可靠的侧翼，因此决定派很少兵力把守，剩下的部队全部向希腊进发。希腊？是的。正如我们所提到的那样，墨索里尼因不满自己在埃及的保守表现，决定于 1940 年 10 月入侵希腊。但此举对意大利意味着另一场灾难，因为希腊人顽强抵抗，迫使意军节节后退，最后一直将侵略者赶到了阿尔巴尼亚。意军撤退后，德国人显然会直接干涉，抢回盟友意大利丢掉的这块肥肉。

英国陷入两难境地，是该立即向希腊提供援助共同抵抗德国，还是先完成眼下利比亚的行动？最终他们选择了一个折中方案——既保住在利比亚的地位，同时援助希腊抗击德国，最后再痛击意大利军队。

被称为“现代军事策略之父”的普鲁士军事理论家卡尔·冯·克劳塞维茨（Carl Von Clausewitz）说过，“战争无情，犯仁慈之错必将致命。”[3]英军不仅没有给希腊提供多大帮助，反倒遭到了可怕的非洲军团的袭击。

地图 2.1　1939 年的北非

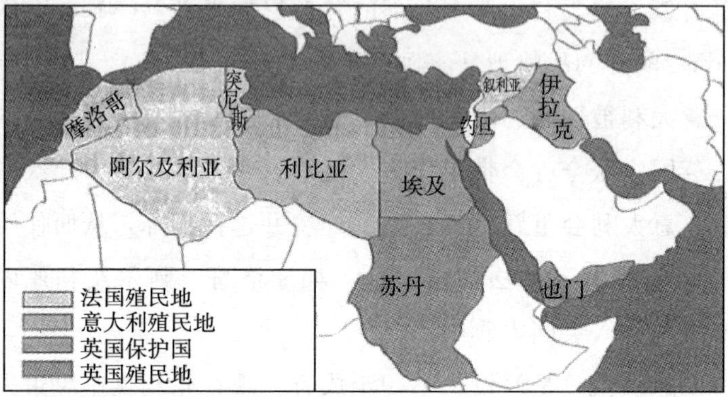

2　德意志非洲军团与“沙漠之狐”隆美尔

谈及二战中的德军时，人们总会说它的盟友们不但没有起到战斗堡垒的作用，反而变成了德国的大包袱，削弱了德军实力。换句话说，面对同盟国的认定目标、团结一心，希特勒的主要盟友更加推崇贝尼托·墨索里尼所讲的“平行作战”。这也就意味着准备向西方大国宣战的意大利和日本不会征求德军意见，而将独立作战，追求一己私利和它们各自心怀鬼胎的目标。最终各方也都为此付出了极大代价。

商场上，这样的例子并不鲜见。一些部门自知实力雄厚、资源丰富，于是同时开展多项业务，全然不顾公司其他机构的计划与协调。它们完全将“一位领导人、一个管理机构”的统一指挥原则抛在了脑后，自私地认为有了优质的产品、丰富的资源以及最好的专家就足以打一场胜仗。

这种行为对商业伙伴的影响更甚。两家公司建立合作关系后，必须诚信协作，尊重合约条文与精神，绝不能贪图一己之利。“平行作战”可能短时间内效果明显，但面对敌人高度协作的高效作战系统，必将一败涂地。

之前提到，1941 年 2 月 9 日，英军因其精锐部队赶往希腊而被迫在距离利比亚首都的黎波里大约 600 公里处的阿格海拉停止行进（攻下的黎波里意味着将意大利人驱逐出非洲大陆）。与此同时，德军被迫向意大利伸出援手，帮助因决策失误即将在前线瘫痪的盟友。希特勒决定向非洲派出一小支远征军。经德国专家商议，最终创建了著名的德意志非洲军团，并任命后来被英国人称为“沙漠之狐”的埃尔温·隆美尔（Erwin Rommel）为新军总指挥。

埃尔温·隆美尔是德军中的另一位伟大革新者，早在一战期间就战功卓著。二战中，他又指挥坦克部队征服了法国。海因茨·古德里安在他的回忆录中这样称赞隆美尔，“他不仅真诚坦率、英勇无敌，而且具有不可多得的领导才华。隆美尔精力充沛、足智多谋、勇敢无畏，对他热爱的军事事业更是全身心地投入其中。”[4]

隆美尔无疑是一位出色的战略家，无论处境多么艰险，他总能找到新方向、新出路。灵活应变、雷厉风行的品质在他的身上展现得淋漓尽致；他也从不会向灾难、困境低头。作为一个有血有肉的普通人，他不仅向自己的战士，也向战俘和普通百姓展现了高贵的人格和崇高的理想。

以身作则、率先垂范是这位德国元帅的另一优秀品质。马里奥·阿隆索·普格（Mario Alonso Puig）在《领导潜质》一书中谈到，领导“之所以是领导不是因为他们永争第一，而是因为他们能够在困境中第一个去努力，去争取”。[5]非洲军团的士兵这样描述隆美尔，“不偏右，不偏左，勇往直前就是隆美尔。”[6]

2 月 12 日，非洲军团登陆的黎波里，并在一个月内重整队伍，创建了第五轻型装甲师基地。对形势有了清醒认识后，隆美尔没有静待时机成熟（或许时机永远不会成熟），而是立刻行动起来。

没有完整的第二师，也就是第十五装甲师的帮助，隆美尔仅凭意大利第十军团的剩余力量于4月1日向英军发起猛烈攻击，此举令德国最高指挥部和英国军队震惊不已。两个星期内英军后撤352公里，隆美尔率军抵达此次战役发展的战略地托布鲁克市（Tobruk）。在这个沿海城市，非洲军团遭遇敌人顽强抵抗，隆美尔果断决定将军团一分为二，一支向埃及不断深入，另一支继续围攻英军。

自意大利参战以来，地中海开始出现德国空军的身影，英国的海上优势兵力遭到沉重打击，皇家海军第一次投入军事防御（见地图2.2）。

地图2.2　利比亚和埃及（1940—1942年）

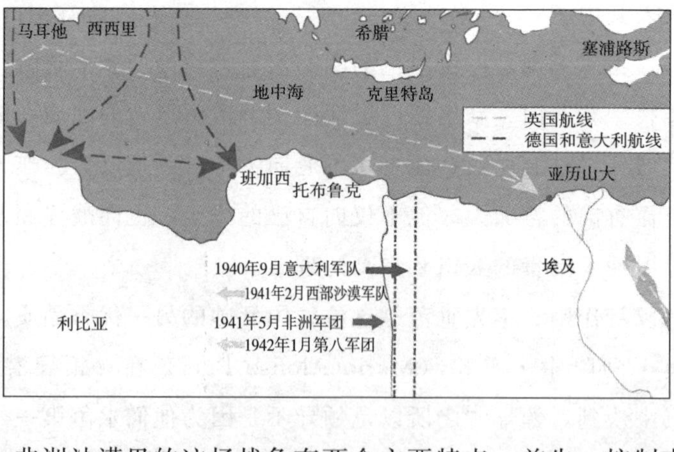

非洲沙漠里的这场战争有两个主要特点。首先，控制南翼非常重要，这对从侧翼包围敌军意义重大。沙漠里几乎没有任何阻碍大规模机械化编队活动的自然障碍，所以胜利就掌握在能够突破南翼一方的手中。第二个特点表现在为前线提供充足的物资上。具备这一能力本身就是优势，控制港口和海上航线是实现目标的最佳途径。因为如果无法通过海路提供物资，又没有铁路运输，就只能寄希望于卡车，但这一选择显然危险重重，在环境恶劣的沙漠，长途运输极易暴露自己，从而遭到敌机轰炸。

这就意味着托布鲁克港是向埃及成功进军的关键。没有托布鲁克港，隆美尔的物资就只能通过公路从距离 1776 公里外的的黎波里和 960 公里外的班加西运输而来；此外，非洲军团的后方部队也极易遭遇英军反击而难逃险境。因此，托布鲁克至关重要，不容轻视。隆美尔虽发起多次进攻，但由于英军已经加固防御工事，且通过海上运输提供补给，所以似乎一时很难拿下。

3　希特勒的第二次欧洲之行（1941 年）

正如希特勒一样，作为政治人物，墨索里尼的德行，其民粹主义的倾向和魅力在世界军事天才中可谓无人能比。和元首希特勒如出一辙，这位意大利领导人也不愿听取专家或革新者的建议。1940 年 10 月 28 日，在他的非洲冒险悬而未决之时，墨索里尼决定从一年前占领的阿尔巴尼亚出发，入侵希腊。

意大利试图通过征服希腊半岛享受一顿军事饕餮盛宴。而希腊一方，正如我们所看到的那样，毫不畏惧（这里还有一个小故事：在起初的小规模战斗中，一位意大利士兵结结巴巴地向他的上司汇报道："报告长官，希腊军队向我们开火了。"）。希腊人先是抵抗，再是反击，意大利军队不得不无奈撤离。9 月中旬，阿尔巴尼亚四分之一的领土落入希腊人手中。

1941 年 3 月，意大利发起反击，但却以惨败告终，这也将德国逼上舞台。阿尔卑斯山另一边的军队在非洲战败是一回事，但对德国来说，忍受轴心国在欧洲领土上丢盔弃甲是另一回事。因此，德军严阵以待，准备出击。

4 月 6 日，德军突袭希腊与南斯拉夫，20 天后攻下雅典。英国军队身陷非洲战场难以脱身，因此几乎无法对德军发起反击。1941 年，英军只好第二次从欧洲大陆撤退。

此时，希特勒决定入侵克里特岛，以防这里被用作轰炸欧洲大陆特别是轰炸罗马尼亚油井的基地。为占领地中海的这座岛屿，希特勒派出伞兵，尽管此次行动耗时仅仅 10 天，但造成的伤亡却远大于征服整个巴尔干半岛的伤亡人数。幸运的是，希特勒及时保住了南翼，确保德国武装部队即德国国防军能够应对下一场重大挑战。

第 3 章

巴巴罗萨行动

1941 年 6 月 22 日凌晨 4 点（巧合的是，历史上拿破仑几乎于同一天入侵俄国），德国发动“巴巴罗萨计划（Operation Barbarossa）”，入侵苏联。古老的俄罗斯帝国已经成为历史，如今它是共产党领导下的新国家。

就在几小时前，希特勒扬言：“巴巴罗萨计划”的实施“会让整个世界屏住呼吸、哑口无言。”[1]事实上，就军队数量、军事资源以及参战人数而言，此次战斗堪称有史以来规模最大的一次军事对抗，其血腥、残暴程度也远远胜过其他战场。

可以说，此次入侵计划属阿道夫·希特勒的个人意见。1940 年夏，春风得意的希特勒意识到，英国是块难啃的硬骨头，于是将目光转向谈判桌上的苏联。或许在他的完美计划中，当下是发动风暴的最佳时刻，因为此时的苏联徒有其表，英国则在刚刚过去的战役中元气大伤，美国又暂时不会卷入战争。因此，德国将一跃成为世界主要超级大国。

“巴巴罗萨计划”也是铤而走险之举，因为这意味着德国需要两线作战，在军事理论家看来这是大忌，它也是德国一战失败的主要原因。而且，入侵俄国也是拿破仑 1812 年大败的罪魁祸首。

与其说这是一次精心准备的冒险，不如说它更像是一场无法预知的豪赌，依靠的只是幸运的再次降临。

1 巴巴罗萨创业计划

用彼得·德鲁克（Peter Drucker）的话来说，“计划并不是一定要实现的目标，而是目标未能实现时在人们心中激发出来的热情。”[2] 1870 年摧毁法国的普鲁士元帅赫尔穆特·冯·毛奇（Helmuth Von Moltke）更加言简意赅：“没有任何战斗计划能在第一次交战后还会丝毫不改。”

明确希特勒的意图后，专家们开始制订计划。但总体而言，该计划过于大胆、模糊，其目的是在冬季结束前粉碎苏联红军。曼施坦因在他的回忆录中也承认，巴巴罗萨计划“从制订到实施，在军事和战略目标方面均缺乏统一性”。[3]

在研究过程中，各位专家非但没有因该计划的不切实际、徒劳无益、铤而走险而坚决反对，反而最大程度地给予支持，最终自食恶果。[4]巴巴罗萨计划的制订基础脱离实际，可以说，它是迎合希特勒心意的产物。制订者轻视敌人、过度乐观，因此很难在辽阔的战场上迅速制敌。

听起来是不是很耳熟？当然。有时，你也会拿到目标远大、内容详尽的财年计划，似乎不会有人对其中任何一个方面表示出迟疑或困惑。但会后，一定会有人说实现所有目标是不切实际的。现实生活中，有人征求我们对某一方案、计划的意见时，我们通常会尽可能回避问题实质，保留批评意见，仅谈及技术问题。一般说来，大家都不会因此退出或将任务交回上级。这也就意味着，总有人会鲁莽行事，或厚着脸皮说，“为什么不试试呢？”[5]

希特勒的“巴巴罗萨计划”交到各位将军手上以后，他们的反应大体相同。尽管从内心来说，大家对此次行动多有怀疑，但希特勒看到的是却是他们的一致默许。没有人弃权，没有人退出，没有人愿意违背德国领导人的意愿。古德里安在其回忆录里这样写道："会议通过了希特勒的计划，会上没有争议、没有辩论，没有提出任何反对意见；会议在沉默中结束，但大家心中感受到的却是前所未有的不安和忧虑。"[6]

乐观向上、雄心勃勃、能在困境中超常发挥是所有优秀管理者应该具备的品质。不断挖掘自身潜力才能成就大业，实现看似不可实现的目标。

但"巴巴罗萨计划"从一开始就存在目标不一、缺乏风险评估等重大失误。其策划者将一切交给了上天，希望这一过程中产生的问题能够自行解决而不是集体爆发。当然，这样的胜算也有，只是可能性极小。

一个目标不够明确的计划注定会失败，在进入实施阶段后，这一问题会更加突出。缺乏清晰的目标会让领导人失去战略远见，任意更改计划。

起初，希特勒的"商业"计划旨在通过"钳形攻势"攻占苏联主要城市列宁格勒、基辅和莫斯科，摧毁苏联陆军，并在东边修筑坚固的防御工事，等待苏联共和国的垮台。但苏联幅员辽阔，因此全面入侵计划因不切实际而被搁置一边（见地图 3.1）。

在德国领导人的眼中，苏联实施暴政，充其量只是一个不堪一击的巨人，因此只要能攻占其主要城市，苏联的崩溃也就指日可待了。但德国人并没有充分利用这一优势（尽管他们当初希望如此），反而很快开始虐待苏联民众；相形之下，苏联人痛恨的社会主义当局反而令人愉快。

德军后来发现，就士兵素质和设备质量而言，苏联的军事资源远比他们想象得要好得多。

地图 3.1　巴巴罗萨：入侵阶段计划

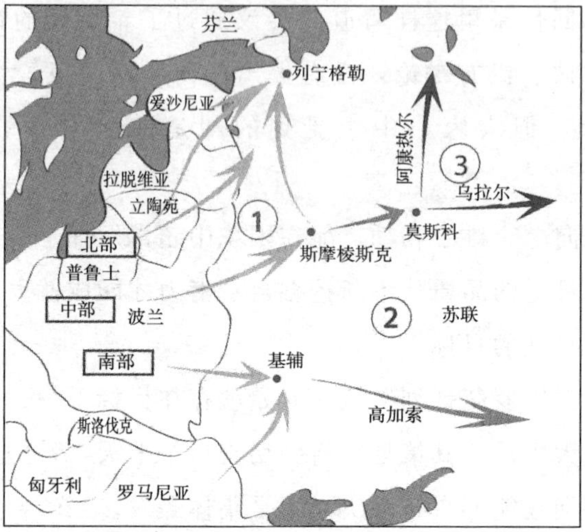

“巴巴罗萨计划”经过了一番研究，它目标远大，因此可以视其为经典的企业规划范例。目前看来进展顺利，它也是很多商学院推崇的对象。然而，就连最基础的管理类教科书也都会指出，目标远大的同时要注意是否可行，确保依靠现有力量能够实现。此类书籍还会提到，商业目标必须简单清晰；最重要的是，主要战略行动绝不能因困难重重或战果辉煌而轻易改变。

在此，需要重点强调两个方面：简单和清晰。战场上，一切会变得复杂，用冯·克劳塞维茨的话说，就是“战场上的一切都很简单，但最简单的事情往往最棘手。这些棘手难题日积月累，演变成难以逃避的大灾难，它们是没有亲眼看到战争的人无法想象的”。[7]

2　斯大林和希特勒——迥然不同的管理风格

有些人不会委以他人重任，因为他们不能忍受按照他人的方式思考和工作。[8]德苏两国间的冲突是国家社会主义（纳粹主义）和共产主义两种意识形态的殊死搏斗，是阿道夫·希特勒与约瑟夫·斯大林两个领导人之间的较量，同时也是两种管理风格的一决高下。

入侵的最初几周，苏联损失惨重，而这一切本可避免。德军坦克向苏联边境全速行进，但斯大林却认为德国人只是虚张声势。5 月 15 日，当德国入侵苏联的计划得以证实，并获得入侵日期、入侵时间的确切情报时，斯大林竟否决了总参谋部关于先发制人的建议。德国人的脚步渐行渐近，斯大林却连续数日陷入精神麻痹和深度抑郁中。在经历了剧烈的情绪波动后，他开始罢免一些高级军事顾问。

斯大林的怠惰应对和军事上的无能，加上各位将领的畏畏缩缩、阿谀奉承、头脑僵化，致使整个军队危机重重，极易掉入飞速行进的德军装甲部队的陷阱。[9]

尽管苏军在人力、坦克以及飞机数量上占据优势，但德军有备而来、势如破竹；在秋季到来前，苏军人员损失将达 300 万到 600 万之间（死伤和被俘人数均计入在内）。由此可见，并非处处超越敌人方可取胜，抓住要害才是制敌的关键。

不得不承认，斯大林有着出色的组织能力。6 月 30 日，他组建了小型战时委员会——苏联国防委员会，包括斯大林在内，最初共四名成员。委员会拥有全权代表权、自主决定权，以及不按常规程序执行决定的权力。几位得到斯大林充分信任的委员学识过人、异常刻苦，他们畅所欲言、毫无保留。斯大林组织的这个团队灵活高效，其成员能从事实出发，顾全大局，也能随机应变而不受繁文缛节的约束。

从军事层面讲，斯大林是苏联总参谋部最高指挥官，他对国内外战线的现状与发展有着宏观的把握。

随着战事的不断推进，斯大林认识到自己在军事战略方面多有不足，并逐渐开始采纳那些他亲自任命的军事专家的建议。他虽极端自我，却又足够精明，懂得如何听取和接受别人的建议。[10]斯大林的主要军事顾问朱可夫意志坚定、论证清晰，他总能在把握细节的基础上说服斯大林……记住，下一次和老板见面的时候，不妨学一学朱可夫。

斯大林同样懂得另一个道理:“不管有多少要事缠身，绝不能不了解自己的军队。”[11]

为此，他派出代表深入各个战场，从他们的所见所闻中了解战况。他也毫不吝惜赞美之词，激励各位将领，强调他们所负责工作的重要性，表达对他们的热切期望。

他完全信任总参谋部，制订计划、执行军事任务全部交由他们来完成。在这种可以毫不粉饰、敢于直言的合作氛围中，大家信心倍增，效率明显提升。

这种管理体系意味着斯大林能有更多时间专注于国内战线。在这方面，他有着丰富的知识和经验。能够调动本国人力、物力才是战胜德军的最终法宝。

意志坚定的苏联领导人斯大林激励军队将领为摆脱侵略献计献策。他期待饱受苦难的人们能够作出巨大牺牲，而他也如愿以偿。20 世纪 30 年代出现的对斯大林的个人崇拜表明，这样的牺牲是完全可能的。苏联人对他们的领袖忠心耿耿，随时准备以身报国。这种个人崇拜在一定程度上是作战的必要条件。斯大林激励大家齐心协力、一心为国，他让人们深信胜利一定属于苏联人民。[12]苏维埃政权残忍无情，但毫无疑问，二战期间斯大林成功鼓舞全国人民以令人难以置信的程度投入到了夺取战争胜利的壮举中。

德国的权力结构同样十分集中。阿道夫·希特勒扮演着军事、政治最高权威的角色，但他的管理杂乱无章，工作方法混乱无序；他挑起部下互争互斗，发出的指示、制订的计划常常一改再改。

与斯大林和丘吉尔不同的是，随着战事的不断推进，希特勒自认为其军事才能和战略天赋与日俱增。在他的想象中，一战期间的军事经历，再加上无坚不摧的意志，足以让他比总参谋部所有军事专家都更清楚战争的演进和变化。在他看来，几位德国将领即使并不怯懦，至少也有些太过保守和过度谨慎。

遭遇挫折后，希特勒不仅不自省，反而归罪于部下。从此更加忽略他们，委派的任务也越来越少；相反，他自己承担的工作越来越多。希特勒坚持所有重要事务亲自定夺，对将领们的不信任和不加选择的大包大揽开始让他不堪重负。面对日益堆积的工作重任，他丧失了对战局的准确判断，指挥体系也随之僵化，这对战略战术的制定有害无益。

希特勒在自己无法胜任的工作上耗费大量精力，致使无暇顾及大后方（见第 6 章）。

商界这样的例子还少吗？出色的财务总监出任总经理以后，也会运用销售经理的管理方法，因为他们误以为新的岗位会赋予他们并不具备的知识和经验。要记住，一个人可能成为革新者，甚至天才，但这并不意味着他会自然而然地荣升为专家，也不意味着专家可有可无。

在工作中，我们常会陶醉于某些岗位或职责“暗示”的能力和威望中。但事实上，一份工作、一个职位仅仅只是一种头衔、一个名称，拥有某一头衔并不意味着一定具备某种能力。我们不可能样样精通，而过去的成功也并不代表未来一定一帆风顺。

3　盛夏时节好生存

1941 年 6 月 22 日早晨，约 300 万德军准备就绪，分三个纵队向苏军发起进攻。

首先，由陆军元帅里特尔·冯·勒布（Ritter Von Leeb）率领的德国北方集团军群负责从东普鲁士向波罗的海国家进军，任务是夺取港口，然后向列宁格勒（今圣彼得堡）进发，与芬兰人汇合。1939年，芬兰惨遭苏联入侵，在一番顽强抵抗后芬兰被迫于1940年投降，并将10%的领土割让给了苏联。1941年，他们试图在德国的支持下收回失地。然而在整个战争过程中，芬兰不愿在其1939年划定的边境以外作战，最终对苏联采取了武装中立的态度。

其次，由费多尔·冯·博克（Fedor Von Bock）领导的中央集团军群击败行军途中的苏联红军集结点后，便开始按当年拿破仑进军莫斯科的路线行进。

第三支军队是格尔德·冯·龙德施泰特率领的南方集团军群，他们将在罗马尼亚军的帮助下自南发动进攻，并将基辅设为目标，旨在攻占乌克兰农业发达地区和高加索的油田。

德军再次采用当年成功演绎的“闪电战”策略，即以空中优势为保障，由武装部队在步兵的协助下打开突破口，然后继续深入，包围敌军大部队；一旦围困成功，步兵将火速收拾残局。由于炮兵紧随步兵之后，考虑到坦克部队的安全，德国空军将扮演飞骑炮兵的角色。

起初，一切进展顺利，德国人迅速行进，苏军损失严重。6月26日，明斯克（白俄罗斯首都）沦陷；7月16日，德军抵达距莫斯科248公里的斯摩棱斯克。在那里，苏军的抵抗一直持续到8月8日，此次战役中，仅中央集团军群就俘虏士兵约100万人，缴获大炮5000门，坦克约9000辆。

北方进展更加迅速。曼施坦因率军日行80公里，很快将到达列宁格勒，途中德军还夺取德维纳河（Dvina）的重要桥头堡。苏军损失战机 1600 架、汽车 1400 辆、大炮 4000 门，3.5 万人被俘，9 万人牺牲。圣彼得堡似乎在 7 月初即可拿下。[13]

在南方，德军遭遇顽强抵抗，相比北方进展要缓慢得多。一方面，此次与他们交战的是极难对付的苏军部队，他们隐蔽于深挖的防御战壕里；另外，苏军并没有建立一条非常牢固的防线，而是通过多条并不坚固的防线分散德军兵力，拖延战争进程。另一方面，德军的进攻必须穿过普里佩特沼泽，这里是一片森林茂密的沼泽地，人烟稀少、道路不畅。即使如此，德军仍在 7 月初完成既定目标，即将攻入基辅（见地图 3.2）。

地图 3.2　东方战线（1941 年 9 月）

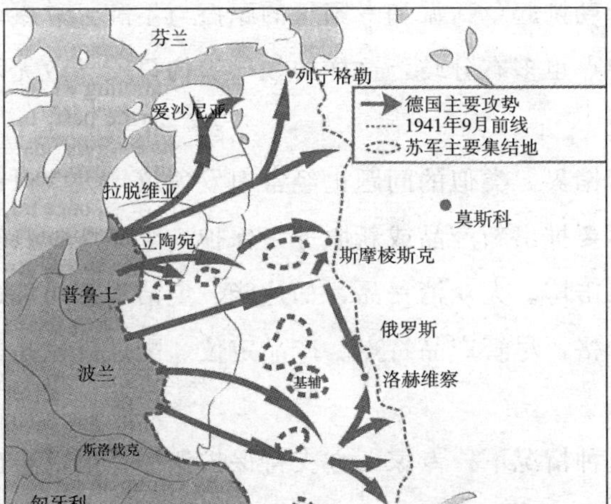

此时，第一次紧张局势形成。纳粹德国的作战目标显然太过高远，对苏军作战能力的情报分析也过于乐观。现在看起来，德军似乎并没有强大到能够同时调动三大军群全面作战的程度。

与此同时，革新派和专家组也再度产生分歧。几乎一直占上风的专家组对军队侧翼的安全忧心忡忡，担心侧翼不够隐蔽，可能给敌人以可乘之机，装甲部队与步兵距离太远也是后患。装甲部队超过步兵 90 多公里并不奇怪，但这给步兵封锁正在形成的缺口带来困难。但是革新派知道，军队在平衡应变与速度的同时，也应关注能力极限，部队后方是否拉开距离无关紧要，因为此刻敌人已经像一艘断了桅杆的船只，失去了方向。

最坏的结果莫过于慢慢止步。前线有坚固的防御工事、布满陷阱的沼泽，我们要付出汗水和鲜血，因此目光必须长远。要相信前方就是辽阔的田野和一望无际的蔚蓝大海，“军队一旦停止前进，很快就会成为敌人后备部队的攻击目标”。[14]独揽大权的希特勒挑起革新派和专家组的摩擦与不和，总参谋部各位成员的观点也多有分歧，这样的领导机构只能导致无限拖延和错失良机。

在营销界，类似的问题也经常引发争议，大家讨论的焦点是，要不要推出新产品或新服务以保护一个品牌的侧翼不被激烈的竞争击垮。大众消费品，如达能、宝洁和苹果等最弱的侧翼就是价格，尽管产品特点、产品定位、配送等也是其侧翼的一部分。

在这种情况下，专家一方支持保护侧翼，建议推出能够弥补成功商品美中不足的新产品。而作为另一方的革新派则认为，迫在眉睫的是要提升现有产品，而非浪费时间模仿、复制竞争对手已经成功推出的产品。他们会说，我们是领导者，应该由我们来决定市场走向。

放弃侧翼自然有风险，但通过特定产品来保护它则意味着领头企业会牺牲远见、策略以及资源来推出系列产品。结果，公司保护侧翼的进程被拖慢，导致丧失原有的竞争优势。事实上，大多“侧翼品牌”或系列产品常常是短命的。[15]

另外，德国还面临更加严峻的问题：第一阶段成功以后，下一步该怎么走?

德军没有了正确的判断，也没有统一的指挥。军队将领与总参谋部意见相悖，互相攻击，都希望能够强加自己的意愿。指挥官们你争我抢，竭力说服希特勒采纳他们的高见。就在德军争论不休的一个月里，苏联人加紧备战步伐。事实证明，这几十天的时间对他们后来取得骄人的战果起到了决定性的作用。

攻取斯摩棱斯克后，德军面临又一选择：是进军莫斯科，还是按原计划进行（中央集团军群兵分两路，一路北上增援，尽快征服列宁格勒；另一路协助围攻基辅）。

德军困惑不解，再次陷入无休止的争论中。征服距离斯摩棱斯克约240公里的莫斯科意味着，直击苏联的神经中枢，攻占苏俄的精神首都兼第一大工业中心（此举有利于将苏联一切为二）。当然，苏联红军一定会不惜一切代价进行防御，但这是摧毁苏联最快捷的途径。

而攻占基辅又意味着征服乌克兰，牵制大批苏军，同时也意味着不会在中央集团军群和南方集团军群之间留下危机四伏的巨大侧翼，给苏军以可乘之机。

乌克兰因其丰富的资源而显得格外重要。除了资源，攻夺克里米亚也能保护罗马尼亚的油井，确保德军能继续获得战争所需的燃料供给。

在北方，攻占列宁格勒有助于联合芬兰军队控制波罗的海地区（尽管芬兰军队并不希望在境外作战，抗击苏联）。紧接着，德军可能说服芬兰，帮助德国攻打位于北冰洋、距离芬兰边境约160公里的摩尔曼斯克港口。它是苏联位于欧洲最北端的一个港口，其战略意义在于，这里有一条直达莫斯科的铁路线，而盟国的救援物资也正是通过这条线路送达苏联的。

尽管大多数将领支持继续向莫斯科进军，但希特勒再次证明谁才是德国真正的主宰，他亲自调遣中央集团军群一部分装甲师南下攻占基辅，同时命令另一支队伍北上夺取列宁格勒。

古德里安带领的中央集团军群向南行进，与南方集团军群会合。在1941年8月25日到9月26日仅仅一个月的时间里，德军横扫苏联军队，苏方损失极其惨重：66.5万人被俘，880辆坦克、3700门大炮和3500辆机动车被毁。

北方战事一波三折。瞻前顾后、缺乏远见严重阻碍了军队行进。7月，德军在距离列宁格勒160公里的地方停滞不前，苏军因此得以修筑防御工事。其次，北上作战的中央集团军群过于分散且行进缓慢。雪上加霜的是，德军总参谋部于9月4日改变主意，决定将夺取列宁格勒的计划改为包围计划。[16]后来尽管及时纠正决策失误，可惜为时已晚。

希特勒认为自己是天生的军事指挥家，而实际看来，他只不过是运气不错、有些天赋的业余选手而已。古德里安对他的评价是“制订计划时大胆、甚至鲁莽，但执行时却又胆小如鼠”。[17]然而，希特勒的其他优点一定程度上可以弥补其军事才能的欠缺，例如他有着钢铁般的意志、异于常人的数据记忆能力、能够准确把握各种陈述和报告的核心内容。

他还是善于巧妙捕捉听众心理和兴趣的演讲大师，这一才能帮助他在1933年的选举中大获全胜，顺利上台；希特勒擅长将其思想观点以类似公式的形式清晰地呈现出来，并不厌其烦地不断重复（如：“我将永不放弃权利!”或“我绝不投降!”）。一些能征惯战、对此次行动深感忧虑的大将军也都被他的演说深深打动，在其极富煽动性的语言面前保持了沉默。[18]

而那些立场坚定、明察秋毫的批评者则很快被便于领导、摇摆不定的人所取代，他们的专业素质和个人品行则被无情地忽视。

可以肯定的是，无论希特勒多么努力，都不会成为专家，也不会成为革新者。但他并不是一无所成，就像很多白手起家的企业家一样，他是一个梦想家。商界有成千上万类似的例子，那些没有接受过正规培训或教育的人，却完成了从一无所有到商业黑马的蜕变，成就了一个又一个的创业奇迹。

这些编织梦想的人能够通过眼睛或直觉感受到一种前景，但他们往往缺乏实现这一前景的技能和方法。专家们会在旧方案的基础上尽量做到更完善，革新者会另辟蹊径，而梦想家却毫无思路。他们凭借直觉，再加上自己的努力、运气、社交能力等取得初步成功。

但大家的眼睛是雪亮的。这些梦想家的成功案例让我们突然意识到，有些时候，他们也能看清形势，懂得适时退后一步，耐心听取意见，让专家和革新者尽情发挥。斯大林及时意识到了这一点，但希特勒却始终未能醒悟。

像许多白手起家的商人一样，希特勒继续固执地坚信自己的直觉、运气、感受以及任何曾经发挥奇效的因素。但面对越来越复杂的战争形势，仅凭它们是远远不够的。因此，当他拒绝组建高效的领导机构时，灾难就已经慢慢降临了。

希特勒既没有读过专业的军事课程，也不擅长指挥总参谋部提出的各项行动；他的军事经验有限，对技术只知其一不知其二。更可笑的是，他提出两个要求，首先，军队必须不顾一切地发动进攻；其次，宁可战死也不能丢失领土，这无异于逼迫军队自取灭亡。这种要求或许更适用于卡斯特将军（Custer,

美国历史上少有的因愚勇轻敌而被印第安人大败的将军）而非克劳塞维茨。面对因决策不当造成的严重后果，希特勒式的领导人不仅不寻求建议，反而更加封闭自守，疯狂揽权，导致局势进一步恶化。

德国军工部部长阿尔伯特·斯佩尔（Albert Speer）说：“浅尝辄止、不求甚解是希特勒最鲜明的特点。他实际上没有任何职业，从本质上说，希特勒是一位自由职业者。像许多自学成才的人一样，无论哪方面他都达不到专家水准，这说明他无法对重要任务的实施困难作出客观评估。更让人不解的是，他不仅没有虚心请教，反而继续盲目接受更多新任务。很多业余选手会在遭遇人生第一次挫折后一蹶不振，希特勒也不例外。另外，对战争规则的视而不见也是其致命弱点之一，这个时候，他的‘即兴创作’能力也不再是此前大家赞不绝口的特长或优势。”[19]

1975年，比尔·盖茨和保罗·艾伦（Paul Allen）创建微软公司时达成了一条不成文的规定：一个编程能力不及员工的老板不配让员工为其效力。五年后，微软公司任命当时在宝洁公司销售肥皂且初露锋芒的史蒂夫·鲍尔默（Steve Ballmer）担任首席运营官，显然，鲍尔默绝不是一位计算机程序员。[20]在这个例子中，梦想家比尔·盖茨毫不犹豫地将工作委托给了一位专家。

比尔·盖茨的成功源于他坚定的梦想。在他看来，薄利多销是计算机行业的生存基础；他意识到，如果将硬件生产和软件编写视为两个独立业务，行业发展就会更有前景。然而他也清醒地认识到，尽管拥有非凡的眼光，开阔的视野，但这种眼光并不能让自己自然而然地具备专家或革新者的素质。

因此，他不仅在其他领域引进相关专业人才，同时也录用出众的编程人员。盖茨不耻下问、积极主动；他也在公司的收购、兼并过程中取人之长，补己之短。就算在自己驾轻就熟的专业领域，盖茨也会广纳贤才，虚心请教。

如此说来，如果你梦想远大，为什么不去攻读工商管理硕士（MBA）呢？尽管 MBA 可能花费大、理论性较强，但又怎么知道它不会助力于你的未来呢？在以后的职业生涯中，优秀的学术能力很可能会让你走得更远、更坚实。大学期间，你或许会遇到一些需要凭借梦想来实现人生目标的专家。但是，如果心中有梦，又不想攻读学位，那就要任用专业人士来助你一臂之力！如果你这样做了，就请悉心听取他们的意见，至少偶尔这样，毕竟，要让你的员工有用武之地。

4　莫斯科——近在咫尺却又远在天边

基辅之战几乎没有拉开序幕，因为希特勒又一次改变战略，决定攻占莫斯科并包围列宁格勒。如此一来，德军作战重心又一次作出调整，主要发力点再次变化，部队不得不从一个前线转移到另一个前线，希特勒对战局的判断再一次出现失误。

德军参谋部的瞻前顾后导致原计划发生变化，由原来的列宁格勒－基辅－莫斯科的顺序变为基辅－列宁格勒－莫斯科，最终确定为基辅－莫斯科－列宁格勒（事实上，最终只夺取了基辅）。评判标准的变化以及政治经济因素的考量扰乱了军事目标，最终不但耗时耗力，损失惨重，还削弱了德军优势。然而，希特勒再次得到上天的眷顾。基辅战役大获全胜后，中央集团军群稍作休整便原路返回，以逆时针路线行进，目标是成功夺取莫斯科。这就是德军所谓的“台风行动（Operation Typhoon）”。

10月12日，维亚济马（Viazma）—布良斯克战役（Briansk）打响（布良斯克位于莫斯科西南方向400公里处；维亚济马位于莫斯科以西136公里处，这座城市在此前的几次占领行动中充当了保护屏障。此次战役中，不幸的维亚济马再次损失大量物资，苏军被俘人数超过60万）。难道希特勒永不犯错吗？其实不然，接下来发生的一切也许已经在大家的预料之中。秋去冬来，首先，降水让路面泥泞不堪，难以行进，之后随着天气渐冷，路面开始结冰，随后雪花飘飘。这预示着“冬将军”已经“闪亮登场”，令人生畏却也无法逃避。

冬天寒冷至极，这一切都是意料之中的。但德军对此显然准备不足，第一次气温骤降时，德国士兵仍身着夏装，经过四个月的艰苦行军和残酷战斗，现在早已衣衫褴褛。

更让人吃惊的是，在本场战役生死存亡的关键时刻，德军总参谋部无法集结所有军队，在最关键的战役和最具决定性的地方发起总攻，这也就注定了德军在接下来的战役中前途渺茫。他们非但没有向苏联战场增兵救援，反而将34个师近90万的兵力留在了西欧战场，以防备根本不存在的英国威胁，此举着实有些杞人忧天。此外，他们还将军队分散在地中海这样的次要战场，并给这里调遣了大批空军支援部队。

与此同时，苏军也在争分夺秒地集结部队。从1941年10月到11月，他们向莫斯科方向派遣了62个师，而此时德军能派到这里的援兵只剩法国外籍军团和少量的伞兵部队。但令人费解又足以证明德国领导人愚蠢无能的是，五个装备精良且擅长在寒冷天气作战的精锐之师被留在了挪威和芬兰，在那里他们只能消磨时光。[21]

此时的德军已经筋疲力尽，数月的艰苦战斗使军队支离破碎，人力物力损失惨重，难以补救。在没有任何机动军队或战略储备军的情况下，德国国防军决定进攻莫斯科，作最后一搏。（机动军队是一支为战略需要而保留的重要部队，克劳塞维茨曾说，战略储备军的目的就是“拖延战争、补充兵力，以保证在战争的最后阶段取胜。战略储备军只用于战斗的最后阶段。”）

德军的恶性循环逐渐显现，分散部署意味着更多不必要的伤亡；而这又会加速部队兵力分散，分散的部队又会造成更多伤亡。

但这一切似乎并没有引起总参谋部的注意，他们继续在战场之外纸上谈兵，命令军队从根本无法通过的地方转移到另一个地方。对于德军面临的困境，“狼穴”指挥部几乎无能为力（“狼穴”是二战时期希特勒的指挥部，现位于波兰；之所以称其为“狼穴”，是因为希特勒的好友曾称他为狼先生）。必须承认，我在商界也有过同样的经历。管理层往往倾向于对人力资源极尽其用，而且对“步兵”的价值视而不见，认为他们可以随时被替代，甚至可有可无。

在企业中，我们经常看到领导人要求各个部门用最少的资源获得最大收益，员工因此超负荷工作、疲惫不堪。这不仅意味着工作环境的恶化，也带来“伤亡”（旷工、怠工、生病、恶意竞争等）。“伤亡”越多，其他人的士气越低落，也越容易在竞争中处于劣势。

在这种情况下，我们便会失去一些年轻有为、了解公司、很难取代的专家和受过良好训练的员工；一些不重要的高级职员、技术经理等也会相继离去。可惜的是，如果我们能对细节多一些关注，例如从其他工作量并不是很繁重的部门调集人员，给予员工奖励和认可，关心他们的薪金待遇和健康状况，这种不愉快的事情就不会发生。

或许，当外部环境较好、市场前景好的时候，这些因素看似并不重要，这就像德军征服波兰和法国的时候一样。然而，随着困境的出现和积累，整个公司又将因这些原本可以避免的问题而悔不当初。

这种情况并不仅仅停留在理论层面，现实中对待员工的好坏的确影响公司的最终收益。以美国 SAS 软件公司为例，据估算，他们的员工待遇政策每年能为公司节约高达 8500 万美元的培训和招聘费用（也包括因旷工、病假等带来的开支）。

SAS 公司是怎样对待其员工的呢？坦率地讲，没什么特别之处：绝大多数员工不用在露天工厂工作，他们拥有装饰独特的独立办公室，价格低廉的美食、咖啡，还有各种运动设施、托儿所、免费医疗中心以及医疗保险等。[22]

听说这种员工政策在西方大型企业里已经越来越普遍，这的确是令人欣慰的好消息。商场如战场，伤亡在所难免，但那些特别需要依靠员工素质和能力取得发展的小公司，就必须尽可能降低人员损失。因为相比大公司，人员损失对中小型公司的冲击更加显著，这就好比伤亡人数对苏德两军的影响大不相同一样。当时，苏方有可以挥霍的人力资源，而德军却没有这样的好运。

商场和战场并无二致。大型企业在研发和创新方面投资巨大，它们有持续、充沛的现金流、人数众多的员工、响当当的品牌，因此能够轻轻松松地从市场上获得上千万元的融资，它们就像驰骋沙场的苏军一样，在自己熟悉的领域“作战”。而小型企业则正如二战中的德国军队，要在一个新的发达市场竞争，就只能更多依赖自己的专家、团队。

矛盾的是，要减少损失，我们往往需要在人手紧缺的时候集中大量人力资源。你或许会不假思索地反驳“小型企业没有时间，也没有充足的资源降低损失”。如果你环顾四周，突然发现隆冬时节自己身着短袖独自到达莫斯科，等待你的是大批苏军的时候，请不要惊慌（见地图3.3）。

地图3.3　德军进攻苏联（1941年12月）

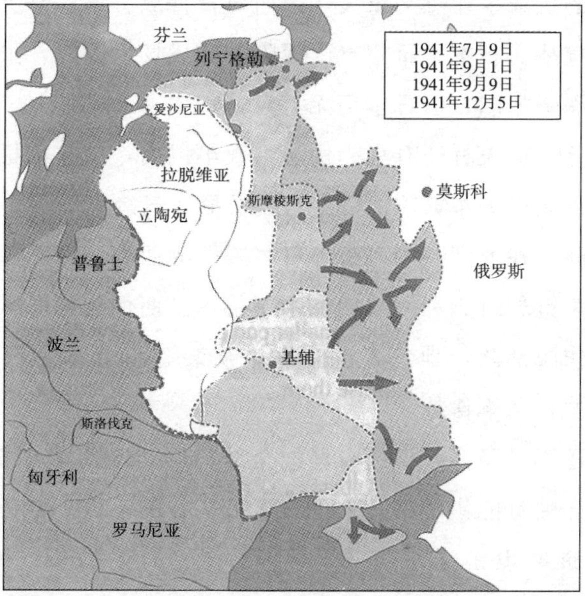

11月初，严寒困扰着德国士兵，数月的战斗让他们体力不支、身心俱疲、装备损失异常严重。即便如此，他们依然执着地相信，莫斯科近在咫尺，战争胜利近在眼前。

然而，尽管德军拼尽全力继续前进，但从1941年12月初开始，他们的进攻就已经停顿下来。德军筋疲力尽，坦克在零下二十度的严寒面前寸步难行，后勤和供应系统陷入瘫痪，军需品和燃料供给也难以到达前线。

12月不但意味着严寒的肆虐，也见证了日军的加入。但是日本这一轴心国新成员的到来并没有为他们带来独特的竞争优势，原因就是此前提到的“平行作战”问题。德日这两个世界上组织最严密、教育水平最高、军事传统悠久、决策权力高度集中的国家，此时此刻并没有协调双方军队，而是选择了单打独斗、孤军奋战。

日本偷袭珍珠港后美国加入战争。英国意识到，美国加入同盟国的抗战事业意义重大，因而对日宣战。德国毫无理由地向美国宣战。日本不希望自己深陷苏联战场，因此，虽然其盟国已经深陷泥潭，但日本仍无意对苏宣战。

此外，斯大林还有另一优势。很早以前，就有情报称，日本战机将袭击美军，因此不会打扰苏联。这就意味着，苏军可以调集驻扎在亚洲、用以防备日军威胁的西伯利亚军队，在这一非常关键的时刻利用他们来牵制德军。西伯利亚军队并不是普通的作战部队，他们经验丰富，从装备、战术和训练角度讲，更擅长冬季作战。

这还不是斯大林棋盘布局的全部，他继续点兵点将为己效劳，这样他就能集中精力处理自己最擅长的工作。他任命格奥尔吉·康斯坦丁诺维奇·朱可夫（Georgy Konstantinovich Zhukov）为中心区总指挥，将保卫莫斯科的重任交到了他的手上。

朱可夫是一位能力出众、果断坚定且组织有条不紊、深受大家欢迎的指挥官。他重视细节，对将士们有着很高的期待。和他共事过的人回忆说，朱可夫坚强不屈、临危不乱，对战争形势有着清醒的认识，对缺乏求胜欲望的军官他会毫不留情，立刻罢免。[23]

就在德军资源十分短缺、战斗力极弱的时候，苏军投入58个师向计划攻取莫斯科的德国国防军发起猛攻。接下来会发生什么呢？希特勒会上演拿破仑当年的悲剧吗？（1812年6月24日，拿破仑率65万兵力入侵俄国。六个月后，法军攻占莫斯科，但没多久他便和仅存的大约六万名士兵被逐出了俄国。）

德军犹豫不定，敌人的突袭让他们猝不及防。现实却异常残酷，面对苏军的“旋风行动”，他们无力增援，难以抵挡。无情的严寒封住了坦克的脚步，飞机在这样的极端天气里视线模糊，士兵们冻得手脚发紫，瞄准射击变得非常困难。

毫无抵抗力的德军只能选择撤退，莫斯科得救了。但苏军并未获得真正意义上的胜利，因为离战争结束还有很长一段时间，此次胜利绝不意味着彻底击垮了敌人。苏军通信设备短缺、后备力量不足、运输困难重重，已无法乘胜追击。因此，德国人并没有被完全击溃。

希特勒从柏林发来“永不撤退”的命令，德军只好继续顽强抵抗。步兵勇猛无畏、视死如归，凭借奋力反抗和丰富的想象力，在付出巨大的人力、物力代价后，迎来了前线的渐趋稳定。

正如拿破仑所言：“在战争中，有灾难就必有罪魁祸首。”[24]此时，希特勒开始深入调查。他罢免了包括古德里安在内的一大批指挥官，理由是他们没能意志坚定地“抗争到最后一刻”。此外，他还以身体状况为由免掉了北中南三个集团军群的指挥官。

紧接着，他又罢免了陆军总司令瓦尔特·冯·布劳希奇（Walther Von Brauchitsch），并亲自接替他的工作，直接负责战略战术问题。但这不仅给他自己带来超负荷的工作量，同时因为很多工作无法完全胜任而给德军带来多重风险。此时的希特勒身兼多职，他是纳粹首领、德国元首、总理，现在还是德国武装部队最高首领以及陆军总司令。

类似的例子不胜枚举，在家族企业中尤其普遍，一些跨国家族企业也不例外。在这些公司里，哪怕面临很小的挫折，企业创始人都会亲自担任市场总监甚至生产部经理。这不仅耗时耗财，也导致体力透支，而这一切本可以也应该委任给更有经验的专业人才。总之，无论你是多么出众的领导人，都应该学会信任，懂得放权，将公司命运交由一人并不断增加其工作负担的做法显然不是应对挫折的明智之举。

希特勒认为他是唯一能够为军队注入必胜信念的人，因此，他为自己揽来堆积如山的任务，导致对局势失去正确判断。结果可想而知：他忽视了自己本可以大有作为的工作。

尽管如此，苏方在此次战争中的损失依旧惊人。最乐观的估算显示，苏联牺牲或被俘人数约达 310 万（也有统计显示为 400—600 万）；设备损失包括：2.05 万辆坦克、10 万门大炮和迫击炮，以及 1.8 万架飞机。[25]不过，苏联人保住了莫斯科和列宁格勒，斯大林政权和苏联红军仍然屹立不倒。

另一路德军沿 960 公里长的前线行军 1200 公里（相当于从英吉利海峡到华沙的距离）。面对兵力庞大、物资丰富，而且一定程度上设备更精良的敌军，德国士兵不屈不挠、奋力反抗。这些战役中德军牺牲达 17.4 万人，失踪 3.6 万人[26]（包括许多重要军官和专家）；此外，他们还损失了大量物资。而这一切都仅仅只是为了实现众多目标中的一个小目标，而且并未完全实现。自 1939 年 9 月以来，德军首次战败。

第 4 章

斯大林格勒保卫战

1942 年 1 月，德国的处境比一年前还要艰难。对苏发起的“闪电战”以失败告终，美国加入战争，英国不再势单力薄、孤军奋战。对德军来说，最糟糕的莫过于即将陷入持久两线作战的泥潭。

但这并不意味着德国人已经深陷绝境。苏军毫无疑问在人力、装备及领土方面均损失巨大，德军也并没有像 1812 年的法军那样被一举歼灭。此外，美国仍在犹豫是否该向欧洲战场提供援助（日本在亚洲试图扫除一切障碍，所以解决亚洲战场是美国的首要任务）。

战争依旧胜负难分，笑到最后的必定是犯错最少、能够充分利用资源的一方。“如何才能在 1942 年 1 月扭转德国的命运?”显然是一个值得所有高层管理者研究的案例。

1　夏季蓝色行动

德国人取胜的最佳途径就是摧毁苏军，或至少削弱其战略行动能力。这样一来，当英美两国蓄势夺回欧洲时，德军就能心无旁骛地组织应战。但德国再次陷入进退两难的境地——“他们会如何行动?”德国准备再次冒险，豪赌一场。于是，希特勒选择攻打斯大林格勒（今伏尔加格勒）和高加索，代号为“蓝色行动”。

理论上讲,“蓝色行动”确实可行。一旦成功，德军就能切断伏尔加河这条连接南方与苏联其他地方的主要交通枢纽，同时还能攻占高加索的油田。这将不仅有力打击苏军信心，也能彻底摆脱军队石油紧缺的困局，同时也将阻断同盟国从黑海各港口运到苏联的援助物资。另外，斯大林格勒占据独特的战略地位，可以将其作为攻击中东地区的战略基地，切断同盟国通过伊朗获得的补给，甚至可以在日军的协助下征服印度。

理想很美好，但现实很残酷。为实现更远大的目标，德军资源已经濒临枯竭。即使“蓝色行动”能够取胜，苏军很可能会像西方同盟国那样继续战斗。因此，根本问题仍未解决。

德国国防军最高指挥官并未讨论战略重点，部分原因在于他们也没有更好的选择。[1]此外，德军还缺乏具有批判分析能力的协调指挥小组。整个团队中的不同派别都在竞相争得希特勒的批准，只要能够迎合他的思路（或至少他们认为符合元首心意），就会不惜代价，这样的结果只能使方案更加荒诞、极端。

好在结果胜过预期。德军五月份在同一地带歼灭苏军的进攻部队。其战果清单显示：共摧毁苏军 29 个师，俘获 20 万人，摧毁 400 辆坦克。[2]苏军的损失远不止这些，在列宁格勒等反击战中，苏军同样损失惨重。德军的敌人——苏联的战斗力正日渐下降。

德军“蓝色行动”首战告捷，前景可期。1942 年 6 月 28 日，苏军惨遭突袭，纳粹装甲车再次在俄罗斯草原上穿行，向顿河甚至更远的伏尔加河和欧洲边界前进。

7 月 17 日，德军逼近斯大林格勒。希特勒与陆军总司令弗朗兹·哈尔德（Franz Halder）上将商讨下一步计划，他提议:“为何不将斯大林格勒和高加索同时拿下？我军完全可能同时攻取两个目标。”

作为军事专家的哈尔德对此深表怀疑。他主张最大程度地集中兵力攻取关键点，并按原计划进行——先集中兵力攻打斯大林格勒，然后再进军高加索地区。

然而，希特勒感觉胜券在握，他希望奇迹能再度降临，因此决意再赌一把。他的理由是，“我们应该同时大胆攻取两个目标，因为苏军实力已经大为削弱，不会对我们的进攻构成威胁。”

希特勒的一意孤行并未就此而止，他继续分散已经集结的兵力，派出五个师攻占列宁格勒（此举已毫无意义，尽管1941年德军可能成功夺取斯大林格勒，但现在已经没有胜算的可能）。此外，他还调遣两个师的精锐部队（被视为德国保镖的“阿道夫·希特勒党卫队警卫旗队”装甲师和“大德意志”师）前往法国增援，在那里英军想要在迪耶普（Dieppe）附近发动袭击的努力也化成了泡影。

此次行动兵力分散，领导人鼠目寸光，这也注定了德军的悲惨下场。记住：不要贪大求全，凡事要量力而行。

此外，苏军逐渐掌握了德军战术。经过分析部队接连失败的原因，他们开始意识到，如果受到德军装甲部队的攻击，就必须尽量避开其“钳形攻势”。即便是世界上最好的队伍，倘若被敌军围困、物资供应中断，也一样会束手无策。苏军的态度也有所变化，此前他们要求将士们不惜一切代价捍卫领土，而新策略意味着他们不会再作无谓的牺牲，德军满心期待的大败苏军的局面也不会发生。

苏军的另一进步则是意识到同步反击德军进攻的重要性。就像正常运转的机器离不开各个部件的一致运作和协调一样，局部的停顿或减速将影响其他，拖慢全局进程。

例如，将前线阵地建在德军据点附近，德国空军就很难有所行动，因为轰炸距离太近会殃及自家军队。苏军针对“闪电战”建立的纵深防御系统迫使德军在攻击过程中攻攻停停，严重影响到闪电战的进程。即使军队仍在行进，但作战进程势必会受阻变缓，另外大量的人员伤亡也会影响作战效果。苏军设法避开了被围困、剿灭的厄运，因此突破其前线已不像前一年那么容易了。

即便如此，德军初期还是取得辉煌战果。尽管物资供应极度紧缺，在苏军顽强抵抗且坦克数量有限的情况下，军队仍在迅速推进。在七月到八月一个月的时间里，德军俘获敌人62.5万人，缴获或摧毁7000辆坦克、6000门大炮和400架飞机（苏军虽损失巨大，但和1941年相比，仍不算太糟）。不过，德军伤亡同样惊人。仅八月份一个月，死伤、失踪人数就已接近20万。[3]到1942年9月，向高加索方向进军的德军因体力透支而停止行进（见地图4.1）。

地图4.1　1942年德国的夏季攻势

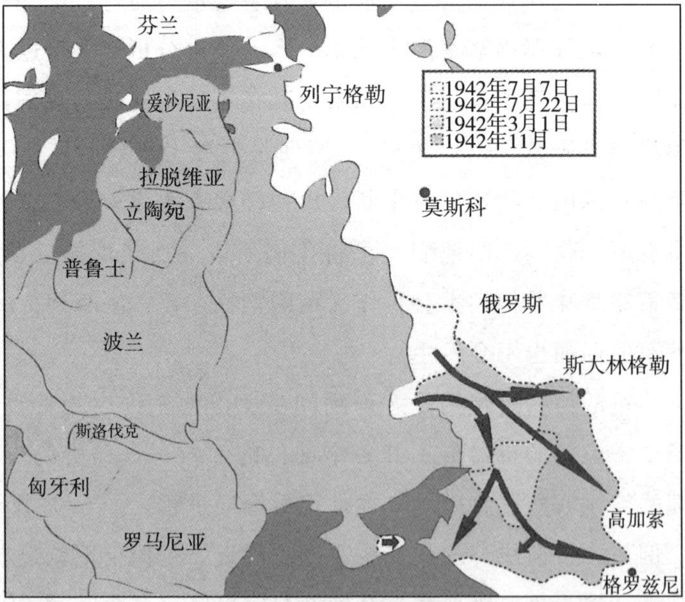

与此同时，另一路不断向北进军的德军已经抵达斯大林格

勒。他们要夺取的这座城市是一个有着近 50 万人口的工业城市，这里有重要的河港和铁路枢纽。从战略角度来讲，占领此城并非易事，因为它沿伏尔加河而建，所以无法通过包围来攻取。

此外，德军分散兵力的措施造成时间上的延误，苏军因此获得充裕的防卫时间，这也使德军面临的形势更加复杂。此时，从军事角度讲，德军应采取侧翼进攻，横穿伏尔加河，再进一步向南或向北推进，切断河上运输，削弱敌军防御。

但这并不是德国人最终选定的方案。德军犹如斗牛场里的公牛一样，将其目标锁定在了斗牛士手中的红布上而不是从背后攻击斗牛士。不久，斯大林格勒成为了英勇抗击的象征（也因该城的名字而为人所知）。苏德双方都为一个和其他目标相比并没有多大区别的地方倾注了所有，赌上了一切，正如国际象棋天才加里·卡斯帕罗夫（Gary Kasparov）在他的《棋如人生》（*How Life Imitates Chess*）一书中写道的，"做到坚持方向，不为对手的挑战所诱惑是十分困难的，这需要非凡的自控能力，因为你承受着巨大压力，很可能会作出改变。我们的自尊心总想证明，我们可以在对手的地盘上光荣归来。"

9 月 15 日，德军第一次大规模袭击开始，损失惨重、前进缓慢的灾难早在预想之中。紧接着他们实施了 B 方案，先是大规模的轰炸，继而发起新一轮的反击，但结果并没有什么两样。德军已无计可施，也不再寻求其他策略，他们能想到的就是大规模的轰炸，并多次发动袭击。

一战的情形再次上演，敌人严防死守，步兵一次次冲锋陷阵，进展异常缓慢且损伤惨重。奇怪的是，包括希特勒在内的德国最高指挥部都曾保证此类战役永远不再会发生。当然，关于两线作战他们也有过同样的说法。

此时，战场变成了屠宰场，希特勒和斯大林各自投入大量兵力，与敌抗争直至精疲力竭，元气大伤。这就是德军所谓的“老鼠之战”（war of the rats），部队行进举步维艰，双方人员伤亡成千上万。

第 1 章提到了策略，我们应将这一战略原则铭记于心。利德尔·哈特（Liddell Hart）认为，实现突破有直接和间接两种方法。

• 直接法意味着像德军在斯大林格勒的大门口那样，动用全部军事资源在前线发起攻击，实现突破。这会使敌军相对容易地进行备战，加强防御，因而会大大降低成功的概率。事实上，纵观军事史就会发现，这一策略通常效果不佳，特别是在前线较为狭窄、军队移动空间不足时就更难取胜。即使这一策略能够带来胜利的好消息，也往往会以巨大的人员伤亡和资源消耗为代价。

• 间接法尝试从对方的角度出发，预测敌人会作何反应，从而出其不意。不幸的是，无论商场还是战场，两点间的最短距离往往离成功最为遥远。间接法的目标是寻找那个至关重要但又非常脆弱的突破点，从而以少胜多，一举歼敌；只要能找出关键点，发现要害处就能击败巨人哥利亚，无论他的盔甲有多结实，力气和身高多有优势。这一方法需要灵活性、机动性和辨识力，要诱使对方阵脚大乱、暴露弱点，而我们要做的就是把握时机，给予致命一击。对我方而言，必须有策略、有慧眼，懂得灵活应变，从而在棋盘上争取更大的活动空间。

20 世纪 80 年代末，日本内存芯片制造商向跨国公司英特尔发起正面攻击。他们采取了降低价格这一简单直接的作战策略。英特尔公司创建于 1971 年，当时尽管年纪尚轻，但已经是蒸蒸日上、名副其实的跨国公司，专门为计算机和计算器生产内存芯片。

安德鲁·格鲁夫（Andrew Grove）自 1987 年以来一直担任英特尔公司首席执行官，他决定采取间接的反击方式。效仿日本制造商降低价格毫无意义，因为他知道在削减利润的大战中日本稳操胜券，于是决定攻其不备。首先，格鲁夫最大程度地集中资源，此后，英特尔专门致力于生产当时还是利基业务的微处理器（能够处理数据的内存芯片）。

为增加利润，英特尔公司决定将微芯片直接卖给终端消费者，而此前公司认为电脑生产商是其唯一客户。“内置英特尔”（Intel Inside）的营销活动让大家看到了新技术的诞生，在此之前，没有哪个公司生产过这样的产品。

同其他广告客户一样，英特尔公司也置身大众市场，贴在所有使用英特尔微芯片设备上的“内置英特尔”标签成为了终端用户认可的优质品牌，这也使得英特尔公司免遭价格战的袭击，同时又大大提升了产品的技术价值。[4]

这种间接策略带来意想不到的收益。英特尔公司自此在世界范围内成为了微处理器生产方面的绝对领导者，其市场份额远远超过所有竞争对手的市场份额之和（英特尔公司官网显示，2009 年 9 月，其市场份额在全球占到 80%）。

让我们再回到 1942 年 9 月的二战战场。9 月的战况和前一年冬天一样毫无进展，多位指挥官被辞退。此前受命夺取高加索的集团军元帅威廉·李斯特（Wilhelm List）被解除职务，取而代之的是武装部队最高统帅、陆军总司令、政府首脑、纳粹党领袖、德国总理希特勒。[5]

毫无疑问，希特勒担任总司令既没有解决任何供给问题，也不能壮大两支队伍，保证它们独自夺取至少其中一个目标。德国陆军总参谋长弗朗兹·哈尔德也于 9 月 24 日遭到免职，取代他的是另一位擅长揣摩希特勒心思的人。

然而，这给早已压力重重的希特勒又带来更多工作负担，在军事指挥方面他也愈加力不从心，这一切对德军有害无益。解除擅长合作协调的军事专家哈尔德的职务，交由另一位缺乏批判能力的专家库尔特·蔡特勒（Kurt Zeiztler）来接任也使德军情况更加堪忧。

无论现状如何，希特勒现在总算可以耳根清净，不再受各种批评意见的干扰了。他决心与斯大林血拼到底，两个月的浴血奋战后，德军于1942年11月12日发动最后一次攻击，斯大林格勒几近沦陷。但这并未让苏方深感不安，因为两个月来，斯大林一直在另作打算，很快谁是斯大林格勒的主人就无关紧要了。

2　天王星行动——朱可夫元帅的陷阱

希特勒忙着清除在夺取高加索的战役中表现平平的各位将领，他甚至非常可笑地试图动用坦克逐家逐户地摧毁斯大林格勒，而就在这个时候，苏军也在谋划他们的复仇计划——“天王星行动”（Operation Uranus）。

自1942年9月中旬以来，苏方改变战略并重新思考是否应该不惜一切代价全力保住斯大林格勒，因为直接防卫死伤巨大、成效微乎其微。所以，要继续战斗就要改变规则，要用最少的兵力防守斯大林格勒，不失守即可。

但与此同时，新的部队正在后方大量集结，决心打赢这场前所未有的包围战。[6]这一行动的目的不在于包围斯大林格勒，也不为减缓作战压力，而是在酝酿一场更具野心的作战计划。其战略简单明了，它不采用直接方式与敌人最强大的力量死拼，而是找到对方软肋，不过后者涉及更加危险的后勤供应问题。

德军的软肋正是他们的三大盟军：罗马尼亚、匈牙利和意大利军队。这三个国家的部队驻守的区域离德军力量最强大、负责攻取斯大林格勒的第六集团军之间有数百公里的距离。

此时，苏军大量物资、大批军队全部集中到位。一方面，苏联的坦克制造能力是德国的四倍，英美两国还为他们提供了机动车、食物、设备方面的支援；另一方面，苏军兵力充足，不会如德军所愿迅速耗尽。

德军侧翼过度暴露带来的风险一定程度上是预料之中的，但由于部队行进几乎处于停滞状态，这样的风险则更易被敌军乘虚而入。

陆军元帅弗里德里希·保卢斯（Friedrich Paulus）担任第六集团军总司令。他是一位经验丰富、尽职尽责、一丝不苟的军事专家，喜欢照章办事，严格遵守上级指令。他也是十足的工作狂，常常整夜研究地图，一杯咖啡、一支香烟便可伴他通宵工作。所以，周围的同事认为他更像是潜心钻研的科学家而非驰骋沙场的大将军。[7]

当苏军来势汹汹，准备在第六集团军侧翼聚集时，保卢斯意识到危机降临，决定立即上报希特勒而不采取任何措施。这种坐等指令的消极被动态度与普鲁士的军事传统背道而驰，对指挥者来说是无法饶恕的错误。[8]类似的情形在商业领域同样常见，面对苏军威胁，我们经常像保卢斯那样被动等待，心想，“我已经禀告上级，但如果他不做出指示，我就只有静静等待了”。

11 月 19 日凌晨五点钟，寒风凛冽。苏军兵团的迫击炮、火炮、威力无比的喀秋莎火箭炮等接到向罗马尼亚军开火的命令,“天王星行动”正式拉开帷幕。

紧接着，一波又一波的苏军步兵和坦克加入攻击，罗马尼亚军坚持抵抗，无奈苏军势不可挡，不到中午便被彻底粉碎。之后，苏联人的坦克朝着离斯大林格勒仅 80 公里、位于顿河河畔的小镇卡拉奇（Kalach）驰骋而去。

保卢斯大约早晨十点钟收到苏军出击的第一条消息，当时他的第一反应是向罗马尼亚人提供援助，尽管不是非常确定。但天气糟糕至极，德军飞机无法正常起飞，只能在机场静候。时至午夜，保卢斯对苏军意图的判断仍云里雾里。因为一直没有等到柏林的命令，他的指令只能尽量含糊；不幸的是，直到最后一刻元首仍未给予任何回复。

希特勒究竟身在何处？原来 19 日当天，他去了巴伐利亚。权力过度集中意味着没有希特勒本人，谁也无法调用德国军队。更糟的是，听到罗马尼亚军遭袭的消息后，他下令在他本人回到总部前，任何人不得采取任何行动。

20 日早晨，苏军再次发动攻击。此次目标是斯大林格勒以南地区，在那里罗马尼亚军再次抵抗，但像前一天一样，苏军不费吹灰之力就将其迅速击退。这是苏军钳形策略的第二批队伍，他们即将发起粉碎德国第六集团军的攻势。

因兵力不足、物资匮乏，德军首次全力反击一无所获。希特勒对苏军攻势保持密切关注，但却因惧怕撤军而举棋不定。因此，他没有下达任何指令，或许的确已经无力回天。由于攻入斯大林格勒，到达伏尔加河代价巨大，作出放弃这一目标的决定对他来说太难了。

次日（11 月 21 日），苏方北翼军抵达卡拉奇，此时战争形势愈加复杂。尽管苏军的进攻意图越来越清晰，但焦虑不安的保卢斯依然一头雾水。

地图 4.2　苏军打击德国第六集团军

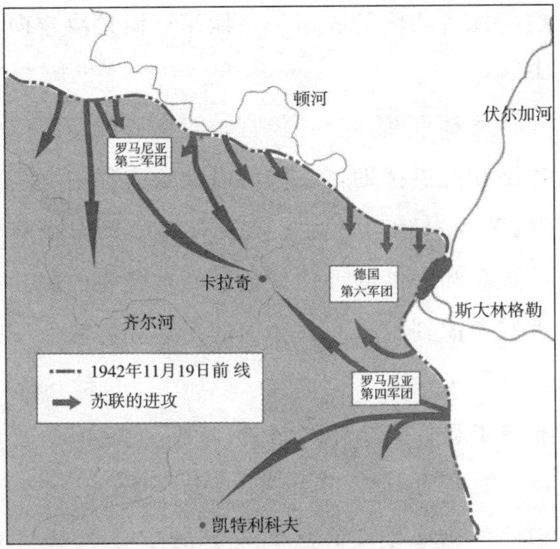

3　智者知错就改，愚者执迷不悟

1942 年 11 月 22 日晚，希特勒终于回到总部。他通知保卢斯次日他将作出决定，在没有得到命令前不得轻举妄动。然而，次日便传来苏军两翼军队已经在卡拉奇附近会合的消息，这对德军无疑是非常沉重的打击。保卢斯和他的第六集团军、部分克罗地亚和罗马尼亚军队，以及部分德国空军在内的约 25 万人全部陷入苏军巨大的包围圈中。[9]

但被困的军队知道，他们仍有希望冲出包围圈，予以还击。第六集团军可以在苏军行进过程中攻其不备，使敌人很难收紧包围圈。这样，德军的反击就可能打开缺口，帮助军队成功撤离。采取这一策略可能失去斯大林格勒，但也有可能给苏军造成前所未有的巨大打击。

在“狼穴”指挥部里，希特勒和他的总参谋部正在开会，就战局形势展开分析，试图确定究竟是该撤退还是应该顽强抵抗并从外部进行突围。在这千钧一发的时刻，希特勒并没有严肃考虑前线指挥官共同的心声——撤军，而是决定向几位忠诚的顾问征求意见。

赫尔曼·戈林果断回应：“长官，我指挥的空军队伍可以对攻夺斯大林格勒提供援助，我们可以让斯大林格勒变成另一个拖莱多城堡！”[10]戈林信口开河，既没有对形势作冷静分析，也没有可靠的数据和理性的评估。他已经被臆想的成功冲昏了头脑，完全没有考虑到西班牙共和国的民兵和苏联红军是不能同日而语的。

- “我绝不会放弃伏尔加河。”希特勒直言道。
- 威廉·凯特尔（Wilhelm Keitel）跟着附和起来：“是的，长官，我们绝不能放弃伏尔加河！”凯特尔自 1940 年起担任德国武装部队总司令，能够身居要职主要归功于他的盲目追随和批判能力的欠缺。
- 陆军军事行动总指挥阿尔弗雷德·约德尔（Alfred Jodl）深表赞同：“长官，这一决定事关重大，最好静观其变，在结果明朗之前，我们应该继续死守伏尔加河。”[11]

他们的支持打消了希特勒的疑虑，他也不愿再考虑任何人的撤军提议了。戈林等人的观点让希特勒信心倍增，于是他命令第六集团军发动进攻，顽抗到底。

我们身边也常有这样的下属，他们能升迁就是因为能盲从领导之意，懂得投其所好。这也是一些领导人喜欢听取他们意见的原因。然而，在这些人高唱赞歌以及缺乏批判能力的背后或许隐藏着更为致命的缺点，那就是业务上的无能。这种领导与下属的完美组合带来的正是斯大林格勒战役这样的罕见灾难。

11 月 24 日，清晨第一缕阳光洒向大地时，第六集团军终于盼来希特勒的命令。命令要求第六集团军顽强抵抗，守住斯大林格勒要塞[12]，直至援军抵达。前线指挥官的撤退希望化成了泡影；与此同时，开辟一条走廊的新计划开始实施，曼施坦因被任命为执行此次任务的军队总指挥。

11 月的最后几天里，焦虑与不安困扰着整个遭到围困的队伍。戈林曾承诺为第六集团军提供补给，事实证明这是不切实际的；因为供给不足，军队战斗力日渐下降。

与此同时，苏军准备发起第二次打击行动——“土星行动”，以保护斯大林格勒的防御工事，并彻底打击德军可能预谋的反攻。苏军对德国人攻击方向的预测完全正确，但曼施坦因的反击速度和凶猛程度还是让他们有些措手不及。作为一名身经百战的出色指挥官，曼施坦因没有等待最佳时机的到来，而是于 12 月 12 日出其不意地袭击了苏军。六天以后，德军先头部队已经深入苏军防线，距离斯大林格勒仅 48 公里。会有奇迹降临吗？第六集团军能否冲破包围，继续进军？

答案即将揭晓。德军很难推进，因为苏联对“土星行动”作出调整，转而攻击保护德军北翼安全的意大利军队。德军北翼的任务是紧盯伏尔加河。最终，意军如同一个月前战败的罗马尼亚军队一样溃不成军。苏军一开始就拒绝按德国人的规则出牌，他们没有直接瞄准德军的装甲部队，而是选择了间接策略，使对方无计可施，完全陷入瘫痪（苏军现已对罗斯托夫构成威胁，倘若能夺回该市，包括曼施坦因自己在内的 100 万德军都将受困于斯大林格勒和高加索地区之间）。

此时的战局对曼施坦因来说极为不利。情势所迫，他决定违背希特勒的意愿，所以希望保卢斯作好放弃围攻的准备，与其并肩作战。时间所剩无几，要逃脱被围困的厄运，曼施坦因就必须迅速撤退。

因为没有接到希特勒的明确指令，保卢斯犹豫再三，最后以坦克燃料不足，难以行驶30公里为由拒绝与曼施坦因协同作战。而他的部下则坚持认为应该放弃装备，利用步兵为曼施坦因打开通道，这也是唯一确定的脱身良策。[13]

军事专家保卢斯深知自己处境艰险，但他又是一个严格照章办事、绝对服从命令的人。他可以选择少担风险、坚守要塞，这一决定不难作出，但自己和部下就命运未卜了；或者他可以带领士兵冒险突围，虽然有违元首意愿，但可能成功拯救部下……保卢斯无动于衷，最终决定坐以待毙。曼施坦因成功撤退，而留在斯大林格勒的德军则只能自生自灭了。

在我们的日常工作和生活中，每天都免不了要作决定，有决定就意味着有风险。以牺牲今日为代价换取明日幸福的做法很可能是非常可怕的，因此，相比为错误的选择承担风险，很多人更倾向于不作任何选择[14]。像1942年12月底的保卢斯一样，想知道自己所作的决定是否会让我们像在斯大林格勒的德国士兵那样处境危险，就必须问自己：我们选择的规避风险是建立在对现状的客观分析基础上，还是仅仅贪图眼前便利？

尽管曼施坦因的决定使德军武器严重不足，但在意大利军队溃败后，他在保持原有通道畅通，确保高加索地区的德军有序撤退的同时，仍给予前线有力支持。但此时的斯大林格勒已远在德国战线220公里外了。

德军危险重重。苏军又一次发起进攻，匈牙利第二集团军被摧毁，德国战线出现一条320公里长的缺口。解除斯大林格勒的围困已毫无胜算。

1943年2月2日，最后一支德国军队投降，斯大林格勒要塞也拱手让出（共有9.1万人被俘）。这次战事消耗了半年的装甲车和汽车生产量、四个月的大炮和数月的轻武器生产量。[15]

这是战争打响以来德军相当惨重的一次溃败，但这并不是最后一次或最严重的一次。苏联南部的德军现在也岌岌可危。或许，1943 年战争会全部结束。

第 5 章

地中海海战

1 马耳他猎鹰

纳粹德国国防军在广袤的苏联元气大伤，革新派隆美尔及其德意志非洲军团的情况又如何呢？希特勒入侵苏联前，英军试图通过“战斧行动”（Operation Battleaxe）给德意志非洲军团及其盟友意大利致命一击。

然而，人力、物力占明显优势的英军非但没能摧毁德军，反而自己吃了败仗，损失惨重。盟军总参谋部决定由克劳德·奥金莱克（Claude Auchinleck）代替阿奇博尔德·韦维尔（Archibald Wavell），出任英军中东地区总司令，彻底摧毁德意志非洲军团。对英军而言，将敌人尽快赶出北非至关重要，因为它能防止德军取胜苏联后派遣其装甲部队穿过高加索地区向波斯湾进军。

英国人的慌乱和焦虑是其军队领导层发生变化的主要原因。像企业管理层对其 CEO 失去信心时所作的决定一样，无论他过去多么成功，都已不再重要。所以，韦维尔元帅“晋升”为印度总督，他原来的岗位由已经配备更多坦克、飞机和多种物资的奥金莱克接替。从后勤供给来说，这些资源意义非凡：北非战场战火不断，战士们对武器装备的需求异常迫切。

此时的战场无异于激烈角逐的竞技场，各方部队依次冲锋陷阵，直至筋疲力尽。他们努力前行，然后又原路撤退，保存实力，这与物资供应有着直接关系。两军的运输线如同橡皮筋有弹性极限一样，在距离基地（德军的的黎波里和英军的亚历山大港）最多 480 到 640 公里之间才相对安全。

而 2240 公里的距离意味着，如果前期没有建立中间基地，想要延长运输线则毫无可能。双方武器、物资供应问题的关键在于提升供应系统的灵活性，要能够在大本营积累储备，再逐步将物资运输到前方基地。交战双方与其本土之间的遥远距离表明，海上交通尤为重要。[1]

在此次物资供应战中，英军主要依赖直布罗陀和马耳他两大基地。马耳他是一个约 200 平方公里的陡峭岩岛，屹立于西西里以南约 90 公里的地中海上，处在从直布罗陀到苏伊士、从意大利到利比亚的海上航道交叉点上，具有非同一般的战略价值：马耳他将是阻止物资从意大利运往北非的最佳基地。

1940 年 6 月，意大利本可以轻松夺取马耳他，因为当时这里仅由三架名为“信念”、“希望”和“宽容”的老式战机保护（三架飞机的名称不无讽刺意味），但意大利军队却与此失之交臂。然而，这并不是他们错失的唯一良机。1941 年春，德意两军本可以轻松拿下马耳他，只可惜当时对形势认识不清，仅陶醉于无休止的轰炸中。同年秋天，当大批纳粹德国空军还在苏联草原上激战的时候，英军盯准时机，将马耳他收入囊中，变为其重要军事基地，从那里出发的潜艇和飞机给德意两国的物资造成巨大损失。

马耳他破坏不断，背后又有托布鲁克（Tobruk）的威胁，因此当英军于 1941 年 11 月 18 日在北非发动第四次攻击——“十字军行动（Operation Crusader）”时，隆美尔的威风渐渐丧失。

但“沙漠之狐”岂能束手就擒？他指挥部队通过一系列令人应接不暇的快速佯攻，狠狠打击英军坦克部队及其越战越勇的空军队伍，几天来胜负难分。隆美尔虽然物资有限，但他却让有限的资源最大程度地发挥了作用。

一些部下试图劝说奥金莱克放弃行动，因为此举风险极大，有可能耗尽一切仍一无所获。但奥金莱克心意已决，毅然坚持冒险一搏。他认为，相比之下敌军处境更加艰险……确实如此，隆美尔最后放弃战斗，慢慢撤退。

11 月 25 日，历经近七个月的围困后，托布鲁克终于解放。既然德军战线已经攻破，英军选择继续前进；虽未成功包围隆美尔，但 1942 年 1 月 11 日，他们再次征服昔兰尼加半岛。就在纳粹国防军身陷莫斯科难以脱身之时，德国军队从利比亚撤出。两年来，英军首次在地面战役中大败德军。尽管这是他们第一次真正可能将德意两军逐出北非的机会，但事实上，英军的运输线已经拉伸到了极限。德意两军奋起抗击的机会来了。

德军从大西洋战场调来 25 艘潜水艇，并从苏联前线抽调一个空军兵团（这在一定程度上减轻了大西洋和莫斯科战场上英苏两军的压力）。调遣的结果几乎立竿见影，1942 年 1 月，轴心国在穿越地中海的途中没有遭受任何设备损失。[2]

马耳他基地在德军的无情轰炸下几近瘫痪。在交锋中，英军损失 1 艘航空母舰、3 艘战舰、2 艘巡洋舰，同盟国海空实力降至战争以来的最低点。

面对局势变化，从不被动应战的隆美尔不畏挫折，在英军结束进攻大约 10 天后（1942 年 1 月底）下令发起反攻。

为避免重蹈覆辙，隆美尔制定了具体方案：首先拿下托布鲁克，继而进军利比亚；其次袭击马耳他，然后继续发动攻击，一举夺下埃及。在 4 月到 5 月期间，英军一直都在全力防御整个昔兰尼加半岛的安全。奥金莱克选择稳步撤退，避免陷入隆美尔的包围圈。就在这时，一场旨在削弱马耳他防御工事、推进“赫拉克勒斯行动”（目的是借助海路夺下马耳他）的剧烈轰炸开始上演。

就在英军以托布鲁克为基地，准备发动新一轮反攻时，隆美尔率军从沙漠突袭英军南翼，然后一路向北，通过突击攻下托布鲁克，俘获 3.3 万人并缴获大量军事物资（见地图 5.1）。

地图 5.1　利比亚和埃及（1942—1943 年）

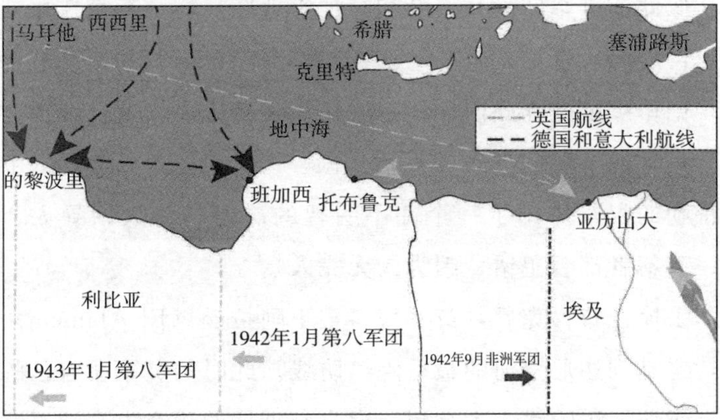

托布鲁克的沦陷给了同盟国重重一击，它也是英国一系列灾难的最后一次，丘吉尔将其称为“黑暗的停顿期”。[3]但是，正如 1940 年孤军奋战时一样，英国人毫无怨言、坚持抵抗，不曾言弃。

尽管遭遇挫折，英国议会（相当于商界里的股东大会）仍是丘吉尔的坚定支持者。大家一致对外，给予领导人绝对的信任和尊重；在逆境和危难面前，丘吉尔显然已经是动力和责任的代名词。这位临危不乱的英国领导人全心全意，极力劝说美国人援助英国，为埃及增援 300 辆坦克和 100 门自行火炮。

有人这样描述英美两国领导人交换意见的事实：“坐落于非洲沙漠的托布鲁克不幸落入德军魔掌，整个同盟国世界一片阴郁。但丘吉尔和罗斯福两位国家领导人并未流露出一丝悲观。可喜的是，他们心中谋划的是进攻和胜利，而不是防御和失败。”[4]

可以确定的是，在莫斯科和利比亚战役中德国威风尽扫，因此1941年只能惨淡收场。但1942年的夏天，战局突变：德军向埃及和苏联草原边界处进发，胜利似乎近在眼前。难道盟军1941年的胜仗只是幻觉吗？丘吉尔和罗斯福不愿认输。

像此前进军斯大林格勒和高加索地区一样，德军在非洲沙漠里再度陷入迷茫。隆美尔从托布鲁克凯旋而归的消息鼓舞人心，德军决定抛弃此前计划好的路线转而进军埃及，无视如果夺取马耳他失败后带来的可怕风险。“沙漠之狐”隆美尔带着希特勒的祝福作出了一个并不明智的决定（伟大领导人、专家、革新者都会犯错，因为人无完人）。

丢掉托布鲁克后，英军寄希望于阿拉曼（El Alamein）战场，这是到达尼罗河的最后一道防线。此时的英军在自己的地盘上作战，供给线大大缩短，但身经百战的德意志非洲军团绝不会因此而退缩。

2　阿拉曼战役

阿拉曼是一小片靠近海岸边的高地，它之所以重要是因为从这里直线向南延伸约56公里便是盖塔拉洼地（Qattara Depression），那里沼泽遍布，大部队很难通过。从南端将其包围是唯一出路，但因双方装备、物资严重匮乏，这一计划几乎不可能完成。

进入埃及将迫使隆美尔穿过海洋和盖塔拉洼地之间的“瓶颈”地带。这里自东向西散布着很多不超过300米高的小山丘，但毫无疑问，在那片平坦地带它们就是最大的障碍。[5]

英军决定在此深挖战壕，建立四条牢固的防御线，以保护最后一道防线后的淡水泉。在 7 月份的几天中，轴心国军队似乎能够轻而易举地进入亚历山大，但实际上，英军还在尼罗河、巴勒斯坦甚至伊拉克构筑了第二道防线。

而此时，隆美尔的好运也不再光顾。5 月底，在全速进军 640 公里后，非洲军团鞍马劳顿，物资也几乎全部耗尽，只能靠此前从英军缴获来的物资维系军队生计。到达阿拉曼的时候，德军仅剩 13 辆坦克。[6]隆美尔被迫停止行进，重组队伍；要想发起攻击，就必须保证物资供给。

英军明知此举甚险，却仍加大赌注，尽其所能以马耳他为基地发起反攻。海军在此次行动中损失惨重，但英军还是设法补充了装备，加强了马耳他岛的基地力量，作好了牵制德意志非洲军团的准备。

行动成功后，英军立即发动空中袭击，试图切断意大利和非洲之间的物资供应线。德国空军竭力阻止，但苏联前线几乎消耗了德国所有战机和兵力，因此德军防卫十分薄弱。

与此同时，英国的工厂和美军方面迅速向英国驻埃及军队提供大量物资，英军实力日渐壮大，而德意两军实力快速下滑。

尽管德军意识到处境危险，但仍设法在 7 月底稳定了前线战局。8 月，丘吉尔前往开罗，提议将德军彻底逐出北非。

正如在商界一样，丘吉尔认为，要应对新的挑战，除了提供必要物资外，最高领导人的态度同样意义重大。丘吉尔任命伯纳德·蒙哥马利（Bernard Montgomery）为派往非洲沙漠的英国第八集团军总司令。

免除奥金莱克的职务旨在为军队注入新的热情，并牢记托布鲁克之灾。新将领不应该被“沙漠之狐”的神话捆住手脚，因此蒙哥马利是最佳人选。作出这样的决定是因为奥金莱克不善与人沟通，并常常激怒丘吉尔（首先，他没有继续战斗，而是选择通过撤军来保持军队完整；其次，相比首相的叮咛和要求，他更关心如何打败隆美尔）。[7]

在现实生活中，我们总能看到出类拔萃的经理人被专业能力平平的人所取代，但后者却常常载誉而归。这或许不够公平，但企业确有这样的需要。一旦出现这种情况，就要尽量保持良好心态，如果你此前业绩不凡、忠于职守，内心可能更加难以接受。这样的免职看似随意，但也实难避免。

蒙哥马利是名副其实的军事专家，他深谋远虑、小心谨慎、纪律严明、有条不紊；另外，他也能从实际出发，在处理公共关系方面更是得心应手；此外，他有着常人难及的坚定决心和自信心。很显然，通过实战和纪律训练，蒙哥马利已经为第八集团军注入了必胜的信念。

意识到隆美尔善于机动作战后，蒙哥马利决定将战场转移到自己的地盘，积蓄力量、静候良机以待出手。放弃主动就意味着暗自承认隆美尔的高超技艺和创新精神，但不管伦敦如何敦促他速战速决，蒙哥马利都不敢再轻易冒险。

现在应该做的就是耐心等待，防止卷入对方擅长的大对决。因此，蒙哥马利决定自设场景，在这方面，他具备许多前辈欠缺的优势条件。首先，受地形限制，隆美尔被迫在瓶颈地带发起攻击；其次，德军在斯大林格勒战役中人力物资惨遭损耗，而蒙哥马利率领的军队因美国工业的支持而受益匪浅。正如拿破仑所言：“相比优秀的将军，我更喜欢幸运的将军。”

无论幸运与否，不可否认，蒙哥马利勇敢迎接了挑战并凯旋而归。像可口可乐公司那样，保住市场份额当然要比在新兴市场打拼容易，但这绝不意味着管理可口可乐公司是件轻而易举之事。

事实上，早在 20 世纪 80 年代初，可口可乐公司就在美国遭遇难题，其市场份额因竞争对手百事可乐的打击而稳步下滑。曾就职于跨国公司、有着多年软饮料管理经验的罗伯特·古兹维塔（Roberto Goizueta）接任可口可乐公司首席执行官，负责扭转不利局面。最初，他采取的措施具有典型的专家风格：集中资源、撤出亏损业务、重视销售、迎合顾客心理。

此外，可口可乐公司每年比百事可乐多投一亿美元用于市场营销，但百事可乐销售点更多、价格更优惠、折扣更多，所以此前的不利局面始终未能改变。

于是，可口可乐公司投入数百万美元进行市场调查：为什么顾客偏爱百事？后来，有人回答：产品盲测发现，顾客好像喜欢百事可乐的香甜口味。

在尝试了专家常用的解决途径后，古兹维塔决定再做一次革新者。一个世纪以来，可口可乐的配方始终如一；现在，公司决定推出新配方，定名为“新可口可乐”。顾客应该会更喜欢这种类似百事的口味，如此一来，可口可乐又能重新掌握主动。

1985 年，新产品在公司前所未有的全力支持下隆重推出。铺天盖地的广告宣传和大量的公关活动成功吸引了消费者的眼球。在公司“海陆空”全方位宣传的前 24 个小时里，全美 80％的人都注意到了可口可乐新产品的问世。

各个分销机构都库存满满，看到广告想要尝试该商品的任何人都可以就近购买。商品战仍在继续，至少从数据来看，可口可乐公司胜券在握……顾客蜂拥而至，争相购买。

但结果却不尽如人意。在小商店和大超市的货架上，传统可口可乐开始断货，与此同时，全国各地投诉电话接连不断，抱怨新可乐口味不够纯正。70天后，可口可乐公司被迫收回新产品，并以“经典可口可乐”的名义重新推出传统可乐。

如果能够在大量可靠数据的支持下作充分研究，就不可能作出如此草率的决定。可口可乐新产品发布的失败就在于，公司对收集到的顾客信息作了错误分析，具体而言，是方法和理解上的问题。顾客寻求的不是可口可乐的口味变化，尽管他们喜欢百事的香甜口味；对可口可乐，人们有一种不舍的情感，这也是对公司百年努力的价值认可。

1985年年底，百事可乐的市场份额反超可口可乐，[8]亚特兰大可口可乐公司管理层江郎才尽。但一年后，不可思议的事情发生了，可口可乐公司再次领跑市场，这一切多亏了令人难以置信的“经典可口可乐”的销量突破。

让我们再回到1942年8月的北非沙漠。尽管隆美尔收到来自柏林的承诺，但他知道，军队在设备方面再也不可能保持昨天的优势。于是，“沙漠之狐”决定殊死一搏，凭借有限的资源发起攻击。

蒙哥马利严阵以待，对隆美尔的陷阱也格外警惕，他希望看到德军任意挥霍其日益枯竭的兵力。最终，隆美尔空手而归，实力大减。公关能手蒙哥马利一夜之间成了“打败‘沙漠之狐’的大英雄”。

隆美尔病倒了，返回德国入院治疗。但他坚信，在英军决定清除非洲军团残余力量之前，他一定能率军重返战场。

10月23日，蒙哥马利准备就绪，发动了“捷足行动”(Operation Lightfoot)，这一行动的理念基于一句军事格言：“隐其所长，秀其所短”。蒙哥马利声东击西，通过此前在德军防御体系中特意打开的缺口向北挺进，但真正瞄准的却是南方。

意识到此次行动意义不同寻常，“沙漠之狐”决定出院并于 10 月 25 日重回部队。有了隆美尔的英明指挥，德军不会被轻易愚弄，英军的突破也得到遏制。英国人损失了大量坦克，在这场具有决定性的行动中败下阵来。

面对挫折，蒙哥马利毫不畏惧。他泰然自若、信心十足，顶住了来自丘吉尔的巨大压力，并深信德军 10 月底对他的牵制会让德国人自己吃尽苦头。时间对蒙哥马利大为有利。

11 月 2 日，蒙哥马利发动新一轮的攻击——“增压行动”(Supercharge)，改为向南进发，努力楔入德意两军之间。尽管隆美尔顽强抵抗，但德军处境每况愈下，车辆、燃料几乎耗尽，坦克、飞机、大炮等装备极为紧缺。

两天后，隆美尔公然违抗希特勒的指示，决定撤退，因为此时军队已深陷绝境。唯一不确定的是，他们是否会像受困于斯大林格勒的保卢斯及其军队一样惨遭围困、剿灭。但蒙哥马利不同于朱可夫，他更加谨慎，也更在意将士们的生死安危。如果不值得冒险，他绝不会轻易拿弟兄们的生命开玩笑。隆美尔并没有被彻底剿灭，但 10 多天后他开始撤军，这也是他两年来第三次从昔兰尼加半岛撤退。

尽管阿拉曼战役算不上大获全胜，但对盟军来说却是激动人心的重大转折，对从 1939 年开始就卷入战争的英军来说尤其如此；它既是战争的转折点，也是鼓舞士气的良机。正如丘吉尔所言：“这场战役前我们战无不败，这场战役后我们战无不胜。”[9]德意两军指挥部原以为可以在昔兰尼加半岛后重整军队，并在敌军抵达的黎波里前修筑防御线，但现在看来不可能实现了。美国人的到来将改变一切。

3 突尼斯：美妙友情的开始

日军1941年12月7日突袭珍珠港（见第10章）和德军管理层的鲁莽草率将美国拉入战争，与德、意、日为敌。丘吉尔意识到，美国参战会打破战局平衡，天平会向同盟国倾斜。[10]但事实上，1941年12月到1942年11月近一年间，英苏两国败多胜少。

仅靠实力或仅靠密切配合的团队，或优质的产品，或高额的投资，或难得的市场机遇是远远不够的。在关键时刻，在需要竭尽全力的地方必须让所有这些因素同时发挥作用。对市场的主宰不仅取决于公司的发展潜力，同时也有赖于将这一潜力转化为增加销售、掌握顾客心理和战胜竞争对手的实际能力上。

西班牙规模最大且实力最强的两家公司塔巴克拉烟草集团（Tabacalera）和凯特菲尔服装公司（Cortefiel）是各自行业的领导者。1998年2月，这两个经验丰富、团队管理体系健全、资金雄厚的公司创建了名为“Via Plus”的新公司。理念很简单，它们建立了类似ATM系统的销售点，以烟草商为主，顾客可以以相对低廉的价格购买各种各样的产品，例如书、光盘、电脑、时尚服饰等总计150个品牌的4万种产品。

1999年11月，Via Plus公司启动网络销售活动，尽管投入了大量人力和巨额资金，也得到了资深专家的鼎力支持，但结果却让人大失所望。在三年时间耗资800万欧元后，不得不关门大吉。[11]由此可见，仅靠实力是不够的。

美国的参战会对战争产生决定性影响吗？他们能否在面对劲敌的关键时刻发挥资源优势？

希特勒入侵波兰的当天，美国全部武装力量不过30万。

而六年后，也就是 1945 年，他们的兵力达到 1200 万，拥有战舰 7 万多艘、飞机近 7.3 万架。[12] 是什么触发了美国的快速蜕变？

毫无疑问，其秘诀不外乎两点。首先，是能够高速有效地将服务大众消费的庞大经济体系转向军需生产（详见下一章）。其次则是领导层的构成。部队里有普通的士兵、辛勤的工人、优秀的专家；对专家们来说，人力资源（将士的生命）是十分宝贵的财富。或许他们都不具备亚历山大大帝、凯撒大帝或拿破仑等伟人的军事创新能力和战略才华，或许在军事经验方面，他们甚至不如古德里安、隆美尔或曼施坦因，但美军领导人懂得充分利用资源，也懂得在不失道德原则且保持兵力损失最小的情况下赢得战争。

领导层的主要带头人就是他们的 CEO——美国总统富兰克林·德拉诺·罗斯福。他的过人之处就是能够用技艺精湛、工作高效的团队来武装自己。这个团队信任部下，鼓励灵活应对，对将领们遇到的技术问题也绝不会指手画脚。这种指挥体系能最大程度地减小摩擦，高效运作。

罗斯福放弃了美国宪法赋予他的权力：自当选总统之日起即为武装部队最高统帅。美国历史上有许许多多总统出任最高统帅的例子，如 1861－1865 年美国内战期间，总统亚伯拉罕·林肯就多次指挥作战，尽管不是每一次都能成功。

罗斯福对军事事务并不是一窍不通。一战期间他曾担任海军副部长，因此对战略战术有较深入的了解。不过，他从不喜欢像同行丘吉尔、斯大林、墨索里尼、希特勒那样给军事行动贴上个人标签。[13]

罗斯福完全了解他的同胞和这个国家的运行机制，这让他能够就战争和新的世界秩序向国民传达自己的理想，激励他们为战后建立更加公平自由的新秩序而努力。就这样，罗斯福成功凝聚全国人民的意志和努力，多元的美国社会一时间统一行动、上下一心，全力应战。罗斯福兼具多种优秀品质，但特别值得一提的是，他懂得任用贤才和传递自信乐观的态度。他意志坚定、才思敏捷、面对失败从容不迫，是身边人的坚强后盾。就像他不会让公众看到自己身体残疾一样，焦虑和恐惧他也同样只留给自己。罗斯福能够认清并坦率接受自己的缺点和不足，这也是他作为领导者不同于他人的典型标志。[14]

这让我想起西班牙一家银行行长的一句话：“随着时间的流逝，我逐渐意识到自己在很多方面都知之甚少，但是，有一点我却非常清楚，那就是如何选择合适的人来完成这些工作。”

德国领导人的风格恰恰相反，希特勒钟爱分散管理。这种风格有时会让部下无所适从，给他们执行任务带来困难，偶尔将领们也会接到自相矛盾的指示。这样的领导人对战败也毫无准备，因此在兵败或失利时，由于管理者缺乏战略远见，大家往往陷入迷茫。

可以举一个例子，希特勒认为与斯大林保持友好关系是完全可能的，甚至以为他们能够建立某种私人关系。但他似乎高估了自己的感召力和影响他人的个人魅力，过于信任自己与他人建立深厚、持久的私人关系的能力。从这个方面来说，斯大林甚至欺骗了丘吉尔。提到苏联领导人的时候，罗斯福说“我可以对付他”，丘吉尔则饱含深情地说“我可以和他做一笔交易”。但事实表明，两人都大错特错，[15]他们的错误判断使大半个欧洲在战后40年的时间里陷入专制、残忍、暴虐政府的统治中（尽管这并不是本书的讨论重点）。

依靠个人魅力缔造了商业帝国的伟大企业家大有人在。这是一种了不起的能力，但倘若失去敏锐的洞察力，忘记了无数

“斯大林”的存在，在口蜜腹剑的“斯大林”们布设陷阱时仍给予其充分信任，不难想象，他们多年的成就都将付诸东流。

美军当时有 33 位资深将军，而罗斯福从中挑选了乔治·马歇尔（George Marshall）担任陆军总参谋长，这是因为马歇尔率真坦诚，罗斯福感觉他值得委以重任。他的直觉是正确的，丘吉尔这样评价马歇尔：“他组织有序，带领盟军赢得了胜利。”

企业经理人的确可以从马歇尔这样的人身上学到很多。首先，也是最重要的，他懂得放权，这也使他自己能全身心地投入到更重要的事务上，即“统筹安排、独立领导”；同时，也能避免官僚主义，为核心成员留出更多思考解决重大问题的时间。曾经为多位领导人效力的员工都知道，领导力的秘密就在于敢于放权。放权意味着激发他人从未释放的潜力，激励他们超常发挥。放权是带领团队、充分激发创造力和想象力的最佳方式，“它让我们调动起自己和团队成员最优秀的品质、最出色的技能，帮助他人实现他们意想不到的目标；真正的放权意味着充分的信任，相信他人一定能成功，即使他们自己对此并无信心”。[16]

放权还意味着信赖下属，这绝不是一个简单的决定，当然也绝非生而有之的能力。它需要勇气、信任和果断。它不是将最难的工作或最复杂的问题交给“食物链最底端的人们”，期望他们会灵光一闪。放权意味着确保每个人负责与其能力相匹配的任务。马里奥·阿隆索·普格（Mario Alonso Puig）在他的一本书中写道：“人生最大的不幸是无缘遇见那些能够帮助你发现自己的人。”[17]

乔治·马歇尔的同事、后面我们会提到的美国将军德怀特·D. 艾森豪威尔（Dwight D. Eisenhower）在他的回忆录里清晰地描绘了马歇尔管理风格的其他特点：

• 他不喜欢被人推荐，总是会说：“如果你拿我当朋友，最好不要在他人面前提到我。”

• 他推崇独立，常常鼓励部下在其专业领域内独立思考、独立解决问题。

• 他讨厌那些一定要亲自检查每一个细节的人。

• 他不喜欢将坚定和嗜好混为一谈的人，不喜欢总与人争吵的人，也不喜欢争强好胜之人。

• 他无法忍受总是杞人忧天、消极被动的悲观主义者。

• 他只任命那些充满热情、对成功胸有成竹的人。

与其说马歇尔是从一位将军的角度来看待战争，倒不如说他的态度更像是一位大企业的管理人员。他将技术专家的标准应用到组建军队和选择战略中（比如，他将部队高级管理人员由原来的 61 人削减至 6 人，只有他们可以直接进入他的办公室。此外，他还把军队重新划分为三个主要分支：陆军、空军和后勤）。在训练和后勤方面他投入了大量精力。在他看来，战争是一个从征募新兵到实际作战的统一过程。[18]这不禁让我们联想到“波特价值链”（这一概念的意思是，我们要知道哪些流程和活动能够为企业增加价值，那些最能增加价值的地方才能让我们真正变得强大）。[19]

认定战争的战略重心在欧洲而非亚洲是马歇尔的第一个成功决定。这一决定与美国民众的态度格格不入，日本偷袭珍珠港后，美国人民怒火冲天，一心想要报仇雪恨，而对德国人他们只是有些不满和生气而已。当然，马歇尔的决定也违背了海军高层的意愿，他们担心如果不尽快行动，将很难抵挡日本在太平洋的全面攻势。但马歇尔成功顶住了各方压力。

在他看来，集中资源全力对付德军是重中之重，因为苏联和英国很可能会在美军将大部分物资运送到欧洲之前沦陷（这将给德军足够的休整时间），这样的结果无疑比短期内遭受日军羞辱要可怕得多。这表明马歇尔能够顾全大局，认清问题的关键，不被千头万绪的细节所困扰。

其次，他意识到，盟军在挫折面前必须百折不回、团结一心。他从现实需要而非生硬的理论出发，坚信英美两军应该联手共进。因此，他将大任交于与他政见相同的德怀特·艾森豪威尔将军，由他来担任盟军欧洲战场最高指挥官。

与轴心国采取的“平行作战”策略不同，西方盟军和苏联（特别是前者）努力协调不同政治、经济、军事利益；虽然三个国家都有“个性鲜明、意志坚定、强大自豪的人民”[20]，但最终，盟军选择了联盟。

如果最高领导人互相信任、互相欣赏的英美两国尚且需要大量务实工作才能真正高效合作，那么英美两国和苏联的合作就更加任重道远。但值得庆幸的是，三个国家克服了重重困难，一直紧密团结到德意日三国无条件投降的那一天。这种团结协作正是制敌取胜的关键。

商界同样如此。《经济学人》杂志近期刊出的一篇文章显示，至少 75%的合并与收购都以失败告终，未能给股东带来任何收益，原因就在于凝聚力的缺失。事实上，它们当中近一半的公司已经不能为股东创造任何价值。桂格燕麦公司（Quaker）和斯耐普（Snapple）、戴姆勒·奔驰汽车公司和克莱斯勒汽车公司、时代华纳和美国在线服务公司（AOL）等的合并、收购都未能幸免。[21]

1942 年 11 月 8 日，艾森豪威尔指挥的“火炬行动（Operation Torch）”正式开始。美军一支分遣队将在摩洛哥和阿尔及利亚登陆，之后迅速向突尼斯挺进，从背后突袭德意志非洲军团，并以迅雷不及掩耳之势将其歼灭，为下一步进攻意大利作好初步准备。

从理论上看，法国殖民当局不会发起抵抗，但为确保在摩洛哥和阿尔及利亚的顺利登陆，仍需留出部分兵力以有备无患[虽然这与大多描述法国人民英勇抵抗的文学作品有所不符，但无可否认，当时数百万法国民众支持贝当元帅（Petain），听从德国傀儡——维希政府的指示]。

德军迅速应战，源源不断的兵力在尤尔根·冯·阿明（Juergen Von Armin）上将的率领下奔赴战场。这支队伍中有赫尔曼·戈林装甲师和一个坦克营，并配有威力巨大的虎式坦克（一种重型坦克，盟军只能用火炮或飞机与其对抗）。许多战事分析人士认为，如果隆美尔早在三个月前就能获得这些装备，或得到其中仅仅一半的武器装备，阿拉曼战役的结局或将截然不同。[22]

突尼斯战役再次表明，很多时候，人们认为保持声望比客观冷静的判断更为重要。[23]希特勒姗姗来迟的决定不仅于事无补，反而导致局势进一步恶化。要夺回北非，本该抓住时机在埃及沙漠和马耳他海岸就果断行动，但应该在关键时刻、关键地点出现的增援力量这一刻才缓缓抵达，最终它们只能和其他装备一样，损失殆尽——这就是雨后送伞的结果（见地图 5.2）。即便如此，德军的迅速反应和恶劣的天气使 1942 年 12 月前结束北非战争的愿望化为泡影，1943 年 2 月中旬，德国人在突尼斯北部和东北部海岸整装待发。

隆美尔抵达突尼斯，再次指挥作战。此时，盟军在采取一系列行动，切断德军补给线的同时，也集中一切人力物力，准备作最后的抗争。2 月 16 日，隆美尔在卡塞林山口（Kasserine Pass）向经验不足的美军发起突袭，虽锁定胜局但已意义不大，因为“沙漠之狐”已很难在此基础上有进一步的收获。用不了多久，美国人将从非洲大陆的第一次战败中满血复活。

地图 5.2　北非战争结束（1943 年）

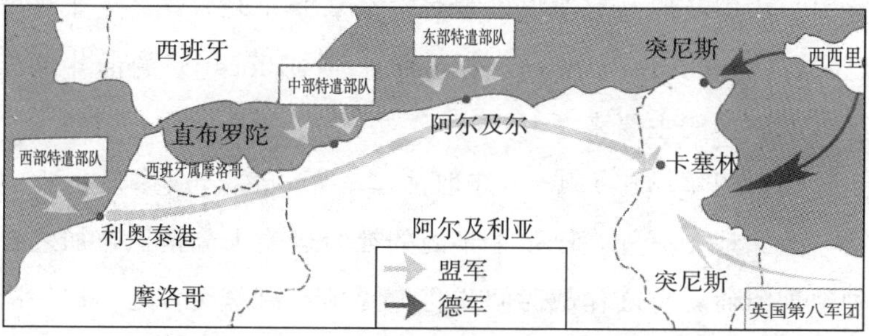

病魔缠身的“沙漠之狐”隆美尔请示希特勒，希望元首能同意撤军到意大利，以保存实力。但建议被无情地驳回，3 月 8 日隆美尔遭到免职。

盟军兵多将广，一步步击退德意军队，此时敌人只能通过险象环生的海路进行增援（德意两国海军发现，西西里岛和突尼斯之间的交叉地带无异于“死亡之路”）。历经四月、五月两个月的激烈交锋，德意两军最终于 5 月 13 日选择投降；盟军俘获的 25 万士兵中，有一半来自德国。

从西班牙到希腊的欧洲南翼向盟军敞开了大门。意大利前景堪忧，现在它成为了轴心国链条上最薄弱的一环。

4　条条大路通罗马

尽管进攻意大利看似合情合理，但英美两军在这一问题上产生了分歧。美军倾向于采取直接战略——在法国登陆，摧毁德军，进而向德国进发。在他们看来，这是取胜的捷径。

但英军却对风险较小的间接策略情有独钟。他们认为，间接战略既能继续削弱德军战斗力，也能扼制苏联战后野心的膨胀。于是，英军提议攻击纳粹软肋——巴尔干半岛。

这两种战略各有利弊，最终双方选择了折中方案：1944年夺取法国，同时将在意大利对战德军。这一方案也会为轰炸德国、法国及罗马尼亚提供重要空军基地［因为罗马尼亚普拉霍瓦省（Judetul Prahova）普洛耶什蒂（Ploesti）的油井是德军汽油燃料的主要来源］。

如果盟军早在1943年夺取法国，很可能造成惨重伤亡或将一败涂地。另外，巴尔干半岛的补给运输十分糟糕，加之各种地理障碍，登陆作战时间或将大幅延长。总而言之，这一决定或许是正确的。

截至1943年年中，德军情况相当复杂。胜利对德国人来说已遥不可及，或许平局才是最佳结果。此时，对古德里安、冯·曼施坦因，甚至丘吉尔来说，最完美的选择就是建立一支由20到30个师构成的中央预备军，以便在日后关键时刻随时调遣。

从地缘战略的角度来讲，德军可以充分利用其中央位置，德国总参谋部也能在关键时刻迅速调集军队，不等盟军继续进军遂将其逐个歼灭。普鲁士国王弗里德里希二世（Frederick Ⅱ）曾成功利用这一战略打败由法国、奥地利、瑞典以及俄国组成的联合力量；1943年，德国面临着同样强大的联合敌人。

不过，正如丘吉尔所言："希特勒编织了一张蜘蛛网，但却忘记了蜘蛛的存在，试图将所有战果据为己有。"[24]有些时候，为了在生死攸关之时保存实力，撤出部队、舍弃领土、牺牲市场份额、关闭生产线是最简单有效的措施。冯·曼施坦因说："任何不准备在必要时候撤出部队、挽救士兵的将领也不会在关键时刻击溃敌军。"[25]德军战线过长，而其CEO却视而不见，不愿以未来的成功为代价以应对当下困境。

以生产电子产品闻名的法国汤姆逊公司（Thomson）主要面向本国开展业务。2004年，其全球范围内员工人数已高达6.5万，这一年，公司亏损严重。

弗兰克·丹吉德（Frank Dangeard）临危受命，他作出的第一个决定就是将其电视生产业务出售给一家中国公司，再将其他消费类电子产品生产线卖给印度公司。丹吉德决定将全部精力集中于图像的处理和传输这一项业务上。

四年后的2008年，虽然公司营业额仍约为60亿欧元，但其本国业务在总业务量中的比重骤减到了4%；公司盈利稳步攀升，员工总数降至2.1万人。[26]

和企业一样，1943年的德军也要调整策略、适时创新、从根本上转变观念、专注于核心问题，哪怕短期来看这一过程痛苦煎熬，但不采取任何行动显然只能被逼入死胡同，坐以待毙。

征服突尼斯以后，盟军决定攻取西西里岛，为进入意大利扫除障碍。7月10日，英美两军成功登岛，在遭遇顽强抵抗后（几乎只有德国军人），于8月17日夺取岛上最后一座重要城市——墨西拿（Messina）。盟军虽具备空中和海上优势，但几乎所有德国士兵都得以成功撤离。

在入侵西西里岛期间有两件大事发生。首先，德军入侵遭到殊死抵抗，德国人在库尔斯克止步不前（见第8章），这时，他们无可奈何地意识到第二战场已经形成，并很难短期内结束战事。其次，7月24日，墨索里尼因内部政变下台。法西斯政党的实际管理机构罢免了政党创始人和党主席。次日，名义国家元首——意大利国王撤销了墨索里尼所有政府和军队职务。

巴多利奥（Badoglio）元帅领导的新政权宣称他们会继续

与德军并肩战斗，然而同时又和同盟国秘密协商改变立场（这与第一次世界大战时的情形不谋而合，当时意大利已经与德国和奥地利建立同盟，参战时又决定倒向协约国一边）。在长达45天的时间里，意大利军队几乎袖手旁观，盟军遭遇的所有抵抗几乎全部来自留在意大利的德国士兵。

9月3日，英军在意大利半岛的卡拉布里亚（Calabria）登陆。同一天，意大利代表团秘密签署投降书。五天后，美军一支部队在萨莱诺（Salerno）的那不勒斯（Naples）南部登陆，英国广播公司当日播出意大利投降的消息。

德军一如既往地顽强应战。他们解除了意大利武装部队（也包括法国、希腊、南斯拉夫的意大利武装军），如遇反抗则一举歼灭；紧接着又将墨索里尼从关押地救出，并派兵在萨莱诺滩头阵地决一死战。如果没有足够的舰炮和空中支援，美国人险些就被德军逼入大海，葬身鱼腹。

在险情有所稳定后，德军开始逐渐向北撤退，并在古斯塔夫防线（Gustav line）建立稳固阵地，这也是1943年行进缓慢的同盟军停止前进的地方［古斯塔夫防线是德军建立的横贯意大利中部的一系列防御工事，它从意大利的第勒尼安海（Tyrrhenian Sea）加里格利亚诺河（Garellano）入海口一直到亚得里亚海（Adriatic）的桑格罗河（river Sangro）入海口，绵延100多千米］。

古斯塔夫防线上最重要的战略位置位于靠近罗马的卡西诺山（Montecassino）山坡上，山顶筑有一座修道院。在这个制高点上，盟军的任何行动都一览无余，德军大炮可以轻松瞄准目标。

盟军计划向古斯塔夫防线发起正面攻击，与此同时派遣两栖部队于1944年1月22日在德军防线后的意大利安齐奥镇

（Anzio）附近登陆。起初一切进展顺利：在安齐奥和罗马之间并无德军踪迹；进入永恒之城罗马的道路畅通无阻。这一切让人感觉德军似乎将会在古斯塔夫防线后遭到伏击。

尽管如此，美军指挥登陆的将军仍谨慎下令暂停行进，决定整合力量后再出发，目的是要进一步观察局势。果然，他们发现其中有诈。

这一次，德军汲取教训，从多条战线调集增援部队，于 2 月 3 日发起反攻。德国人势不可挡，盟军多次险些撤退，最后凭借空军和海军的大力支持坚持到了最后一刻。

3 月初，盟军总算渡过难关，但其预期目标无一实现（既没有解放罗马，也未能突破古斯塔夫防线）。正如后来丘吉尔所言："我原以为我们要把一只野猫扔进大海，没想到我们面对的竟是一条搁浅的鲸鱼。"[27]

事实上，产品发布或启动新业务都和两栖登陆有着共同之处，也就是说，如果没有速度和策略，它将注定不会走得太远。一流的管理者必须对下一步的计划做到心中有数；同时也必须独立思考，发挥主动性。倘若准备不足，我们会发现前期的精心策划，包括为此调集的充分资源虽能保证短时间内一帆风顺，但最终即使不会惨败，也无法确保满载而归。

如果竞争对手拥有经验丰富的专业人才、可靠的资源、成熟的团队，即使命运似乎绽开了笑颜，我们也可能会发现自己正在被一步步推入深海。在平时的工作生活中，我们总会经不住轻松安逸的诱惑，惧怕离开舒适区。如果一切顺利，这一做法还不算太糟，但在作出最后决定前，让我们再听听丘吉尔的忠告："突袭、强度和速度是两栖作战的关键。一旦超过 24 小时，原本只有数十人的海滩可能已经集合了上万人，因此我们将失去海上攻击优势。"[28]

在德军后方登陆失利后，盟军将领们决定再次采取直接策略，即向古斯塔夫防线和卡西诺山发动正面进攻。1 月 17 日，盟军向敌人左翼发起猛攻，并于 20 日和 24 日分别向中部和北翼进发。战事进展缓慢且死伤严重。二月和三月，历史再次重演：正面攻击、新的杀戮、进展缓慢。

屡战屡败、几乎一筹莫展的盟军决定于四月停止血腥屠杀，重整军队，稍作休整。将领们意识到，他们可以瞄准同一目标，但“绝不能在已经失败的战线上再次进攻”。[29]

5 月 11 日，盟军第四次向卡西诺山发起进攻。经过多次筹划、调整方向和一系列配合天衣无缝的攻击后，终于取得突破，圆满结束战争。5 月 18 日，盟军占领修道院，并趁热打铁于 23 日向古斯塔夫防线发起决定性进攻，同时发起攻击的还有驻扎在安齐奥镇的盟军。

1944 年 5 月 25 日，德军全线撤退，但盟军未能成功包围敌人。于是，德军沿新的防御线——哥特防线（Gothic line）作好死守硬拼的准备［哥特防线是由阿尔贝特·凯塞林（Albert kesselring）元帅组织，沿亚平宁山峰（Apennines）修筑的一系列防御工事］。6 月 4 日，美军解放罗马。

两天后，盟军在诺曼底海滩登陆，意大利的战事对双方来说显然已不再那么重要（尽管盟军因德国人的“哥特防线”受阻数月，但这并不意味着战争强度有丝毫减弱）。形势渐趋稳定：盟军进展缓慢、损失惨重，但已经在“哥特防线”上局部打开几处缺口。

直到 1945 年 4 月，盟军才发起最后一次进攻，德军被迫投降。现在，只有阿尔卑斯山仍有少数敌人坚持抵抗，大约一周后，欧洲战事结束。不过，意大利战役的最终结果颇具争议。

德国人设法组织抵抗，迫使盟军沿半岛缓慢行进，而且未遭受重大损失。对意大利来说，一旦加入战争，就应该全身心投入其中；否则，不如将他们占用的人力、武器用于入侵法国或阻止苏联人的进攻。

第 6 章

其他战场，各有所愁

1　刚愎自用的希特勒

很多国家为战胜纳粹德国和日本贡献了力量，但只有三个国家形成了“伟大同盟”，并成为最终赢家，它们分别是英国（英联邦国家）、苏联以及美利坚合众国。这三个国家结成的联盟在采取平行作战策略的敌军看来所向披靡。

三个盟友以摧毁纳粹德国为目的开展联合行动。战场如商场，没有所谓的完美领导，有的只是与众不同的领导风格，这些不同风格在不同的环境中大放异彩。

所有的领导艺术都离不开优秀的管理团队，有了团队就可以优势互补。团队成员最好能以其经验、资历而非某种政治标准进入团队。尽管丘吉尔、罗斯福、斯大林的领导风格迥然不同，但他们都意识到了任用贤才的重要性并能积极付诸实践。

但是对手希特勒对此全然不知，他的领导风格至少存在三大缺陷。首先，他不愿放权，无法为各个部门任命德才兼备的领导人才。在纳粹德国的政府内阁中，找不到能力出众的总理和满腔热情、精力充沛的总参谋部部长，因为所有这些岗位都紧紧攥在希特勒一人手中。他并没有意识到（或者说不愿承认）职位越高，需要的思考和谋划时间也越长。

随着战争的推进，希特勒剥夺了军队所有主动权。他事无巨细，常常因为他的指挥（多数是一时兴起），几个军团或几支空军中队不得不从一个地方调集到另一个地方，其结果可想而知。他用含混不清的个人指令和决定取代总体战略。同时又要求各位军事顾问在他决策失误后尽最大努力降低损失、减少分歧。任何持异见者或拒绝誓死捍卫每一寸土地的人都会遭其罢免。[1]尽管希特勒身兼重任，但他只愿纸上谈兵，从不亲临战场，采取的战略虽曾帮助德军创造辉煌，却无力应对千变万化的新形势。

其次，处处插手的直接结果就是身体过度消耗，体力透支。即使分出他承担的极小一部分工作量，盟军领导人也会感觉难以胜任。然而，希特勒并没有认识到自身不足，他变得愈加教条、封闭，越来越重的工作担子让他喘不过气来。自从入侵苏联开始，以前“短平快”的狠狠打击、然后轻松享受的工作方式被夜以继日、没完没了地付出所取代。过去，有人替他分担，但现在因过分关注细节，问题倍增，已经没有人斗胆与其“同舟共济”。希特勒自认为纪律严明，但事实却并非如此。另外，他工作思路不清，加上堆积如山的工作，决策能力很难提升。

极度辛劳和封闭隔绝让他变得麻木不仁、犹豫不决，甚至脾气暴躁。过去，决策过程对他来说轻松愉快，如今却变成了绞尽脑汁的苦差事。[2]

他的第三个错误在于，他以一种消极的方式遴选团队成员。他总是试图清除或替换身边那些敢于直言问题、提出异议的人，代之以毕恭毕敬、善于讨好之人。所以，随着时间的推移，他的身边聚集了越来越多言听计从、只顾执行不计后果的人。[3]希特勒希望他的团队成员仅仅是助手，能无条件服从命令，并立刻照章办事。然而，这对他的行动有百害而无一益。

希特勒的独断专行导致身边大量高素质专业人才迅速流失。对德才兼备的部下，他要么解职，要么羞辱、关押，接任工作的是专业能力平平，但唯命是从、积极乐观、能够讨得他欢心的绝对忠诚派。可以想见，最后他身边只剩了成事不足败事有余的庸碌之辈。

这样的管理体系只会导致德国武装部队的指挥混乱不堪，它也是德军屡战屡败的主要原因。

历史上像希特勒这样的总指挥并不多见。他任命多位军官为行政助理，但他们只负责简单的上传下达，却没有运筹帷幄的能力。希特勒和他的几位纳粹亲信独揽战略制定大权。面对这样一位摇摆不定、难以捉摸的元首，高级指挥官们很难在战争的整体或长远规划上建言献策。

海陆空三军缺少统一协调指挥；所有关系到战争的物资生产、后勤、人力、情报等也都没有专门的委员会或战时内阁统一规划、深入分析；当然，也没有从全局出发探讨战争部署的研究团队和会议机制。[4]海陆空三军，以及下属各部门争权夺利，竞相争宠，这是二战期间它们唯一相同的地方。希特勒非但没有努力协调各方，反而鼓励意见不合，以博取他的关注。希特勒怪异的领导风格还在于，他会委派两位军官负责几乎同一份工作，这样就导致两人明争暗斗，而最终讨得他欢心的一定是能被他牵着鼻子走的那一位。[5]

即便如此，德军与强大的联合敌人作战的决心、能力和所付出的时间令人惊叹。或许我们可以作出这样的解释：有了优质的产品和顶尖的专业人才，哪怕遇上疯子一样的希特勒，企业也不会在一夜之间被击垮。

希特勒式的领导方式正是各种企业或组织败落的真正原因。一个企业或机构无论初创时多么完善、强大，一旦落入无可救药的梦想家或难以胜任的蠢材手中，无疑将毁于一旦。

2　秘密武器，武器的秘密

纵观整个战争过程，不难发现，德日两国都对决定性武器有着特殊迷恋，或许是因为他们对各自软肋心知肚明。双方都以为，决定性武器是在关键战役中保持有利地位、克敌取胜的法宝。随着战事年复一年地推进，新武器诞生的可能性越来越渺茫，但两国对奇迹的迷信却有增无减。从另一方面看，形势已大为不同。盟军很快意识到，战争不会速战速决，而是会演变成一场马拉松似的持久战，并开始作相应准备。

简化程序是第一步，只要确保能维持军事防御和进攻需要，任何没有实质作用的机构都一一削减。跨国公司日本天气新闻公司创始人石桥博良（Hiroyoshi Ishibashi）说："当气象学家宣称他们提供的信息百分之百准确时，结果往往是百分之百的不准确。"复杂的计划也一样。简单的东西有时很复杂，而复杂的东西却常常最没用。

在为新的一年制订战略计划时，比如要创办一家企业或设计一个营销计划，我们通常会专注于寻求"杀手锏"，如标志性的产品或服务、足以扭转大局并发挥决定性作用的独到方案。但在缺乏协调，人人我行我素的环境中绝不会产生"杀手锏"。

德军的领导机制注定其计划不会重点突出、目标一致。武装部队各个分支之间相互竞争，各部门之间也不例外。每个人都打着自己的如意算盘，独立寻找制敌良方。

德军生产出了质量一流的武器装备，其技术和实际效果令盟友和敌军大为震惊。但生产先进武器成本巨大：各种各样的武器制造项目争相获得资金和领导偏爱，种类繁多就很难保证每种产品的数量和质量都能达标。

例如，德军1941年入侵苏联时，其坦克和飞机数量与1940年打败英法两国时的数量基本相同。这也是苏军能在巴巴罗萨行动非常关键的前六个月中生存下来的重要原因。

战争过程中，德军一度拥有至少425种不同型号的飞机、151种货车和150种摩托车。这给批量生产和零部件组装带来不小的困难。自1942年以来，担任德国军工部部长的阿尔伯特·斯佩尔努力优化生产结构，他采用化繁为简的解决方案，果然创造了奇迹。截至1944年，德军仅生产5种不同型号的飞机、23种货车、一种反坦克武器。这种减法策略使德军当年的武器产量达到战争开始以来的最高峰。[6]但无论如何，此时德军已经无力扭转战局。

从技术层面讲，德军的武器设备资源（喷气式飞机、火箭、导弹、高性能潜水艇以及坦克）比敌军的更具优势。然而这种优势因批量生产困难而被抵消，这也就意味着，战争过程中不可能通过数量庞大的先进武器保证战无不胜。德军当时面对的是士气高昂、装备先进的盟军队伍，因此我们可以形象地说，如果只是为了获得木屑，就没有必要购买最好的木材。

更糟的是，直到战争临近尾声，德军才开始限制国内消费，允许大量女工进厂工作。此前，他们主要使用奴工，残忍的剥削导致死亡率激增，生产率下降。

为寻求“杀手锏”，德军几乎失去理智，完全不考虑常规武器是否充足。或许我们也一样很难抵制这样的诱惑。制药巨头葛兰素史克公司（GSK）总裁安德鲁·威蒂（Andrew Witty）上任后作出的第一个战略决策就是努力减少公司对拳头产品的迷恋。寻找“杀手锏”无异于“在急需之时大海捞针”。制药业对高风险的拳头产品的过度依赖使其极易遭受“鱼雷突袭”——监管惩处或仿制药公司的诉讼。因此，威蒂建议生产更具发展潜力的药物，使其产品形成完整可靠的链条。葛兰素史克公司的这一举措更像是努力创建灵活的驱逐舰舰队，而非寻求建造两三艘容易受到攻击的战列舰。[7]

相比之下，盟军深谙简单的智慧。德、日两军的特务机关效率低下，技术陈旧，而盟军很早之前就成功破译德、日两军的通信密码，对战事进展发挥了不可低估的作用。

在军队各个部门间传送的大多数信息都是通过无线电完成的。这表明给信息加密、防止它们被敌军截获至关重要，因为任何人都可以通过同样频率的无线电接收器收听到正在传送的信息。

德国武装部队通过恩尼格玛密码机（Enigma）加密无线电报。理论上讲，这种密码机有 150 万亿种排列可能性，因此，无论出于任何意图或目的，破译密码都是不可能做到的。[8]

1939 年，英军在伦敦附近的布莱切利公园设立了专门破译恩尼格玛密码机的机构。仅 1940 年夏天几个月的功夫，在成功逃离祖国的波兰专家以及一些数学家、密码员、语言学家以及桥牌、国际象棋和字谜爱好者的帮助下，英军在密码破译方面创造了奇迹——实时破译德军无线电信息；更加可喜的是，直到战争结束德军才发现这一事实。

破译密码意味着在德国将军获知行动信息前，英军就已经掌握了敌人动向。这些信息不仅与武装部队的作战计划有关，还涉及警务和外交信息。时至今日，历史学家仍未对这些信息的价值作出客观评估，但毋庸置疑，它们不仅拯救了成千上万的盟军将士，而且相当程度上缩短了战争时间。如果未能破译密码，盟军在北非、大西洋和欧洲的战事将更为艰难。

英美两军同样能够破解日军用于外交目的的“紫色”密码机和海军 JN-25 密码机的工作原理和通信密码。从太平洋战争打响的那一天起，英美两军就开始源源不断地获取和破译日军通信信息。

然而，盟军的优势并不仅仅体现在获取重要情报方面。相比敌军，盟军的工业实力更雄厚，他们制造的坦克、飞机、大炮、舰船等数量更加庞大。但仅工业优势一项并不能保证百战百胜，正如仅仅拥有资金优势不能保证企业一定能实现其发展目标一样，但不得不承认它是迈向成功的关键。

苏联和英国都成绩斐然，特别是苏联，因为当时德军已侵占苏联大片领土。两个国家都自力更生，很快在武器生产方面超越德国。但起决定性作用并最终彻底扭转局面的却是美国。

3 欢迎，马歇尔将军

1944 年 7 月 25 日清晨，德军精英装甲师“装甲教导师”在靠近法国圣洛（Saint Lô）的乡村待命。继诺曼底登陆后，装甲教导师已与盟军连续激战 49 天，但接下来会发生什么，将士们无从知晓。

突然，雷鸣般的巨响从上空传来，只见一波又一波的战斗轰炸机每 50 架一组，每隔两分钟就升空扔下烈性炸药和凝固汽油弹（一种高度易燃且燃烧持久的凝固汽油）。

紧接着是 400 架携带 225 公斤炸弹的中型轰炸机，之后从北边传来的声音让德军将士胆战心惊，1500 架重型轰炸机——“空中堡垒（Flying Fortress）”和“解放者（Liberator）”投下 3300 吨炸弹，瞬间，地面上火光冲天。最后，德军防线，或者说其残余防线也被 300 架“雷电”战斗轰炸机投下的粉碎性炸弹和新式燃烧弹彻底摧毁。

为完美收官，美军启用 1 万门大炮对装甲教导师少数幸存士兵发起猛攻。一位幸存者回忆说，当时就好像在“海上遭遇十级大风”。经历了美军令人眼花缭乱的猛攻之后，幸存的将士直到第二天仍有些惊魂未定。[9]

美军强大的工业实力保证了军事设备的充足供应。为抵御轴心国的凶猛攻势，每支队伍都配备了非常先进的武器装备。此外，美军还为战争胜利提供了数百万训练有素、装备齐全、英勇无畏的士兵和海员。

除了血腥的战斗、迷雾重重的间谍大战和士兵冲锋陷阵的英雄事迹，美国人的工业机器成就了二战史上的另一段传奇。

美军专注于批量生产并不尖端却质量上乘的装备，简言之，就是数量和实效并重。我们可以拿美军的 M4“谢尔曼”坦克与德军虎式重型坦克相比较，一份来源不明的“谢尔曼”坦克手册讲:“四辆谢尔曼坦克才能摧毁一辆虎式坦克，而且四辆中的三辆会完全报废。”[10]但事实是，当美军生产了 4.8 万辆谢尔曼坦克时，德军仅交付了 1300 辆虎式重型坦克。

美军向其盟友提供了大量武器装备，据马歇尔将军估算，这些武器足以武装 588 个装甲师和 2000 个步兵师。[11]与此同时，美军也为自己的 66 个步兵师、16 个装甲师、一支骑兵部队、一支山地作战师等共 800 万士兵配备了各种武器装备。[12]这些数字并不包括当时在太平洋浴血奋战的海军陆战队、空军和海军部队的装备数量。

美军的飞机生产能力更是令人叹为观止。1944 年，美国生产了 96318 架各种型号的飞机（这一数字比德、意、日轴心国的飞机产量之和还要高，是当时苏联产量的两倍，英国的近四倍）。空军实力雄厚不仅可以保证战争取胜，也能给敌人的经济、领土以及海上运输造成不小打击。[13]

美军的军舰产量同样毫不逊色。1943 年，德日两国建造了 392 艘高吨位舰船，1944 年达到 446 艘；美军 1943 年的舰船产量为 2654 艘，1944 年略有减少，达到 2247 艘。[14]这些物资补充在大西洋和太平洋战场上发挥了极为重要的作用。例如，在不足两年半的时间里，对抗日军的作战舰队从原来的 1 艘航空母舰、3 艘巡洋舰、9 艘驱逐舰增加到了 18 艘航空母舰、6 艘战列舰、17 艘巡洋舰、64 艘驱逐舰。[15]

除了这些粗略的生产数据，我们看到，美军还致力于将士培训和建立高效的后勤网络，确保大量军用物资和增援部队能够安全快速地抵达战场。这就意味着，成千上万的军官、海员、士兵都必须接受教育和训练。

这方面的数字同样惊人。1939 年，美国空军仅 2 万兵力，1944 年增至 240 万（其中军官占 12.5%，人数达 30 万之多）。1941 年到 1945 年间，接受训练的海军军官人数为 28.6 万人。美军以神奇的速度取得如此骄人的成绩，这是其盟友和敌人都望尘莫及的。

那么美军是如何做到的呢？假如你掌管一家以 A 类产品为核心的重要公司（正如美国在珍珠港遭偷袭前以生产日用消费品为主一样），一场突如其来的变化迫使你将重心转向 B 产品（二战中，美国的经济完全以服务战争为中心），那美国的例子又能给我们哪些启示呢？

首先，要有擅长技术和组织技巧的专家和管理者。对美国而言，广纳贤才再简单不过，因为赫赫有名的美国公司，特别是福特、通用或克莱斯勒等汽车公司对大规模生产链的组织都十分熟悉；另外，它们也有长期从事这一工作、经验丰富的管理团队。

其次就是确保管理层既有鸿鹄之志，又能脚踏实地地朝着既定目标奋斗（“是的，我们能！”是将美国人凝聚在一起的独特口号，奥巴马入主白宫就是最好的证明）。正因为有战略眼光，美国才在二战期间投入生产了大量“自由轮”（第二次世界大战中的补给船），最终美军造船业成功突破造船厂的局限。因此，对核心人员来说，要有远见，有谋划，并能以积极向上的态度为之努力。

在欧洲人眼中，美国人天真坦率，对世界的认识非常简单、肤浅，这种认识指导他们用十分基础的思想解决异常复杂的问题。然而，正是这种不起眼的简单和坚定不移的独创性赋予了美国在生产和军事方面超乎想象的巨大威力。

最后，我们还必须鼓励积极性和创造性。事实证明，美军的指挥体系坚决支持主动性和创造性。领导层（从总统开始）委派工作，明确分工，尽量不在他人工作上指手画脚。所以说，战略和目标一旦确定，就必须给专家自由发挥的空间。

美军领导人是能够激励部下、深谙用人之道的领导者，他们能够将技术性的工作委派给专业人士，从而专注于自己最擅长的工作，扫除制订计划时的心理障碍。正如亨利·福特所言：“如果你觉得自己行，那你说对了；如果你觉得自己不行，你说得也没错。”[16,17]

总而言之，这三点启示其实很简单（尽管付诸实践或许并不简单）：广纳专业人士，吸纳创新人才，消除偏见、脚踏实地，以及提升领导力。

美国人对自身潜能信心十足，他们有着共同的奋斗目标、先进的技术、专业的人才和必胜的决心。在这种情况下，他们还会不成功吗？实际上，他们真的做到了。

4　大西洋之战

对德军而言，打败英美两军最有效的间接策略就是阻断横跨大西洋的运输线。

如若成功，英军会因粮草断绝而葬身大海，苏联人也不会在1942年和1943年发起那样的猛攻，美军提供的所有人力、物力支援也都将毫无意义。

辽阔的大西洋对盟军而言就像古希腊神话中的“戈尔迪死结”（Gordian Knot）一样难以解开。对美国人来说，它是“阿基里斯之踵”；对英国人而言，它是特洛伊战争中的贤明长老内斯特；对苏联人来讲，它是难以战胜的巨人。前面我们提到，间接战略益处多多，对著名军事战略家巴兹尔·亨利·利德尔·哈特（Basil Henry Liddell Hart）而言，间接战略是“最有希望且最经济的战略”[18]。德军需要做的就是在敌军最薄弱的地方发起猛攻，致使他们失去平衡，损兵折将。这一切应该以最经济的方式来完成。

虽然这一战略显而易见，但让人惊讶的是，它却并没有引起德军的足够重视。英军意识到事关重大——如果德国人部署重兵，摧毁其与美军的运输线路，后果将不堪设想。丘吉尔称:“战争期间，唯一让我恐惧的就是来自德国U艇的威胁。”[19]

大西洋海战有两个特别值得关注的方面。首先，英国作出决定，宣布大西洋战役是需要全力支持的重要举措，尽管其领导人清楚它是一场考验毅力和实力，并需要作出巨大牺牲的持久战。

这一决定有利于为大西洋战役调动各种人力和装备资源，紧接着美军参战，为其派出增援部队。盟军组建跨专业的高级团队，军民一心，齐心协力为实现同一个目标而努力。

换言之，首先必须清楚困扰我们团队的最根本问题是什么。或许我们会发现，很多高管青睐的“灵丹妙药”并不能救我们于危难之中；能认清根本问题就可能找到应对之策，只可惜这一问题通常并不能引起CEO的注意。

由此可见，正确的解决思路就是向团队宣布太平洋战争的开始，确保每个人的注意力都能集中在这一工作上，尽管这意味着每一天都会日程满满，要作战事汇报、情报分析，但只有这样，大家才能充分认识到它的重要性。从温斯顿·丘吉尔身上我们可以看到，面对诸如此类的战役，组建自己的专业团队至关重要。

其次，一旦发现问题、确定了目标，就应该集中精力、不失远见。但我们看到，德军对其资源多次分散部署，当他们终于成功集中兵力和武器时，却因判断失误而错失良机。托马斯·爱迪生说："生活中，很多遭遇失败的人都没有意识到，在他们放弃的时候其实成功离他们仅一步之遥。"[20]

另一方面，尽管有不同意见，也有人试图放弃，但盟军自始至终坚持奉行一种战略。

战争刚刚爆发时，与英法战舰相比，德军明显处于劣势，而且这种劣势一直持续到法国沦陷和攻取挪威以后。原因在于，德军潜艇数量严重不足，而且很多时候它们在波罗的海受到敌军的严密封锁。然而，1940 年以后情况开始发生变化。

随着法军战舰被控制和法国港口得以通行，德国潜艇在大西洋几乎畅行无阻，尤其是在盟军毫无空中防护的区域。1940 年 6 月到 11 月，英军商船相继沉没，损失货物达 160 万吨（平均每月损失 26.6 万吨）。这一数字非常惊人，要知道，德军只用了 60 艘潜艇就造成如此大的损失，而且它们并非同时作战（一些在参加训练，另一些在维修或接受检查，剩余潜艇则分散在海战的各个区域）。

虽然战果斐然，但德军在海战上投入的资源却少之又少。1940 年，48 艘潜艇交付德国海军，一年后 186 艘新战舰又投入战斗，但总体而言，数量依然很小。此外，他们既没有充分利用这些装备，也浪费了在征服法国后与空军合作制敌的大好机遇。用海军上将邓尼茨（Donitz）的话来说：“德国海军作战时并未利用空中侦察和它们自己的战机，就好像德国人完全没有制造过飞机一样。”[21]

但这并不预示着水上作战会永远顺利。因为缺乏远见，德军战舰未能对英国海军构成实质性威胁。但战争一开始的时候，德国来势凶猛，在海上游击战中，德国潜艇击沉英军包括商船和战舰在内的大量船只。德军水面舰艇捉襟见肘，因此能取得如此成绩已属不易。

德国潜艇成为英国皇家海军指挥部的心腹大患，导致他们在反潜艇战争中不能集中力量，反而将重要资源进行转移。

在1941年5月的一次小规模战斗中，“俾斯麦”号战列舰被击沉（这艘战舰曾重创英国海军，为此，丘吉尔下令必须不惜一切代价将其击沉）。此事激怒了希特勒，他决定没有他的明确指示，任何水面舰船不得轻易出动；此后除了很少的几次行动外，希特勒几乎没有再发出明确指示。对英军来说，这无疑是令人振奋的大好消息。

认识到自身不足后，英国皇家海军开始着手制定长期、稳定、完善的海战战略，以支持大西洋战役。第一步便是着力提升水下潜艇探测技术（这要归功于声呐装置的升级）。其次是通过使用比驱逐舰体型小、价格低的轻型巡洋舰，如护航舰，进一步完善护航保护战术。轻型巡洋舰的战斗力并不逊色（驱逐舰约为3000吨、巡洋舰1.5万吨、战舰7万吨，轻型巡洋舰只有约1000吨），这种护航系统能够有效保护商船，因此在第一次和第二次世界大战中均被采用。其任务是在航行中将商船集中在一起，并使用战舰对其保驾护航，这样，它们就可以在执行护航任务的同时打击敌人潜艇，而不是漫无目的地在浩瀚无垠的大西洋里搜寻德军 U 艇。[22]

为应对这种防御技术，德军在革新派潜艇舰队指挥官卡尔·邓尼茨的带领下制定了潜艇作战新战术——“狼群”战术。

传统上，潜水艇在白天攻击护航舰，然后潜入水中，根据指挥官的指令独自行动。而新科技的运用使潜艇能够成群聚集（像狼群一样）、协同作战，连续数日在水上夜袭船队。在这种情况下，声呐和雷达就无法对其进行定位，加之夜间行动使敌军很难发现它们。而成群作战又可以在不同地点同时攻击，迷惑护航舰队。

截至 1941 年，战事呈现双方平手的局面。盟军之所以能守住阵地，首先是因为他们建立了配有巡逻飞机的空中基地；其次是 Ultra（超越）破译机的使用，这种机器可以破译德军恩尼格玛密码机传送的信息（从而帮助英军避开“狼群”的搜寻）；此外，美军在海军部资源异常紧缺时提供的 50 艘驱逐舰同样功不可没。

美国的参战对德国潜艇来说无疑是新的威胁，但也不失为大好机遇，因为“狼群”的爪牙已经足以伸展到海洋的任何一个角落，可以不必再费尽心思躲避美军战舰［历史上，1915 年德国潜艇击沉英国远洋客轮“卢西塔尼亚号”（Lusitania），这一举动导致美国于 1917 年卷入一战，希特勒决心不再为美国提供同样的借口］。

兵贵神速，德军像往常一样争分夺秒、迅速行动，被誉为“海上乳牛（Milk Cows）”的运输潜艇开始投入使用，为“狼群”提供物资和鱼雷。这些武器、物资足以确保 12 艘潜艇连续作战两月之久。

1942 年年初，邓尼茨手中投入战斗的潜艇达 250 艘。德军信心倍增、士气大涨，一位指挥官甚至预言战争将很快结束：“我们将为美军举行临终圣礼。”的确，德军连续数月战果辉煌，其潜艇所向披靡，似乎不可攻克。从 1942 年 1 月到 4 月中旬，德军仅损失一艘潜艇，而美军却有 250 艘舰船被击沉。盟军忧心忡忡，因为以这样的速度，他们将很快被德国人淘汰出局，而孤军奋战的苏军也将实力大减。

可惜德军再一次没能保住其强劲势头。就在战争如火如荼、美军有些力不从心时，希特勒为防止亚速尔群岛(Azores)和挪威遭到入侵，坚持要求派出潜艇备战。但事实表明，此举不过是杞人忧天而已。

温斯顿·丘吉尔在他的回忆录中写道：“德军 U 型潜艇是我们最大的噩梦。倘若德军能在这种武器和战术上全力以赴，我们的希望就非常渺茫了。记得父亲曾说，‘在政界，如果你的选择是正确的，那就应该坚持下去’，这也是重要的作战原则。”[23]

德军的战略调整让美军有了喘息的机会，他们采取英军已经实践长达一年的相同策略。损失渐渐得以弥补，新生产的舰船一定程度上补充了海上力量，而这是德军万万没有想到的。

1942 年夏，局势开始扭转。德军攻势越来越猛，但战绩却越来越不容乐观。相反，美军及时吸取教训，并在生产能力范围内投入大量资源；英军积累的经验也开始发挥作用。

新装备迅速交付战场，旧设备也经过了更新升级，盟军沿着正确的方向快速行进。他们的雷达设备越来越先进，飞机已经能探测到水面上的潜艇，无线电测向仪（能够确定无线电信号方向的电子系统）的问世也使盟军能够侦察到 40 公里内的任何传播信号。所以当德国 U 艇互相联络，要形成“狼群”战队时，护航舰队就尽量绕道而行。此外，盟军还拥有从新建的空军基地起飞的远程飞机、护航航空母舰以及多种类型的深水炸弹等。

尽管如此，盟军在 1942 年下半年仍处境艰难。从 6 月到 11 月，平均每月有 80 万吨位的船只沉没（其他月份的损失数字同样令人不安，平均每月 60 万吨）。有所不同的是，此时德军也一样损失惨重，其潜艇沉没数量剧增（近 90 艘），同时沉没的还有作战经验非常丰富的德国船员。[24]

1943 年年初，邓尼茨出任德国海军总司令，当时可随时调遣的潜艇超过 200 艘，还有很多正在接受训练。希特勒要求在加快潜艇制造速度的同时进一步提高潜艇质量。

然而，对德军来说十分不幸的是，盟军早已羽翼丰满。花费大量心血、为之付出沉重代价的系统化理性化作战策略开始结果。

这一年局势明显扭转。除损失 579 艘舰船外（总吨位约达 322 万吨），德军还损失潜艇 237 艘。盟军被击沉的舰船总吨位达 1300 万吨（也就是说，损失约达 25%，虽然比例仍居高不下，但相比此前已大大降低）。在接下来的两年中，德军潜艇摧毁的盟军舰船已很难达到 150 万吨。[25]

此时的盟军已经能够认识到自身主要问题并采取相应对策，这一过程虽不及时，但已属不易。德军则因无法在关键时刻准确评估战斗重要性而丧失良机。大敌当前，德国人思路不清，又不能充分集中资源，如果能做到这一切，他们或将成功逆袭。

仅从数字上也能对战斗的激烈程度有所管窥。邓尼茨的 863 艘潜艇（损失 630 艘）共击沉盟军战舰 148 艘、商船 2279 艘。但这些实际数据并不能揭示德国潜艇的战略意义，因为它们占用了 3000 多艘船只和 5000 多架飞机，而这些资源也可用于支援其他战场。[26]

5 战略轰炸

时机成熟，英美两军决定为战争画上句号。他们认为，“间接法”是取得最终胜利的有效途径。为此，两军决定采用“战略轰炸”，至少从理论上讲，这一想法是可取的。

英美两军计划对德军的工厂、炼油厂、油井、铁路枢纽以及大型城市展开轰炸，其目的是打击敌人经济，迫使其军队因武器、燃料和零部件不足而停止战斗。另外，这一措施也能在很大程度上打击民众士气，致使其领导人别无选择、出面求和。

避免代价惨重的地面战争是这一策略的出发点，因为血腥的一战和西线战场上的大肆屠杀仍历历在目。在此前的战斗中，前线战士死伤无数，当时双方都有能力提供机关枪、军械、大炮等，但此次提出的新策略是完全理智的：如果能迫使其装配线和工厂停止运作，敌军就只能束手就擒，这样也避免了流血牺牲。[27]

其实这一想法并非新创，早在战争之初德军就采用了这一策略。1939 年，德军轰炸华沙、鹿特丹（Rotterdam），之后又在不列颠战役中轰炸英国，以挫败敌军士气。1940 年年底，用丘吉尔的话来说，英军唯一能够取胜的机会就是“对纳粹德国进行灾难性、毁灭性的轰炸”。[28]

说来容易做来难。当时，英军战机数量严重不足，已经投入使用的飞机无法承载大量炸弹；另外，为减少损失，飞机不得不在夜间飞行，这给定位和准确打击带来很大困难。

由此可见，英军在 1940 年和 1941 年的攻击完全不会对德国的城市和工业造成实质性打击。在德军采取一系列对策，特别是在雷达设备和防空系统的帮助下部署了夜间战斗机后，英国皇家空军连连失利，损失惨重。1940 年，英国损失战机 492 架，1941 年损失 1034 架。[29] 在这次轰炸中，英军不仅一无所获，反而“赔了夫人又折兵”。

1942 年，战略轰炸的时机终于成熟，有两点原因。首先，亚瑟·哈里斯（英国皇家空军的同事称他为“轰炸机”、“屠夫”哈里斯）担任轰炸机指挥部总司令。在他上任的同时，新型改良飞机也开始投入使用。哈里斯是空中作战专家，他寡言少语、有些严厉，但工作刻苦、有恒心。虽然有分析人士指出，哈里斯不是聪明过人的指挥官，但毫无疑问，他能很好地保护自己的团队。此外，哈里斯擅长对必要的资源进行有序整合，通过完善技术提高行动效率。

考虑到飞机无法准确瞄准，哈里斯选择了“地毯式轰炸”（又称“区域轰炸”），即炸毁整座城市而非某一特定目标。于是，虽不能准确打击既定目标，但类似燃烧弹那样能够造成大面积破坏的新炸弹应运而生。

新型轰炸机也开始投入使用，它们体型更大，载弹量更多，飞行距离更远。不仅如此，新战术也带来意外收获。另外，轻型飞机“探路者”（Pathfinder）可以引领进攻部队，为紧随其后的重型轰炸机照亮目标，从而大大减轻了飞行员的工作负担。

第二个原因就是美军的加入。这对英国轰炸机司令部来说意味着前所未有的人力物力支持。美国人再次表现出他们独有的自信：“让我们给英国人看看怎样打一场胜仗。”在 1942 年，他们仅通过战斗机的支持对法国几处目标进行打击，就为 1943 年大规模的轰炸行动积累了经验。

1942 年，盟军接连受阻，英军夜间轰炸的损失有增无减。

此后的战略调整使德国民众不幸成为敌人攻击的目标。盟军认为，即使不能摧毁敌人的工业生产能力，至少也能破坏德国民众士气和他们的家园。结果，成千上万的德国人丧生，大量房屋被毁。但这一措施既没有动摇德国人的士气，也没能迫使德军向英国求和。

1943 年，新的力量加入战斗。盟军此时拥有一支阵容无比强大的战机队伍，他们能在一次任务中派出 2000 架飞机袭击同一个目标。

此外，美国第八航空队准备采取行动，轰炸德国。美军配有被称作“空中堡垒”的 B-17 轰炸机，理论上讲，它们能够对抗战斗机和防空武器，这就意味着无需继续进行夜间作战。白天进攻可以避免“地毯式轰炸”，节省大量炸弹，从而有选择性地轰炸敌军铁路枢纽和原材料、燃料供应基地。

轰炸行动的首要目标是打击德国工业，阻止其物资供往前线；其次是摧毁德国城市及其民众继续战斗的坚强意志。英军夜间轰炸，美军白日轰炸，德国人没有任何喘息的机会。

然而，结果并不如愿，美军损失惨重，轰炸并没有达到预期效果。尽管平均每次任务损失 5%的战机，但部分任务中，飞机损失则高达 60%。从统计学来看，最乐观的情况下，一名飞行员只能执行大约 20 次任务。更糟的是，德军工业非但没有瘫痪，武器产量反而逐渐增加。

盟军的锲而不舍终于得到回报。德军不得不从其他战场撤回宝贵的空军力量，保卫其领空和城市。1943 年，德军 70%的战机都用于本国防卫，同时还调集大量高射炮和更多兵力。这对当时濒临失控的苏军来说可谓是一大福音。

轰炸还在继续，德国城市面目全非，民众死伤无数，但其战争投入并没有受到显著影响：德国人的工业机器仍在运转、交通依然畅通、士气仍然饱满。

1944 年年初，盟军似乎败局已定，因为人员和物资损失非常严重，特别是美军，轰炸眼看就要停止。然而一架高科技战机的出现改写了历史，盟军新研发的 P-51 “野马” 战斗机（P-51 Mustang）性能强大，能够在德国执行护航任务。

有了新战机的保护，美军轰炸机损失明显下降。持续的轰炸对德国工业生产能力和民众士气影响极小。但 1944 年春天，德国空军遭到了毁灭性打击。最高指挥部意识到，因保卫重要城市而损失的大量飞行员和战机已很难弥补。在西线战场，德军和敌人的战机数量比为 1∶7，而在东线战场和苏联的战机比则高达 1∶9。[30]德国空军因飞机和飞行员日渐耗尽而濒于崩溃。

此时纳粹空军几近覆灭。英国轰炸机司令部决定在支持盟军登陆法国后再次轰炸德国。不久，德国城市、工厂、交通系统、炼油厂等被夷为平地，人员、设备损失惨重。即便如此，德军仍坚持抵抗……

盟军最初策划的摧毁第三帝国工业、打击德军士气的目标基本实现。德军被迫投入巨大人力物力保卫本土，这就意味着其他主要战场，如苏联战场以及 1944 年 6 月以后的西线战场上的德军力量显著削弱。

正如德国军工部部长斯佩尔所言：“盟军的轰炸行动对德国的工业生产和军民士气的影响微乎其微，但这一过程却消耗了德军本可以用于其他战场（尤其是苏联战场）的飞机和防空资源（如反坦克装备）。”[31]

即便如此，德军直到 1944 年年底仍在全力以赴地提高坦克、飞机和大炮的生产数量。美军在其战后分析中总结道：“事实证明，轰炸德国工业和人口集中区的计划是失败的，我们并没有成功打击德国的军工生产，总体而言，德国的装备产量仍在增加，而且民众的士气也没有被彻底击垮。”[32]

然而，你会惊奇地发现，如果盟军能瞅准时机，更有效地集中力量，或许就能如愿以偿。阿尔伯特·斯佩尔承认，盟军发动的其中几次大规模轰炸确实已将德军逼入绝境，但因为不能对同一目标持续发力，最终只能丧失时机，无缘决定性胜利。

斯佩尔指出，倘若盟军能够不间断地集中攻击五六个相对较小的目标（比如生产机动车重要零件的工厂，如滚珠轴承厂），轰炸才会取得毁灭性效果。[33]问题是，盟军在胜利在望的时候改变了轰炸目标。

总之，可以说，尽管盟军的战略轰炸并没有完全达到预期目的，但不可否认，它也发挥了积极作用，缩短了战争进程。连续不断的战略轰炸摧毁了德国空军，迫使其将大量资源投入到防空战斗中（这在很大程度上削弱了德军在其他战场的战斗力）。当然，轰炸也有消极的一面，成千上万的德国民众因此而丧生。

有时，目光长远比正确的战略更为重要。为实现预期目标，公司通常会给领导层配备大量人力和设备资源，但领导者往往会因最初的挫折而意志消沉，甚至完全放弃。不畏困难和艰险，全神贯注于同一个目标将给予我们无限动力，激励我们大胆前行，坚持到底，即使未能成功实现既定目标。

保持头脑清醒，不失远见，或许这并不能让我们生活和工作中的“德军”投降，但毫无疑问，你会像摧毁德国空军一样取得局部胜利，从而彻底击溃敌人。

第 7 章

霸王行动：诺曼底登陆

1 战前准备

对西方盟军来说，赢得战争最快、最直接的方法似乎就是在法国直接对抗大批德军，一旦取胜，就可以像东线战场的苏军一样迅速挺进德国。这就意味着，要采取与西班牙的菲利普二世、拿破仑，甚至希特勒自己未曾成功实施的策略完全不同的作战方案。

采取直接策略暗藏极大风险。如若失败，德军将攻无不克或至少局部占据上风，但成功后，盟军就能拖延时间，不过这也意味着这场腥风血雨将持续更长时间。相比谨慎万分的英军，美军更倾向于大胆冒险，但最终他们达成一致，事后看来，当时的决定完全正确。鼓舞他们采取这一行动的就是这句为梦想而奋斗的格言："没有完不成的任务，也没有实现不了的目标。"

梦想固然重要，但一旦有了决定，就必须清楚如何行动。很多人并不缺少创造力和新颖的见解，却很难意识到"创新的关键在于执行和落实"[1]。

显而易见，想要在英吉利海峡另一侧投入充足的战斗力量，确保在敌人大败后扫清其边境障碍并非易事。如果部队各种供给难以到位，所有努力都将徒劳无益；这次行动无疑需要大量兵力，因为德军撤退时势必会炸毁所有港口、机场、桥梁、铁路等。

登陆地点的选择成为众多问题中看似最简单，但也最棘手的问题。理论上讲，登陆点可以选在西班牙边境和挪威之间的任何地方，但经过严格分析，目的地最终锁定在诺曼底和加来两地。

突击队伍需要广阔的滩头，以保证数量庞大的两栖部队安全登陆。此外，利用从英国基地起飞的战斗机和战术飞机提供强有力的掩护也必不可少。于是，布列塔尼半岛被排除在外。最后，正如大多德国将领猜测的那样，登陆地确定在诺曼底和加来之间的某个位置。

盟军各位参谋长开始了长期且艰巨的战前准备工作，后勤准备尤其耗时，可能会花上数年。从 1942 年开始，盟军就组建工作小组，开始对登陆作战的可行性和要求作周密分析。

最终，诺曼底成为登陆作战的最佳选择，尽管这里空中掩护并不理想，而且需要的航行时间较长，但相比加来，诺曼底的敌军防御更薄弱，登陆滩地也符合要求，而且一旦发动攻击，孤立并攻下瑟堡港也相对容易。另外，在此登陆还可以与法国保持运输畅通，防止在登陆日（代号为 D 日）后“与世隔绝”。

盟军尝试从德军将领的角度出发，分析德国领导人对局势的考量和判断，最后得出德军会在诺曼底投入较少防御力量的结论。这是因为，瑟堡和勒阿弗尔相距 80 多公里，而且两地之间是宽阔的沙滩，因此成功登陆的可能性不大。虽然盟军可以毫不费力地输送 2 万兵力在此登陆，但没有可用的港口就意味着必要的物资和增援部队不能及时到达，不等他们集中充足人力物力夺下瑟堡港口或勒阿弗尔港，敌人很可能就已经先下手为强了。

然而，盟军认为他们可以出其不意，攻其不备。除了需要一个港口外，其他堪称完美。有了港口，就可以供应物资，避免被孤立从而受控于敌。但是，如何在没有港口的情况下解决这一难题呢？

经过数周的讨论，盟军专家小组认为，选择在诺曼底登陆看似理想，但如果登陆后没有港口可以运送物资，一切就只能是空谈。就在他们准备放弃这一选择时，有人大胆提出，可以建造一个港口，运至诺曼底海滩。这一提议立刻引来嘲笑，但仅仅两年后，当初的疯狂设想却变成了现实。[2]

盟军决定将两个大型人工港口运至诺曼底，并在登陆几天后迅速投入使用，这就是后来人们熟知的“马尔伯里人造港”。港口问题迎刃而解后，诺曼底无疑成为最完美的登陆地（见地图 7.1）。

地图 7.1　诺曼底还是加来？（1944 年）

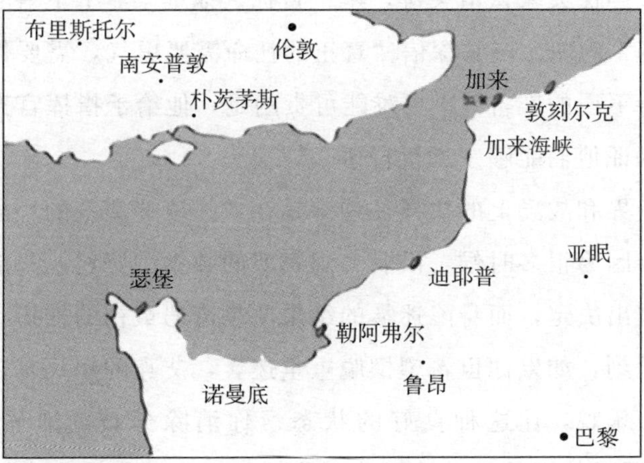

不过，盟军的创新远不止这些。他们还制造了两栖坦克，发明了能够在布雷区开道，并使用喷火器攻击敌军防御工事的交通工具，设计了能连接英法前线的输油管。面对盟军丰富的想象力和创造力，德军无法应对，只能继续求助于传统防御措施。盟军很清楚，“导致问题产生的思维不可能对问题的解决有任何帮助”[3]，但显然，德国人已经很难转换早已习惯的思维方式。

上将德怀特·艾克·艾森豪威尔受命指挥此次任务，此前他曾率领盟军执行在突尼斯和意大利展开的最初几次联合行动。艾克的军事生涯相对平淡，没有任何迹象表明他将名留军史，成为有史以来最伟大的军事将领之一。

虽然称不上才华横溢的战略家，但艾克具备出色的组织能力，尤其懂得协调各方关系，争取大家的配合。在他的努力下，盟军团结一心，目标一致；善于协调的管理风格让艾克懂得，关键是要将盟军内部分歧最小化，并将大家的注意力集中到实现军事目标上来。

艾克注重沟通交流，并努力简化程序，废除不必要的繁文缛节，确保大家认清关键，牢记目标。他推崇“上下一心、统一管理”[4]的理念，并深信“真正的任命需要勇气，需要作好全力支持下属的准备”[5]；更难能可贵的是，他给予指挥官充分信任，保证他们能够“见机行事”。[6]

商界和战场上的抉择往往都是在“战争迷雾”的环境下作出的。因为很多时候，没有客观真实的数据、资料，只能根据预测作出决定，而身陷迷雾的结果便是遭遇最初的挫折。

此刻，如果你也希望摆脱重重迷雾，艾克的建议是，保持镇定、乐观，让这种良好的状态帮你消除分歧，排解困惑。“在最困难的日子里，杜绝悲观绝望的态度对领导人来说尤其重要；高层指挥官的消沉、颓废会迅速影响全员，其结果当然不容乐观”。[7]

在第一次海湾战争中担任参谋长联席会议主席的科林·鲍威尔（后来出任美国国务卿）对此观点表示赞同。他说，尽管乐观是一种非常重要的品质，但现实生活中，愤世嫉俗者和悲观主义者往往占绝大多数。他还通过具体实例告诉我们，这些人会在没有足够数据支撑的情况下为自己竭力辩护，当然，他们不可能掌握所有数据，即使能做到无一遗漏，那也会为时已晚。所以，我们应该在有 40％－70％的把握时就果断决定。不及 40％，不免太过冒险，但等到有 70％以上的把握时才作决定，又会将机会拱手让人。[8]

那如何确定自己有 40％－70％的把握呢？答案是，一定要相信直觉。拿破仑曾说："战争中的关键瞬间仅有一次，能够抓住它便是最高深的艺术。"专家们拥有的往往是数据而不是判断力，不要被他们的架势所吓倒。欧洲战事能取得成功，是因为"一次次的考验，一次次的诱惑……都没有动摇决策者实现目标的决心"[9]，他们高瞻远瞩、目标明确，胜不骄败不馁。

让我们再回到 1944 年 6 月的英国。盟军官兵在英国南部海岸集结，等待执行一项两栖作战任务。这里有来自美国、大英帝国、法国和波兰的共计 39 个师，5049 架战斗机、3467 架重型轰炸机、2343 架其他种类战机、2316 架空运机、2591 架滑翔机；此外，还有 6000 多艘船只和登陆艇[10]。近 300 万士兵集结完毕，只待一声令下。

军队里一些人已经是久经沙场的老兵，但丘吉尔在他的回忆录中指出，"大部分人都是第一次参战，但他们却表现出了军事专家的气质"[11]。即使接受过系统训练的军人也不会得到如此全方位的锻炼。在漫长的战争过程中，他们学会的不仅仅只有战斗，还有通信、后勤、协调和组织能力。

负责军事情报的工作人员不辞辛劳，对该区域信息进行全方位的搜集、整理，保证盟军能够尽可能翔实地掌握诺曼底的情况。他们拿到的不仅有数百万张航拍照片，还有派往登陆区的潜艇侦察舰搜集到的大量数据、法国间谍提供的常规文件，以及更多来自其他渠道的资料。为确保不错过任何有价值的信息，来自战前导游和英国游客拍摄的照片也在搜集、编辑之列（接受检查的照片超过一万多张）。

登陆两天后，希特勒青年团装甲师从早上炸毁的一辆加拿大坦克上发现一份盟军整理的信息，看到这份资料的总参谋部军官大惊失色，因为资料中提供的数据准确详尽，德军重要据点在这里一应俱全，就连每个据点的武器情况，如轻机枪和迫击炮的数量也无一遗漏。[12]

此外，我们应该清楚，盟军也正在破译德国人的无线通信密码。

考虑到敌人部署周密，德军计划派出 58 个师的陆军部队。但实际上，军队里很多人身体虚弱（大体来看，这些士兵要么是年近四十的后备兵、要么疾病缠身、要么在东线战场上已经受伤、要么是残疾人，还有一部分人可能不会忠于抗战事业，他们是来自苏联、美国和格鲁吉亚等国家的外国人）。

对德军而言，指挥问题才是目前最严重的问题。备好笔和纸，下面可能你会用得上……曾在法国和苏联指挥战斗的老将龙德施泰特上将现在担任纳粹国防军在法国战场的总指挥。虽然隆美尔名义上听命于龙德施泰特，但他却是真正手握大权的人，从法国西部的布列塔尼到荷兰的所有军队都听从他的指挥，而他也直接向希特勒汇报工作。同时，由戈林替代他，指挥柏林的空降和防空部队；由希姆莱担任武装党卫军（这是一支纳粹党卫军的战斗队伍，是纳粹党的禁卫军，秘密受控于纳粹国防军）总指挥。而威武的装甲师——德国战略储备军则由希特勒直接领导，并仅听从他的调遣。与盟军一项作战计划和一人统一指挥的管理方式相比，德军众多作战计划和多人指挥的局面混乱不堪。

隆美尔更倾向于采取“靠近海岸，抓住最初 24 小时”的前进式防御策略。在战斗一开始的二十多个小时里，盟军来不及调集资源，也无法发挥空军优势，这样，德军就可以在白天大有作为。隆美尔非常了解曾在地中海有过交手的英美军队，对他们极具杀伤力的空军队伍印象深刻。有了前车之鉴，他想方设法防守海岸，并要求防守士兵加强专业训练、日夜修筑防御工事；隆美尔甚至亲自设计了多种拖延敌军入侵进程的军事装置（例如被称作“隆美尔萬笋”的低成本、易生产的反坦克障碍物，再比如为防止金属短缺而使用的瓷壳地雷）。

德军战略的主要风险在于，迎战盟军时，其兵力过于分散。而并不知晓盟军登陆的具体位置也使隆美尔的做法更易遭到质疑。盟军自然希望“谜底”能尽量晚些揭晓，他们甚至加大对加来的攻击火力（轰炸力度是诺曼底的两倍），并在英国东南部的多佛港附近集中组织军队佯攻，进一步显示加来很可能是盟军选择的登陆点。

尽管如此，隆美尔坚持认为，如果能在盟军登陆的最初几小时里给予其沉重打击，即使兵力分散，德军也仍能保持优势。

但龙德施泰特的方案更加传统，或者说更具有军事专家的风格。他认为，可以在海岸附近部署兵力，牵制盟军，等确定敌军攻击方向后，再迅速从滩头阵地发起猛攻，遏制敌人进一步行动的机会。这一方案也暗藏风险，因为如果后备部队不能及时到达，就无法取得空中打击的优势。

最后，还是未能摆脱希特勒一人独裁的命运，终归只能妥协而非达成共识。正如龙德施泰特所期望的那样，德军决定在海滩后部署其后备部队，剩余兵力分散部署（也实现了隆美尔的愿望）。希特勒的决定让本已弱势的防御力量更加脆弱，因为后备军少得可怜，根本无法痛击敌人，而且部署于海岸附近的兵力数量有限，难以抗击有备而来的盟军。[13]

雪上加霜的是，希特勒坚持要在欧洲北部海岸建造防御工事，派兵驻守（在挪威和丹麦分别驻兵 12 个师和 6 个师），本已稀少的兵力和物资再次分散，德军几乎到了无力承受的程度。

春天的离去意味着盟军登陆之日即将到来（大概会在春末或夏初）。德军猜测，登陆点很可能会在诺曼底和加来之间的区域（从轰炸强度和军队、物资在英国的集中程度来看确实如此）。现在，德军想要掌握的是具体登陆时间和登陆地点。英国方面已经得到确定消息：盟军将于 1944 年 6 月 5 日在诺曼底登陆。

2　登陆日和登陆时刻

6 月 3 日，星期日，盟军早已准备就绪，就等 6 月 5 日登陆时刻的到来。不料天有不测风云，艾森豪威尔办公室接收的天气信息显示：继前三周阳光明媚之后，6 月 5 日和 6 日两天将迎来狂风暴雨。所以 6 月 4 日必须作出决定，但这一天凌晨 4 点突然天色大变，艾克决定将整个行动推迟“至少二十四小时”。[14]

大约五小时后（早晨 9:15），天空仍旧大雨瓢泼、狂风怒吼，艾森豪威尔重新召集各指挥官，商讨是否可以于 6 日登陆。他广泛征求意见，认真聆听陆海空三军代表发言。空军提出，应保持谨慎；陆军代表却赞成在 6 日发起进攻；海军发言人更为一针见血：“我们必须在半个小时内作出决定，否则只能推迟整个计划，或许再等一个月，等到条件成熟的时候。”（盟军统帅部决定，不给德军留有防御优势的完美登陆时间是：满月时候，登陆前有短时间的亮光，同时还要保证海水在三小时后才会满潮。）

所以，海军奉命开往英吉利海峡的集合地，他们穿过五条已经扫除地雷的海上航道。这时即使需要撤回，哪怕是在最糟糕的情况下，也仍有时间及时返回。第二次会议时间定在次日，也就是 6 月 5 日凌晨 4 点钟。

艾克心事重重地上了床，5 日凌晨 3 点半醒来的第一件事就是望望窗外，观察天气。天公不作美，狂风暴雨仍在继续。但就在他前往会议室的途中，雨竟然停了。

天气状况成了第一阶段会议的中心话题，不过终于盼来好消息：天气正慢慢好转。艾克认真听着，一言不发，片刻的沉思过后，他突然起身说："就这么定了，我们别无选择，周二行动。"[15] 于是，由 17.6 万名士兵、2 万辆车辆构成的盟军队伍接到命令，立即出发。[16]

当领导就意味着拿主意，有时可能会出错，但大多时候还是能够把握正确的方向。盟军制订了周密的行动计划，并仔细分析所有细节，几年来的良苦用心瞬间都交给了运气。拿破仑曾说“运气不是影响因素”，因为运气与努力是分不开的，所以一定要不懈努力，坚持到底。这种努力为冠军们带来好运，也为出色的领导人赢得上天的眷顾，正如奥运会帆船赛金牌得主特蕾莎·扎贝尔（Teresa Zabell）所言："胜者眼中只有前进的希望，而败者满眼只有恐惧。"[17]

无论如何，暴风骤雨的背后总有一线希望。德军却因这不测风云放松了警惕。6 月 4 日，德军派往法国的司令官报告称，盟军登陆似乎不会很快到来。于是，受天气影响，6 月 5

日的海上巡逻也被取消，此时隆美尔已赶回德国为妻子庆祝生日，而德国第七集团军的指挥官们也离开岗位，前往法国雷恩参加训练演习。[18]（见地图 7.2）

地图 7.2　诺曼底登陆和希特勒的装甲师部署情况

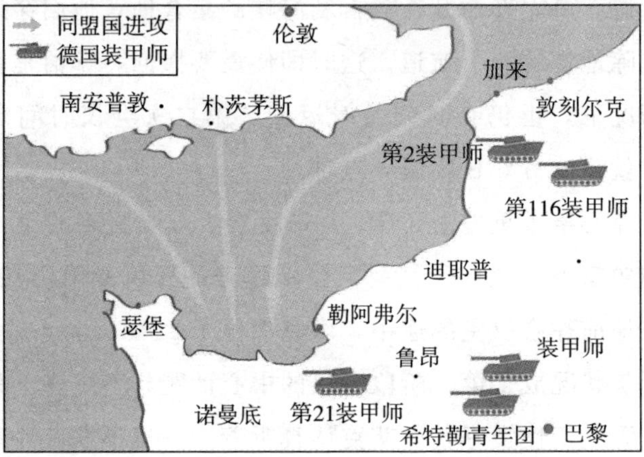

德军因大西洋气象站数量不足而付出了沉重代价，没有气象站就无法得知天气变化，导致德军容易惨遭突袭。但他们并没有一败涂地，仍有扭转大局的机会。

6 月 5 日上午 10 点，盟军第一支伞兵部队在登录前顺利降落法国，正式发动攻击的时间定为 6 日午夜。5 日凌晨 3 点，德国国防军全员警戒。即将发生什么不得而知，但答案很快就会揭晓。雷达屏幕显示，盟军在登陆前就有明显的空军和海军活动。

凌晨五点，德军第一道防线的守卫士兵已经对盟军动作有所洞察。此时，在 1.3 万架飞机和 702 艘战舰的护送下，盟军正乘 4126 艘登陆艇驶向法国。[19]中途虽遭遇德军顽强抵抗，但都是一些小灾难（尤其是在一个叫奥马哈海滩的地方）；总体来看，登陆成功完成。

盟军滩头阵地兵力严重不足，行进速度非常缓慢。在这个生死攸关的时刻，如果德军装甲师能及时赶到，盟军几乎会片甲不留。

然而，整个区域出现的只有德军的第二十一装甲师。他们最强大且随时待命的两个装甲师——“希特勒青年团”和模范装甲师作为战略储备就驻扎在不远的地方（巴黎附近）。龙德施泰特凌晨三点下令军队朝诺曼底行进，夜间出发可以不受盟军空中力量的干扰，如果能赶在黎明抵达，必能将已经登陆的盟军置于死地。

不过，凌晨六点的时候，龙德施泰特遭到“狼穴”总参谋部的谴责，要求部队停止前进，原因是除了希特勒本人，任何人无权调动这两个装甲师前往诺曼底。最终，军队只能停止行进，继续待命。然而，唯一可以下令的希特勒正在酣睡，而且无人前去唤醒……

当继续前进的命令真正发出的时候，一切都已来不及。6 日凌晨 3 点，希特勒的“狼穴”会议一结束，两个师就得到继续向大西洋海岸进发的授权，不过已经错失良机。白日行进，坦克队伍很容易成为敌人空军的打击目标，因此最好按兵不动。于是，德军不得不一直等到 6 月 8 日才派出第一装甲师，次日派出第二装甲师投入战斗。

唯一留在这一区域的第二十一装甲师为准备局部反攻而被分割得支离破碎，因此也难成气候，而他们的指挥官隆美尔此时还在德国。

6 月 6 日下午，隆美尔赶回部队。截至此时，已经有 75215 名英国士兵和 57050 名美军抵达法国，他们平均向纵深仅仅推进了 1371 米（根据原定线路图，本应前进 8 公里）。[20]

尽管一开始行进受阻，但正如隆美尔所担心的那样，德军的反击在盟军强大的海空实力面前不堪一击，因为部队和武器、物资等的运输只能在夜晚进行，白天出动无异于自取灭亡。

最重要的是，德国人搞不清盟军的真正意图，以为这或许只是更多军队登陆前的一次欺诈行为而已。于是，驻扎在加来的德军部队一动不动，“一些储备军直到盟军登陆六周后才被派上战场”。[21]

截至6月9日，盟军在法国的登陆人数达到32.6万人，登陆车辆达5.4万辆。[22]木已成舟，德军已无力逆转。

3　酣睡的首长

在战争生死攸关之时，作息时间异于常人的希特勒居然酣睡不起，而且没有人敢去打扰他，并告知真相。为什么？很简单，他身边的亲信几乎全是唯唯诺诺、报喜不报忧的人。

作息时间和身心健康是目前商界讨论越来越多的一个话题，无论高层领导人、中层管理者还是普通员工（商业界的步兵），都在长时间、高强度地工作，承受的压力可想而知。只有当身体或精神出现问题时，我们才会意识到身心健康的重要性，但如果不能保持个人健康，公司健康也将无从谈起。

经理人对其员工的工作时间、基本生活、家庭成员漠不关心是十分普遍的现象，而这种做法往往带来员工身体状况欠佳、家庭不和、工作环境紧张、公司人力资源过度消耗等不良后果。

我们可以根据工作时间是否自由将企业分为两种：工作时间自由的企业允许员工有自己较为灵活的工作时间表，这和他们的工作能力有关，但有时，过度自由会给人管理混乱的印象；另一种企业则对员工的工作时间有严格约束，上班期间条条框框较多。对工作时间的不同要求并不以某一准则为依据，可以说，它们只是企业领导个人风格的体现而已。

最杰出的将领可以通宵达旦地工作，没有固定休息时间；一般将领作息规律，即使天塌下来，也不愿影响休息。

二战中的司令官和其他领导人用他们的亲身经历告诉我们：首先要保证身体健康；如果你的工作时间或当前承担的任务影响到你的健康，那么不仅你自己，还有你的团队和事业都会受到牵连。其次，要关心、关注团队成员的身心健康，只有这样，工作才会得到顺利开展。

艾森豪威尔将军认为自己有着金刚之躯，普通病痛他从不放在心上。事实表明，这一想法是完全错误的。突尼斯战役还没有结束时，他就已经不得不抱病工作，也正是在这个时候他才意识到“人的精力是有限的，不可过度消耗……而健康的身体永远都是革命的本钱”。[23]

但如果没有良好的精神健康，即便真有金刚之躯也于事无补，精神健康很大程度上决定着一个人事业的成败。

在整个战争过程中，希特勒很少离开德国。从开始入侵苏联起，他便长时间地将自己封闭在“狼穴”指挥部里，除特殊情况外几乎从不外出，三年中皆是如此。最后，在不得不离开的时候，他整个人看上去憔悴不堪。[24]

“狼穴”是一座既像寺院，又像集中营的建筑，这里的生活阴郁黯淡。它地处茂密的森林，由很多防空洞构成，为避开阳光，防空洞里只留有面北的窗户。为确保安全，“狼穴”周围还布置了细密的铁丝网和犬牙交错的地雷。这里夏天潮湿闷热、蚊虫猖獗，冬季则寒冷难耐。[25]

在这样的环境中，希特勒和他的手下几乎过着与世隔绝的生活。他们不了解前线战况，也不知道城市被毁、医院人满为患的事实。他和身边最亲信的人都没有前线的直接信息,[26]更糟的是，他们根本不愿了解情况。每当有人前来汇报，希特勒的部下总会确保所报内容符合首长心意，如果有坏消息，他们会想方设法加以美化，以免元首动怒。

对希特勒来说，无论是在柏林还是在巴伐利亚的家中，情况一如往常。他的身边总是一些熟悉的面孔，他们也总是重复着同样的工作。

希特勒早晨十点醒来，在床上享用早餐，同时通过新闻概要了解国际形势。大约中午的时候开始一天的第一次会议，不过会议内容无非是下属所作的国际新闻汇报而已。在长达两个小时的时间里，事实上，一切军事情况的初步分析皆可完成。

那时的希特勒总是形只影单地出现在营房里，他喜欢背对着墙面，在同一个位置享用午餐。他是一个严格的素食主义者，饭后有时会闲游一会儿，不过通常都是一个人，小狗布隆迪偶尔会紧随其后。

午后第一个小时只处理非军事事务。到五点钟，他会停止工作，饮茶休息，一个小时后是第二次军事会议。

晚餐从七点半开始，一般会持续两个小时，电影里的希特勒也是如此。一天的最后一件公务是与亲信和访客的茶话会，这段时间基本是希特勒的独角戏。通常，茶话会会一直拖延到凌晨两点多，偶尔也会在天亮的时候才结束。[27]

这就是他的生活，几乎一成不变。日复一日，年复一年，他变得愈加孤单、封闭。在最后离开营房时，他俨然一位沧桑的老人，看上去比实际年龄大二十多岁。

在这样的氛围中，希特勒怎么可能作出理智、周全的决策？实际上，自从1936年以来，他的私人医生西奥多·莫雷尔就给他开了各种用于催眠和白天提神的药物。[28]

我们知道，二战时期的所有领导人当中，只有希特勒没有家庭、独来独往、生活简朴，只有他一个人过着极其单调的生活。[29]

丘吉尔则截然相反。尽管在 1940 年执政时，他已经年过花甲，但是在战争的前四年里他走过了 15 万公里的路程，其中有 30 个日夜都是在海上度过的，另有 14 天则与战机相伴。[30]他还喜欢美食，热爱饮酒，并从骨子里对一切充满了好奇。

正如美国商界领袖人物汤姆·彼得斯（Tom Peters）所言，“亲力亲为”是永远适用的管理秘诀。丘吉尔就是这样，他总是乐于到工厂、前线、海军战船上、城市的轰炸现场，到莫斯科和华盛顿的盟军那里了解情况。

生病的时候，他会听从医生建议，同时利用时间绘画、阅读，平心静气地等待身体的康复，几天以后他的工作就能复旧如初了。这就是他能够创建一个高度团结的指挥团队的原因。

总而言之，作为管理者，要懂得在工作中寻找乐趣。放慢节奏，你会发现工作和生活更加美好。懂得放松，关爱家人，[31]同时也保证团队中的每个人都能兼顾工作、家庭和身体健康。

4　巴黎……下一站柏林？

在击退德军反攻后，盟军开始缓慢前进，但毫无疑问，他们已经开始巩固阵地。6 月 25 日，盟军夺取瑟堡港口，但由于德国人对其造成严重损坏，修复工作直到八月底才结束，也就是说，从八月底开始，港口才投入使用。

盟军前进的速度异常缓慢，但是德军（至少参与反攻的德军队伍）还是察觉到，正面对抗无济于事，因此龙德施泰特提议撤退到塞纳河的另一边。希特勒对此并不赞同，于是，他撤掉龙德施泰特的指挥职务，并令冯·克鲁格取而代之。

德军增援部队缓慢抵达。6 月 22 日，苏军发起粉碎性进攻，东线战场崩溃。

7 月 20 日，希特勒“狼穴”的一枚炸弹爆炸，暗杀和接下来的政变均告失败，最终希特勒在“瓦尔基里行动”中安全逃脱。同谋的德国陆军军官、他们的支持者都惨遭逮捕杀害；隆美尔被怀疑参与其中，因此也被迫自杀，似乎同样牵涉其中的克鲁格在前往柏林、试图汇报刺杀行动的途中也选择了自杀。

与此同时，明显不占优势的德军在绝望之余仍在法国负隅顽抗。盟军虽然资源充足，但由于地理因素导致一系列困难，拖慢了行军速度。要想在前线取得突破更是难上加难，尤其是美军，战场周围的路堤上满是高高的天然树篱，如果试图穿过树篱，就会暴露真实武装，可能遭到敌人穿甲武器的猛攻。这个时候，也很难反攻取胜，因为爬上路堤后，坡度的影响使瞄准变得更加困难。狡猾的德军伪装起来，静待时机摧毁盟军坦克，进而剿灭其步兵。因此，整个过程中，盟军的推进速度像蜗牛一样缓慢，而且付出了巨大的代价。

最后提出解决思路的既非工程师也非军事专家，而是一位中士。他建议在坦克前安装两个钢刀片，这样一来，前进的时候就能如同镰刀一般扫除障碍，也省得爬过树篱。这一方法迅速且高效地解决了当时的难题。

由此可见，一个公司丰富的员工资源意味着无限的创造力和主动性。就像前进途中圆满解决问题的盟军一样，要充分发挥团队成员的潜力，而这是和管理风格密不可分的。如果每个人都能在“指挥官”面前畅所欲言，受益的将会是团队中的每一个人。[32]

8 月 4 日，也就是登陆日约两个月后，盟军成功突破德军前线。8 月 15 日，盟军又在法国南部（戛纳市以西）登陆，德军被迫快速撤离。8 月 24 日，盟军第二装甲师开进巴黎，与当地军队密切配合消灭了敌军残余据点。德军前线溃不成军，很难再防御法军。

自 6 月 6 日以来，德军人员损失约 50 万、火炮 3000 门、坦克 1500 辆、飞机 2000 架，以及其他车辆共计 2 万辆。[33] 而此时，盟军兵力大增，人数达到德军的 2 倍，枪支和坦克数量分别是敌军的 3 倍和 20 倍；这时，德国仅剩战机 573 架，而与其对抗的盟军拥有战机 1.4 万架，比例约为 1∶25。[34]

9 月 13 日，盟军抵达德国亚琛，离科隆大约 100 公里。盟军最具魅力的巴顿将军 25 天中行军 800 公里（与登陆之初每天三四米的速度相比，现在可以达到每日 32 公里）。在北方，英军于 9 月 4 日攻下比利时首都布鲁塞尔，不久又拿下具有战略意义的安特卫普港口。

前往柏林似乎毫无阻碍，同时苏军以极快的速度向东欧推进。此时的盟军高度乐观，所有迹象表明战争最晚会于年底结束。谁知，犹如掉进热咖啡的方糖一样，他们的自信很快消失殆尽。原因何在？盟军似乎将德国军事理论家冯·克劳塞维茨（Von Clausewitz）的格言抛在了脑后："作战的最高准则，也是最简单的准则就是保持兵力高度集中。"[35]

被胜利冲昏头脑的盟军决定从多个方向同时推进。要实现这一宏伟目标，就必须有强有力的资源支持。但显然，分散部署后人力物力紧缺的事实难以逃避，盟军前进的脚步因此被迫放慢，前线的战斗也只好停顿下来。

资源短缺很可能是政治原因所致。同时朝南北两个方向行进的美英军队都急需物资；无论如何，最终达成的只是一个妥协的意见（而非共识），这带来很多意想不到的问题。

盟军兵分五路，但有限的资源要求其中一路，甚至两路停止行进，剩余队伍方可继续推进。但事实是没有哪个队伍愿意停下脚步。

在这一考验面前，盟军指挥官并没有发挥任何想象力和创造性……“盟军的行动简直愚蠢之极，为尽快夺取领土，只懂得纸上谈兵、舍难求易。领导者被眼前的行动所迷惑，完全忘记了千百年来历史名将的忠告：集中兵力才能有所突破”。[36]

当然，盟军在物资方面有着绝对优势，但强大的火力让他们忽视了战场上需要灵活应对的其他因素。军官们目光短浅，只懂得机械地上传下达，照搬书面报告，完全丧失了行动的灵活性和主动性。

盟军也有发明创造，但尽管方法得当并顾及细节，不料发明的机器却缓慢笨拙。如果有详细周密的计划，盟军的攻击和防御往往表现出色；但每次成功突破后，保守、僵化的指挥体系常常阻碍下一步行动的顺利开展。

英军面临着在德国前线过冬的窘境。在蒙哥马利将军的率领下，英军决定动用盟军战略储备（以空降兵第一军团为主，包括三个师的伞兵，两支美军队伍和一支英军队伍），希望在莱茵河荷兰段夺取一系列桥梁，在天气转冷前深入德军心脏地带。不过这次“市场花园行动（Market Garden）”终因计划不周而失败（该计划要求在一系列目标上只能胜利，不能失败）。另外，骄兵必败，他们过度自信，以为德军无力反抗，事实却恰好相反。

南方的美军采取更传统的战略，但也一样战绩平平。截至10月1日，尽管武器、物资占绝对优势，西线战场仍毫无进展。谨慎前行的盟军直到 1944 年 12 月才打开局面。

德军沿整个战线部署了防御队伍，他们斗志昂扬、出其不意。[37]所以，战役失利也不全归因于盟军的战术失误。正规队伍兵力不足，德军就临时组建了由一个个小团体构成的“战斗群（Kampftgruppe）”。这些人数不等、众志成城的小团体可以阻碍或拖延敌军进程，而盟军行进缓慢也使更多团体可以有组织地加入战斗，从而进一步巩固前线防御力量。

“战斗群”的人员来自何处呢？原来，其中大部分人都是掉队或此前受伤的士兵，或是缺乏专业训练的厨师、面包师、机械师等，其人数在 100 到 3000 人。这些小团体各属不同领域，既保持了一定的独立性，又能目标明确地应对迫在眉睫的威胁。

这对我们商界的管理有着重要的启示作用，也就是说，如果被动等待资源供给的公司能够主动组织“战斗群”，应对危机四伏的险境，就很可能会化险为夷。生活在这样一个日新月异的时代，员工的思想态度十分关键：他们的责任心、适应能力、灵活性以及自我牺牲的精神不可或缺。换句话说，奉献精神是攻坚克难的关键。

我敢肯定，在我们的职业生涯中，每个人都多多少少接触过这样的同事，他们“当一天和尚撞一天钟”，不会突破工作职责半步，在他们那里，只有“照章办事”，没有积极主动，更别提接受新鲜事物了。

当然，我们的公司不同于德国军队，不可以也绝不会把员工送入惩罚营。保家卫国和保住销售额是有严格区别的。

但是，我们可以做到在招聘时精挑细选，研究应聘者的简历、通过面试考察他们是否思维敏捷、见解独到，还可以了解他们的工作经验、曾经参与活动的类型、工作中的变通性和主动性。由此，便能对新员工的灵活性、创新意识和适应能力有所了解。

通常，公司招聘员工看重的是他们的昨天，而非其面向未来的眼光，尽管他们明日的所思所为可能更为重要。

在工作中，通过培训使一个聪明、主动的新手掌握常规工作要领相对容易，但要训练一个人做事的诚信、热情、决断力、饱满的精神状态和对不同事务的平衡能力则难上加难。一流的领导者会比较看重更加持久的内在品质。[38]

在这个瞬息万变、相互依存的社会，拥有丰富的人力资源，换言之，如果公司有一批志在通过自身奋斗提升竞争力的人，我们的成功概率会大大改善。

让我们回顾一下 1944 年夏天德国边境的战况。除了陆军的汗马功劳，新指挥官的到来也使前线渐趋稳定。龙德施泰特重获指挥职务，而隆美尔的位子也由希特勒的“救火队员”瓦尔特·莫德尔代替。

莫德尔擅长处理棘手的重大危机，因此赢得“救火队员”的美称。希特勒对他赞赏有加，认为他具备领导纳粹党的典型气质：激情饱满、不屈不挠、灵活多变、乐于奉献、善于领导。在希特勒的提携下，他的前途一片光明。

事实表明，莫德尔的确是一位有着非凡军事才华的大将军，他的果断执著和直言不讳深受希特勒的赏识。莫德尔不人云亦云，做事有自己的理解和判断，并能灵活对待上级指令，因此在元首那里，他提出的计划和方案总能破例得到批准，而其他人就没有这么幸运了。[39]

这也就是说，不同于其他将军，莫德尔可以不必遵照希特勒的指示，带领他的部队按照自己的意愿撤退，这是希特勒不想听到也不愿接受的结果。适时撤退让他在别人一筹莫展的地方小有所获，这也增加了希特勒对他的信任。于是，作为奖励，莫德尔得到更多的行动自由，这也为他赢得更多取胜的机会，整个过程是一个完整的良性循环。事实上，莫德尔的指挥对德军 1944 年荆棘密布的西线战场起到重要的支持作用。

这也引起我们对上下级“化学反应”这一因素的思考。从逻辑上讲，正如我们不可能完全依靠运气那样，仅靠上下级“化学反应”的做法也并不可取。工作中我们都有过这样的经历：A 经理遭到拒绝的提议由 B 经理几乎原模原样地提出后却得以顺利通过。

这就是“化学反应”问题。现实中，如果我们能与老板、客户或股东等处好关系，我们的方案就能被欣然采用、合同就能签订或能得到合作伙伴的鼓励和欣赏。但这种“化学反应”取决于和管理风格、工作表现并无直接联系的一种能力和因素。那么，我们该如何去做呢？

七十多年来，管理类的书籍一直在努力教给我们回答这一问题的技巧：激发同感能力、深入了解你要说服的对象、撰写有理有据的计划书等。戴尔·卡耐基的经典之作《如何赢得朋友和影响他人》以及基思·法拉奇的最新作品《请勿独自用餐》等都在探讨这一问题。

毫无疑问，这些技巧可以后天习得，至少可以改进。但不可否认，有些人擅长与人沟通，有些人在这方面却缺少天分。如果你缺乏这种敏感性（不要认为你可以成功培养它），那么你能做的就是认真规划，用饱满的热情做好每一份计划书，用心工作，做最真实的自己。

第 8 章

苏联压路机：从库尔斯克到柏林

1　斯大林格勒战役后的德国

让我们再回到 1943 年冬天的东方战线（第 4 章）。德国在斯大林格勒饱受灾难，在其意大利和匈牙利盟友先后被击溃后，德国前线也几乎崩溃。如果苏联的进攻能顺利夺取顿河沿岸的罗斯托夫（位于斯大林格勒西南约 192 公里处），就能成功围剿南翼近 100 万德国人。当然，如果苏联人的确这样做了，斯大林格勒之灾也就只有在民间传说里才能看到了。

大敌当前，斯大林命令由八支队伍构成的后备军投入战斗。如果能歼灭侵略军（正如 1812 年拿破仑军队的遭遇一样），苏联就可能攻入柏林，并于同年结束战争。

但冯·曼施坦因大智大勇，巧施计谋打击敌军优势，迫使对方在紧随和效仿他的过程中暴露弊端。就像柔道一样，德国人利用敌军行动熟练操控，成功“借力用力”，将实力远胜自己的竞争对手狠狠摔倒在地。冯·曼施坦因说：“斯大林想隐藏其缺点，一鼓作气，直取目标，而我们唯一的机会就是要让他冒更大风险。”[1]

事情也正是这样发生了。苏军大部队向罗斯托夫方向的行进十分缓慢，这使其缺点尽显无遗。冯·曼施坦因猛攻哈尔科夫，苏军受到重创，损失了大量人员和武器装备。前线伴着春天和雨水的到来渐趋稳定，德国人从最大的一场灾难中幸存下来。这时，疲惫的苏军只能撤退，以重整旗鼓。

地图 8.1　苏联威胁德国南翼（1943 年冬）

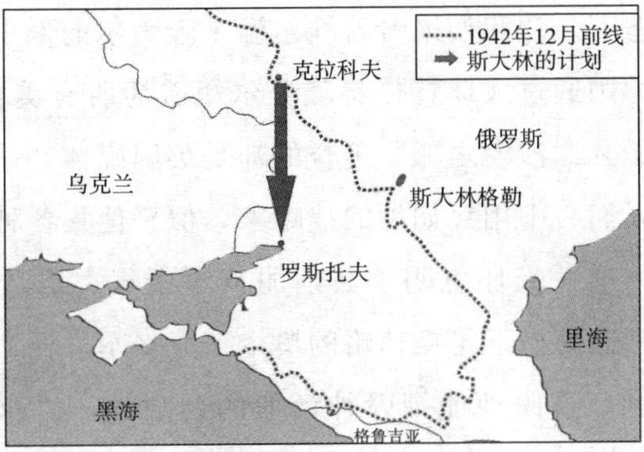

冯·曼施坦因在他的回忆录里讲述了两件有关这一时期的惊人轶事，[2]这在商界也不鲜见。第一个是众所周知的“对苏联人的极端尊重”[3]。他说，罗马尼亚人深受其害。因内心极度恐惧，把敌人幻想为战无不胜的超人才会对他们表现出极端的尊重。

我曾供职于多个公司的不同部门，不得不承认，“对苏联人的极端尊重”在企业里也相当普遍。分析对比公司竞争力时，很容易受这一思想的干扰，想当然地认为对手无坚不摧。我们可能会说，它们的管理者更优秀、团队合作更密切、折扣更大、以客户为中心，并总能尽最大努力调配更多资源。结果，“企业从众心理作祟，大家相互模仿，总认为对手更出众。”[4]

事实上，现实中并没有所谓的超人或超级公司。没有什么是竞争对手能做到，而我们凭借辛勤的劳动、冷静的思考、不懈的付出、合理协调资源无法做到的。战争中“对苏联人的极端尊重”是敌人强势宣传的结果；在商界则往往是竞争对手的营销策略所致。

因此，应该确保主动权掌握在我们自己手中，而不是被竞争对手牵着鼻子走。企业的困局通常都和我们团队成员的自卑情结密不可分，自卑心态不仅无助于摆脱困境，而且可能导致事态每况愈下。让我们来看看埃尔温·隆美尔的例子。

纳粹德国通过大肆宣传将隆美尔塑造为所有美德之典范，但真正给予其“沙漠之狐”美誉的却是英国媒体。一时间，隆美尔成为人们心中用兵如神的战略家，似乎他集各种才华、技能于一身，这一光环也赐予其削弱英军士气、诱敌犯错的魔力。英军参谋部撤下雄韬伟略的奥金莱克将军，任命经验不足的蒙哥马利，期盼他能摧毁神话般的劲敌——“沙漠之狐”。总而言之，在你的组织里可能无法避免“对苏联人的极端尊重”的出现，但至少可以不再塑造新的“沙漠之狐”。

在第二个故事里，冯·曼施坦因谈到，德国总参谋部沉迷于建立新的武装队伍，而置现有部队于不顾。这一决定影响恶劣：已经较为成熟的部队因缺少增援而战斗力一日不如一日，新队伍则因投入战斗前没有吸取老兵积累的宝贵作战经验而损失惨重。人员损失和经验匮乏导致错失良机，进而制造不必要的战事。[5]

他们认为，新队伍可以从头开始，避免老队伍走过的弯路。很多新招募的士兵填补了纳粹德国空军和武装党卫军地面部队的空缺，这些新鲜血液能够激励德军渐渐消沉的士气。更加可贵的是，他们竭力支持纳粹事业，对希特勒发动的战争全力以赴（德国军队特有的士气曾帮助他们多次在战场上获胜）。

看到上面的例子，毫无疑问，你会说这种组织方式很愚蠢。但是想想，现实中很多公司不正是这样吗？为保护新人不受老传统的束缚，摒弃保守作风，管理层积极组建新部门、新科室，让它们与已有多年经验的部门相互竞争。

新部队因经验不足而损兵折将，如果能充分依赖现有团队，此类尴尬本可以轻松避免；老队伍则因人员和物资短缺而痛苦煎熬。因此我们通常看到的是，同一项工作交由两个不同团队来完成。

结果，整个组织都未能幸免。这里，我指的不仅仅是那些阵亡、受伤或被俘的人，而是所有参与竞争或陷入低生产率漩涡的人们。他们在同事或生病的员工中间传播不和谐音符、树立坏的榜样。新人无论多有才干、多么训练有素，短期内都很难弥补失去老员工带来的损失。要知道，一个组织里阻碍创新的绝不会是精明强干、经验丰富的人力资源。

理想的战术不是创建全新的队伍，而是加强拥有高质量资源的现有部队。否则，如果团队不能取得预期成果，反而遭受不必要的损失，那就一定是我们的错。更让人意想不到的是，新旧队伍可能投入更多时间互相争斗，而并不像当初领导层期待的那样各司其职。

1943 年那个可怕的冬天结束以后，德国的“资产负债情况”渐渐好转，部队也从斯大林格勒的灾难中慢慢恢复。第三帝国再度强大，并决心再现过去两个夏天的辉煌。经过难以想象的巨大努力，80 多万德国国防军动员起来，“自 1943 年 1 月 1 日以来，国防军在三个月间完成 29 万现役军队的招募。经过特殊调整后，又有 10.8 万名现役士兵编入整个队伍。通过类似方式，又从卫戍部队和劳务工里抽调人员 6.2 万。不同国防军部队之间的调动以及纳粹党部分青年志愿者的入伍向军队提供了 9.5 万名士兵；另外又从其他渠道募集到 5.7 万人……1944 年前三个月，出院重新回到队伍的现役兵达 19 万。”[6]

斯佩尔交付了 2000 辆装甲车，其中包括令人生畏的虎式坦克和豹式坦克，以及一辆象式重型反坦克装甲车。一切准备就绪，所有人都静待元首希特勒的下一步计划。此刻，德国已经作好了再次孤注一掷的准备，决心在夏季对苏联发起第三次进攻，目标就是库尔斯克突出部。

2 库尔斯克：计划不慎，人人皆输

1943年年底，“城堡行动”最终落地。苏联在经历了斯大林格勒反击战及其后来的进攻后已经心力交瘁。

尽管取得了战役胜利，苏军还是在1942年和1943年冬季的战事中元气大伤。德国战略家推断，春季发起进攻能重挫苏军士气，重振德军威风。如果能给苏联人造成重创，或许能迫使斯大林签署和平协议。显然，无论采取哪种措施，都必须立刻行动起来，因为已经攻占突尼斯的盟军斗志高昂，严重威胁着意大利的存亡；同时，他们也为东线战场源源不断地提供战争物资，对德国城市的轰炸也越来越频繁。

有一片突出的区域（库尔斯克突出部）从苏联红军的战线中延伸出来，深入德军前线。德国人认为这里是攻击敌人的最佳位置，因为可以从南北两个方向发起钳形攻击，将苏军逼入死亡陷阱（地图8.2）

地图8.2 德军进攻库尔斯克（1943年夏）

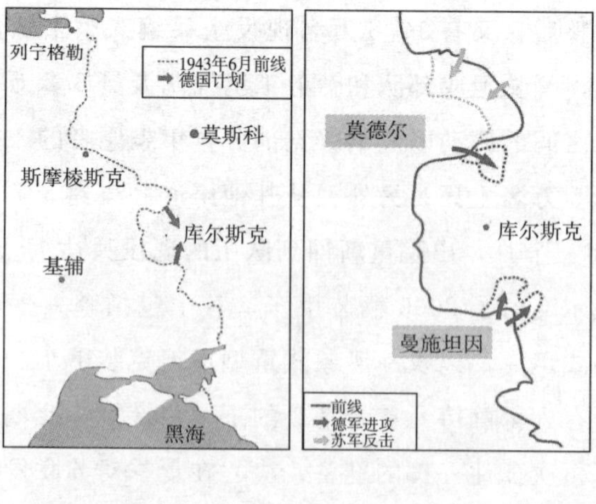

一场有趣的辩论随之而来，我们在公司都有过这样的经历：是该立刻启动某一项目，还是等到有充分的准备、足够的资源后再做打算？应该通过投资吸引新的客户，还是要等到有了稳定的客户群后再做投资？

突出部北翼部队司令官瓦尔特·莫德尔认为，他指挥的部队还没有强大到足以发起攻击、从容应战的程度，他希望等待更多援军和新型坦克的到来。

南翼进攻部队总司令冯·曼施坦因则支持尽快出击，因为每多等一天，苏军就能集结更多人力、物力，巩固其两翼，应对正在向此处汇集的敌人。

五月初，德军就已经作出此次行动的最终决定，但具体实施却一拖再拖。缺乏必要准备是提出反对意见的主要原因，德军领导层感觉需要更多杀手锏，即更多新型坦克。

行动日期最终确定时，没有一个将军拿到令他们满意的计划。此时发起进攻为时已晚，而且新型坦克还没有在实战中得到充分检验。但苏联人却没有坐以待毙，他们紧锣密鼓、争分夺秒地集结队伍，补充资源。

然而，德军又一次采取了未能取悦任何人的折中方案，这样做的原因可以说是支配人类行为的一些奇怪的思维方式——“虽然并不中意，但已经付出了很多，总不能半途而废吧!”。进攻开始的时间是 1943 年 7 月 5 日，离春天最初提出这一计划的时间已经过去了六个星期!

苏联人一直在等待。有了间谍人员和恩尼格玛密码机的帮助，德军一开始提出进攻计划时，苏军就已经对其真实意图了如指掌。苏联人有六周的时间集结防御部队和反坦克设备，如火箭炮、重型火炮等。100 多万名苏联士兵，3000 辆坦克和 1.3 万门火炮（其中近一半为反坦克炮）开始集结，苏军的战略储备包括 50 万名士兵、6000 门大炮、1500 辆坦克，以及 3000 架飞机。

德军有 43.5 万名士兵、1 万门火炮、3200 辆坦克和 2000 架飞机，所有这些都是为仅有 99 公里长[7]的前线而备，但此时已经错过突袭的最佳时机。德军在数量上明显处于劣势，但他们信心十足。1943 年 7 月 5 日，德军投入战斗。尽管行进缓慢，士兵们仍设法步步推进，战争给双方都造成了严重损失。

苏军惊呆了：“为什么事先了解德军的兵力和备战情况，却不能阻止他们勇往直前？如果 40％的兵力投入战斗还不能取胜，怎么办？”

“狼窝”的氛围和平时一样糟糕。莫德尔在北部很难取得任何进展，冯·曼施坦因虽成功推进 48 公里，但这一结果显然低于预期。他要求派出增援部队，击垮苏联主要防御力量，实现和莫德尔的汇合。

7 月 10 日，美英军队在西西里岛登陆，情况再次发生变化。希特勒又一次叫停东线攻势，他下令停止前行，军队撤回到出发地；同时派增援部队前往意大利，而且增援力量必须出自东线。他解释道：“不管怎么说，事态发展出乎我们的预料。”于是，战斗变成了坦克和士兵间的野蛮决斗，双方均已精疲力竭，但处于弱势的德军无疑损失更大。

德国的赌注本该下在打击苏联上。如果当初倾其所有，摧毁苏军（虽然此举可能导致挪威、法国、意大利或巴尔干地区风险加剧），就可能早日结束战争（或至少德国人会赢得机会封锁东线、加强自身反攻实力、应对来自西线盟军的压力）。如果及时放弃突尼斯，也许库尔斯克战役的结果会大有不同。其装备精良、浩浩荡荡的大部队本可以打乱库尔斯克的平衡，最重要的是，这样便能提前几周发动进攻，不给苏联人加强其突出部的时间。

但希特勒眼中只有未来，没有眼下。[8]德国人似乎清楚手中的牌有多糟，却仍恐吓敌军，等一发不可收拾时才选择放弃。不料，自身却惨遭损失，要恢复元气就必须破釜沉舟，下更大赌注。

尽管损失惨重，苏联人还是取得了最后的胜利。首先，他们阻止了德军进攻；其次，其部队和人员交接速度极快，因此赢得了宝贵优势，而实力大减的德军浪费了代价高昂的经过改良和重新装备的装甲部队。德军攻势明显减弱，这使他们很难在接下来的战争中恢复东线战场的进攻主动性。截至八月，在整个前线，德国和苏联的坦克数量分别为 2500 辆和 8000 辆。[9]

德军热切期待的“杀手锏”，即强大的虎式坦克和豹式坦克，在战场上的数量并不充足，而且投入使用后又暴露出一些生产上的缺陷，一段时间后这些问题才得以解决。令人生畏的“大象”——庞大的重型反坦克装甲车在步兵的迎头痛击下不堪一击。德军的铤而走险使苏军有机会迅速巩固战绩。虽然直接突围的做法给敌军造成重创，但实践表明，“大象”只不过是一个嘈杂的废物而已。

教训显而易见：永远不要等待条件完全成熟后才推出我们的产品或服务……一定要在敌人最脆弱的时候打他们一个措手不及！

3　又一年战争

库尔斯克是战争的转折点。苏联人在胜利的激励下，开始利用德军弱点慢慢夺回 1941 年 6 月失去的领土。即便如此，他们还是花了整整一年才将德军彻底赶出苏联。

8 月以后，苏联人在大量后备军的支持下发起反击，一系列的协同攻击迫使德国军队不断撤退，纳粹德军的脊柱开始断裂。

这个阶段的战斗依然激烈。此时，德国兵力和物资渐渐耗尽，其机动性和作战策略因此越来越受限（基本只能通过装备欠缺、训练不足的部队发起缺少灵活性的小范围防御）。但因为这时还有装备精良、高效机动的军队与之形成互补，必要时也能勉强发起反击。

德军这一战术的短板在于，他们很容易遭到敌人追击、包围，这也是战争初期德国国防军在苏联惯用的钳形攻势。事实上，东线战事结束以前，苏德两军的作战似乎都遵循这样的规律：苏军设法巧妙避开德军防御，而德国人则尽力逃脱被包围的厄运。

苏军的军需车辆迅速增加，而德军的车辆数目和 1943 年 1 月相比却下降了近 50%。半履带式车辆从 1943 年的 2.8 万台跌落到了 1944 年的 1.1 万台。同年，只有 10%的德国军队实现了机械化。

德军战机数量锐减，燃料、武器等供应不足，货车、装甲车等战斗车辆缺少轮胎、零部件、润滑油，无奈之下，德国士兵只好努力习惯在没有战机掩护的情况下投入战斗。运输无法跟进的时候也果断采用马车，有时甚至徒步跋涉很远距离。但德军仍然保留着一个小小核心，这个核心拥有高质量的现代化武器，体现出德国人现代军队的理念；但其他队伍却和 1918 年的前线部队没什么两样，[10]尽管这个时候的敌人已不可同日而语。

库尔斯克战役后，苏联红军越战越勇，德军被迫一次次撤退，转入积极防御，只在很少情况下发起反击，但这种缺乏人力和物资的抗争在苏联压路机不可阻挡的威力面前显得苍白无力。八月，哈尔科夫解放；九月，斯摩棱斯克解放，1943 年 11 月苏军夺回基辅（见地图 8.3）。

地图 8.3　苏联的进攻（1943 年 8 月—1944 年 12 月）

1944 年的冬天也没有给德国人带来任何希望：一月，列宁格勒历时近 900 天的大围困得以解除；在南端，德国人失去整个乌克兰；三月，盟军攻陷罗马尼亚。

即便如此，德国人仍努力发起反击，成功突围，在战斗中他们表现出了可贵的勇气、决心和纪律意识。1944 年 3 月，冯·曼施坦因不再指挥德国南方集团军群，取而代之的是瓦尔特·莫德尔。之后，虽然靠近乌克兰和摩尔多瓦边界的敖德萨和克里米亚半岛分别在四月和五月陷落，但前线似乎突然稳定了下来。

德国人的时间所剩无几。1944 年 6 月，盟军在法国成功开辟第二战场。在东部地区，经过短时间的休整、集结和重组，苏联人积极着手准备，即将开始几十年后萨达姆·侯赛因所说的“战争之母”(Mother of All Battles)。

4 作壁上观的斯大林

1944年6月，苏联准备实施蓄谋已久的报复——彻底赶走德国人。乌克兰解放后，很显然，下一个目标将是德军的核心部队，当时，他们还占有一部分苏联领土，守卫着720公里长的前线。

德国唯一的机会就是及时撤退、缩短战线、集中资源。这样，或许还能挽救局势，迫使英勇的苏军先头部队失去目标。

如果不能保全大局，最好撤离，缩短战线，至少能成功保住一部分市场……或至少能赢得时间。伟大的腓特烈二世200年前就曾说过:“打算捍卫一切的人将一无所得。”

苏军设法让德国人相信他们会从乌克兰向南发起进攻，然后北上，在波罗的海孤立敌军，或南下困敌于巴尔干地区。希特勒认定苏军一定会作出此选择，所以拒绝听取下属反对意见。在苏联人紧张备战的过程中，德国人及时巩固其南方军群战斗力，却忽略了中部队伍面临的压力。

正如商场上随处可见的那样，希特勒的身边已经没有敢于批评CEO的军事顾问。这些人，更准确地说是不提反对意见的顾问，只懂得溜须拍马、阿谀逢迎，完全忘记了本职工作。

6月22日，德国入侵苏联三周年之际，苏军策划了“巴格拉基昂行动”，取名巴格拉基昂是为纪念在抵抗拿破仑军队入侵中牺牲的伟大俄国将领彼得·巴格拉基昂。这次行动共投入近200万兵力、6000辆坦克、2.4万门大炮和6000多架飞机。面对勇猛强大的敌人，德国国防军仅剩不到80万人、600辆坦克、900架飞机和9500门大炮。德国在劫难逃，前线崩溃。

1943年的胜算目标变成了1944年遥不可及的梦想。天空中已经没有了德国空军的踪迹，现在，他们只能努力保护其城市和工厂不受盟军轰炸。之前驻扎在法国的战略储备军也因在西线失利而缺席。

苏联步兵有足够的卡车和全地形车跟随装甲部队寻找通向德国的突破口。他们不仅拥有本国提供的物资，更有来自美国和英国生产的大量武器装备的支持。联盟的价值在此得到了完美的展现。

1944 年 6 月，防守严密的德国城市被包围、摧毁。没有储备军可以填补前线的缺口，各分队由于缺乏机动性而无法迅速撤退，结果只能葬身战场。苏联空军在没有任何空中阻碍的情况下，顺利歼灭集结起来的所有德国部队。

德军失去 25 个师（约 35 万名士兵），比斯大林格勒战役的损失还要惨重。[11]苏联人成功收复所有失地，并深入德国控制的领地 400 多公里。通往波兰的大门已经敞开。占领华沙、拿下维斯杜拉河之后，苏军就可以踏上通往柏林的欧洲平原。

8 月，苏军逼近华沙，波兰人发动起义，抗击德国。在他们看来，不能在六年的纳粹占领后又继续受苏联人的控制，因此决定自力更生。如果能解放自己的首都，就能在德国人一败涂地时争取到谈判的机会。[12]但他们有所不知的是，斯大林并不着急，也完全没有心情支持其英勇起义。他命令军队按兵不动，静静等待。90 多天不间断的行军后，苏联士兵终于可以松口气了。

但对波兰人来说，这却是晴天霹雳。更糟的是，斯大林也完全无意支持为波兰人提供各种武器、弹药、食物等援助的盟军。他甚至不允许从英国和意大利起飞的战机在苏联领土上补充燃料。

斯大林的决定完全出乎西方盟友的意料。波兰的自由之战已经打响，尽管成千上万的波兰人在各条战线以及盟军和苏军队伍中并肩作战，但斯大林似乎要坚持他和希特勒之间的某种约定——不插手波兰领土。盟军，特别是英国人，考虑是否应该暂停对苏联的经济援助，但最后还是决定继续保持团结，因为正如丘吉尔反复强调的："有时候，你必须坚持共同的事业，无论它让人感到多么耻辱和糟糕。"[13]这是非常艰难的时刻，也是非常痛苦的决定，对英国首相来说尤其如此。

波兰人又一次掉入灾难的深渊。没有了外部支持，德国人肆意屠杀，华沙到处是断壁残垣。苏联人冷酷无情，但它和英美的联盟关系却丝毫没有改变。

斯大林有着卓越的战略眼光，他已经开始考虑战后的欧洲格局。苏军在北方发动夏季攻势，解放了波罗的海国家。芬兰投降，并于9月和苏联签署和平协定。26万名德国士兵在面向波罗的海的库尔兰拉脱维亚地区被包围，只能听天由命。

南部方向的进攻也没有给德国留任何情面。7月，凭借步兵2:1、坦克数量将近3:1、飞机6:1的优势，苏联发起猛攻……前线在七处地方同时陷落，罗马尼亚人和保加利亚人改变立场，为苏联的进攻开辟了前线。德国人败局已定，德军另外17个师大约38万主要兵力被苏联这只大熊吞没。[14]德国人开始向逆时针方向移动，从巴尔干半岛和希腊撤退。在最后时刻，他们顺利逃脱。

匈牙利和斯洛伐克也试图撤出战争。愤怒的德军开始入侵两国，绝望的人们奋起反抗。无论如何，德国的处境都不乐观。南边是布达佩斯和维也纳，然后是华沙，再远处就是中间的柏林；北边是柯尼斯堡和东普鲁士，离苏联的坦克仅一箭之遥，一切似乎都预示着，他们已经无法继续承受苏联的猛攻。

所有的反击都没有给德国任何喘息的机会，德国军队被彻底摧毁。但正如我们所知，每次胜仗都伴随着代价和不易，苏军的损失也一样无法估量，只是指挥官似乎只关心翘首以待的胜利成果。事实上，在整个战争过程中，苏军似乎都采用了这样的模式，漠视生命价值似乎可以被视作莫斯科总参谋部军事决定的一大特点。

苏联人从性格上也更倾向于这样的战略，他们能够承受巨大的痛苦（也能给他人造成巨大的痛苦）。苏联步兵和坦克部队发起的攻击不够审慎，战术也欠高明；因此，胜利往往需要以数量庞大的人员牺牲为代价。[15]

斯大林的士兵并没有经过严格训练，很多时候都是临阵磨枪，而且他们在战场上组织松散、配合不力。但其坚韧、英勇和钢铁般的意志在一定程度上弥补了上述缺点，创造了“打不败的苏联人”这一英雄形象。

苏联士兵的牺牲精神令人惊叹。如果发现有防御火力保护的雷区，苏军将领会命令步兵继续前行，击退敌军，好像雷区并不存在一样。一旦打开一条通道，专业人员才上前清理地雷，确保坦克可以顺利通过。[16]英美和德国领导人都不曾如此漠视生命的价值。

苏联的各位将军收获颇丰。他们接受过专业的军事训练，懂得如何制订计划，实施行动；他们肆无忌惮（对自己人也是如此），但也天赋非凡，在战役中常有充满想象的不俗表现。随着敌军实力的削弱，苏军愈发威猛。正如古德里安所言：“苏联人在节节胜利的过程中变得更加无所畏惧。”[17]

总之，苏联的指挥官是对效率毫无兴趣的出色管理者。在任何其他部队，他们都不会光荣取胜，因为士兵们不会忍受那样的穷困和牺牲。苏联的将军就像我们在公司里经常见到的极度以自我为中心的人一样，认为只要能达目的就可以不择手段，但他们绝不是称职的管理者，那些无法达到其要求的工作人员很快会被降职或炒鱿鱼。

幸运的是，尽管少数经理人仍会像二战中的苏联领导人一样冷酷，但如今在欧洲的企业管理理念中，这种被称为“杀手式”的领导风格（为达目的不择手段）已经不再受人青睐。

但不得不承认，很多公司仍重结果而轻损失。因此，“杀手式”的管理方式恐怕还会在当今商界占有一席之地。如果你的领导热衷于这种管理类型，就一定要确保你的公司能够容忍巨大损失，并且你们的人员也具有像苏联士兵一样的奉献精神，否则就会陷入亏损、生产率低下等不良循环中。

很多公司似乎都有两支军队在同时作战。一些经理人表现得像美国人：只有真正值得牺牲的时候才鼓励员工作出牺牲，他们尽可能通过高科技的“武器军备”将损失降至最低；而其他经理人在工作中更像对降低损失或投资技术毫无兴趣的苏联人。

美苏两国在击败德国方面都发挥了决定性的作用，但前者的代价是 29.5 万条性命，而经过苏联人淡化处理后的死亡人数为在 27 万到 47 万之间[18]。

一些公司允许这种情况的存在。尽管这与政治正确完全不同，但它的确有效，这一事实不容忽视。然而事情并非总是如此，有时结果会非常糟糕，就像 1917 年那样，当时俄国军队没有向柏林进发，他们已经溃不成军，不得不根据德国人强加的条件接受妥协的和平。[19]

1944 年夏天的灾难过后，德军克服重重困难，从最大的危机中幸存下来。苏军在前线停滞不前；西线战场上的英美军队也都停顿下来。德国领土完好无损；有谣言称，神奇的新式武器即将加入战斗。要知道，希特勒手中仍有王牌。

第 9 章

大 决 战

1　阿登反击战

1944 年 12 月，美军打算在前线度过一个安静的圣诞节。虽未能立即夺得胜利，但看上去战争不会持续太久。德军现已溃不成军，而天气好转也只是时间问题，一旦天气放晴，美军势必会向摇摇欲坠的德国国防军发起致命性攻击。

不过，德军也已准备数月以发起突袭，誓不投降的德国人计划发动冬季攻势，像 1940 年那样，在同样的地点以同样的目的朝英吉利海峡镰刀式前进。

此次行动名为“保卫莱茵河之战”，它也是 1840 创作的一首德国爱国歌曲名。德军希望能在美军防御线上打开一条缺口，然后向北挺进，一举夺下 128 公里外的比利时北部省份安特卫普。此举一旦成功，由英美两军 37 个师构成的盟军队伍都将被牵制于海域附近，再次深陷困局（地图 9.1）。

德军两个装甲部队已在既定区域集结（对此次任务，他们高度保密、竭尽所能，最终确定在东部集中）。虽然德国装甲部队身经百战，素质过硬，但其辅助军团多由青少年、老兵、水手或伤病未愈的士兵以及空军地面工作人员组成，因此在指挥人员、武器装备、作战训练方面多有不足；燃料短缺困扰着整个队伍。可以说，这次行动是德军最后的救命稻草。希特勒并没有轻易放弃，在他看来，如果能够在西线战场牢牢牵制住盟军，或许英国就会放弃战斗。

地图 9.1　德国西线进攻图（1944 年 12 月）

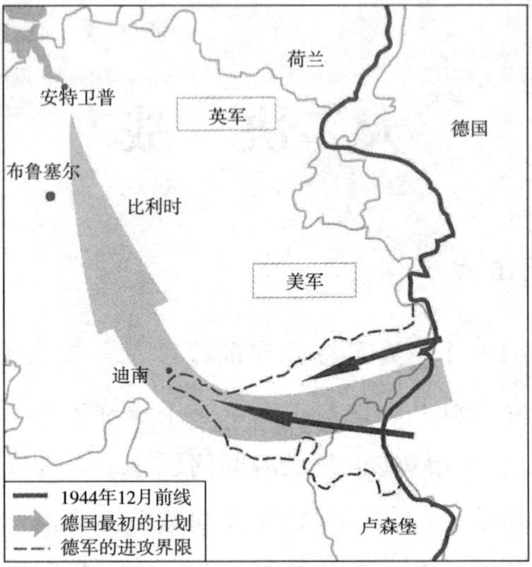

12 月 26 日，德军 20 万兵力朝着由美军 8 万人把守的 64 公里宽的空旷之地迅速开进。整个战役过程中，美军指挥官最深切的感受就是震惊。因为天气糟糕，空军难以摧毁敌军供给线，而德军一旦进入空旷之地，其先锋部队便可畅行无阻。

北翼钳形部队行进缓慢，但南翼却迅速推进。德军先锋部队在平安夜抵达位于比利时中部布鲁塞尔以南约 88 公里处的迪南。美军一个伞兵团在位于迪南以东 64 公里处的重要枢纽地巴斯托尼镇遭到围困。

始终关注军备竞赛的德军在技术方面取得重大突破。他们连续数月一直在使用 V2 导弹对敌人城市狂轰滥炸（对伦敦的轰击尤为猛烈），盟军对此束手无策。1944 年夏，德国梅塞施米特式 Me-262 型战机成为投入战斗的第一批喷气式飞机（新型号战机即将投产），地对空导弹、空对空导弹也都在准备投产过程中。如果德军能争取到足够的时间，或许……或许他们还有机会。

然而，就在圣诞节这一天，德军燃料耗尽，战斗难以为继。26日的晨光撒向大地的时候，盟军攻击机再次出现在战场上空。反攻正式开始，巴斯托尼于1月初重获自由；1月中旬，苏军发起规模庞大的冬季攻势。因此，即使要以西线取得的小小成绩为代价也一定要为东线战场提供援助物资。

德军派出最后一支战略储备军。虽然他们给盟军造成重大人员伤亡，但德国人也同样损失惨重（死伤达8万人）。相比战争初期，这个时候他们处境更为不利，其最后一搏也未能如愿逆转。德军物资短缺，难以继续发起攻击，不过即使他们还能设法突破前线，其战绩也微乎其微，难再改写局势。

现在，盟军稳占上风，其人力是德军的四倍，坦克数量为对方的八倍。[1]以英军为先锋的反击战于2月8日正式拉开帷幕。然而，人员和物资上的优势并没有在战场上得到充分体现，盟军进展远不如预期顺利。

屡战屡败的德军将其第一道防线撤至莱茵河，等待迎战盟军最后的进攻。美军取得突破性进展，运气稍好一些就可以拿下雷玛根大桥（位于波恩以南16公里处，是一座横跨莱茵河的铁路桥）。在那里，盟军向德国人的心脏地带发起最后攻击。

3月底，英军成功渡过莱茵河。突破德军抵御后，部队向德国北部迅速挺进，途中几乎未遭遇任何抵抗。1945年4月，莫德尔及其率领的30万大军惨遭拦截，身为“希特勒救火队员”的莫德尔选择自杀，士兵们最终投降。除了小部分殊死抵抗的战士外，西线战事基本完结，盟军进入德国（地图9.2）。

地图 9.2　西方盟军攻入德国路线图（1945 年）

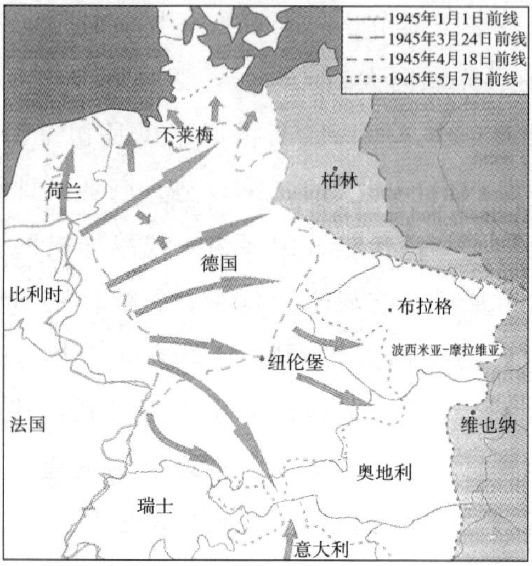

斯大林劝说美军达成君子协定，停止向东行进。苏联领导人说服美军，告诉他们没有必要再为一场已经结束的战争作出更大牺牲。4 月 25 日，苏、美两军在德国中部握手庆祝，第三帝国即将终结，但苏联人打算以他们自己的方式结束战争。

2　溃败的德国

东线战场的局势对德军来说同样复杂。波罗的海有大约 20 万士兵防守库尔兰半岛，即使其他战场人员异常紧缺，为确保此处安全，也绝不会调走一兵一卒。而在南方，维也纳危机重重，匈牙利首都布达佩斯惨遭围困。随着德国战败和第二次世界大战的结束，斯大林也不再隐藏其建立世界新秩序的雄心壮志。

沿维斯瓦河和东普鲁士延伸出去的战线具有决定性意义，对战双方兵力悬殊：德军 200 万士兵、4000 辆坦克、2000 架飞机对抗盟军 600 万士兵、1.3 万辆坦克、10 万门大炮和 1.5

万架飞机。[2]

德军仅存的一支战略储备军已被派往阿登高地，剩余为数不多的几支仍较为活跃的队伍负责阻止苏军向柏林进发。尽管德军情报处提醒希特勒，苏军正在维斯瓦河大量部署兵力，但其元首却一意孤行，命令正在从比利时返回的党卫军装甲部队在布达佩斯附近作好迎战准备[3]，因为在希特勒看来，苏军在维斯瓦河的行动是虚，占领匈牙利是实。事实上，当时德军已经心灰意冷，但其统帅的错误决定将使德国更加灾难深重。

无论如何，此时德军已经溃不成军、士气低落。绝望的战士们意识到苏联人不会手下留情，战败就意味着烧杀抢掠和饱受奴役。的确如此，战争终于结束，德国工业遭到严重破坏，部分设备被运往苏联；成千上万的德国男女被迫在非人的环境下日夜劳作；此外，还有几千、几万，甚至几百万妇女惨遭强奸。

在令人绝望的最后阶段，是什么在激励德国军人勇往直前？对战士的心理研究表明，在战场上他们会突破职责要求，作出人们意想不到的巨大牺牲。有人是纪律所迫，有人会出于爱国情怀或理想信念；当然还有一些人仅仅是因为由衷的喜欢——战斗是他们的存在方式。

但大部分人能抗战到底离不开团队精神的感染、归属感的驱动、战友情谊的激励，以及大家齐心协力为共同的革命目标奋斗，为荣誉而战的自豪感的驱使。战士们心甘情愿、不畏流血牺牲更多是出自战友之情而非爱国情怀。

在企业中，类似的案例不胜枚举。很多员工因别无选择或纪律约束而工作，一些士兵坚持作战，是因为他们知道，违抗命令意味着丢掉性命；同样，一些员工的付出是迫于生计需要，或者说，除了这份工作，他们已经没有更好的选择。所以，不要期待从他们那里得到任何具有建设性的东西（他们会说：“干与不干都能拿到薪水呀”，“领导才不会看到我们的努力呢”，“别太认真，不就是工作嘛”……）他们大都能完成基本工作，有人甚至表现突出。

但是，他们拒绝额外付出，反对学习新技术，不愿进修提升、取得新进步；也绝不会接受职责以外的工作。那么，我们有没有办法改变这种现状呢？答案是肯定的。如果能够像军队那样建立行动小组，就能增强团队归属感，这一措施短期即可见效。如此一来，团队成员就能将互帮互助视为个人职责，这就是美国企业高管、作家唐·佩珀斯（Don Peppers）所说的“同伴压力”。[4]

相比军队，企业在人员更新、补充方面更具优势，尽管情况并非总是如此。我们看到，人力资源部通常会关注求职者的个人简历，留意他们是否受过良好教育，是否阅历丰富，但却极易忽视一个更加重要的内容，那就是应聘者是否能够很好地融入团队、融入公司。

一个协调一致，又极富归属感的团体通常战斗力更持久、战绩更丰硕，面对新的威胁也就能够齐心协力，增加互信，而这反过来又会转化为推动团队前进的个人动力。我们需要广泛提倡的就是忠诚、道德、诚信和工作热情。具备这样的品质，就一定能创造辉煌。

1945 年 1 月 12 日，苏军沿维斯瓦河发起攻击，德军就像纸团堆砌的房子一样，瞬间崩塌。要塞城市遭到围困，敌军继续向奥得河（位于波兰和德国之间的自然边境）迅速推进，东普鲁士和波美拉尼亚被一举吞噬。为减少灾难造成的损失，一些德军和德国民众选择了海上撤离。不到两个月的时间，苏军就在奥得河另一侧建立阵地，这里距离最终攻夺目标——柏林仅 96 公里。

与此同时，希特勒决定向匈牙利发起攻击，确保布达佩斯免遭苏军围攻。希特勒不仅白白浪费了时间，同时其战略也加速了德国战略储备军的灭亡和维也纳的陷落（4 月 13 日）。战后，艾森豪威尔将军这样说道：“我们的成功与希特勒的贡献密不可分。”[5]

苏军在攻夺奥地利首都维也纳的同时，也向柏林发起猛攻。苏联共投入 234 个师、16 个旅共 200 多万兵力，以及 6200 辆坦克和 7500 架飞机，德军的 50 个师和 300 架战机被一分为二。[6]此时西线战场几乎归于平静，成千上万的德军被迫投降；而在东线战场，德军在军火、重型武器、燃料等供应不足的情况下依然强势反击。此时的苏军进展缓慢，死伤人数骤增。

在战斗的最后两个星期里，苏军人员损失达 304887 人（包括死、伤以及失踪人数），损毁坦克 2156 辆、大炮 1227 门、飞机 527 架，德军死伤 5 万人。[7]但如此惊人的损失并没有引起斯大林及其将领的关注，在他们看来，胜利就是最好的奖励，攻占柏林指日可待。

4 月 20 日这一天，希特勒为自己庆祝生日。几乎每个人都看到，战争即将接近尾声。那些他眼中的忠贞之士常常诋毁、诬陷真正的忠实良臣，并合谋取而代之，甚至他们谋划通敌背叛，就像奥利弗·西斯贝格导演在他的佳作——《帝国的覆灭》里演绎的那样。[8]

24 日，柏林惨遭围困，但双方仍像以前一样火力不减。每条街、每座房屋都难逃厄运，好像战争才刚刚开始。4 月 30 日，朱可夫元帅率领的军队来到距离希特勒藏身之处（在德国总理府地下室 15 米处）仅 500 米的地方，希特勒在这一天选择了自杀。

直到 1945 年 5 月 2 日，柏林战役才落下帷幕，抵抗也一直延续到 5 月 6 日。5 月 9 日，德国无条件投降，欧洲战事终于结束，但这并不意味着第二次世界大战的终结，因为在地球另一端的亚洲，战争愈演愈烈，持续了整整一个夏天。

第 10 章

菊花与绞肉机：从珍珠港到长崎

1　万岁！日本海啸

日本是一个让很多西方人摸不着头脑的国家。无论我们对它的文化了解多深，也总是难以解释随处可见的矛盾与反差。的确，与日本人一起工作过的任何一个人都会经历情绪上一百八十度的大转弯，前一刻还对他们充满敬佩，后一刻可能就要惊愕得合不拢嘴了。

在太平洋战场上指挥战斗的美军将领也一样经历了这样的情绪大翻转。他们发现难以理解日本军人的所思所为，这让他们有些抓狂。无奈之下，1944 年战争还在如火如荼地进行时，他们只好求助于人类学家露丝·本尼迪克特（Ruth Benedict），希望她能提供一份研究日本民族性格与文化的研究报告（它就是后来出版并广受好评的著作《菊与刀》）。

我们在和文化背景与我们相去甚远的外国人做生意时，也常常会有同样的体会。同盟国将领感觉到："无法理解日本人的所作所为……他们的决定'荒谬'之极，难以作出预判。"[1]但让我们从头说起……是什么使西方强国在欧洲集中火力抗击德国的过程中，突然调转矛头直指日本[2]？

几十年来，日本一直试图在亚洲大陆找到它应有的位置，但目睹的却是西方殖民帝国对亚洲的占领和瓜分。20 世纪 30 年代初，日本国内的主要政治立场演变为通过建立"大东亚共荣圈"，实现日本发展的大梦想。

这种宏伟的表述实则是要其他国家在日本的保护下形成联盟，日本希望将亚洲从西方强国的占领中解放出来，从而带来一些国家，如日本自身的发展。而作为回报或唯一的要求是它们要服从天皇安排，听从日本指挥。这是一种秩序，也是一种管理风格。这种秩序和精神曾使日本免受入侵之苦，同时它也帮助日本在短短 20 余年的时间里摆脱贫困，结束了封建社会。

除政治考量外，日本确信如果其他亚洲国家能服从天皇旨意，日本就能获取其发展所需的大量原材料，而不依赖西方列强。因为日本尽管工业发达，但其自然资源却极度匮乏。

1940 年年末，主要殖民国家纷纷身陷困境（法国和荷兰已被德国占领，大英帝国自身难保），日本发现，这是它实现“大东亚共荣圈”的绝好机遇。

的确，美国（控制着菲律宾、夏威夷、关岛和中途岛）是唯一能够和日本在这一地区相抗衡的国家。在美国，当时赛珍珠（Pearl Buck）的小说、一些记者的报道文章、传教士记录的在中国亲眼目睹的血腥故事使美国民众对日本惨无人道的侵华行为产生强烈反感。1941 年年中，日本夺取法属印度支那后（越南、老挝、柬埔寨自 1854 年起沦为法国殖民地），美国民众的反日呼声传进白宫。美国决定要给日本传达一种清晰、坚实、不容置疑的声音。

美国开始对日本实施严格的贸易禁运，这几乎切断了日本的石油和钢铁来源。部署周密的全面贸易禁运会对日本经济、军事造成致命打击；经过激烈辩论，日本政府决定大胆冒险，因为美国的强硬将使日本一蹶不振。

禁运成了日本采取行动的最佳借口，他们开始加快脚步，扩大在亚洲的影响区域。这样，日本就能一劳永逸地攫取其发展所需的各种自然资源（石油、橡胶、矿物质等），摆脱对他国的资源依赖。要实现这一宏伟目标，就要摧毁唯一的拦路虎——美国太平洋海军舰队基地珍珠港。日本人非常清楚，从长远来看，他们面对的敌人远比他们强悍得多；英美可以向日本发起直接攻击，但坦率地讲，日本却很难对它们采取直接行动。因此，日本人寄希望于孤注一掷，夺取有限胜利。

对日本来说，这已经不再是一个新问题。在前两次战争中（1894 年的中日甲午战争和 1904 年的日俄战争），日本面临相同的困境，但两次都幸运获胜。中俄两国实力远在日本之上，日本是如何取胜的？事实上，秘诀在于日军能充分利用海军力量，成功避免长期作战。这一优势意味着它能夺取有限领土目标，此后再挑战敌人夺回领地。日本人明白，一旦舰队在决战中被毁[3]，他们将捉襟见肘，侵占别国领土的梦想也将化作泡影。

但这一次，目标要远大得多，因为他们瞄准的不是日本周边，而是距离日本 2960 公里的珍珠港。技术的作用不可小觑，因为目标在遥远的海中央……从太平洋战争的第一天起，舰载飞机就成为战争的决定性武器，率领日本海军的是对航空母舰深有研究、富有创新精神的海军大将山本五十六。

注重创新突破的山本五十六首先要说服支持传统枪炮和战舰的专家。战争刚一打响，山本就清醒地认识到，日本海军的胜利只能靠舰载飞机取得，因此，他要求海军飞行员必须经历长时间的严格训练。另外，得益于日本工业的迅速发展，当时其舰载飞机已经跻身全世界最先进行列。

山本五十六曾在美国学习、生活多年，因此了解美国的优势所在。他知道，任何从强大的美国取得的胜利都是暂时性的。他认为，只要对美国造成重创，日本或许就能通过谈判取得对他们极为有利的和平环境。他可能是为数极少的几位真正了解对手实力的日本人之一，自然也是很少的几位对日本战败有清醒认识的人之一。

日本专家们一如既往地清楚，相比敌人，除了先进的技术，最让他们引以为豪的就是武士道精神。这是一种他国难以复制，能够助力日本取胜的力量。

富裕、堕落、颓废、怯懦是美国人留给日本人的印象。这样的认识让他们低估了美国的军事和工业潜力，以及美军强大的士气[4]。总体而言，日本人瞧不起西方人，在他们眼中，西方人自由散漫、缺乏勇气，毫无战斗精神。

而日本人则纪律严明，对上级毕恭毕敬。无论其意见多有建设性，也不可能当面给上级难堪。[5]他们的战争行为以晦涩、复杂、布满陷阱的计划为基础；这些计划既不可能中止，也不会在战争开始以后灵活调整。

换句话说，如果情况恶化，或发生不测（这在战场和商界都是难免的），他们的反应是西方人难以置信的两个极端：要么不顾一切，继续执行（即使计划本身漏洞百出）；要么因无法完成任务、履行职责而彻底放弃。

即便如此，旨在确保日本霸权的战略并不复杂。1941 年年底，除掉日本在亚洲的唯一竞争对手成为其战略的重中之重。因此，日本决定挑起一场决战。要出奇制胜，就要周密部署：不宣战，继续与美国就贸易禁运展开谈判，此后通过舰载飞机秘密轰炸珍珠港。美国舰队一败涂地后，日本就可以独享亚洲霸权，同时挑战西方强国夺回领地。这是日本此前与中俄两国作战时的惯用伎俩，但这一次，任务更加艰巨。

1941 年 12 月 7 日，一个看上去和平时没什么两样的周日凌晨，日本飞机穿云破雾，冲向珍珠港。美军损失惨重。决战（the decisive battle）——日本人的作战秘诀正在按计划推进。

日本成功偷袭，美军舰船或被击毁，或严重受损。但美国又是幸运的：日军袭击当天，美国太平洋舰队的三艘航空母舰恰巧都不在港内。

第一阶段的计划成功后，日本在整个东南亚开始了类似闪电战的疯狂计划。美国、英国、荷兰大败。在短短 12 周的时间里，香港地区、马来西亚、新加坡、印度尼西亚、菲律宾和太平洋岛屿的大部分地方落入日本人手中。而取得这样的辉煌战果，日本人竟只动用了 12 个师，损失了三艘小吨位驱逐舰。[6]

计划得逞后，日本取得维持战争所需的自然资源和人力资源。美国太平洋舰队或许并没有被完全摧毁，即便如此，日军行动仍照常进行。

为防止遭到反击，日本在新的占领区建立空中基地网，在这个网中，每个节点与另一节点保持一定距离。每发起一次新行动，新近攻取的岛屿就会成为该网络里的另一节点。日本人实施这一战略的意图在于，每个节点都可以通过自己的空中力量及其周围节点来防御敌人袭击。在这个网络内，日本舰队将形成灵活移动的打击力量，在各岛屿飞机的掩护下，向敌人海军发起猛攻。换句话说，它是海军版的德国对苏作战策略；同时，日本还通过要塞城市和装甲纵队支持其防御、进攻。[7]

奇怪的是，正如希特勒在胜利后不知所措一样，日军总参谋长也同样在凯旋后陷入困惑。“现在该怎么做?”日本联合舰队参谋长问道。[8]

海陆两军摩擦不断也使情况进一步恶化，导致部队缺失真正意义上的统一指挥。虽然帝国总部向天皇直接汇报战况，但天皇却并不参与作战计划，也从未提出任何具体措施或建议；对于军中的派别分歧，天皇视而不见。这一切集中反映了日军作战计划的致命弱点。

陆军更倾向于继续对抗中国，使其孤立无援，得不到同盟国从缅甸运输的物资，此举旨在彻底打败中国，从而为应对苏联可能带来的威胁作好准备；但海军却提出应该首先南下或西进。如果控制了澳大利亚，就能保卫其南翼，而将英国人赶出印度也能使其与德军成功汇合。陆军对这一提议嗤之以鼻，认为人力物力短缺将会给计划的顺利实施带来致命挑战。

因此，日本采取了较为折中的解决方案。首先，通过一系列行动致使美国失去主动，巩固日本的战略地位。这将诱使美国太平洋舰队剩余力量与其展开一场大决战，永久地挫败美国人的战斗意志。

日本计划占领新几内亚岛及其邻近群岛，在那里建立军事基地，切断澳大利亚与夏威夷的运输和补给线，阻止同盟国和澳大利亚发起反攻。同时，日本大量舰船可以在这里歇息、重组，为在中途岛附近发起决战进行充分准备。

但形势突变后，美国人也开始制订他们的计划。首先，在日本突袭当天，希特勒对美宣战；美国人决定将资源主要集中在对德作战上，这就意味着太平洋并不是他们的战略重点。

这一具有远见卓识的冷静决定在战略和政治方面都是冒险的。亚洲的威胁似乎更加紧迫，国内舆论也更倾向于反日而非反德。但这一决定也反映了美国“经理人”高瞻远瞩的特点。美国民众要的是日本裕仁天皇而非希特勒的头颅，他们首先要找日本人算账，然后再对付德国。但美国领导人意识到最高效、经济的做法就是调整战略重点：先打败德国，再转向日本。

在商界，我们经常听到这样的口号：“倾听顾客的心声”、“顾客至上”、“一切为了顾客”……但是如果对形势没有准确的把握，所有的倾听都只是白白浪费时间。如果罗斯福有一个营销部，它会要求他的顾客，也就是他的选民，将重点转向日本。正如亨利·福特说过的，如果听取顾客的意见，他就会在马匹和马车上下功夫，而不是将注意力转移到大规模生产 T 型小汽车上。[9]顾客总是对的，但他们不是每一次都清楚在哪里才能获得对的产品。

回到太平洋战场后，美国将主要协调、合作对象确定为英国而非苏联。尽管内部有分歧，但他们最终达成一致，由马歇尔将军担任总指挥：明确一位领导人，一个项目。而两个战场上的敌人却自顾不暇，都不愿为协调作战作出让步。

同盟国决定将太平洋分成两个战场。美国将军道格拉斯·麦克阿瑟在太平洋东南方向的战场担任最高统帅（从马来西亚到新几内亚）；另一位美国人——海军上将切斯特·尼米兹（Chester Nimitz）负责太平洋战场的剩余部分（从新几内亚到阿留申群岛）。麦克阿瑟或许可以被称作媒体超级巨星 CEO。他性格有些古怪，但胸怀大志、能言善辩、魅力超群，最重要的是，他是一位深得人心的大英雄。麦克阿瑟特别在意自己的公众形象，这一形象促使他努力根据媒体为他勾画的标准打造美国的太平洋战略。

相比之下，尼米兹更加谦逊。他在准确判断形势、识人用人方面有着常人不及的超常能力。可以说，他是一个战略创新专家。他的和善、冷静、温文尔雅让他赢得了将士们的尊敬和爱戴。他十分谨慎，从不莽撞行事，任何战略都经过深思熟虑。盟军在太平洋战场一度因计划失误陷入窘境，士气消沉。尼米兹很快意识到这种错误在所难免，他总是愿意给军官们从头再来的机会。[10]

每个将军、司令都有他们自己的领导风格，这种风格也是他们与生俱来的性格、后天习得的知识，以及他们个人背景、经历和品质的集中体现。对经理人来说，结果往往是判断、评估他们的唯一手段。但事实却是，丰功伟绩的大将军也吃过败仗，平庸甚至不称职的笨将军也打过胜仗。

要有所改变，就要学习尼米兹：尊敬下属，鼓励他们在个人和业务上的成长。一个真正的领导者不仅仅关注结果，更着力于整个组织的建设，如此一来，即使输掉战役（或公司发现惨遭“珍珠港偷袭”），也能够重整旗鼓，凯旋而归。

正如二战中有不少庸碌无为的将军担任了指挥重任一样，企业里也有无能之辈身居高位。无需怀疑或担心自己并不具备领导才能，因为这种能力可以通过自身努力后天习得。一位卓越的领导人首先要作的最重要的决定或许就是将无所作为的蠢材请出他们占据的岗位。

像尼米兹或艾森豪威尔一样，我们不一定具备创新能力，尽管这种能力对我们的事业发展大有裨益。重要的是，要信任我们的部队，我们的团队，善于交流、倾听，激发大家的工作热情，正确分析我们掌握的信息并据此作出判断。

2　中途岛海战（在5分钟内输掉的战争）

美国很快暗示日本他们将为自己的行为付出高昂代价。1942年4月18日，美国航母上的飞机轰炸东京，日本惊呆了——没有人预料到日本本土可能遭遇这样的厄运。

五月，珊瑚海海战后，日本占领新几内亚的企图破灭。这次海战尽管双方各自陷入困局，但它是日本战争开始以来第一次严重失利。日本人并未因此气馁，他们决定集中一切力量发起下一次决战，摧毁仍在参战的三艘美国航母。这一战役将在中途岛打响（中途岛宽约8公里，岛上有一个小港口、一个机场，是美国最西边的一个防守点，也是日本攻击夏威夷必须要占领的一个地方）。

在这一情形下，日本最高管理层设计陷阱，周密计划，决定发起决战。这是一次非常复杂，时间上需要严格计算的行动。其缺点在于，它不容任何时间上的差错。胜利取决于一系列的打击是否按原时间计划进行。

指挥部决定将日本舰队分为五个分支。第一分支为潜艇部队（第一军）；第二分支北上朝阿留申群岛发起佯攻，迷惑美军，迫使其分散兵力；第三分支负责完成此次行动的重要目的——夺取中途岛。

第四分支由日本海军精英构成，他们将配合四艘重型航空母舰，负责集中火力摧毁岛上防御系统。舰队司令南云忠一担任总指挥。

拥有大量战舰、巡洋舰的第五分支将留守后方，观望美国的反应。根据该计划，日本期待美国派出夏威夷基地的航空母舰保卫中途岛，借机通过第四分支的飞机和第五分支的枪炮将其一举歼灭。

情况复杂，日军部署分散；更糟的是，舰队司令南云忠一对此次任务的实质始终举棋不定：美国航母出现时，日本的首要任务是什么？是要支援战机登岛作战，还是摧毁敌人航母？对日本海军来说，最为不幸的是，美国人轻而易举地破解了日本海军通信系统 JN-25 的密码，对他们非常复杂的作战计划了如指掌。

日本海军司令部的专家们在讨论神秘诡异的作战策略，计划欺骗美国人的同时却忽视了保护其无线通信密码的工作(JN-25 的主要缺陷是人为造成的，因为当时还没有编码机，一切都需要手工完成)。就这么简单，美军能及时获取日本舰队的情报，并作出相应准备。

1942年6月4日，舰队司令南云忠一下令其所在第四分支向中途岛发起进攻。凌晨4：30分，日军飞机向中途岛进发。第一波打击大获全胜，岛上防御系统遭到严重破坏；同时，日军也击落所有从中途岛起飞，准备冲向日本航母的敌机。[11]

第一波攻击完成后，返回基地的日本飞行员发出电报，称需要发动新一波攻势才能圆满完成任务。

从日本的角度看，似乎正如他们所预料的，种种迹象表明美军已茫然无措，因此其领导人很快将命令在珍珠港早已准备就绪、整装待发的航母向中途岛进发。

日本战机回到基地，开始补充武器、装备，准备发起第二波攻击。之后，第三分支将夺取中途岛；第四和第五分支会耐心等待美国舰队的到来，发起一场锁定胜局的决战。

但尼米兹的舰船并没有在珍珠港待命，而是已经在中途岛水域作好了埋伏。尽管在技术和装备上不如日本，但尼米兹清楚日本的作战计划，因此他决定最大限度地集中力量，充分发挥其优势。

早晨7：28分，南云忠一收到侦察机传来的报告：发现美军舰船……美军反应如此之快，这让他大吃一惊。他问是否发现美军航母，答案是否定的，这时他才大舒一口气，命令部队重新武装，向中途岛发起第二波致命打击，粉碎美军战机的抗争。他确信：“天皇终会得到命运的垂青。”

8：35分，侦察机又一次发来报告：美军好像的确有航母，至少一艘，或更多……真相大白，南云忠一面临艰难抉择：继续进攻中途岛还是追击已经发现的美国航母？如果只发现了一艘敌人航母，那其他航母在哪里？在阿留申群岛？还是正在从夏威夷全速赶往中途岛？

南云忠一犹豫不决，错失宝贵时间。理论上讲，他的战机正在航母的甲板上作好进攻中途岛的准备，虽然进攻时间或许有些延迟，因为战机需要卸掉炸弹，换上鱼雷准备打击美军航母。

就在他们最为脆弱的那一刻（甲板上的飞机集中在一起，重新改装鱼雷，补充燃料），从三艘美国航母上起飞的战机密切配合，迅速形成一股合力，抵达日本舰队上空，向日军第四分支发起猛攻。大部分战机被日军护航战斗机无情击落，但其中一些却成功穿过敌军防御屏障，给日军造成沉重打击。十颗炸弹，用时仅十分钟，日本就输掉了太平洋战争。

6 月 4 日，第四分支损失四艘航母（严格地讲，最后一艘，也就是飞龙号航母于 6 月 5 日清晨沉没），一艘美军航母也遭到重创，后来，日军第一分支的一艘潜艇将其击沉。日本海军从此丧失进攻主动权；更为严峻的是，他们损失的为数众多、训练有素、经验丰富的飞行员和大量舰船很难在短时间内得到替换或补充。

那一天，尼米兹三艘航母对战日本七艘航母，其飞行员素质和战机性能也显然不及日军，但他对战局有着清醒认识，他的计划更简单有效——集中兵力，认定目标，竭尽全力。

你的竞争对手是否更加强大？这并不重要，即使敌人有更多手段、更多资源，更多后备力量，战役总会在某个特定时刻决出胜负（在一次竞标、某一特定市场、消费者作出判断时等），这个时候，就要更果断、坚定。我们不应该通过复杂、神秘的计划来迷惑对手，浪费我们的时间，也不应诱使对方开始谈判，行欺骗之道。更为重要的是，确保做好本职工作，例如，没有忽视我们的“通信密码”，这将不仅惠及客户，当然也会给公司账户作出贡献。

3　瓜岛战役和阿喀琉斯的暴怒

中途岛海战后，日本酝酿了下一次作战计划，似乎他们从未失利。日军决定发起进攻，使澳大利亚人得不到夏威夷美军的援助。为达此目的，他们决定在所罗门群岛的某个岛上兴建机场，打击澳大利亚北部海军的行动，阻止美军发起反击。一小支部队在他们选定的瓜达尔卡纳尔岛（瓜岛）登陆，并开始建造机场。

同时，日本还在新几内亚岛继续发起进攻，这里由麦克阿瑟带领澳大利亚人和美国士兵加以防守。8 月 7 日，美军决定彻底摧毁日军防御，因此选择在瓜岛登陆。在那里，他们将日本人赶出了机场，牢牢控制住了局势。

起初，日军计划利用航母支持登陆，但海军很快决定撤回航母。他们担心美军可能会从他们北翼的空中基地进行反击，因此日本人仅留下了一些巡洋舰和驱逐舰，用于支持海军陆战队的行动。

8 月 8 日和 9 日夜晚，日本海军进入瓜达尔卡纳尔水域，为在岛上顽强抵抗的地面部队运送物资。在那里，他们遭遇美军护卫舰。猛烈巧妙的袭击后，日军击沉美军四艘主要巡洋舰。至此，美军其余舰船和整个登陆舰队都只能听凭日军摆布。

令人费解的是，日本舰队撤退了。他们为何要放弃如此得天独厚的优势？很显然，他们的目的并不是击垮美国人，而是要向岛上运送增援部队。因此，日军司令官命令部队完成任务后便及时撤退，避免惹上更多麻烦。

8 月 9 日，太阳升起的时候，海军陆战队发现他们孤立无援，处境异常危险。保护他们的舰队，因惧怕日本海军原路返回，彻底收拾残局而逃离。[12] 如此一来，他们苦苦等待的登陆艇、3000 名登陆士兵、弹药、补给等都化作了泡影。

海军陆战队总司令亚历山大·范德格里夫特（Alexander Vandegrift）将军并没有因此退缩或一蹶不振，而是果断采取措施，决定发起进攻。士兵们竭尽所能，战胜困局。没有食物，他们就利用岛上一切能找到的浆果和植物的根叶果腹；没有武器，就充分利用从日军手中夺来的枪炮和军需品。他们还偷袭日军，抢来武器装备……更加不可思议的是，他们想方设法让“亨德森营”机场恢复了运作。[13]

8 月 20 日，海军陆战队收到第一架飞机着陆的大好消息。现在，日本海军发现已经很难在白天有大的动作，轰炸行动不得不渐渐放弃。美国人不再担心日军会给予还击；另外，美军也将为其地面行动提供空中支持。

此时，日本也通过海上“东京快车”（Tokyo Express）运送增援部队，美国海军把日本人在夜间使用高速驱逐舰，向交战岛屿输送陆战队士兵和装备的做法称作“东京快车”，这种补给将日本在拉包尔镇的基地与瓜达尔卡纳尔岛连接起来。信心十足的日军对美国人的应战实力表示怀疑。当然，在他们看来，无论士兵数量、装备质量，还是作战经验，美军都难以匹敌；因此，想要抵挡拥有无敌战斗精神和经过严格训练的日本部队，美国没有胜算的可能。

地面战斗艰难推进，一场更加血腥残酷的战役即将拉开序幕。日本人发起疯狂的正面进攻。漆黑的午夜，日本兵视死如归，没有胜算的把握仅凭着忠勇无畏的武士道精神发疯般地冲向美军。但每次进攻都没有取得实质性进展。

面对志在必得的日本兵，美国人自然不会甘拜下风。他们积极发挥聪明才智；在资源上不具备优势（严格的训练、充足的武器和兵将、高昂的士气、狂热的战斗精神），美国人就开始利用丰富的想象力、坚定的意志和勇于创新的能力奋力抗击。

9月20日，在海军陆战队孤军奋战一个半月后，第一批美国支援部队到达瓜达尔卡纳尔岛。战役一直拖到了1943年2月，但结果具有决定性意义。日军人员损失惨重，2.4万名士兵战死沙场，美军阵亡仅1500人。从资源上看，两国基本平衡：美军损失2艘航母、7艘巡洋舰、14艘驱逐舰；日军损失2艘战舰、4艘巡洋舰和11艘驱逐舰。[14]但是否有能力弥补损失对双方来说才是关键，从这个角度讲，日本已经被远远甩在后面。

日本海军飞行员是一支稀缺的精英部队，当初参战时人数仅为5000名左右。日本人的策略是让最优秀的飞行员投入战斗，因此他们当中很少有人能将丰富的飞行和作战经验传授给在日本接受训练的新兵。[15]中途岛海战中，日本损失的600名飞行员都是骁勇善战、经验丰富的精英飞行员，但那些出神入化的技能只能随他们的死去而永远地失去了。

日本的生产也不容乐观。1941年到1945年，日本生产了69888架战机，538艘主要舰船。同一时期，美国投入战争的战机为306180架，大型舰船8812艘。[16]以航空母舰的数量为例，1941年12月到1944年6月，日本生产了12艘航母，美军的生产量几乎为日本的10倍（总计117艘）。[17]

1943年10月，美军已拥有6艘航母，两个月后，这一数字飙升至17艘。美军不仅在航母数量上超过日本，在技术上也更胜一筹。美军的战机性能更优越，飞行员技艺更高超。被日军珍珠港的轰炸声惊醒的美国人即将让敌人尝到阿喀琉斯暴怒的恶果。

美国人夺回失地，即将攻入日本本土。很快，美军又将破译日军情报，击沉每一艘负隅顽抗的日本舰船，歼灭其商业船队，轰炸日本主要城市。但似乎这一切还不够解恨，用不了多久，他们将击落珍珠港事件主要策划人山本五十六乘坐的飞机，将其送入地狱。美军还将投放原子弹，让两座日本城市从地球上消失……

取得这一胜利的同时，美国还将大部分资源投入在了对德作战和用于支持世界各地的盟友上（苏联、大英帝国、中国以及其他国家）。

日本人严重低估了美国的作战能力和偷袭珍珠港可能造成的后果。怀疑、嘲笑美国的生产力和美军士气让他们付出了高昂的代价。正如作战一样，在商界，也有两大致命错误：慈悲和缺乏同感能力。能够站在对手的角度看待问题也是优秀经理人应该具备的品质之一。正如福特公司前总裁、越南战争期间的美国国防部长、前世行行长罗伯特·麦克纳马拉（Robert McNamara）讲过的："唯一的兵法就是，我们可以通过敌人的眼睛看清自己。"[18]

我们常常听说"美国模式"可能遭遇危机，听说其他国家可能超越美国，或说美国公司将失去优势。对此，我并不认同。只要美国人能永葆其与生俱来的想象力、创新能力、奉献精神、精益求精的品质，以及诚实对待问题的态度，我深信，正如在战争中一样，即使再遭遇一次珍珠港偷袭，美国人一定还会发起一场中途岛战役。

4　马里亚纳海战

日军现在彻底由攻转守。他们唯一的希望就是能迫使美国人付出沉重的代价，同意谈和。为实现这一目标，日本人寄希望于一系列严密防守的海军航空基地；另外，大量的陆上飞机、先进的航母和神出鬼没的舰队也会密切配合作战。

中途岛海战和瓜岛战役以后，美国人成功保住了两大军事基地，他们决定采取间接取胜的策略，那就是，不通过正面进攻夺取日本人的军事基地，也不各个击破，而是采取“跳蛙”战略。

他们将通过战略轰炸或侵袭，选择可以打败日军的据点，并仅朝这一目标行进。[19]要达到预期目的，只能从一个岛跳到另一个岛，并关注最关键的据点（特别是那些没有重兵防守的地方），避免与军事基地和重要据点的敌人卷入正面冲突（这一策略意在孤立敌军，切断供给，使其战机和部队无所作为）。

要绕开日本人的军事基地，就要打造一支舰队，让它像一个能够移动的岛屿一样工作。它将成为海军和海军陆战队的进攻基地，同时也能像后勤平台一样，为部队提供弹药、燃料、食物等。

没过多久，1943 年夏，美军打造了一支能够完成以上任务的神奇舰队。它是一个能够将登陆士兵运送到太平洋任何一个地方，并能为部队进攻提供物资的流动海军基地。

闪亮登场的时候到了。首先，他们夺取吉尔伯特和埃利斯群岛（该岛由 16 座珊瑚环礁构成，位于夏威夷和新几内亚之间），然后又攻取马绍尔群岛（位于吉尔伯特群岛以北约 300 英里处）。在以上两地，日本人的军事基地或被炸毁，或遭封锁。这一战略既避开了日本严加防守的重要据点，同时也使敌军进攻陷入瘫痪。面对美国人丰富的想象力和巨大的生产力，日本人只能望洋兴叹。

1944 年年中，美军转向菲律宾以东约 600 英里处的马里亚纳群岛，它位于日本以南 950 英里处，归属于日本。无论怎样，这都将是对日本本土发起的首次真正进攻。除了归属问题外，该群岛也有着重要的战略意义：可以在那里兴建机场，通过重型轰炸机袭击日本。美国当时已经拥有一架能够装载大量炸弹，在马里亚纳和日本之间的某一位置进行远程攻击的轰炸机。它就是能够装载 2000 磅炸弹的波音 B-29，航程超过 5600 英里。

1944 年 6 月 15 日，在将大部分兵力部署于欧洲战场的同时，美国派出由 535 艘舰船组成的舰队和 12.7 万名士兵，准备在马里亚纳群岛上最重要的一个岛屿塞班岛登陆。[20] 成功登陆后，海军陆战队面临与此前完全相同的挑战：日军的疯狂抵抗和夜间的自杀式偷袭，因此，只能集中优势火力，瞄准大批赴汤蹈火的日本兵。

即便如此，日本人仍将此次登陆视作牵制美国海军主力、诱其参与一场新的决战，并借机剿灭美军的绝佳时机。山本五十六在瓜达尔卡纳尔战役中死去后，总参谋部决定由海军上将丰田副武（Suemu Toyoda）接替其指挥任务，带领日本联合舰队开往马里亚纳。12 艘航母、450 架战机扑向美军舰队，当时，美国正在 15 艘航母、约 1000 架战机的支持下为登陆作战作积极准备。[21]

美国的优势不言而喻，由于战斗中日军飞机被美军轻易击落，美国士兵戏称其为“马里亚纳猎火鸡大赛（The Great Marianas Turkey Shoot）”。[22] 日本在这次海战中损失了 3 艘航母、2 艘油轮，另外还有 6 艘舰船严重损坏，400 架战机被击落……而美国只损失了 30 架战机（更多飞机因燃料用尽而坠毁）。

显然，美国在物资、士兵素质、武器装备的质量方面远远优于日本。对海军上将丰田副武来说，或许唯一值得庆幸的是，他设法保住了部分舰队，使其还能有时间、有能力向威猛的美军发起出人意料的反击。

30天的激战后，日军阵亡3万人，塞班岛被美军占领。美国海军陆战队阵亡3500人，但他们成功夺取了能使其大型远程战略轰炸机B-29得以进驻的空军基地，从而为轰炸日本本土创造了有利条件。更让美军欣喜的是，跳蛙战略拥有了完美的平台。

5 如何最快到达东京？

夺取马里亚纳群岛后，在下一个目标的确定上，美军内部出现了不同声音。日本是最终目标，但除了中太平洋地区，其他地方的战火也仍在蔓延。

英军从印度出发，在缅甸与日本人展开激战，中国人在他们的土地上奋力抗击，麦克阿瑟则从澳大利亚出发，沿新几内亚海岸艰难推进，一次次陆上战役和登陆突击的胜利使日本的防守阵地陷入孤立无援之境，麦克阿瑟即将攻入菲律宾。

尼米兹提出，到达日本最简捷的路径就是在中太平洋继续采取跳蛙战略，攻下硫磺岛，继而进军冲绳岛。这将使日本与其部署在缅甸、印度尼西亚、马来西亚、中国南方、菲律宾、台湾地区的部队相互隔绝，同时也将切断日本用于生产的原材料；另外，它将使轰炸整个日本大陆成为可能。

但麦克阿瑟认为，最佳选择是向马里亚纳群岛以西挺进，夺取菲律宾，使马来西亚、印度尼西亚、缅甸与日本分隔开来；同时，这一选择也能解放菲律宾，为此后的军事行动提供最佳基地。

菲律宾由7000个岛屿组成，南北长约750英里，因此在尼米兹看来，夺取菲律宾容易导致兵力分散；另外，因其规模庞大，美国很可能在长时间的战争中消耗大量资源。[23]毋庸置疑，日军也会奋力夺取岛屿，因为他们可以从几百个机场出发，夹击美国航母。相形之下，尼米兹的提议风险更小。

麦克阿瑟的思路有所不同。对他来说，攻取菲律宾有着个人原因，因为日军入侵的这些岛屿此前由美国控制，日本人闯入的时候，麦克阿瑟是一名美军指挥官。另外，菲律宾也与他新几内亚的战略推进有着密切联系。

麦克阿瑟的观点更具分量，因为与尼米兹相比，他有着出色的公众形象，而且言谈举止更符合时代精神。尽管他较为自私，言辞尖刻，但却得到媒体的青睐和追捧。结果，麦克阿瑟凭借雄辩的口才、激昂的情绪和坚定的信念说服了罗斯福总统——美军决定夺取菲律宾。

当然，我同意这不是什么新鲜事……生活中不公平的事情很多。与那些技艺超群、品德高尚、目光远大、性情温和的经理人相比，有时更具雄心、更善于打造个人形象、更擅长表达的经理人更能赢得大家的关注和支持。在这种情况下，通常采纳决定的那个人会比较诚实谨慎，正如罗斯福一样，但到了消除争议的时候，他也会考虑自己的处境和立场，偶尔也会作出错误选择，倾向于他认为对自己危害最小的一方。

这是不是意味着，在商界我们最好做麦克阿瑟而不是尼米兹呢？这要取决于一系列的因素。但是，如果我要在他们之间作出选择，我会考虑尼米兹的公司；如果是我自己的公司，我依然会选尼米兹而不是麦克阿瑟。

6　如何攻取菲律宾？

美军采纳了麦克阿瑟的策略，并对登陆作战作了周密部署。等待他们的日本人像对待以往任何一次决战一样，设好了陷阱，制定了严格、复杂、确保万无一失的作战计划……不过，这一次他们别无选择，只能倾其所有。

部署在菲律宾各个机场的战机原本可以成为日军最可靠的屏障，但在美国人、中国大陆、台湾地区、菲律宾人一系列的轰炸后，日本空军损失惨重。从战役打响的那一刻起，菲律宾仅剩约 100 架日军战机。[24]

海军是日本人手中的最后一张牌。现在，海军仅剩 7 艘战舰，11 艘航母（没有了飞机）、20 艘巡洋舰、63 艘驱逐舰和 49 艘潜艇。如果痛失菲律宾，日军将无法从印度尼西亚和马来西亚获得石油资源，其舰队也会因燃料短缺而失去用武之地。

日本的计划是这样的：先抛出诱饵——第一军（由 4 艘航母、6 艘巡洋舰、17 艘驱逐舰构成），尽力吸引准备登陆作战的美国舰队主力。美军登陆部队只有少数支持舰队的掩护，防御力量严重不足。

这时，由 5 艘战舰、12 艘巡洋舰和 15 艘驱逐舰构成的第二军将与第三军（2 艘军舰、4 艘巡洋舰和 13 艘驱逐舰将组成两个独立作战的部队）合力从南北两个方向袭击美军登陆部队，将其一举歼灭。

美军登陆无疑会受阻，战争开始以来美国将第一次遭受沉重打击……或许也将削弱美国的作战信心，至少，它将为日本赢得宝贵的喘息时间。

要完成这一计划，就需要各个部队紧密配合，密切沟通。不幸的是，日军没有总指挥，这就意味着各部队会无视其他队伍的具体位置和命运，采取独立行动，忽视战况的及时了解和沟通。

美军组建了攻击舰队，旨在应对日本海军可能发起的进攻，保护登陆部队；同时，他们还拥有一支支持登陆作战的保障舰队。整体来看，美军拥有 26 艘航母、12 艘战舰、31 艘巡洋舰、79 艘驱逐舰，还有上百艘小舰只（护卫舰、鱼雷艇、两栖船等）。

这一次，缺少统一指挥成为美军的致命弱点。进攻舰队由海军上将威廉·哈斯利（William F. Hasley）任指挥，他向尼米兹汇报战况；而保障舰队则由向麦克阿瑟汇报的海军上将托马斯·金凯德（Thomas Kincaid）任指挥。麦克阿瑟希望保持其指挥独立性，因此哈斯利与金凯德之间没有直接交流。[25]

10 月 20 日，美军在海军航空兵的掩护下在菲律宾登陆。然而，此时美军侦察机发现，日本海军就躲藏在侦察距离以外，企图“诱敌深入”。

日本人的计划几乎从一开始就注定会以失败收尾。10 月 23 日，美军发现被攻击舰队和大量潜艇围攻后的日军第二军，激战后的日军损失了一些舰船，包括其旗舰武藏号，（“武藏号”这一命名是为纪念日本封建时期著名勇士、兵法理论著作《五轮书》的作者宫本五藏），舰队司令官小泽（Kurita）也在该舰上落难。

全速驶往登陆场南端的第三军也被美军发现。金凯德决定指挥其保障舰队主力打击第三军，仅保留少数兵力用于两栖行动。他的理由是，北翼有哈斯利和他精锐的进攻舰队，因此这一部署并不存在危险。

第二天，24 日，哈斯利的侦察机发现第一军有日军的航空母舰。绰号为“公牛”的哈斯利决定与第一军展开激战，当日下午，他命令舰队全力追击正向登陆场北侧驶去的日军第一军。

但第二军的残余力量现在何处？哈斯利断定，因为此前受到沉重打击，可能他们已经撤退，不会再参与此次行动。他的目标是在塞班岛上完成艰巨任务——发起两栖突击，同时消灭敌军舰队。毫无疑问，这将是他职业生涯中最辉煌的时刻。

尼米兹为其进攻舰队制定了轮班制度，确保每位指挥官都能得到充分休息。和哈斯利轮班的是指挥中途岛和塞班岛战役大获全胜、被将士们亲切地称为“电脑”的雷蒙德·斯普鲁恩斯（Raymond Spruance）。哈斯利深感此前运气不佳，因此决定抓住这千载难逢的时机，大展其军事才能。壮志凌云的哈斯利决定由金凯德接手新任务，而由他来负责歼灭日军航空母舰。

美军好运连连。25 日清晨，日军第三军遭遇金凯德指挥的舰队主力的伏击；与此同时，哈斯利指挥的战机全力追击第一军和它已经没有飞机停落的航空母舰。清晨 6：50 分，在金凯德就要发出成功袭击第三军的喜讯时，他收到日军已经逼近两栖登陆舰队，并向兵力十分有限的掩护队发起猛攻的消息。来者正是小泽的第二军，日本人的计谋得逞了。

金凯德努力确定哈斯利所在的位置，同时他也发现部队弹药已几乎用尽，加之身处遥远的南边，很难火速到达，无法保护登陆队伍。早晨 7：04 分，他收到确定消息：哈斯利并没有在北翼掩护两栖舰队，而是去了更远的北边追击日军第一军。

繁杂耗时的通信流程、层层上报的纪律和一系列含混不清的汇报导致消息未能及时传达。事实上，哈斯利的确已经汇报要北上追击第一军（尽管表达得不够清晰）。但指令系统要求消息必须经夏威夷再传给尼米兹，然后传给澳大利亚的麦克阿瑟，最后才传送给菲律宾的金凯德。无论常规消息还是紧急消息，都必须符合这样的流程。而且当时大多消息都标识为紧急消息，因此很难判断哪条消息真正紧急。

结果，因为汇报不够清晰明确，金凯德要求进一步讲明情况，但这一要求澄清的消息也需要经过同样的流程。就这样，消息传到的时候，八小时已经过去。远在北边的哈斯利这才意识到，日本航母仅仅只是诱饵。他立刻命令全速向南行驶，祈祷一切不会太晚。

美军登陆舰队要任由第二军摆布了。但让小泽始料未及的是，虽然敌寡我众，但保卫登陆场的美军殊死搏斗、毫不退让，几艘舰船向他的队伍发起猛攻，日军也给予有力还击。小泽充分利用其优势，击沉大部分美国舰船。形势似乎表明，日军将如愿以偿（地图 10.1）

地图 10.1 菲律宾海海战（莱特湾）

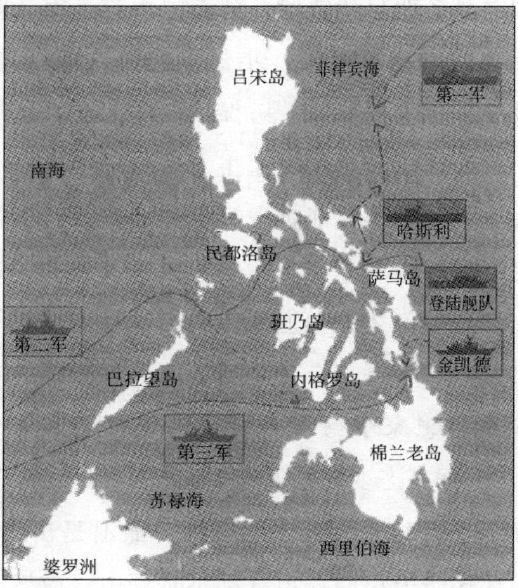

但小泽犹豫了，令人费解的是，他开始撤退……时至今日，军事院校还在讨论小泽撤退的原因：他是担心损失剩余舰船，还是美国舰队的顽强抵抗让他感到取胜无望？或许他当时断定，美军能如此士气饱满地拼杀，是因为其增援部队将很快

到达，因此他有可能作茧自缚，为自己一手设计的伏击战所害。无论如何，他在对自己，对整个日本最为关键的时刻，没有倾注一切，而是失去了远见和冷静的判断。

小泽没有迎难而上。疲惫不堪的小泽被迫放弃旗舰，下沉的军舰带走了许多日夜与他相伴的亲密战友。长时间夜以继日的奋战给他带来巨大压力，在那个具有决定性的时刻，最关键的时分，他迷失方向，丧失了信心。

没错，他挽救了第二军的剩余力量，而且巧妙地把握了时机。但这并不能扭转战争局势，因为日军舰队已经严重损毁，再也无力发起任何有威胁的进攻，很快，他们连补充燃料都将难以做到。

哈斯利在具备明显优势时，放弃追击第一军，转而全力追赶第二军。等他到达的时候，小泽已经消失得无影无踪。因此，他既没有完成主要任务——保护登陆部队，也没有实现自己的抱负——歼灭日本帝国海军主力。

因此，无论如何也不能丧失远见和洞察力，要将计划坚持到底，即使事情的进展并不像我们想象得那般顺利，但或许成功近在眼前。可如何才能知道等待我们的是成功而不是彻底的灾难呢？当然，这不是一个几句话就能回答清楚的问题。这里我想引用军事思想家李德·哈特（Liddell Hart）的一句话：“牢记目标，根据事态变化适时调整计划。”[26]

可以确定，慈悲的结果往往很糟。撤退是出于心理压力，或各种迹象让你丧失信心，但这都不是理由。应该说，是你自己为换得内心片刻的宁静，放下了手中的武器。

这也适用于我们的日常工作，有时我们会因压力过大或无法忍受老板而考虑跳槽。当一个项目出现问题，或我们不愿坚持时，通常都会有这样的错误观念：最好一走了之，避免被美军打得片甲不留；但是，如果能够坚持到底，就一定能迎来胜利的曙光。正如好莱坞大亨伍迪·艾伦（Woody Ellen）所讲："90%的成功都是和坚持分不开的。"[27]

日本人损失惨重：失去了 4 艘航母、3 艘战舰、10 艘巡洋舰和 9 艘驱逐舰。美军也难以幸免：损失 3 艘航母、3 艘驱逐舰，[28]一些是日本的秘密武器所为，它就是我们下一节要谈到的"神风特攻队"。

经历了噩梦般的莱特湾海战，登陆场安全了，但夺取菲律宾的战役正如尼米兹当初预料的那样——血腥、漫长。

日本人殊死抵抗，直到 1945 年，日本陆军主力才被彻底击败。战争的结局是惊人的，美军阵亡 8 千人，日本 19 万人，还有千千万万的菲律宾人。即便如此，麦克阿瑟当初仍成功说服众人采纳了他的策略。[29]

7　日本地理概况：硫磺岛、冲绳、广岛、长崎

1945 年 1 月，尼米兹获准夺取硫磺岛，一旦成功，美军将得以升级对日本的空中打击，并将为以后的跳蛙作战创造难得的基地。

2 月 19 日，舰队准备就绪。1.3 万名海军陆战队员在太平洋舰队海军、航空兵和大炮的支持下作好了登陆准备。但美军要面对的是一支由 2.1 万名士兵组成，由陆军中将栗林忠道（Tadamichi Kuribayashi）指挥的威武之师。栗林忠道擅长求新求变，他决心改变以往的作战策略，以全新的方式对付美国海军陆战队。

在硫磺岛战役前，日本将领表现出了非同一般的勇气和胆识，他们为了国家利益愿战死沙场、与敌同归于尽的精神是他们的战略智慧和其他牺牲所不及的。但面对美军强大的火力和

坚定的战斗意志，日军所有战术、猛攻以及自杀式冲锋都只是徒劳。日本将军的管理模式僵化落后，在对付美国人的时候，其弱点暴露无遗。

小泽也和他的士兵一样，作好了为国捐躯的准备，但他知道，打败美国人的最佳策略是躲藏、等待，然后近距离从背后袭击，阻止美国人发挥可怕的火力优势。

2 月 19 日，登陆后的海军陆战队发现他们掉入了残忍的屠宰场，血腥的屠杀持续了一个多月。占领一个南北长约 8 千米的小岛竟失去 7 千美国人、2.1 万名日本人的性命。美军被迫通过正面进攻逐个击破日军防御工事。日后，颁发给美军将士的国会奖章是对此次参战的美国人战斗意志和决心的充分认可（美国国会颁发的最高级别的奖章）。事实上，二战中三分之一的国会奖章都颁给了在这场损失惨重的战役中浴血奋战的将士。最终，美军成功夺取硫磺岛，但双方都付出了沉重代价。

塞班岛战役结束后，很长一段时间里，美军对日本的大规模空袭收效甚微。硫磺岛战役的胜利使打击该区域日本人的空中力量和雷达站成为可能，使其无法得到 B-29 来临的预警。有了这一平台，B-29 远程重型轰炸机在进攻日本本土时也可以得到 P-51 野马战斗机的保护。另外，岛上的机场能够为受损的美军轰炸机提供避难之所；当然，美军也可以把它作为营救坠海飞行员的绝佳基地。

相比对德作战，美军对日本的轰炸从战略上讲更加成功。从 1944 年 11 月起，美军开始集中轰炸日本的飞机和发动机工厂，但均未取得实质性进展。夺取硫磺岛是打击日本的重要转折点，因为从此美军可以在夜间低空轰炸城区，白天又可以对他们的飞机制造厂、炼油厂、军械库、造船厂、铁路和港口发起攻击。

美军的行动对日本造成了致命打击，日本 66 个主要城市中，有近 25 个面目全非，30%的日本人流离失所、无家可归，约 33 万人在轰炸中丧生，83%的炼油厂设备、75%的飞机发动机制造工厂和 15%的造船厂遭到毁坏。[30]

战后多项研究表明，如果当时的轰炸以摧毁日本海上运输和铁路运输为主要目标，它将迫使日本的战斗机器彻底瘫痪。正如对德轰炸一样，目标的选定可以很大程度上减少人员伤亡。

无论如何，间接轰炸战略（包括向广岛和长崎投放的两颗原子弹）为二战在太平洋战场的结束作出了直接贡献。为双管齐下，有效打击敌军，美国又宣布通过潜艇对日本列岛进行封锁。这一举措效果显著，它缩短了战争时间，挽救了上万人的性命。

战争期间，美国以损失 52 艘潜艇的代价击沉 1600 艘日本商船、1 艘战舰、8 艘航母、11 艘巡洋舰。这一系统性进攻对日本的燃料供应造成毁灭性打击。1943 年，日本商船队运输的燃料达 410 万吨（不包括油轮），但 1943 年年底，它们运输的燃料已不及 200 万吨。到了 1944 年 9 月，这一数字缩减为 70 万吨，两个月后又急剧减少到 20 万吨。那时，日本与其南边占领地的商业运输线路已经被切断，各种原料供应受到很大限制。[31]

日本海域的短距离海上运输也同样因美军对其港口的轰炸埋雷而受到重创。海上封锁对平民造成严重伤害：几百万人因饥饿、疾病奄奄一息。当时，日本潜艇主要用于为很多遭到孤立的军事要塞提供补给。

由于海上封锁和持续轰炸，1945 年年中，日本已经到了完全崩溃的边缘，无论从人力还是国内物资供应方面讲，日本都已走入穷途末路。

日本在战争中几乎没有采取任何间接策略，其陆军、海军将领严格服从上级命令，很少发挥想象，因此战情变化总让他们措手不及。除轰炸珍珠港外，日本最失败的决定或许就是与德国采取平行作战策略，导致盟军能够更自由、也更有把握地调集资源。

尽管如此，日本在二战中也使用了自己的秘密武器：气球炸弹和特攻队。气球炸弹是日本为扭转战局，用数百氢气球携带炸弹，利用高空气流送到美国本土，然后降落爆炸的一种武器。特攻队飞行员不惜牺牲个人性命，以自杀式袭击的方式给美国舰队造成重创。

“神风”本为台风名，据历史记载，1281 年一场名为“神风”的台风葬送了入侵日本的中国舰队。因此，1945 年日本为其特攻队取名“神风”，希望他们的出现可以再造奇迹，救日本于水火之中。

从 1944 年开始，日本节节败退，其自杀式袭击自然也不难理解。但与日俱增的人员伤亡并没有改写日本空军平淡无奇的战绩。[32]日本人的作战方式符合他们的逻辑和日本军人对荣誉的认识。

盟军在武器、物资上更胜一筹，因此日本人只能最大限度地利用其无可匹敌、难以效仿的“日本精神”。为执行这一任务而特别设计的战机载满炸弹，由随时准备为国捐躯的日本飞行员驾驶冲向美军。

从 1944 年 10 月一直到战争结束，“神风队”，也叫“特攻队”共击沉 45 艘美国舰船（大部分为吨位较小的驱逐舰）[33]。

不善于吸取教训是日本人最大的问题，由于很多经验丰富的飞行员在战争中阵亡，日军战术很难得到改进。另外，其战机也无法运载能够摧毁大型舰船的足够炸药。遭遇密集反攻时，日军飞行员的第一反应是不择目标地狂轰滥炸，不惜“出师未捷身先死”。美军最重要的舰船都有严密的防护措施，所以日本人成功袭击的也只有护航驱逐舰和船上不幸的战士了。

自杀式袭击尽管没有取得决定性作用，但却在美军中引起不小恐慌。此时，美国人能感觉到战争正朝着有利于他们的方向发展，而且意识到要对付顽固的日军，必须尽快调整作战策略。

夺取硫磺岛后，下一个蛙跳目标也已确定——冲绳岛。该岛位于日本列岛以南，它也是第一个真正意义上的日本本土目标（尽管塞班岛和硫磺岛也属于日本，但两个岛上都没有稳定的平民居住）。为达此目的，美军 1945 年 4 月 1 日派出由 1300 艘舰船组成的舰队向冲绳进发，舰队中有 40 艘航母、18 艘战舰、200 艘驱逐舰。[34] 18 万名士兵准备就绪，等待登陆命令。[35]

日军共 8.5 万人，另外还有一支由 2000 人组成的民防部队，2000 架特攻战机和由超级战舰“大和号”带领的舰队。但投入战役后，因为无法补充到返程燃料，“大和号”很快意识到丧钟已经敲响。

这又是一场伤亡惨重的战役。历时三个月的冲绳岛战役夺走了 1.2 万名美国人的性命，18 艘舰船被特攻队飞行员击沉，而日本则有 10 万人阵亡。自战争打响以来，第一次有大批士兵投降（约 7000 人），日本还损失了特攻队所有战机[36]，以及 16 艘舰船（包括“大和号”，在整个战争过程中，“大和号”和“武藏号”一样，一弹未发，因燃料用尽而导致船上 3000 名士兵随其一起沉入海中，其命运如同某些畅销书一样让人唏嘘不已）。

在日本本土实现第一个目标后，美军开始为下一次在日本第三大岛——九州岛的登陆作准备。据估算，至少需要 100 万人才能拿下目标，迫使东京投降。

此时的日本危在旦夕：四面是虎视眈眈的盟军，人民忍饥挨饿、精疲力竭。但其领导人对此却视而不见，继续鼓动民众以死报国、忠于天皇。

日本陆军 200 万人、3000 架特攻战机、3000 艘特攻船集结完毕。此时，所有日本民众已被动员起来，官方称已招募民兵 2800 万人（但很多人手中只有棍棒和长矛）。他们希望美国人能重启谈判，使日本有尊严地结束战争，因为日本人绝不可能接受无条件投降这一颜面尽失的结局。

日军犯了两大错误。首先，他们认为美军不会使用一切武器来对付日本民众（包括原子弹的使用，此前无人知晓其杀伤力）。其次，他们认为苏联人不会允许美国在日本为所欲为。的确，日本指望苏联能保持中立，甚至能从中调解，结束冲突。日本官方和丘吉尔、罗斯福一样，错误地认为他们了解斯大林同志。

1945 年 8 月 8 日，令人困惑的消息传到东京帝国总司令部，消息称一架飞机投下的一颗炸弹彻底摧毁了广岛。就在日本人纳闷什么武器能有如此大的威胁时，苏联发出了对日宣战的消息。

噩耗接踵而至：8 月 9 日早晨，1500 架 B-29 轰炸机将东京夷为平地，不久，有报告称，苏联入侵日本在中国的领地……第二颗原子弹在长崎落下，美国似乎掌握了终极武器。

8 月 10 日，日本决定接受盟军 7 月发表的《波茨坦公告》提出的所有条件（1945 年 7 月 17 日，美、英、苏三国首脑和外长在波茨坦举行会议，讨论战后世界格局问题，并在会议期间发出了要求日本无条件投降的最后通牒），但同时也提出了他们唯一的要求：天皇的地位不可动摇。

这一条件对日本人至关重要，因为从某种程度上讲，它可以减轻投降带给日本的耻辱感。如果美国人了解敌军心理，灵活处理，长崎的灭顶之灾很可能不会发生。

美国希望看到日本无条件投降，这是日本人难以接受的。一方面，他们的血液中没有“无条件”这样的字眼，另一方面，它也是对日本人道德观念的否定。无条件投降让他们丧失民族尊严，其“日本精神”也会无可避免地遭到彻底摧毁。

但如果保留天皇，投降就不再是无条件的。保证了日本天皇的地位，谈判快速顺利推进。几乎全体日本人接受了和平条件，饱受煎熬的民众和盟国的人们一样，热情欢迎美国人的到来。我强烈建议大家读一读《菊与刀》的最后一章，它让我们更加清楚日本人的思维逻辑，这种逻辑与讲求实用、实际的西方人的思维有所不同。但和西方人一样，他们也有一整套指导其行为的规矩和准则。

很多时候，我们在和其他公司，特别是外国公司做生意时，总是很难理解对方的提议或要求。置身于非常熟悉的文化中，我们已经习惯从自己的视角来看待和理解问题，因此对我们的谈判风格信心满满，但却往往忽视了对方可能抱有完全不同的观点这一事实。谈判失败常常源于文化上的无知或误解而非资金、回报上的分歧。或许，我们有些时候就该“保留天皇”，正如美国人文学者布莱恩·鲍林（Brian Bowling）所言：“交际策略通常比聪明机智更能达到目的。”

8 月 15 日，日本天皇裕仁的《停战诏书》录音播出，9 月 20 日，日本政府向盟军投降的签字仪式在停泊于东京湾的美国军舰“密苏里”号上举行。从德国入侵波兰开始的历时六年零十天的二战终于画上了句号。

第 11 章

结　语

1914 年年底到 1918 年年中，第一次世界大战的西线战场让所有国家领导人一筹莫展。四年多时间中，除了将几百万士兵运往“屠宰场”外，各方将领无能为力，难以突破。一位英国大将军甚至抱怨:“我无计可施……这不是战争!”[1]

参加第二次世界大战的国家和部队领导人都对一战作了详尽分析，很多人甚至直接参与其中。这就意味着，他们会告诫自己不能重蹈前辈覆辙。虽然有决心，却仍免不了走前人的老路。

他们逃不出人们常说的“行动惯性”。[2]这就像小汽车陷入泥潭我们的第一反应总是猛踩油门一样。面对挑战和困境，我们总是期望从过去的经验中找到出路，越是艰难，越容易掉入自负和守旧的陷阱。我们甚至想到请专家帮我们提速，但这不仅于事无补，反而让汽车越陷越深。

更糟的是，置身战争的重重迷雾中，我们盲目行动，没有意识到已经深陷泥潭，对无法推进的原因也是一无所知。

德国在战争中丧失主动后也遭遇了同样的情形。曾经带给他们成功和荣耀的策略已经载入史册，面对新的战情战局，德国领导人陷入迷茫。

阿道夫·希特勒难以跳出常规工作的细枝末节，从更高远的视角纵观全局。他的时间和注意力被更紧急、迫切的问题所占据；缺乏信任，不愿放权委任导致其工作量猛增，越来越看不清问题的真相。当那些自己并不擅长的工作分去越来越多的精力时，真正重大而又能发挥其特长的工作却常被束之高阁。

他对人才的评价标准也使问题更加复杂，严重影响对战局的冷静分析。如果你的身边都是一些唯命是从、唯唯诺诺的人，在遭遇危机和困境时，问题一定会更加严峻（当然，即使一切顺利，把他们留在身边也绝非明智之举）。

另外，整个战争过程中，德国缺少统一领导和统一部署，这在很大程度上和希特勒的管理风格以及权力过度集中有关。

德国在战场上有着迈克尔·波特（Michael Porter）所讲的“作战优势”。我们看到，德军素质过硬，英勇善战，但他们缺乏连贯一致的总体策略。[3]因为这一缺陷，德军常在关键时刻迷失方向，不知所措。最终，德国人的作战只能依赖运气或在仍有一线希望时错误放弃。

这样的例子在商界比比皆是。当竞争对手在战场上和我们的“作战优势”不相上下时，以数量取代质量的做法显然是自讨苦吃。

盟军的最大优势在于能够达成一致，接受统一领导、统一战争部署，有效协调战略行动。不同于德国、日本和意大利，盟军团结一致，整合资源，共同对付同一个敌人。

有了联合行动，美国就可以集中对付德国，尽管日军威胁近在眼前。在与日本人交战的过程中，美军遭受重大挫折。但日军错误地认为，两三场胜仗就能确保其防御基地地位无法撼动，日本领导人及其专家错误地估计了美国人的实力，认为他们面对的情形与 1905 年对付俄国时没什么两样。

值得注意的是，有策略就要懂得权衡。这就意味着要冒险，要集中人力物力、抓住稍纵即逝的机会、迷惑敌人、坚持必胜的信念。即使事先对风险有充分估计，也要牢记以上原则。有策略也同时意味着要作好撤退的准备，在为时未晚时退后一步，放弃部分目标，而不期望保住所有。

1941年夏，面对接踵而至的灾难，斯大林意识到，要保证部队在1942年不再犯同样的错误，就应该舍弃部分领土，退到伏尔加河畔的斯大林格勒。在那里，他冒着失去斯大林格勒和高加索地区的巨大风险，向德军发起猛攻。

在知己知彼后，苏军领导人决定发起反攻，以敌人意想不到的方式进攻他们防御最薄弱的地方。团队中有军事专家和久经沙场的军人指出，以苏军实力目标几乎不可能实现目标。经过谨慎周密的分析，他仍大胆决定向罗马尼亚军队发起攻击。

美国在太平洋战场取得主动也是日本专家意料之外的。他们采用间接策略避开了日军严密防守的重要堡垒和海军基地。可以说，美国人的创新意识和工业实力打造了一支威猛的两栖舰队。他们小心翼翼地避开日军重要基地、切断其前线补给，以跳岛作战的方式赢得了主动。

商场不像战场那样危机四伏，但却和战场一样复杂难辨。出色的经理人总能化繁为简，在有限的时间内制定取胜策略，确定共同的奋斗目标，从而在关键时刻最大限度地集中人力和设备。

回顾第二次世界大战史不难发现，我们完全可以在不失气节，保护好我们的成员，最大程度地减少损失，帮助同事成长的同时，制定合理、明智的“作战”策略，迎来胜利的曙光。

所以，再上“战场”时，让你的身边多一些创新人才，虚心听取专家意见，大胆辞去有勇无谋的莽撞之士，坚定果断地去战斗，认准目标，适时采取间接策略，鼓励你的团队成员，培养亲切的归属感，委以重任，共同分担责任吧。

如果你能做到，相信胜利就在不远处……

注　释

第1章

1 Victorias Perdidas [Lost Victories], Erich Von Manstein, page 56-67.

2 Batallas Decisivas, [Fatal Decisions], Siegfred Westphal et al, page 20.

3 Batallas Decisivas, [Fatal Decisions], Siegfred Westphal et al, page 21.

4 http://technologizer.com/2009/11/09/great-tech-quotes/.

5 Victorias Perdidas [Lost Victories], Erich Von Manstein, page 43.

6 "Briefing Procter & Gamble", The Economist, August 11 2007.

7 "Indian Mindscape" presentation, Phillip Kotler, Bombay October 11-12 2004.

8 Boosting Corporate Value in Global Business Operations Looking at Honda, Satoshi Aoki, http://www.iist.or.jp/wf/magazinc/0544/0544_E.htm.

9 Memorias de un soldado[Panzer Leader], Heinz Guderian, page 121.

10 "El Mundo"Magazine, number 144. "El Mundo", October 13th 2006.

11 Victorias Perdidas [Lost Victories],Erich Von Manstein, page 355.

12 Cruzada en Europa[Crusade in Europe], Dwight D. Eisenhower, page 52.

13 Madera de lider [Leadership material], Mario Alonso Puig, page 109.

14 《Freixenet: internacionalización y liderazgo, parte de su código genético》, http://www. wharton. universia. net/, September 22nd, 2004.

15 Freixenet, April 2009.

16 Sobre la psicologia de la incompetencia militar,[On The Psychology of Military Incompetence], Norman Dixon, page 159.

17 Scott Simons http://www. tompeters. com/slides/special. php Try it!, July 24th 2007.

18 Historia de la Segunda Guerra Mundial [History of Second World War],(*Vol.* Ⅲ),Eddy Bauer,page 99. Allies registred 105. 000 dead and 1. 500. 000 prisoners.

19 Memorias de la Segunda Guerra Mundial. [An Abridgement of the Six Volumes of “The Second World War”], (*Vol.* Ⅱ),Winston Churchill,page 594.

20 Hitler y Churchill, [Hitler and Churchill], Andrew Roberts, page 159.

21 Hitler y Churchill, [Hitler and Churchill], Andrew Roberts, page 164.

22 Cruzada en Europa [Crusade in Europe], Dwight D. Eisenhower, page 78.

23 Hitler y Churchill, [Hitler and Churchill], Andrew Roberts, page 275.

24 Memorias [Inside the Third Reich] Albert Speer, page 340.

25 The Fire: The Bombing of Germany, 1940-1945. Jörg Friedrich, page 69.

26 Crónica militar y politica de la Segunda Guerra Mundial [Ⅱ World War], Arrigo Petacco, page 247.

27 Memorias de la Segunda Guerra Mundial. [An Abridgement of the Six Volumes of "The Second World War"] (*Vol* Ⅰ), Winston Churchill, page 626.

第 2 章

1 Historia de la Segunda Guerra Mundial [History of Second World War], (*Vol* Ⅲ), Eddy Bauer, page 281.

2 A part of France was occupied by the Germans, while the other part had its capital in the city of Vichy under the puppet government of marshal Petain.

3 De la Guerra [On War], Carl Von Clausewitz, page 180.

4 Memorias de un soldado [Panzer Leader], Heinz Guderian, page 363.

5 Madera de lider [Leadership material], Mario Alonso Puig, page 107.

6 Historia de la Segunda Guerra Mundial [History of Second World War], (*Vol.* Ⅲ), Eddy Bauer, page 297.

7 Madera de lider [Leadership material], Mario Alonso Puig, page 110.

第3章

1 Historia de la Segunda Guerra Mundial [History of Second World War],(*Vol*. Ⅳ),Eddy Bauer, page 86.

2 El libro negro del Emprendedor [Little Black Book of Entrepreneurship], Fermando Trias de Bes, page 164.

3 Victorias Perdidas [Lost Victories],Erich Von Manstein, page 228.

4 Hitler 1936-1945: Nemesis,[Spanish Edition] Ian Kershaw, page 413.

5 Not my words, but those of one of the best general I have ever served under.

6 Memorias de un soldado [Panzer Leader],Heinz Guderian, page 165.

7 Carl Von Clausewitz, quoted by Norman Dixon"On The Psychology of Military Incompetence", page 214.

8 El libro negro del Emprendedor [Little Black Book of Entrepreneurship], Fernando Trias de Bes, page 99.

9 Hitler 1936-1945: Nemesis,[Spanish Edition] Ian Kershaw, page 388.

10 The Dictators. Richard Overy, page 531.

11 Cruzada en Europa [Crusade in Europe],Dwight D. Eisenhower,page 245.

12 Why the Allies Won, Richard Overy, page 339.

13 Operation Barbarossa, 1941 Army Group North, Robert Kirchubel, page 40.

14 Victorias Perdidas [Lost Victories],Erich Von Manstein,

page 241.

15 "Should you launch a Fighter Brand?", Harvard Business Review, Mark Ritson, October 2009.

16 Operation Barbarossa, 1941 Army Group North, Robert Kirchubel, page 75.

17 Memorias de un soldado[Panzer Leader], Heinz Guderian, page 483.

18 Memorias de un soldado[Panzer Leader], Heinz Guderian, page 484-185.

19 Memorias [Inside the Third Reich]Albert Speer, page 424.

20 The Economist, June 28 2008, page 16.

21 Moscow 1941: Hitler's First Defeat, Robert Forczyk, pages 25 and 92.

22 The Economist, December 1 2007, page 82. Don't know who is SAS? Check their website: www. sas. com.

23 Why the Allies Won, Richard Overy, pages 107 and 108.

24 Historia de la Segunda Guerra Mundial [History of Second World War], (*Vol* Ⅱ), *Eddy Bauer*, page 283.

25 Historia Operación Barbarossa [History of Operation Barbarossa], Álvaro Lozano, page 443.

26 Historia de la Segunda Guerra Mundial[History of Second World War], (*Vol* Ⅱ), *Eddy Bauer*, page 172.

第4章

1 Hitler 1936-1945: Nemesis, [Spanish Edition] Ian Kershaw, page 505.

2 The Eastern Front 1941-1945, Geoffrey Jukes, page 40.

3 Stalingrad 1942，Peter Antill，page 39.

4 The Economist Technology Quarterly，September 5 2009.

5 Hitler 1936-1945：Nemesis，[Spanish Edition]Ian Kershaw，page 523.

6 Stalingrad [Spanish Edition]，Anthony Beevor，page 204.

7 Stalingrad [Spanish Edition]，Anthony Beevor，page 57.

8 Stalingrad [Spanish Edition]，Anthony Beevor，page 211.

9 Stalingrad 1942，Peter Antill，page 39.

10 La caida de los dioses[The fall of the gods]，David Solar，page 110.

11 Batallas Decisivas，[Fatal Decisions]，Siegfred Westphal et al，page 195.

12 Stalingrad [Spanish Edition]，Anthony Beevor，page 247.

13 Batallas decisivas del mundo occidental [Decisive Battles of the Second World War Decisive Battles of the Western World and their influence into History]，(Volume Ⅲ)，JFC Fuller，page 603.

14 “What is Strategy”，Harvard Business Review，Michael Porter，November-December 1996.

15 La caida de los dioses [The fall of the gods]，David Solar，page 114.

第5章

1 Batallas decisivas del mundo occidental [Decisive Battles of the Second World War Decisive Battles of the Western World and their influence into History]，(Volume Ⅲ)，JFC Fuller，page 541.

2 Batallas decisivas del mundo occidental [Decisive Battles of the Second World War Decisive Battles of the Western World and their influence into History], (Volume Ⅲ), page 542.

3 Memorias de la Segunda Guerra Mundial. [An Abridgement of the Six Volumes of "The Second World War"] (Volume Ⅱ), page 286. This Pause included Greece, Crete, Singapore and Tobruk.

4 Cruzada en Europa [Crusade in Europe], Dwight D. Eisenhower, page 67.

5 La caida de los dioses [The fall of the gods], David Solar, page 74.

6 Batallas Decisivas, [Fatal Decisions], Siegfred Westphal et al, page 125.

7 Rommel in Retreat, Ken Ford, page 15.

8 "The Launch of New Coke", P. Mohan Chandran, ICFAI Center For Management Research.

9 Memorias de la Segunda Guerra Mundial. [An Abridgement of the Six Volumes of "The Second World War"] (Volume Ⅱ), page 289.

10 Memorias de la Segunda Guerra Mundial. [An Abridgement of the Six Volumes of "The Second World War"] (Volume Ⅱ), page 72.

11 El Pais, March 22 2006.

12 Why the Allies Won, Richard Overy, page 421.

13 Historia de la Segunda Guerra Mundial [History of Second World War], (*Vol* Ⅳ), *Eddy Bauer*, page 189.

14 Why the Allies Won, Richard Overy, page 345.

15 World War Ⅱ. Behind the Closed Doors, Laurence Rees, page 129.

16 Madera de lider [Leadership Material], Mario Alonso Puig, page 20.

17 Madera de lider [Leadership Material], Mario Alonso Puig, page 33.

18 Why the Allies Won, Richard Overy, page 356.

19 Competitive Advantage: Creating and Sustaining Superior Performance, Michael E. Porter.

20 Cruzada en Europa Crusade in Europe. Dwight Eisenhower, page 15.

21 The Economist, November 7 2009, page 66.

22 Batallas decisivas del mundo occidental [Decisive Battles of the Second World War Decisive Battles of the Western World and their influence into History], (Volume Ⅲ), JFC Fuller, page 570.

23 Memorias de un soldado [Panzer Leader], Heinz Guderian, page 338.

24 Memorias de la Segunda Guerra Mundial. [An Abridgement of the Six Volumes of "The Second World War"] (Volume Ⅱ), page 393.

25 Victorias Perdidas [Lost Victories], Erich Von Manstein, page 609.

26 The Economist, April 2008, page 69.

27 Memorias de la Segunda Guerra Mundial. [An Abridgement of the Six Volumes of "The Second World War"]

(Volume Ⅱ), Winston Churchill, page 534.

28 Memorias de la Segunda Guerra Mundial. [An Abridgement of the Six Volumes of "The Second World War"] (Volume Ⅱ), Winston Churchill, page 419.

29 Strategy, BH Liddell Hart, page 335.

第6章

1 Why the Allies Won, Richard Overy, page 361.

2 Memorias [Inside the Third Reich] Albert Speer, page 531.

3 Why the Allies Won, Richard Overy, page 361.

4 Auschwitz, Laurence Rees, page 26.

5 Why the Allies Won, Richard Overy, page 268.

6 Why the Allies Won, Richard Overy, page 273.

7 The Economist, August 16 2008, page 57.

8 To find out how it worked, visit http://enigmaco.de/enigma/enigma.swf.

9 Why the Allies Won, Richard Overy, page 277.

10 Crónica militar y politica de la Segunda Guerra Mundial [Ⅱ World War], Arrigo Petacco, page 528.

11 Crónica militar y politica de la Segunda Guerra Mundial [Ⅱ World War], Arrigo Petacco, page 680.

12 US Army in World War Ⅱ. Introduction & Organization, Rich Anderson, www.militaryhistoryonline.com.

13 Why the Allies Won, Richard Overy, page 427.

14 Rise and Fall of the Great Powers, Paul Kennedy, page 554.

15 Mar de Tormenta [Sea of Thunder], Evan Thomas, page 165.

16,17 Madera de lider [Leadership Material], Mario Alonso Puig, page 19.

18 Strategy, BH Liddell Hart, page 145.

19 Why the Allies Won, Richard Overy, page 78.

20 Executive Excellence, September 2009, number 62, page 42. Thomas Edison(1847-1931), famous inventor and businessman.

21 La caída de los dioses [The fall of the gods], David Solar, page 284.

22 Strange as might sound, many Navy experts opposed the convoy system in the First World War, and if Great Britain had followed their advice, in all probability it would have lost the war.

23 Memorias de la Segunda Guerra Mundial. [An Abridgement of the Six Volumes of "The Second World War"] (Volume Ⅱ), Winston Churchill, page 137.

24 Why the Allies Won, Richard Overy, page 95.

25 La caida de los dioses[The fall of the gods], David Solar, page 329.

26 La caida de los dioses[The fall of the gods], David Solar, page 331 y 337.

27 The Fire: The Bombing of Germany, 1940-1945, Jörg Friedrich, page 54.

28 Their Finest Hour, Winston Churchill, page 567.

29 Why the Allies Won, Richard Overy page 112.

30 Why the Allies Won, Richard Overy, page 125.

31 Memorias [Inside the Third Reich] Albert Speer,

page 505.

32 United States Strategic Bombing Survey, Over-all Report (European War) US Secretary of War, page 4.

33 Memorias [Inside the Third Reich] Albert Speer, page 518.

第7章

1 Al McDonald, ex-president of McKinsey, quoted in the presentation by Tom Peters on August 8 2006 www. tom-peters. com/slides/uploaded/Grant. NelsonBossidy NEW0811. ppt.

2 Cruzada en Europa[Crusade in Europe],Dwight Eisenhower, page 269.

3 Madera de lider [Leadership Material], Mario Alonso Puig, page 132.

4 Cruzada en Europa[Crusade in Europe],Dwight Eisenhower, page 53.

5 Crusade in Europe, Dwight Eisenhower, page 40.

6 Crusade in Europe, Dwight Eisenhower, page 126.

7 Crusade in Europe, Dwight Eisenhower, page 124.

8 Management Review, December 1996:"Powell's 18 leadership principle secrels",Oren Harari.

9 Crusade in Europe, Dwight Eisenhower, page 48.

10 Batallas decisivas del mundo occidental [Decisive Battles of the Second World War Decisive Battles of the Western World and their influence into History],(Volume Ⅲ), JFC Fuller, page 626.

11 Memorias de la Segunda Guerra Mundial. [An Abridgement of the Six Volumes of “The Second World War”] (Volume Ⅱ), Winston Churchill, page 534.

12 La caida de los dioses[The fall of the gods], David Solar, page 195.

13 Why the Allies Won, Richard Overy, page 156.

14 Crónica militar y politica de la Segunda Guerra Mundial [Ⅱ World War], Arrigo Petacco, page 1608.

15 Crónica militar y politica de la Segunda Guerra Mundial [Ⅱ World War], Arrigo Petacco, page 1609.

16 Memorias de la Segunda Guerra Mundial. [An Abridgement of the Six Volumes of “The Second World War”] (Volume Ⅱ), page 543.

17 Teresa Zabell presentation, 6th Eurogap Marketing Forum, April 2008.

18 Why the Allies Won, Richard Overy, page 159.

19 Crónica militar y politica de la Segunda Guerra Mundial [Ⅱ World War] Arrigo Petacco, page 1613.

20 Crónica militar y politica de la Segunda Guerra Mundial [Ⅱ World War] Arrigo Petacco, page 1625.

21 Triumph and Tragedy, Winston Churchill, page 10.

22 Batallas decisivas del mundo occidental [Decisive Battles of the Second World War Decisive Battles of the Western World and their influence into History], (Volume Ⅲ), JFC Fuller, page 635.

23 Crusade in Europe, Dwight Eisenhower, page 132.

24 Hitler 1936-1945: Nemesis, [Spanish Edition] Ian Ker-

shaw, page 389.

25 Hitler 1936-1945: Nemesis, [Spanish Edition] Ian Kershaw, page 389.

26 Historia Operación Barbarossa [History of Operation Barbarossa], Álvaro Lozano, page 156.

27 Hitler 1936-1945: Nemesis, [Spanish Edition] Ian Kershaw, page 390.

28 Historia de la Segunda Guerra Mundial [History of Second World War], (*Vol* Ⅲ), Eddy Bauer, page 259.

29 Hitler y Churchill, [Hitler and Churchill], Andrew Roberts, page 108.

30 Hitler y Churchill, [Hitler and Churchill], Andrew Roberts, page 249.

31 Management Review, December 1996: "Powell's 18 leadership principle secrets", Oren Harari.

32 Cruzada en Europa [Crusade in Europe], Dwight Eisenhower, page 305.

33 Batallas decisivas del mundo occidental [Decisive Battles of the Second World War Decisive Battles of the Western World and their influence into History], (Volume Ⅲ), JFC Fuller, page 647.

34 Batallas decisivas del mundo occidental [Decisive Battles of the Second World War Decisive Battles of the Western World and their influence into History], (Volume Ⅲ), JFC Fuller, page 649.

35 On War, Carl Von Clausewitz, page 147.

36 Armageddon [Armageddon: The Battle for Germany, 1944-

1945],Max Hastings,page 165.

37 Armageddon[Armageddon:The Battle for Germany,1944-1945],Max Hastings,page 59.

38 Management Review, December 1996:"Powell's 18 leadership principle secrets",Oren Harari.

39 Crónica militar y politica de la Segunda Guerra Mundial [Ⅱ World War],Arrigo Petacco, page 1684.

第 8 章

1 Tierra Calcinada[Scorched Earth, Russian-German War 1943-44],Paul Carell, page 212.

2 Lost Victories, Erich Von Manstein.

3 Lost Victories, Erich Von Manstein page 126.

4 "What is Strategy", Harvard Business Review, Michael Porter,November-December 1996.

5 Lost Victories,Erich Von Manstein page 114.

6 Tierra Calcinada[Scorched Earth,Russian-German War 1943-44],Paul Carell,page 126.

7 La caida de los dioses[The fall of the gods],David Solar, page 123.

8 Victorias Perdidas[Lost Victories],Erich Von Manstein, page 600.

9 Why the Allies Won, Richard Overy ,page 98.

10 Why the Allies Won, Richard Overy, page 218.

11 Hitler 1936-1945:Nemesis,[Spanish Edition]Ian Kershaw, page 633.

12 Let me take this opportunity to recommend that,should

you chance to visit Warsaw, you should not miss the excellent Museum of the Rising of 1944, the Museum Powstania Warszowskiego.

13 Memorias de la Segunda Guerra Mundial. [An Abridgement of the Six Volumes of "The Second World War"] (Volume Ⅱ), page 617.

14 Hitler 1936-1945: Nemesis, [Spanish Edition] Ian Kershaw, page 633.

15 Armageddon[Armageddon: The Battle for Germany, 1944-1945], Max Hastings, page 193.

16 Cruzada en Europa[Crusade in Europe], Dwight D. Eisenhower, page 512.

17 Memorias de un soldado [Panzer Leader], Heinz Guderian, page 451.

18 Historia Operación Barbarossa [History of Operation Barbarossa], Álvaro Lozano, page 442.

19 The Brest-Limovsk Treaty was signed between the Communists and lmperial Germany, following the downfall of the Tsar, the outcome of his disastrous management in the First World War.

第9章

1 The Second World War: Northwest Europe 1944-1945, Russell Hart & Stephen Hart, page 52.

2 Armageddon[Armageddon: The Battle for Germany, 1944-1945], Max Hastings, page 223.

3 Berlin The Downfall 1945, Antony Beevor, page 20.

4 Concept quoted at the conference on "The Power of Customer-Oriented Strategy at the time of Innovation", Madrid November 18 2009. And ,yes, as you might imagined ,Mr Peppers is another of the world's management gurus (more information on www. peppersandrogersgroup. com).

5 Berlin-The Downfall 1945, Antony Beevor, page 30.

6 Second World War, The Eastern Front 1941-1945, Geoffrey Jukes, page 68.

7 Berlin 1945: End of the Thousand Year Reich, Peter Antill, page 85.

8 A film which ought to be shown in all business schools. If you are a successful manager and you want to know how your faithful advisers might react in a desperate situation, take note and look for similarities...

第 10 章

1 Sea of thunder: four commanders and the last great naval campaign, 1941-1945, Evan Thomas, page 105.

2 By the way, In Japan the Second World War is known as the Great Asian War. If you go to Tokyo please do not skip the Yasukuni Temple in your visit, you will understand a great deal about the Pacific War.

3 Batallas decisivas del mundo occidental [Decisive Battles of the Second World War Decisive Battles of the Western World and their influence into History], (Volume Ⅲ), JFC Fuller, page 519.

4 Midway 1942: Turning Point in the Pacific, Mark Healy,

page 14.

5 Sea of thunder: four commanders and the last great naval campaign, 1941-1945, Evan Thomas, page 105.

6 Why the Allies Won, Richard Overy, page 33.

7 Batallas decisivas del mundo occidental [Decisive Battles of the Second World War Decisive Battles of the Western World and their influence into History], (Volume Ⅲ), JFC Fuller, page 521.

8 Midway 1942: Turning Point in the Pacific, Mark Healy, page 9.

9 The Economist, October 24 2009, page 70.

10 Leyte Gulf 1944: The World's Greatest Sea Battle, Bernard Ireland, page 12.

11 Midway 1942: Turning Point in the Pacific, Mark Healy, page 57.

12 Great Battles of World War Ⅱ, John MacDonald, page 75.

13 Great Battles of World War Ⅱ, John MacDonald, page 75.

14 Great Battles of World War Ⅱ, John MacDonald, page 75.

15 Midway 1942: Turning Point in the Pacific, Mark Healy, page 39.

16 Why the Allies Won, Richard Overy, page 331.

17 Midway 1942: Turning Point in the Pacific, Mark Healy, page 39.

18 "In Memoriam R. S. McNamara", ABC on Sunday, Sunday Supplement, July 12 2009.

19 Leyte Gulf 1944: The World's Greatest Sea Battle, Bernard Ireland, page 9.

20 Crónica militar y politica de la Segunda Guerra Mundial [Ⅱ World War], Arrigo Petacco, page 1573.

21 Second World War, The Pacific, David Horner, page 50.

22 Second World War, The Pacific, David Horner, page 50.

23 Leyte Gulf 1944: The World's Greatest Sea Battle, Bernard Ireland, page 9.

24 Leyte Gulf 1944: The World's Greatest Sea Battle, Bernard Ireland, page 22.

25 Leyte Gulf 1944: The World's Greatest Sea Battle, Bernard Ireland, page 47.

26 Strategy, BH Liddell Hart, page 335.

27 On-line intervies with Alex Rovira in elpais. com, April 20 2005, Hitler's birthday, by the way.

28 Batallas decisivas del mundo occidental [Decisive Battles of the Second World War Decisive Battles of the Western World and their influence into History], (Volume Ⅲ), JFC Fuller, page 695.

29 Second World War, The Pacific, David Horner, page 60.

30 United States Strategic Bombing Summary Report (Pacific War), US Secretary of War page 19.

31 Second World War, The Pacific, David Horner, page 56.

32 United States Strategic Bombing Summary Report (Pacific War), US Secretary of War page 10.

33 United States Strategic Bombing Summary Report (Pacific War), US Secretary of War page 10.

34 Second World War, The Pacific, David Horner, page 64.

35 Crónica militar y política de la Segunda Guerra Mundial

[Ⅱ World War], Arrigo Petacco, page 2273.

36 Crónica militar y política de la Segunda Guerra Mundial [Ⅱ World War], Arrigo Petacco, page 2278.

37 Second World War, The Pacific, David Horner, page 64.

第11章

1 Batallas decisivas del mundo occidental [Decisive Battles of the Second World War Decisive Battles of the Western World and their influence into History], (Volume Ⅲ), JFC Fuller, page 266.

2 "Why good companies go bad", Financial Times, Donald N. Sull, October 3 2005.

3 "What is Strategy", Harvard Business Review, Michael Porter, November-December 1996.

图书在版编目（CIP）数据

如何赢得一场“战争”：从二战经典战役中学到的商业经验 /（西）伊格纳西奥·冈萨雷斯-波萨达著；贾文娟译．—北京：商务印书馆，2017
ISBN 978-7-100-12743-1

Ⅰ．①如… Ⅱ．①伊… ②贾… Ⅲ．①第二次世界大战—通俗读物 ②商业经营—通俗读物 Ⅳ．①K152-49 ②F715-49

中国版本图书馆 CIP 数据核字（2016）第 282257 号

如何赢得一场“战争”

——从二战经典战役中学到的商业经验

〔西〕伊格纳西奥·冈萨雷斯-波萨达　著

贾文娟　译

商 务 印 书 馆 出 版
（北京王府井大街 36 号　邮政编码 100710）
商 务 印 书 馆 发 行
北京新华印刷有限公司印刷
ISBN 978-7-100-12743-1

2017 年 1 月第 1 版　　开本 787×960 1/16
2017 年 1 月北京第 1 次印刷　　印张 14

定价：39.00 元

曹操残梦

[日] 陈舜臣 著

荆莹 王成武 译

北京出版集团公司
北 京 出 版 社

图书在版编目（CIP）数据

曹操残梦／（日）陈舜臣著；荆莹，王成武译. —北京：北京出版社，2017.4
ISBN 978－7－200－12613－6

Ⅰ．①曹… Ⅱ．①陈… ②荆… ③王… Ⅲ．①曹操（155－220）—人物研究 Ⅳ．①K827＝342

中国版本图书馆 CIP 数据核字（2016）第 276386 号

曹操残梦
CAOCAO CANMENG
［日］陈舜臣 著
荆 莹 王成武 译
*
北京出版集团公司
北京出版社 出版
（北京北三环中路 6 号）
邮政编码：100120
网 址：www.bph.com.cn
北京出版集团公司总发行
新华书店经销
北京华联印刷有限公司印刷
*
787 毫米×1092 毫米 32 开本 8.5 印张 167 千字
2017 年 4 月第 1 版 2017 年 8 月第 2 次印刷
ISBN 978－7－200－12613－6
定价：36.00 元
如有印装质量问题，由本社负责调换
质量监督电话：010－58572393

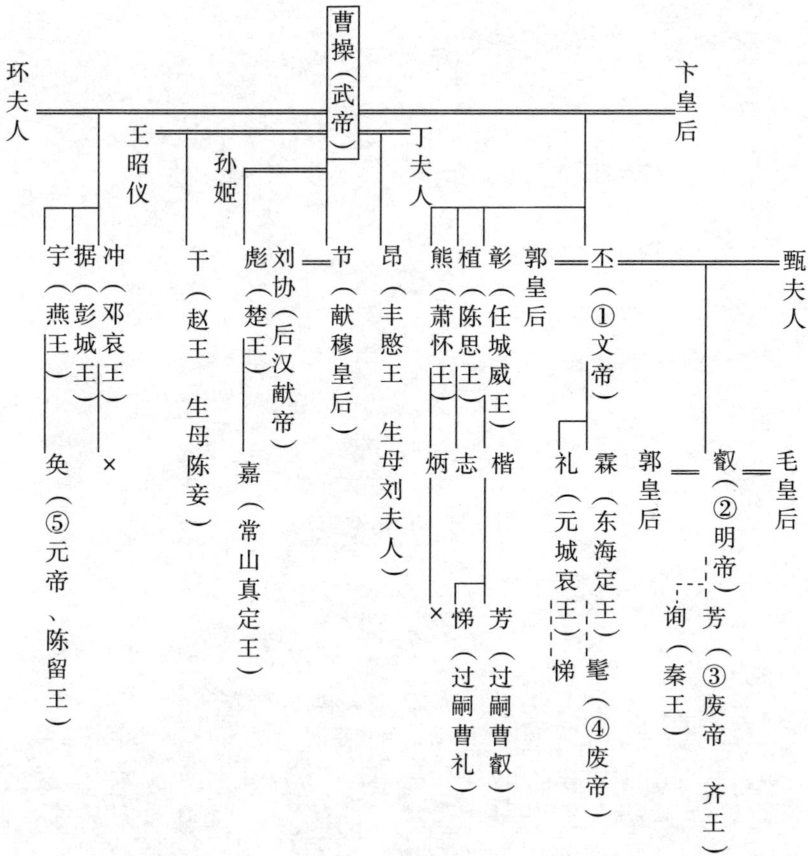

曹氏一族家谱

注：①双横线为婚姻关系。

②竖线为父（母）——子（女）关系，虚线为嗣父——嗣子关系。

目　录

第一章　曹操后事

1

建安二十五年（公元 220 年）正月庚子日（二十三日），身处洛阳的曹操，生命步入了尽头。

传闻曹操是猝死，实则并非如此。早在前一年的十二月，魏王的重臣们就陆续聚集于洛阳。曹操以诸侯之礼厚葬了从孙权那里送来的关羽首级，而后又举行悼念仪式，缅怀近年来殉国的英烈们。

曹操从年轻的时候起，就有偏头痛的病症。只是病情发作得越发频繁了，疼痛持续的时间不知怎么也越来越长。

“马上就会感觉不到疼痛了，而且是永远也感觉不到了。”对于死亡，曹操是这样说的。

“这可不像‘吉利’的话啊。”

“吉利”，大部分人都已经忘记了，这是曹操的小名。只有堂妹曹红珠还这样称呼他。很小的时候，曹操就喜欢红珠，但是受到不能同姓为婚的伦理道德的约束，才没有娶她。

后来红珠嫁给了贵族宋奇。宋奇的妹妹被立为皇后，却最终因皇后一派在宫廷政权斗争的失败，而惨遭废后、杀害。宋家全族的命运都跟着遭受牵连。曹操的父亲曹嵩，密令时年二十四岁的曹操解救红珠。千钧一发之际，曹操将红珠救出，藏身于匈奴出没之地。当时，红珠已有身孕，后生下个叫曹宙的孩子，在匈奴抚养长大。现如今那孩子也已经有四十多岁了。

“怎么说才合适呢?”听了红珠的话，曹操问。

“死得其所。这样说，更‘吉利’一点儿吧。”说着，红珠的泪水簌簌流下。

床边，家族的主要成员们聚拢上前。曹操话已经说不出来了，他一一端详着每一张脸，临终浮现出淡淡的笑容。

“太好了，吉利是满意地离开了，太好了。”红珠喃喃道。

曹操临终时满意地离开，是因为他该做的一切，基本上都已做完了。

取代汉室，开创魏王朝，是曹操毕生的追求，但是曹操这辈子只能把它作为梦想先放一放了。

“让后辈解决吧，我差不多达到周文王的程度了。”

这是曹操晚年时的口头禅。

公元前1050年，周武王灭殷，建立周王朝。然后追封亡父，谥号“周文王”。说是周文王的他，生前实际上还处于殷商时代。与之类似的是曹操自己，也被其子魏文帝追封，谥号魏武帝，而他生前一再坚持自己是汉臣，是魏王。

在小说《三国演义》中，曹操是被关羽的怨魂所扰，抑郁而终的，但这只是小说家的润色写法。实际上他死得相当平静安详，连储君的问题也在最终时刻决定下来，瞑目之时心安理得。

关羽死的时候，曹操感到自己的使命也差不多完成了。

就剩下推翻持续了四百多年的汉王朝的严峻事业了。不是排除万难勇往直前的人，不是深谋远虑又处之泰然的人，这份霸业怕是无法完成的。

关于曹操的继承人，很早就决定要从正妻卞氏所生下的长子曹丕和三子曹植两人中间选。有一段时间，曹操非常偏爱环夫人所生的曹冲，然而在建安十三年，曹冲十三岁时夭折了。那时，曹操甚至怀疑长子曹丕为争储君之位，暗害了他有力的竞争对手曹冲。当然，曹冲病重时，曹丕因军务身处远地，所以曹操消除了这个嫌疑。但这之后，曹操却对着曹丕直截了当地说："冲的死，对我来说很不幸，对你来说是大幸。不是吗?"当时，曹丕泰然自若。从喜怒哀乐不形于色的儿子身上，曹操感到他背后隐藏着的可怕能量。

次子曹彰，是一个心里想什么立刻就会被人知道的头脑单纯的人。曹操早就把他排除在继承人选之外了，可他自己还不知道。这个没有头脑的武夫，听说父亲去世，急忙从长安赶来，到洛阳的时间甚至比他哥哥曹丕还早一天。

"玺绶放到哪儿了?"

匆匆而至，曹彰这样问道。

玺是魏王的印章，绶是连接玺的带子。这是曹家最重要的物品。询问下落，在他看来也许是理所应当，不过那也得分分时间，看看地点呀。

玉玺是王位的象征。魏王刚驾崩，已经决定由王太子曹丕来继承王位。但众所周知，直到最近一段时间，父亲曹操对继承人的人选还很犹豫。

如果天下太平，就选曹植；要是乱世，就立杀伐果断的曹丕。现在是乱世。曹操基于这样的判断，立曹丕为王太子。

家臣们都知道这些。

这个决定，一个弄不好就能引发政变而闹得地覆天翻。虽然说好像不大可能发生，但也不能说完全没有这个可能。

洛阳城里，许多臣子都躲了起来。

曹彰赶赴洛阳，比驻守邺城的王太子到得还早，从做法上看就不够谨慎，缺少做弟弟的分寸；把自己视为王太子的竞争对手，从想法上看也不够妥当。

“已经确定王太子为储君了。先王的玉玺，不是君侯你所适宜问的吧？”

谏议大夫（相当于“参谋”）贾逵在场听到了曹彰的话，这样斥责他。曹操的葬仪是由贾逵主持的。

2

临淄在周代是齐国的都城，东汉、三国时期因为战乱而萧条。

曹植作为权贵曹操的儿子，被册封过名义上的王侯，建安十六年被封为平原侯，食邑五千户；建安十九年，又被封为临淄侯。在当时，王族的封侯不再只是名义上的，本人实际也必须要去封地驻守。

跟花繁锦簇的洛阳相比，临淄与其说是旧都，不如说是乡下。兄长曹丕，已经就任五官中郎将，设立为储君，一骑绝尘，出类拔萃。曹植的文学才华虽然深受曹操喜爱，但想步入政治斗争的角斗场，争夺魏王朝的帝位，曹操并不赞成。

孩子们都各有自己的亲信，作为父亲不便介入，充其量也就是杀了曹植身边的杨修。杨修的父亲杨彪是天下名士，也正因为如此，曹操才不能容忍。曹植的政治才能无论如何也赶不上兄长曹丕，但如果有了优秀的谋士辅佐，或许就有因对抗导致两败俱伤的可能性。

况且，杨修还是曹操初期的政敌袁术的外甥。在这一时期，曹操阵营里有各种各样身份的人在供职。杨修是太尉杨彪之子，他的祖先还是东汉建国的功臣，是名门望族。三国时代非常重视人的出身门第，被名士们所轻蔑的宦官家庭出身的曹操（曹操的父亲是宦官的养子），实际上非常憎恶当时那种重视门第的风气。

杨修作为主簿（机要秘书），在曹操身边供职，进军汉中攻打刘备时随军参战。当时在阳平，曹军陷入苦战。

“鸡肋。”曹操嘟囔着发出口令。

闻此帐令，杨修开始准备归程。军士询问原因，杨修说了下面的话。

“魏王不会争峙此地了，必然撤退。鸡肋，食之无味，弃之可惜。阳平就如同鸡肋。撤退吧，撤退吧。”

正如他所料，真的是决定撤退了。

之后，听闻此话，曹操心想，“正好我在犹豫该不该杀你呢，竟敢制造流言，动摇军心。这回可下决心了，非杀不可”。曹操于是将杨修关押后处以死刑。

曹植仅凭借文学才华独自一人争夺皇位，力量根本不够，可一旦有优秀的人才辅佐，就可能抗衡曹丕。这样想着，曹操开始关注曹植身边的人。

丁仪、丁廙两兄弟和杨修，都要留心。其中最不易杀掉的就是杨修，因为其父是杨彪。

“我要写封信给文先公（杨彪）送去。为了将来的王朝，杨修虽罪不至死，我也要杀。他可是一个不能疏忽大意的谋士。”曹操在心里嘟囔。即便不告诉曹丕，处死杨修这件事，曹丕也该心领神会。

“对于我，怎样都能杀掉杨修，接下来就是丁氏兄弟，小事一桩。但是现在还是太急，不好下手。”曹丕在父亲死后第二年，对着父亲的灵位，这样想。

汉建安二十五年（公元220年）正月，改年号为延康，是为延康元年。改得有些不伦不类，汉朝皇帝依然健在。业已死去的曹操，在形式上还是汉朝的魏王。主持葬仪的谏议大夫贾逵，全部都是按照红珠的指示来行事。

红珠其人非常神秘。宋皇后全族被诛杀后，人们才明白这是王甫阴谋陷害的。尽管名誉得以恢复，但是红珠是当时已然被诛杀的人，必须遮遮掩掩，不能让她复活。

如果红珠活着，曹嵩就是犯了欺君罔上之罪。乱世之中，后果谁又能料？

名义上已经死了的红珠这样说：“我就是幽灵啊。”

似亡实存的她，暗中处理着曹家隐秘的事务。

“这次当然是汉朝最后一次更改年号。现在贤臣们正在考虑魏朝最初的年号。”红珠言道。

汉禅让于魏。

在中国的上古时期，曾有尧禅让于舜，舜禅让于禹的传说。与之相反的就是讨伐了，以强大的武力夺取政权，周武王夺取殷纣王的政权就是这样。

“禅让的仪式现在谁也说不清。我们信手而为，只能这样了。”红珠说，“自秦始皇以后，就没有过禅让的事了。”

曹操葬于“高陵”，在邺城以西。

葬仪结束后，丁仪、丁廙两兄弟人头落地。胜负已分，曹丕胜，曹植败。曹植阵营必将遭受处罚。

曹植受到了监国谒者灌均的弹劾。

“身为临淄侯的曹植，醉酒肆狂，悖理侮人。连皇上派遣的公差大臣也敢威胁恐吓。”

因为这样，曹植被迁谪为安乡侯。卞太后（曹操的正室）庇护着孩子直到迁谪。

喝酒，是父亲传授给曹植的明哲保身之法。

都说曹丕和曹植在争夺皇位的继承人，其实曹植很早就放弃了，但是兄弟之间各有自己的党羽，使两人深陷在激烈的党争之中。

“我会谨慎小心的。”

听了曹植的话，父亲还是摇摇头。

"这样的话，会让人感觉你胸怀大志，反而危险。要叫人觉得你与世无争才行。"

说着，提起酒杯。曹操和曹植对饮了起来。

"之后，只剩你独自喝酒了。虽然这样做，母亲会很伤心，但是若因此保住性命的话，比你行孝还要好吧。"曹操说着，走远了。

他忠实地恪守着父亲的教诲，因此，尽管受到监国谒者的弹劾，最终还是保全了性命。

实际上，曹丕和曹植先前的关系很好，两人都像父亲那样才华横溢。两人的诗文造诣都超过了父亲，尤其是曹植，更加卓越。

少年时一起咏颂诗文，亲密无间，长大后被周围看成是明争暗斗、相互算计的竞争对手。

两人的性格都像他们的父亲，在内心深处隐藏着激昂。不知何时何地，谁也无法预料那平静背后的突然爆发。当然只有他们自己清楚，所以都谨慎克制着自己的言行。

3

禅让仪式是按照红珠的计划进行的。

汉皇帝（后谥号献帝）举国禅让于魏，撤去帝号，成为名叫刘协、字伯和的普通人。

他得到了河内郡山阳县的狭小封地，禅让后被称为"山阳公"。

历经沧桑的山阳公辞去帝位后，一定松了口气。

山阳县浊鹿城，山阳公移居地。此处位于魏国新都洛阳和曹氏大军驻地邺城的中间。

到此处看过的红珠笑着说：“这里是最安全的地方了。”

从洛阳也好，从邺城也罢，军队立刻就能赶到这里。遇到敌军固然不怕，要想试着反抗曹家，也马上就会被镇压。

延康元年改为黄初元年。建安二十五年一月庚子（二十三日），曹操死了，当时改元延康元年。同年十一月癸酉（一日），禅让为魏王朝时，再次改元，开启使用新的年号——黄初元年。

公元220年这一年里，相继使用了建安、延康、黄初三个年号。

“陛下——”红珠问。

“我已经不是天子了，就不要叫我陛下吧。”山阳公刘协回答。

“这样不好吗，按照协议的约定已经公告天下了。”红珠说道。

禅让时刘协和皇帝曹丕是一样的待遇，可以用只有皇帝才能使用的第一人称“朕”，别人对他的称谓也是尊称他“陛下”。

“朕啊朕的称呼自己，我已经好久不用了。我很清楚自己本来就不是真正的皇帝。”刘协笑着说。

“陛下是别人对您的称呼，您也不能把人家的嘴堵上吧。”红珠也笑着作答。

“我还在被别人叫作陛下的时候，已经有人去称呼魏王殿下为陛下了。”

“称吉利……”

“是啊，东吴军送来云长（关羽）首级的时候，那个碧眼儿（代指孙权，据说他的瞳孔是蓝色的），在书信里称魏王为陛下，称自己是‘臣，孙权’来着。”

“哦，真不知道啊，当时吉利是怎么一副样子？很高兴吗？”

“怏怏不快啊。而且还说：‘好你个碧眼儿！这是想让我往火坑里跳啊！’”

当时人们都迷信五行学说。所谓五行，指的是世界中的金、木、水、火、土五种元素循环往复相生相克。举例来说，圣人舜有土德，夏朝是有金德的人来统治。汉朝是以火德来治理天下，接下来将会传给有土德的人。所以，之后的天子就像坐在火里。在火里诞生，由火生土。因为土是黄色的缘故，新王朝也崇尚黄色。遵从这一原则，新王朝最初的年号定为“黄初”。

“自称天子的人，别处也会有吧。像禅让之后汉天子已被杀死了啊。子桓（曹丕的字）杀了他啊……一时间谣言四起。”红珠言道。

“呵呵，是飞鸽传回来的情报？”

“……有人心怀叵测，制造谣言呗。”

“是他们想做皇帝，觉得我很碍事吧。”刘协皱眉嘟囔着什么。

尤其是在西蜀，这种谣言广为传播。

“皇帝陛下被曹丕杀死了。”

“曹丕是遵照曹操的遗嘱犯上弑君的。”

似乎光说曹丕杀害皇帝还嫌不够，连死了的曹操也给搬了出来。

蜀地的成都、江州（现在的重庆）等地，都设立了祭坛，举行了为天子哭丧的法事。

刘备身穿丧服，“先帝好走啊”失声痛哭，将已故先帝尊谥孝愍皇帝。

接下来，刘备就要开始安排自己当皇帝的事情了。

这一情报，在蜀的潜伏人员用西域训练的信鸽，迅速传递回魏国。

那些潜伏下来的人，还不知道新王朝的年号，信纸上的日期写的是建安二十六年的字样，而在魏，已经是黄初二年了。

4

在魏国已经不使用的建安二十六年四月，刘备在西蜀称帝，改国号为章武元年。

蜀章武元年（公元221年），魏黄初二年四月，蜀国大赦天下，诸葛孔明担任丞相。

历来建国初期都该是气势高昂的，但是蜀国却阴云密布，暗流涌动。原因是关羽的败死。

刘备、关羽、张飞三人，既有君臣之义，又有兄弟之情。

关羽对部下关爱有加，但对同僚或官位稍高的人却异常傲慢。稍有不如意，就会触忤。例如：孙权找关羽说媒，关羽竟然把使者侮辱一番，撵了出去。即便是打仗也这样，轻视江陵、公安的后防官吏，对经济官员过分地索要兵粮。当得不到满足时，便声色俱厉地骂道："等我回去后，咱们没完。"

这导致后防那些有权力的军需供给官员们后来接连反叛，蜀国在江陵的军事基地都弄丢了。

刘备失去关羽十分沮丧，简直是肝肠寸断。"好你个碧眼儿小儿！胆敢害死二弟关羽，此仇非报不可！"

一天不知说多少回，咬牙切齿的样子十分可怕，令人心惊胆战。

关羽当时面对的是孙曹联军的腹背作战。关羽久攻不下曹仁镇守的樊城，而后防留守的江陵城却被东吴吕蒙军轻易占领。这也可以看出蜀国驻防的官员同他的关系是极不融洽的。

关羽败走，孙权军紧追其后。在江陵有家室的蜀军兵将，相继投降。关羽只能逃往当时还由刘备占领的上庸郡。残兵只剩数百人。他们趁夜奔向麦城小路。

"哪怕少派一点儿援军来，也行啊。上庸孟达那小子，在发什么呆呀！"关羽咒骂着。

在这之前，关羽和曹操部队有过交锋，上庸的孟达曾率军增援。但当时，关羽呵斥道："用不着你多管闲事！"对部下和气，对同级官员则傲慢无礼，这正是他的恶癖。

当然，孟达这次不打算再去多管闲事了。

由于孙权的追兵比败走的蜀兵更加熟悉周围的地形。关羽在麦城附近被俘，与儿子关平一起遭到杀害。

关羽刚败走，曹操就得到战报。他立刻传令：“不准追赶!”

结果，追上关羽并最终杀害他的是孙权的部将潘璋。由此刘备的怨恨从曹操那里转移到了孙权身上。

“碧眼儿小儿，等着瞧!”刘备的仇恨，久久挥之不去。

关羽的首级送到曹操那里，曹操以诸侯之礼厚葬。这多少减轻了刘备对曹操的恨意。

山阳公也对蜀国内部情报知之甚详，是因为红珠的庵院就在附近。

粟特国有个叫菲劳斯的术士，掌握队商[①]的情报，并提供给曹操。不知在什么时候，情报分析工作已由红珠接手了。她长大的儿子曹宙成了母亲的助手。蜀国有大量的五斗米教的信徒，都是曹宙的部下。飞鸽传书，秘密情报比其他各地方都传递得更快。根据情报，蜀国群臣们正在努力说服登上帝位的刘备，放弃为关羽报仇讨伐孙权的计划。

最为激烈地反对出兵报仇的是翊军将军赵云。

“国贼必须讨伐！是曹丕杀害大汉皇帝的，如果征讨曹丕的话，臣不反对。曹丕杀害先帝又自占了皇位。这不是

---

① 队商：中世纪以前商人和朝觐宗教“圣地”兼经商者，常在亚、非、欧洲各地循陆路结队同行，携带武器，互保安全，故称队商。队商活动的主要路线，或从中国西北经中亚细亚以达地中海沿岸或印度半岛，或从阿拉伯半岛、印度半岛，西通东非和北非。队商对促进东西方贸易发展和文化传播曾起过一定的作用。近代铁路及公路交通发展后，队商活动逐渐减少。

国贼，那谁是国贼呢！请马上出兵讨伐曹丕，行之大义。何必去讨伐孙权呢？臣以为，讨伐魏国获胜的话，孙权将不战而降。”

赵云这样说，确实是正确的战略。但是，刘备无视此言，无论如何也要为关羽报仇。念在赵云有在当阳救出刘备儿子的功绩，刘备没有追究。同样是持反对出兵论调的人，有的就被投入了大牢。

“天时对我方不利。”秦宓说了这样的话。仅仅为了这句话，他就被关进了大牢。

刘备刚听个开头，就把他喝退下去了。其实秦宓想说的是，这种情况下作战要讲究天时地利，周围环境不好不行。现在“天时”对蜀不利。要讨伐的敌人当下还是和魏国同盟的。至少也要离间两国。本要这样说来着，可是怒火中烧的刘备，这时候什么话都听不进。

利用飞鸽传书，魏国通过粟特商人的渠道获得了敌营的密报，并且曹丕把所得的情报透露给了孙权。

“刘备一定会出兵攻吴。我作为盟友一方，不会趁着这个机会对东吴兵戈相向的。你们就全力应战吧。”曹丕向孙权这样传达了信息。

蜀与吴，举国力战，火并厮杀。对于魏国而言这真是渔翁得利，这也是不必说的了。

5

曹植在皇位的争夺中失败归失败，但是他本来也并没有要加入这场战争的打算。

兄长曹丕当上了魏的继承人，他比曹植大五岁，在他们之间还有二哥曹彰。父亲曹操曾经这样责备过曹彰：“你不向往读书追慕圣人之道，却好骑马击剑逞匹夫之勇。这些何足道哉?”

正室卞氏只养大这三个儿子，继承人被认为要在这三个人中挑选。只是，由于父亲对曹彰的评价过低的缘故，周围的人已经预想到了，继承人只会在长子曹丕和三子曹植之间来选。

但是，曹彰自己却没想到过会被排除在外，并暗自猜想着：“谈诗论道吗，确实比曹丕和曹植差一点儿，不过，这个年代要那些东西没什么大用呀。等到了时候，我也可能……”

曹植不愿争，只是身边的人却不想他不争。以他们的观点来看，仿佛曹操喜爱曹植更甚于喜欢曹丕，所以无论如何他周围都聚集着一些看好他的人。要轰走他们，曹植也做不到。

曹操本人有段时间也为此心烦意乱。诗文才华，两个人都很优秀。平心而论，曹植更胜一筹。以人品性格来看，曹丕也并不讨人喜欢，究竟他脑袋里想些什么，有时连做父亲的也猜不透，总感觉这孩子哪里有些阴险。

在继承人的选择上，确实有段时间是倾向曹植的。但是，建安十三年（公元208年）的赤壁之战中，曹操看到曹丕杀伐果断地处理战争败局的手段后，改变了想法。

曹家今后的大业是取代汉室，创建魏王朝。这对于普通人来说是办不到的。

没有一副冷酷的铁石心肠，就无法做到灭亡自己侍奉多年的王朝！

赤壁之战的时候，通过密信往来，说要作为内应的敌将黄盖，实际上是用了“诈降”之计，只是曹操到了最后时刻才意识到。应对的措施来不及下达，魏军已然溃败下来。想不到的是，曹丕将退路预先布置妥当。岂止是防备诈降，连己方的战败都预想到，并且还尽可能地采取了措施。只是，这些曹丕谁也没告诉，是暗地悄悄准备的。

“魏王的后继者，除我以外，还能有谁啊?”曹丕虽然嘴上没说，但就是这个意思，颇有些幸灾乐祸的味道。

“这个浑小子，看着就不舒服，有时还真叫人讨厌啊。不过，没有这竖子，乱世之中，我曹家要想‘奉天承运’完成霸业，难哪！……植，为父的心思，给我明白就好。”

作为父亲的曹操在赤壁之战后，总想找个机缘这样告诉他。其实曹植早就已经想开了。

想要“奉天承运”，除了做皇帝，没有其他办法。

比起其他的兄弟，母亲卞氏对曹植的倾心偏爱，让他在很小的时候就感受到了，而感受到父爱则是他稍微长大一些的时候。

曹丕和曹植的年龄相差五岁。建安九年（公元204

年），曹操大破袁绍。曹丕将绝世美女，袁熙的妻子甄氏占为已有。那时曹丕十八岁，曹植十三岁。

曹丕已经能上阵杀敌了，还强占了人妻。曹植却因年龄尚小，连从军的资格都没有。要知道曹丕十一岁时，就在淯水附近参军作战了。

淯水之战时的曹操，还没到必须要认真考虑继承人的年纪。长子曹昂十八九岁，接近弱冠，曹操本人也刚刚步入不惑之年。

正妻丁氏没有后裔，抚养着生母业已去世的曹昂。谁都认为曹昂会是继承人。最终，曹昂战死，丁氏也为此愤然离家。

继丁氏之后，曹操立卞氏为正室。卞氏已经为曹操生了曹丕、曹彰、曹植三个儿子。

继承人理所当然在这三个孩子中间来选。

这三个人，周围的人都有目共睹，懈怠于学问的曹彰出局了，曹丕与曹植才是实质的争夺者。

建安十六年（公元 211 年），曹丕被封为五官中郎将，加大了胜利的筹码，而取得决定性胜利的，是在建安二十二年（公元 217 年），他最终被册立为王太子。

这以后，直到曹操去世前两年的时间里，曹植酗酒度日，难以自拔。也可以说这段时间，曹植是在父亲的庇护下生活的。

诞生途中的魏王朝，踏上了父业子承、重任重重的征程。但骨肉亲情的羁绊，如同魔力一般，每每在不经意间让王朝摇摆悸动。

第二章 七步诗

1

流言蜚语在洛阳城悄悄蔓延，悄无声息地从曾经的魏都邺城传遍各个角落——甄夫人被皇帝赐死了。

魏黄初二年（公元 221 年）六月丁卯日，甄夫人被赐死。只知道是死于后宫——女流争宠的阴谋。

关于甄夫人的死，从洛阳的坊间传闻看来，内容大致相同。

甄氏原本是袁熙（袁绍之子）之妻，曹军攻陷袁绍军时，被曹丕强占，并娶为己妻。当时曹丕只有十八岁，被抢来的甄夫人比他大五岁，已是二十有三。

曹丕在曹操晋封为魏王后，成为王太子，甄夫人成为王太子正室。不久曹丕又成了魏国的皇帝。甄夫人自然而然要成为皇后才是。

谁都会这样认为。

不过，后宫的女人们不都这样看。毕竟皇帝曹丕已经到了三十过半的年纪。甄夫人比皇帝又大了五岁。

“再怎么倾国倾城，也有四十多岁了，人老珠黄，皇上该不会早就看够了吧?”“对呀，后宫佳丽如云。”“又都那么年轻。”“郭妃、王妃、阴妃……皇上最近对郭妃迷恋着呢。”“……洛阳到邺城，离得也太远了啊。”

后宫的嫔妃当然是应当和皇帝一道住在洛阳的，但是甄夫人推说身染微恙，留在了邺城。

“那个，会不会，皇上是喜新厌旧，不再召夫人回洛阳去了?”“唉，好像是郭娘娘反对甄夫人回洛阳去呢。”“后宫争宠比男人在战场上厮杀都来得狠啊。”

聚首嚼舌的妇人们长吁短叹伤感不已。确实，和男人那种刀枪剑戟好勇斗狠相比，女人们的战争则是更为不堪设想的隐晦阴湿，有如置身于深渊薄冰的战场。

虽说是赐死甄夫人，但这样的死法对于她也未免过于残酷了。

王太子妃未必就能顺顺利利成为皇后。王太子曹丕成为新王朝的皇帝，皇后自然也要重新册封。

在后宫最受宠的郭氏，正紧盯着皇后的宝座，况且曹丕登帝位时，正夫人甄氏又不在洛阳，这正有可乘之机。

“这时皇后不是应该留在身边伺候皇帝吗?”精明的郭氏自己不说，却借着心腹宫女之口在曹丕耳边鼓舌吹风。

“这倒也是啊……”做了皇帝的曹丕看来有些想法。

郭氏将皇帝的反应看在眼里，心中盘算着击败甄氏的策略差不多要奏效了。

甄氏长时间没有盼到从洛阳来接她的使者，伤心失意陷入情绪失控的境地，不免私下对皇帝有些怨言。曹丕听说后，龙颜大怒，最终赐死了甄氏。消息传来，“啊，我终于赢了!”郭氏这样想着，但并未表现出喜形于色的神情。

一听到甄氏的死讯，郭氏花容惨淡，边摇头，边哭泣。“要是不闹到这个地步就好了。”喃喃地说着。

揭了皇帝的丑又口出怨言，这既是对祖先的大不敬，也没有脸在九泉之下夫妻相见。

甄氏出殡的时候，发髻散乱，蓬头遮面，嘴里还被塞满了粗糠。好像这样子到了地下就不能向先祖去告状了。

明明是心怀窃喜之情，却能脸现悲痛之状。郭氏大概是这种女子。

郭氏是邺城东北方的广宗人，战乱时双亲亡故，流离失所，成了贵族大氏家的婢女。曹操见其美貌能干，召她入了太子东宫。

“别看现在时运不济在他乡沦落，将来我的女儿一定会像女王那样的尊贵。”她的亡父生前常这样说。郭氏遂以“女王”为字。这位郭女王，后来果然在东宫崭露头角。曹丕在争夺魏王继承权的时候，她在暗里相助，奔波谋划，有着完全不同于甄氏那种名门闺秀般的成长阅历。

翌年，也就是黄初三年（公元 222 年），郭氏被册封为皇后。

魏文帝（曹丕）刚说出想要立郭氏为皇后的意向来，中郎（官名，为帝王近侍官）栈潜就上书表示“无以妾为妻”——不能让小妾成为妻子，并以齐桓公“葵丘之盟”①的誓约为例来进行反对。这惹得曹丕很不高兴。

“你把这些陈词滥调搬出来，是何居心？春秋时期，单单大国加起来，就有十二三个之多。离现在都八百多年了，当时各国的内宫骚乱时有发生。当妾封为正室，为此引发骚乱时，有的氏族就会亡命到周围的国家避祸。挑唆煽动，导致战火蔓延没法平息。现在除了魏国以外，还有其他国家吗？蜀吗？吴吗？他们根本算不上数，有什么可怕的呢？”文帝力排争议。

类似的宫斗，魏国自身也没能幸免。曹丕和曹植就曾摇摆其间，这里文帝却避而不谈。“现在，都放轻松点儿吧，朕已决定魏国的后续继承人了，就是平原王了！众位爱卿，安心好了。”文帝衣袖上下摆动，想要抖掉点什么似的，接着又端起了他的酒杯。

平原王曹叡，字“元仲”，系甄夫人所生，曹操很喜欢这个孙子。他就是后来的魏明帝。

2

黄初二年六月，赐死甄夫人的时候，蜀国继关羽之后，与刘备有结拜之义的张飞也遇难了。可以说是突遭横祸，

---

① 葵丘之盟：春秋时齐桓公主持的一次诸侯盟会。齐桓公三十五年（公元前651年）邀集鲁、宋、卫、许、曹诸国君于宋之葵丘（今河南民权）会盟。盟约规定：凡同盟诸侯都要和好，不要乱筑堤坝壅塞水流，不要阻碍粮食流通，不要废黜太子，不要以妾为妻，不要让妇人参与政事，不要擅杀大臣，等等。

死得极不寻常。

张飞在蜀身居要职，时任车骑大将军兼巴西太守，镇守阆中。只因自己敬慕的兄长关羽惨死，为了加入复仇之战，亲率一万兵士从阆中进入江州（重庆）。

西蜀这一年，刚收到汉献帝的死讯（后来才知道是误报），刘备即于四月自立，登基为帝。其夫人吴氏册封为皇后，儿子刘禅册立为皇太子。张飞的女儿虽说年仅十五岁，但已嫁给刘禅，成为皇太子正妃。

正是那样的原因，张飞气宇轩昂。本来他对士兵的训练要求就异常严格，精神一旦兴奋起来就更加激起他苛酷训练士兵的嗜好。有许多士兵在训练中受伤，甚至负伤而死的情况也时有发生。

蜀汉的情报魏国很快就得到了。曹丕的情报部门深深地渗透到了蜀汉的官员高层。经粟特国商人把情报收集起来，使用受过训练的飞鸽极为迅速地传递回来。

“近日阆中张飞一万兵士进往江州。军心不振，略欠人和。”这是其中的一封密报。

张飞的军队经过近于残酷的训练，战力强大，但是官兵之间欠缺人和，军心摇动，或许会导致军队意外的脆弱。

“这支军队的弱点究竟在哪里呢?”红珠拿着飞鸽传来的情报，问儿子曹宙。

“指挥的将领不得众望，士兵都觉得没有公道。”曹宙回答。

“领军将领是张飞吧，难道被他打的士兵就没有自家兄弟要找他报仇吗?”

“没有，张飞紧盯着军籍簿看，尽量选择那些没有亲戚的兵士体罚。没有亲戚朋友的人应该就是要找的对象。殴打也好，甚至连杀害也没有别人去抱怨他吧。听说，张飞的残酷甚至连刘备都看不下去了，告诫他：‘他们也有亲兄弟，要是来报仇的话，可怎么收拾啊？’叫他注意收敛。张飞好像是那样回答的：‘不用担心，我挑的都是没有累赘的家伙打的。’”

不是因为激情难以控制，一时冲动而出手伤人，而是有心留意计算后的酷刑。那样的做法，不知何时，还是被部下们知道了。“唉，怎么摊上这么个上司啊。”众人心存厌恶。

张飞是个有嗜虐倾向的人，如今也称虐待狂。不幸的是，他深深地沉溺于对部下的凌辱中不能自拔，不仅不找个方式加以隐藏，反而像是当成他的职业一样，把凌辱暴虐施展在众目睽睽之下。施暴的对象不光是士兵，连下级军官都涉及了。

某日，下属武将范疆因为部下逃亡被牵连，受到残酷的刑罚。

“与其被杀掉，好，不如先干掉你！”范疆双肩微微颤抖，发狠地说道。

“嘘，小声点儿，幸亏听到的人只有我，小心啊！”走在一起的同级将领张达四下张望，不时地叫他噤声。

“我身体算结实的了，才扛得住这顿好打；要换作你，还不被打死啊？”范疆愤愤不平。

“我可是时刻小心着呢。”张达带着一脸的严肃。

说过要小心的张达，第二天集合时却稍微来迟了一点儿。

“喂，张达！就你这样还像个带队的军官吗？成何体统？给老子过来！”

张飞大声呵斥。张达被绑了个结实，动弹不得。

“混蛋！”

张飞挥舞鞭子抽打，鞭子呼啸着直落而下，风声响过，张达栽倒在地。皮鞭却在继续飞舞，革质的鞭梢，撕裂开发烫的空气，雨点般地倾落下来。

列队整肃的将士们，大都为之侧目，而在场的，只有范疆一个人瞪着布满血丝的眼睛。

张飞稍微有些踉跄，“呸”地吐了一口。

“听令，出发！”

鞭子递给了随从，张飞出发了。范疆凝神注视着一切。

训练终于结束，范疆向张达倒下的地方跑去，虽然背上被鞭子抽得血痕累累，但是张达的意识已经清醒了。

“还算好，那个虎须男，一定是喝酒喝过了头，打你没多少力气。看他脚下也摇摇晃晃的，站都站不稳。听声音打得也不算太狠……来，早点儿治疗一下。”范疆抱起张达，这样说着。

“抱歉……”

“现在该明白了吧？”

“啊。……明白至极。”

张达所说的“明白”，是指遭殃之前，先下手为强。

“我等了好久，就差一个能助我一臂之力的人还没找到。今天你能下决心，总算让我等到这样的朋友了。……你的手段可是能帮上大忙啊。”

“我的手段？”

“这个，这个。”范疆攥着右手，对在嘴上用力吹。

“距离远的话，不易射中。”张达说。

张达是使用“吹箭”的高手，狩猎的时候，用吹箭射杀小动物，那种本领在军中是公认的。但是，利用呼吸吹出的箭矢，射程并不远。

车骑大将军兼巴西太守张飞，住在离官兵较远的地方，仅在殴打鞭挞部下时，才有被叫到跟前近距离接触的机会。张达揣测范疆是计划他远距离用吹矢刺杀张飞。

“不，不，”范疆摇摇头，“不用太远，离得非常近。如果可能的话，我就算是没你这身手，也办得到。”

3

张飞遇害的消息，不仅仅是蜀汉，连魏、吴都震惊了。各种传闻四起，莫衷一是。

到了清晨没有见到张飞，卫队长进了他的卧室，发现失去首级的一个彪形大汉横倒在地上。虽然没有脑袋，从身体原有的刀伤、枪伤上看，确实是张将军无疑。

简直是见鬼了。

车骑将军的卧室，一向是戒备森严。禁卫队长一晚上都在营舍的门前，若有可疑人员进入，应该立刻知道才是。

“谁都没有进来过。”卫队长断言道。

但总感觉他说话时惴惴不安，表情过于紧张了，胸口上下起伏，眉毛胡子太过浓密又皱到一起，普通人看不真切。只是，队长当天便下落不明，果然还是他最可疑。

不光只有他失踪，军官范疆、张达也不见了。

张达的情况，前一日受到体罚，暂时行动不便，而范疆又是张达的死党，这一点大家也知道。二人的失踪定然和体罚有关。人们猜想的结果是，他两人拉拢卫队长杀害了张飞。

其实卫队长并没有和范疆、张达勾结，而是被骗了。一家酒馆老板有个妹妹，是范疆的情人。卫队长不知道，对她非常迷恋。每次去找她都要碰一鼻子灰，不久这事就让范疆知道了。

这天，卫队长终于得到了她秋波送情的答复。她定下幽会的时间，就连场所也指定好了。而当天，将军官邸的警卫工作正是轮到他负责。一无所知的队长对范疆说，“你代我值班吧”，结果上了当。

后来，在约定换岗的时间，卫队长带着满脸的不痛快回来了。

因为已经过了约定的时间，姑娘还是没有来。

“我也赶着赴约，告辞。”范疆冲着队长说完后，大步流星，扬长而去。

卫队长当然不知道，自己痴迷的女人其实是范疆的情人。姑娘自己指定好了场所，到头来自己没有去。不去是当然的。她为了范疆和张达，把逃跑用的小船划到嘉陵江畔接应他们去了。

在这之前的那天傍晚。

范疆代替卫队长命令营门的禁卫："将军今天要传唤个医生相见。"

张达裹着头巾，手提大药箱进了营门。范疆报告说"医生带到"的时候，酩酊大醉的张飞还犯着糊涂："什么，喝这点儿酒叫大夫？……什么，我叫的？算了，既然来了喝一杯再走。"边说，边踉踉跄跄地来开门。

张达把箱子放在旁边的桌子上，摘掉了低低遮挡的头巾。

"啊，啊，……你！"

张飞铜铃般的大眼睛直眨巴，似乎看到了某种不可思议的东西。好像想着这个人不是已经被他打残废了吗？

"对，我是张达。托您的福，我还活着。"

之后的一瞬间，张达稳稳地端起吹箭筒，把它贴在嘴上。

敞开的上衣好像在说瞄准这儿。张飞的身子来不及动，涂了剧毒的箭矢就射进了他的胸膛。

从后面闪身进门的范疆，取下墙壁上挂着的长刀，在手里紧攥两三下，一刀下去，砍去了将军的首级，燕颔虎须的头颅滚到垫子上。

"厉害啊，你！"张达把吹箭筒塞进怀中说道。张达的吹箭，范疆的刀法，在军中有"双璧"的美誉。

张达带来的药箱，就是装张飞头颅用的。

"将军今晚喝多了，有些劳累，稍微休息一下，没什么可担心的。明天一早你们让他多睡会儿，晚点儿唤醒他比较好。”出营门时，张达对当值禁卫这样说。张飞被发现得越晚，对张达他们的逃跑越有利。

张飞的死被判明的时候，范张二人正乘舟沿着嘉陵江顺江而下。范疆的情人也泛舟同行。

成都刘备收到阆中军营都督急报，“啊，张飞死了！”他失声惊呼，脸色铁青，书信都还没来得及打开。

凡是阆中联络的信件，必定署有张飞的名号，而现在手里的却是营都督的名字。难道是说张飞已经不在了吗？

“飞刑罚过重，士兵憎厌，早晚要遭杀身之祸。”刘备曾非常严肃地提出过忠告。从阆中来的信函，没有张飞的署名，刘备预感到了最严重的事态。

拆开信封一看，果然如此。

4

魏，文帝曹丕召集群臣庭议蜀国刘备是否要为关羽报仇而兴兵伐吴。

朝廷之上众臣纷纷争论，认为蜀是小国，算得上名将的只有关羽等几人。如今关羽兵败身亡，国内忧惧，对外征讨的可能性不大。只有侍中（相当于宰相）刘晔说：“确实，蜀既是小国也是弱国。也正因为如此，才有必要逞勇武而震声威。关羽和刘备，名义是君臣，实则胜似家人。关羽死而不兴复仇之师，不合忠义不渝的礼义规范，更不是刘备的作风。”

果然在不久后，刘备兴兵，剑指东吴。

关羽同魏吴联军作战，被包围后战败逃走，只是魏军停止了追击，而吴军却死死地追赶。最终关羽被吴军俘获斩首。

因此，要为关羽报仇的话，对手就是东吴。

——东吴仇深似海！

蜀军沿江而下。

在东吴看来，关羽是同吴魏联军作战，只憎恨东吴是没有道理的。只可惜最后阶段，曹魏停止追击，并将吴送去的关羽首级以诸侯之礼下葬。这样做，越发地陷东吴于不利的境地。

蜀国在白帝城设立大本营，刘备亲自率军进行征伐，担任东征总指挥。

白帝城坐落在四川省奉节县以东的白帝山上。西汉末年，距三国时期还早了二百年左右，蜀国公孙述筑此城，自称帝，国号“成”。东汉光武帝为了一统天下，攻克陇右（甘肃东部）之后，随即攻打蜀国的公孙述。此即是“得陇望蜀”的典故。公孙述这个蜀国皇帝，最后死于成都。如此不祥之地，刘备一心报仇并没有顾忌。

东吴知道刘备执意要开战，选派能言善辩之士出访白帝城，但连刘备的面也没见到就被撵了回来。然而，真正让东吴担心的却是，与蜀交战，背后的同盟国魏国是否会来袭击。

东吴不仅对蜀国，连同魏国都派遣了使者。

时而同盟，时而对立。不久前作为敌人大动干戈，东吴关押了被关羽俘虏的魏国名将于禁，这次无论如何也要缔结友好关系，连于禁也一并送还。

洛阳照例朝堂讨论东吴孙权的提议是否应该接受。大势倾向于拒绝。

其中，不乏“雪赤壁败战之耻”的声音。

预想过刘备出兵的刘晔，论述了以下的观点。

“虽说天下三分，实际魏已十占其八。吴蜀各国以为屏障的仅仅是蜀山吴水罢了。现在两国相争，对于魏国正是千载难逢的良机。我们进攻东吴的话，很轻易就会使他降服。独自残喘的蜀国也会成为我们的囊中之物。天下一统的大业近在咫尺，简直是指日可待啊。”

换句话来说，直截了当拒绝谦卑称臣的东吴。这也是曹丕一贯的风格。众臣们都这样想。从来，曹丕的为人就是这样城府深冷，处事果绝。

在这之前和东吴的短暂合作已经过时了。谁都认为皇帝曹丕如果考虑魏国利益的话，是该冷静地转变方针策略了。

可是，默默听完众臣的建议后，曹丕慢条斯理地张了口。

“东吴已然臣服于我，作为天子，我怎能拒绝臣民的归顺呢？如果拒绝，会使天下愿意归顺我朝的人产生疑心。还是做吴的坚强后盾，从背后威胁蜀国比较好。”

席间大臣们皆感意外。（难道做了皇帝，人就变了不成？）曹丕也变了吗？只能这样认为。

“难道不是这样吗，自从当上了皇帝，连曾经的王太子正夫人甄氏也能替换掉。而且不管怎么说，赐死甄氏的传闻也太悲惨了些吧。”

“果然‘皇帝’是个特别的非同寻常的人啊。”

“即使特别，也希望向好的方向‘特别’啊。”

“不觉得蜀国刘备自当上了皇帝后也‘特别’奇怪了吗?”

群臣们议论纷纷，退朝而去。

5

蜀汉先锋军团由吴班、冯习两将率领，沿江顺流而下。刘备失了荆州，三峡地区成了蜀吴边界。

东吴派李异、刘阿诸将驻守巫峡（即今天的三峡一带，因为修建了巨型水坝，此处已被水淹没）。蜀的大本营白帝城就在北岸。

孙权派使节赶往白帝城，空手而归。这是两军激战前最后的斡旋机会了。

东吴虽然擅长水战，但蜀汉是从上游向下顺势攻击，占有地利。

并且蜀国在武陵得到了当地居住的精悍山地民族的支持。他们被称为“扬越蛮夷”。连吴国也不得不以赦免前罪为条件劝诱他们归降。

蜀国章武二年（魏黄初三年）二月，刘备命令向东吴进军。

前一年七月，曹操的儿子们除一人外全部从“侯”晋爵为“公”。比如曹丕的弟弟曹彰，由鄢陵侯晋爵加封为鄢陵公。只有一个人例外。曹丕的同胞弟弟曹植，由安乡侯改封为鄄城侯，没有晋爵为“公”。

黄初三年三月，皇子曹叡由齐公晋封平原王，皇弟曹彰晋封任城王。四月，鄄城侯曹植晋封鄄城王。

皇帝的儿子、弟弟们一律从开始的“公”晋封为“王”。大家已是“公”的时候，曹植还是下一级的“侯”。那段时期的曹植酗酒无度，执行着曹操所教他的韬光养晦的保身之策。

曹丕当上皇帝，身边聚集了大批贤能。不，在此前就聚集了吴质、崔琰、毛玠、贾诩、邢颙、司马懿等人物。与此相对的曹植阵营中则有杨修、丁仪、丁廙，他们在文帝即位前后都已经被杀掉了。曹操执政末期，曹丕已是大权在握。

作为诗人，弟弟曹植无疑是卓越的，但其他政绩则乏善可陈，被认为没有做帝王的资格。

后宫也是对哥哥的评价高。父亲的爱妃王昭仪等是后宫的实力派，秘密在暗中为拥立曹丕进行活动。

为了自己所生的子女被下一任王位继承者善待，后宫的女人们甚至奋不顾身地为王位奔走忙碌着。

下一个帝王，被集中在正皇后卞夫人所生的丕和植二人身上。后宫的女人们对他们二人寄予厚望。

曹操一生有二十五个儿子，其中许多人牵涉、奉迎，相继卷入这场“后继人曹丕、曹植”之战，连后宫的女人们也加入到这场战争中来。

王昭仪是赵王曹干的养母。生母陈妾在曹干三岁时故去，曹操托付宠妃王昭仪抚养了他。这是曹操临去世前两年的事。

曹干是曹操最小的儿子，晚年得子的曹操对他疼爱有加。曹操临终时，对王太子丕留下遗嘱："此儿三岁亡母，五岁失父，托付给你了，好好善待这个幼小的弟弟。"

曹丕因为这个遗言，对其非常关爱。王昭仪也要尽自己最大可能帮曹丕登上魏王的宝座。

像这样后宫女子参与后嗣拥立的活动，正史上基本是没有过记载的，但王昭仪拥立曹丕的情况，正史《三国志·魏书》上却有明确的记述。

尽管曹丕与曹植以前关系不错，但现在双方周围都有了自己的亲信，而且后宫的纷争也纠缠其中，使兄弟二人没有机会相亲相敬。

关于这两人的后嗣争夺，被后世过分地夸大其词，以曹丕的胜利而告终。从曹植的立场上看，同情弱者的人们故意强调了其受兄长欺侮令人同情的一面。

对于获胜者曹丕来说，即使以禅让的形式登上帝位，也摆脱不了他篡夺汉室这一恶名。

后世流传着"七步诗"的传说。

相传曹丕命令曹植，必须在七步之内作出一首诗来，否则将给予处罚。曹植即席而作，七步成诗。

煮豆持作羹，
漉菽以为汁。

萁在釜下燃，
豆在釜中泣。
本是同根生，
相煎何太急？

这首诗被记载在刘义庆（402—444）的逸话集《世说新语》中，却没有在其他曹植的诗集中收录。或许是古代的小说家，由曹丕、曹植的斗争得到启发而创作的。但是直到现在，大多数人都相信这首诗是曹植所作，至少唐朝诗仙李白是这样认为的。

除此之外，在《世说新语》中还写有一个故事。

曹操死后，他的后宫嫔妃们，立刻被儿子曹丕纳进自己的后宫里来。母亲卞氏看不下去，“别人吃剩的东西，连老鼠都不吃，亏你吃得下！”

当曹丕死的时候，卞氏还健在。她还对曹丕心存芥蒂，连葬礼也没有出席。

这些是否真实发生过，谁也说不清。但是不管怎么说，曹丕赢得了继承人之争，而后世却同情曹植，不喜曹丕。

第三章　白帝城悲歌

1

当其他的兄弟们晋爵为“公”的时候，曹植的爵位还是下一级的“侯”。黄初三年（公元 222 年），所有的兄弟们又加封为“王”。曹植在拖了一个月后，勉勉强强才被封了“王”。这还得归功于“凡皇子、皇弟都要晋爵为王”的一个呈文规定，而事实却是，别人都是郡领地的王，他只是个“县王”。

亲哥哥曹彰食禄一万户，其他兄弟食禄四千至五千户不等，而曹植的食禄往多了数，也就二千五百户。

即使这样，对于曹植来说，也是要“谢天谢地，吾皇万岁”的了。

他是一个被说成曾经争夺过皇位，并且离皇位最近最具威胁的人物。就算皇帝是他亲兄弟，也无论如何，理所当然地要对他及他的亲信严加防范。曾经，曹操为了不让这实力相当的兄弟太过争执，有意地打破了他们阵营的均衡，为此还在定下曹丕为继承人之后，亲自出马肃清了曹植阵营里的有力辅佐者。

“对酒当歌!”父亲告诫儿子的是保命安身之策。

兄弟俩没有互斗的意思，但斗争却不以他二人的意志而转移，好像总是没完没了。

曹植得到了“王”的封号，也只是徒有虚名，实际上却是名下无实的。当然也不仅限于曹植是这样，魏国的其他王侯们大都如此。

在被册封的诸侯国土上，仅仅派来百余名老兵作为警卫。朝廷还要在各藩国设置监国谒者（防辅和监国等官员），以监视诸侯王子们的行动。

“王子王孙如此这般，还不如做一介平民好啊。”这样想着，却不能够发牢骚，因为绝不允许。

黄初三年四月，曹植被立为鄄城王。皇帝曹丕巡视襄邑，结束后返回许昌。

而在另一方，蜀汉刘备任命镇北将军黄权作为关羽复仇战的北路指挥官准备进攻。

谁都能看出来，在刚同魏吴联军战斗并失去荆州的不利困境下出兵伐吴，太过勉强了。但就刘备而言，和失去荆州相比，关羽被东吴杀害是他绝对不能容忍的。

“战势发展到以水战为主的话，这场胜负，东吴即便处于长江下游，也是能胜的吧。看来袖手旁观不会持续太长时间了。”曹丕断言。

魏国不准备在吴蜀战斗胶着之时，从背后捅东吴一刀，反而是要等两国战事终了后，与胜者堂堂正正地决战。

曹丕预见性地指出胜利的一方会是东吴。

蜀、吴大战前夕，曹丕秘密地把红珠的儿子曹宙召入许昌宫中。

曹丕不想为外人知晓，让曹宙不要声张。待侍卫退下后，招呼道："宙啊，到我身边来吧。"

因为是曹操堂妹的儿子，曹宙和曹丕是同辈同宗之人。虽然在匈奴为了方便，使用了曹家姓氏，其实他原本姓宋。曹宙是跟了母亲红珠曹家的姓。宋家因为宋皇后事件，全族的人都已经被杀害了。

"是，陛下。"宙走到近前。

"我先把身上的汗擦干净。"

曹丕拿起身边的团扇，在胸前扇了扇。旧历的五月已是盛夏。

"陛下有何吩咐?"

"家务事。……你也该知道。你之所以有今天，我父王想当年出的力，可不是只擦一滴两滴汗那样简单就能做到的吧。"

"臣从家母那里听说过。"

"父王年轻时做过的，这次想让你帮我也做一回。"说着，曹丕闭上了眼睛，按照怎样的顺序说呢，沉思了片刻。

几乎同时，曹宙也闭上眼睛。母亲还是在年轻的时候曾身处大难，曹操于危急中救了母亲一命。皇帝曹丕话外之意是，让他也做一次那样的事。曹宙用心侧耳倾听着。

"有位和令堂相似的人，"曹丕接着说，"要摆脱世俗，再也不想住在宫里了。那个人很羡慕你母亲，希望过她那样的生活。我决定满足她的愿望。你明白了？”

曹宙轻轻点头。

后宫的传闻他听到许多。

曹丕王太子时期的太子妃，一直是甄氏。大家都这么想，曹丕一旦成为天子，甄氏理当成为皇后。

但是，曾几何时后宫开始窃窃私语着郭女王的大名，而且这个女人的背后又有王昭仪的倚仗。

甄氏最终没有当成皇后，郭女王被册立，后宫里也没人觉得奇怪。

或有传闻是甄氏生病，所以没有召她入洛阳。因为这个缘故甄氏对皇帝心生怨恨，在公开的场合口出怨言并传到皇帝的耳中，结果立刻被剥夺了一切，接着又被赐死。——曹宙所知道的，仅限于公开的这些信息。

然而，曹宙不信。

赐死甄氏的临场监督，清理遗骸及善后处理，经手之人曹宙非常熟悉。这个人和曹宙一样，都是不能公开身份的隐秘集团中的成员之一。仅仅只是听到那个人的名字，曹宙就认定——甄氏还活着。

“明白。”点点头，曹宙回答道。

“送到你母亲那儿吧。好吧，现在的山阳县浊鹿城，你也有阵子没见到令堂了吧。”曹丕言道。

“暂时不去长江了吗？”曹宙曾提出过申请，希望前往长江观战吴蜀之争。

“这就看你怎样说服令堂了。久别重逢，母亲大人能舍得轻易放你走吗？作为我，倒是希望你去见识这场长江之战。”曹丕说。

“陛下，那个要遁世绝俗的人所怀有的想法，和家母正沉迷其中的白马寺的参禅打坐，有什么必然联系吗？”

“可能有联系吧……”曹丕说，“那么这件事就交给你了。想来白马寺和我曹家的缘分很深的呢……或许这也是冥冥之中佛祖的旨意吧。”

2

蜀汉丞相诸葛亮，字孔明。他有个年长七岁的哥哥在东吴担任要职，名诸葛瑾，字子瑜，正以绥南将军的身份接替吕蒙兼任南郡太守。

东吴的方针是和蜀、魏都能和平相处。但是，蜀国的刘备坚决要为关羽报仇，所以否决了东吴的全部和平提议。

诸葛瑾写了封信递呈刘备，其中有这样一段话：“陛下若执意报仇的话，关羽的仇和先帝的仇，谁应当放在第一位？恳请考虑权衡这些，切望从大局着想。”这里的“先帝”指的是禅让于魏的汉朝末代皇帝——汉献帝刘协。

虽然刘协未遭杀害，仅是改名山阳公被移居到了山阳县，但在蜀国却到处可闻皇帝被害的消息。据此消息，魏理应是最大逆不道的祸首，是最该先去讨伐的对象。再者说，关羽同魏吴的联军开战，最后魏离阵而去，剩下吴酣战不已，结果是关羽败死。吴已将关羽首级敬献给了魏。那么，刘备还是要执意进攻东吴，为什么？

这样的一封信，刘备根本不屑一看。

“不用看都知道写了些什么。”刘备原信扔给了信使，信封也没有拆。

诸葛瑾自己也能预料到书信会被刘备这样处置。毕竟自己的弟弟诸葛亮是在对立的蜀国阵营担任丞相，这种情况，起到的只能是适得其反的效果。

从对关羽的情谊可想而知，刘备如果不御驾亲征的话，恐怕是无法告慰关羽的在天之灵。

“全军兵分两路，江北，黄权；江南，由我统率。”刘备肃然下令。

东吴则拜陆逊为大都督指挥应战。

“敌人进攻的话，我们就退守防御。这半年里按此方针执行即可。但是，如果……”陆逊这边顾虑重重。

如果，吴蜀对峙中约守中立的魏国突然翻脸，袭击东吴后方的话……那样战局就会不堪设想，会赌得满盘皆输。东吴尽最大努力去做，如果还出现这样的结果，除了断念之外也别无选择了。

主君孙权，如此心高气傲的人，都对曹丕尊敬地称呼陛下，自己谦恭地以“臣、权”自居。对魏国该做的都做了。

“从刘备的布阵来看，恃强冒进，以怒兴师，且没有觉察到自己的疏漏，犯了兵家大忌。我军将在此处集结埋伏，这是第三仗。好嘛，第一仗全线败退。第二仗重整旗鼓进行反击，但不要全力进攻。把敌军朝第三仗主战场的方向引诱之后，我军蓄势待发。最后全军发动总攻击，这时候要全力以赴。从地图上看，大概是在夷陵附近。反攻的时间要等到夜里，让健儿们准备松明火把！”

孙权和陆逊反复推演运筹夷陵之战的作战方略。

第一仗的蜀军在作战途中，为提防吴军诈败设伏，在占领的交通要路修建起了临时军寨。

吴军第二仗，依计果断反击，但遭到蜀军的强烈抵抗。战斗胶着持续到黄昏，蜀军总算击退了敌人，松了口气。

蜀军自开战以来，头一次感受到吴军强烈的战意，都为碰到了这样的硬战捏了一把汗。东吴经过慎重的决策，认为反击就是现在，趁蜀军刚战罢将息之时。

时间，傍晚。地点，夷陵。

终于到了掌灯时分，蜀军阵营周围点燃了火把，然而到处扬起的火势，一点儿也没有熄灭的迹象。

“怎么回事？难道睡糊涂了吗？到处都像是点着了火似的。”

“看那边儿！不是我军还没有占领过的地方吗？”

“传闻中的武陵蛮夷放的火吧？听说他们已经归顺成为马良将军的部下了啊。”

“真是太奇怪了！”

等到蜀国的士兵们惊觉不妙，为时已晚。

火势狂涛骇浪一般向蜀军席卷而来，且不断蔓延，伴以吴军铺天盖地的喊杀之声。

——逃命要紧！

蜀军将士们已不做他想，全线溃逃。

逃着，他们也不相信就这么战败了。但很快，他们察觉到敌军主力集结之地，乃是马鞍山。

刘备军团总部，正设在夷陵马鞍山。军寨四周以木栅相连。吴军纵火攻山。燃烧的栅栏犹如火龙一样盘绕肆虐蜀军。

“陛下，走这边！”禁卫将校们的悲鸣之音，久久不散。

——土崩瓦解，死者万数。史书如此记载。

3

夷陵之战，发生在公元222年六月。这一年是闰年，双六月。夷陵之战发生在第二个六月。

汉主夜遁——《资治通鉴》。

一场乱战，蜀军诸将多数战死疆场。如张南、冯习等，这之间比较特别的有自称胡王的沙摩柯将军。当时的蜀国位于中国的最西端，中亚有些失势的王公氏族们，常常亡命而来。沙摩柯就是这众人中的一员。胡王中的“胡”，主要指波斯人，有时也指土耳其人。

战斗中被追得走投无路，临阵而降的将领也有很多，如杜路、刘宁等。

如果这场战役胜利的话，功勋卓著的必定是马良，然而，他也倒在主君刘备的面前奄奄一息。

马家有五兄弟，都有才华名气。别人称呼他家兄弟们为“马氏五常”。其中，马良字季常。

“季常啊，你可有心愿未了？”刘备询问濒死的马良，但是马良已不能回答，只有凝望着刘备。

“你的功绩，朕会终生铭记。此后你的宗族，什么也不必担心。”刘备在马良的耳边低喃，马良也似乎是微微点了点头。

马良的功绩在于说服了武陵的原住民（武陵蛮夷）加入蜀国的阵营。在这之后，马良的儿子马秉被升迁为骑都尉。

刘备颤抖地合上气息沉寂的马良的眼睑，他白色的眉毛还在风中轻微摇曳。“这是见白眉的最后一面了啊。”刘备神色黯然。汇聚俊秀的马氏五兄弟中，马良是最出众的，而且不知道什么原因，只有马良的眉毛是纯白色的。到后来，人们把团体中特别杰出优秀的人喻为“白眉”。

“请陛下速行，敌追兵已迫近，不能再迟延了。”御营将军无不焦急。

“逃散的士兵们不是正向马鞍山聚拢吗？”刘备声嘶力竭，想尽可能多地收拢他的残兵败将。

“陛下若要营救我军的话，难免敌军蜂拥混入，乱我阵脚。这周围必须封堵。请尽快撤往白帝城。也只有石门这地方能够挡住敌兵了！”御营军参谋用急躁的声音力劝。

石门，是通往白帝城的必经之地。地势狭窄险峻，正像一道门户，是白帝城的天然屏障。

如果封住这里，攻过来的敌兵固然无法再追击，只是，溃败而来的蜀兵们也会被挡住无处逃难。

“逃到这儿的蜀军怎么办？”这次不是皇帝，而是某个年老的幕僚发问。

“无能为力！”参谋斩钉截铁地回答。

为了封闭狭窄的道口，光有附近的岩石还不够。武具、铠甲等所有能点燃的，都堆积如山放火焚烧，石门一带火墙连天。

天子銮驾刚过石门，封堵就急速展开了。刘备逃亡白帝城，伤心欲绝，抑郁难平，一病不起。

这之后又经过了五百三十七年，唐朝乾元二年（公元759年），诗人李白获罪流放夜郎（贵州省），经过白帝城时，喜获赦免。作了著名的七言绝句《早发白帝城》。

> 朝辞白帝彩云间，
> 千里江陵一日还。
> 两岸猿声啼不住，
> 轻舟已过万重山。

这首诗表现了得到赦免的李白，欣喜雀跃而向着白帝城尽情高歌的喜悦心情。

夷陵惨败的刘备，面对白帝城的心境和李白截然不同，而与李白同时代的杜甫在《白帝城最高楼》这首七言律诗中所写的最后二句：

> 杖藜叹世者谁子？（拄着拐杖感叹世事的那个人是谁?）
>
> 泣血迸空回白头。（曾经的热血打拼到白头，最终一无所有。）

却独具刘备那种对江山社稷执着难遣，唯有泣血空中的味道。

逃到白帝城的刘备，再也没有回成都，并且将战败之地“白帝”改名为“永安”。

蜀军江北统帅黄权，因为江南军团的溃灭，归路已失，又不肯降吴，就向表明中立的魏国投降了。

蜀国国内就统帅黄权降魏之事，请示收押他的家族。刘备摇头叹息言道：“此次战败，朕要负全责。因悲关羽而执意开战，后悔不听良臣谏阻。如要降旨惩罚，不正该由朕开始吗?”此言一出，追究战败的问责之声烟消云散。

然而，黄权家族被杀害的谣言还是传到了魏国。

黄权拒不相信：“这绝无可能!”

果不其然，后来得到了确切消息，事实正如他所坚信的那样。

黄权在魏国的官职最终升迁至车骑将军。同行到了魏国的儿子黄邕后来也继父从政，而蜀国留下来的儿子黄崇，官至尚书郎，成为诸葛亮的儿子诸葛瞻的属下。在后期（公元 263 年）魏国征西将军邓艾攻蜀的时候，与诸葛瞻、诸葛尚同时阵殁。

不只是黄家在魏蜀两国分割，诸葛家也是在蜀吴两地分离。这个时代，很多家族都似这样，兄弟亲人分别在不同的阵营，在相互对立的战争中，悲叹命运，如之奈何。

4

虽然诸葛亮未出茅庐而定天下三分之计，但现在局势，大半已归属了魏国。中国以州而论，魏国已将幽、冀、青、徐、豫、并、雍、兖八州囊括手中，甚至还没有直接派兵统治的凉州，大部分也臣服于魏国。

凉州在现在的甘肃省，是连通西域的重要地区。这一年（公元 220 年）二月，西域诸国鄯善、龟兹、于阗的国王们派遣使节朝贡魏国，被记录在了史书里。

——自此之后西域复通，置戊己校尉。《资治通鉴》。

戊己校尉是西汉元帝初年（公元 48 年）车师国屯田时设置的官名，类似于殖民地总督。

但是中国在三国时期，国家分裂而三，征伐混战是当时的实情，像西汉全盛时期那样掌控西域的实力已经没有了。为了顺利地做生意，恐怕那些西域的商贾们都要找寻最可信赖能倚仗的强势者，魏国在当时则被他们看成是最可依靠的对象。

自曹操时期起，通过粟特商人，曹家就同西域关系密切，而对白马寺的援助，可能也是瞄准了同西域交易的利益吧。

刘备退败白帝城之时，魏国不顾中郎栈潜的激烈反对，册立了嫔妃郭女王为皇后。

岁月更新，到了黄初四年（公元 223 年）。魏曹真下令左将军张郃讨伐吴国。夺得了江陵的中州。这里，前一年曾是吴国将军孙盛驻守的地方，屯兵万人。

刘备病卧白帝城后，魏军得到新情报，诸葛亮好像进入白帝城了。

白帝城已经被蜀国改名“永安”，但魏国人没用这个名字。

“快看，随着丞相的到来，白帝城的守军都感觉大势一转，军势变得威严了。和生病的皇帝比起来，好像丞相的威信及存在感更强啊。”

魏国士兵举头眺望，他们的先锋部队同东吴部队一样，接近了白帝城。

在白帝城中，蜀皇刘备卧床不起，一天天衰弱下去。

另一方的东吴。

“尽管有点勉强，但值得冒险！攻入白帝城蜀国就完蛋了！”强硬派们竭力主张进攻。

“不可。我军业已疲惫，所谓强弩之末，势不能穿鲁缟。现在攻打白帝城，江州（重庆）赵云就会增兵赶来救应，更加顾忌的是成都的诸葛孔明也势必采取行动。我们没必要勉强行事。”

吴军统帅最终认同了这种观点。

之前，魏国发布的动员命令是：助吴伐蜀而增援吴后。虽然表面这么说，但身处乱世的吴国国君不会轻易相信。

不久战报传来：丞相已经进入白帝城。

这一时期，如果只说丞相，一定是指蜀国的诸葛孔明。

果然，不久魏突袭了中州，但魏随即却从夺取的江陵中州突然撤退了。东吴散布的消息是：魏军惧怕吴将潘璋火攻的策略落荒而逃。真相是中州城瘟疫流行不得不撤军。

蜀国刘备当初不同意丞相入白帝城——多少有些无颜以对。可是，病情比想象的要严重得多，甚至连他自己都意识到了，也就不再反对把孔明召来。

临刘备去世的前两个月，孔明由成都被传召入永安。两人在一起讨论天下，为今后蜀国的大计制订方针。刘备当时的谈话，既是皇帝的遗言，又是对蜀国未来皇帝的遗诏。

临终之际，刘备对孔明道出心腹之语：“丞相才能十倍曹丕，必能安邦定国，终定大事。若嗣子可辅，则辅之；如其不才，君可自代。”孔明泣拜于地：“臣安敢不竭股肱之力，尽忠贞之节，为国效命，至死不渝！”

孔明率众奉灵柩还成都。年仅十七岁的太子刘禅即位。

新帝刘禅加封孔明武乡侯，领益州牧，允许独自开立官府（相当于政府机构）。益州牧是刘备称帝即位前被汉朝任命的最后一个官职。当时，魏统领八州；蜀，荆州已失，独踞益州；吴，只拥有扬州而已。

5

曹丕轻而易举地实现了曹操那开创魏王朝的宏伟梦想，而且曹丕还将悬而未决的家庭问题，趁此良机一并解决。

正室甄氏偶因一名宫女的启发，接受了佛家教义的熏陶，对佛学倾心投入，沉浸其中。遁世隐居的魅力让她越陷越深难以自拔。

“你要出家？这可不行啊。你都是做了母亲的人了，难道你就能全都不要了？”

她对曹丕的回答依旧是：“能行。”

“我杀了你，能行?!”

“……能行。”

夫妇之间同样的问答不知重复了多少次。

“这教义真够奇特的，我都想试着学一下了，白马寺的僧侣们崇尚的这种学说好像也是源远流长啊。听说和黄老学说极其相似。”曹丕虽然这样说，却歪着头满怀心事。

黄老学说是指黄帝、老子的经典学说。汉朝初期黄老学说盛极一时，连孔孟学说都有所不及，特别是后宫的女性信徒众多。

汉武帝（公元前141—前87年）时期，由于独尊儒术，所以黄老之学没落了。尽管这样，武帝即位的时候，他的祖母窦太后依然喜欢黄老的言辞，不喜欢儒术，并曾留下过记载。

朝廷虽然提倡儒学兴国，民间却依旧盛行信奉着黄老学说。《老子》是一本哲学书，黄帝之术则是假托黄帝之名而传播的一种民间信仰。

白马寺的西域僧侣主要以在当地旅居的西域人为对象传道布施，深居简出。遁世的思想大概是由于逃避乱世而形成的吧。从居无定所的乱世之中，希望能够远远逃到清净无垢的乐土中去。

白马寺的僧侣们，除了西域的外国人外还有部分汉人信徒，他们一起清理战场超度亡灵。他们奉祀佛祖办理法事卓有成效，并深深感染了少数汉人的身心。

"我也想那样做。驱散现世的污垢，指引人们前往西天乐土。"甄氏请求着。

甄氏是汉太保甄邯后裔甄逸的女儿。甄家世袭二千石俸禄的官职。甄氏三岁的时候父亲就去世了，虽说也是像小公主似的呵护养育，但并非就不懂得人间劳苦。甄氏十几岁时，看到众多邻里百姓生活在贫困饥饿之中，劝说家中开仓赈济四方，得到了家人的认同并施行。

建安年间，甄氏嫁给了当时天下豪族，袁绍的次子袁熙。袁熙出任幽州刺史期间，曹操和袁家开战，并攻陷了当时袁家的大本营邺城。年仅十八岁的曹丕捷足先登，入城后就抢夺了被誉为天下美女的甄氏。时间是建安九年（公元204年）秋八月。

从那时起经过了十九年，她已年过四十，为曹丕生下一男一女。儿子曹叡是后来的明帝，女儿是东乡公主。

她说即使舍弃两个孩子也行，因为她亲身经历过邺都地狱般的黑暗时刻。

作为袁熙的夫人被大家服侍，除了丈夫因被封为幽州刺史而不在身边外，没有半点不如意。

建安七年（公元202年），公公袁绍去世。

建安九年（公元204年），被一个叫曹丕的青年强抢成了他的妻子。尽管成为有儿有女的母亲，但她还是看破红尘，想自己什么时候死去都无所谓。

前夫袁熙在建安十二年（公元207年），也就是赤壁之战的前一年，求助于辽东的公孙康，反受其害。

"我说你啊，也成了我的妻子了，前夫袁熙也被杀了，这都是乱世造成身不由己啊！”现在的丈夫曹丕，提起甄氏的前夫，也是第一次。

虽然进行了多次谈话，她始终也没有得到丈夫的理解。而且自从曹丕当上了皇帝，连谈话的时间也都没有了。

成为皇帝之前，后宫的宫女们为使曹丕即位，工作得很积极。特别是郭女王、王昭仪，更是倾注了全部心血。

“她们如此热心地做了这么多，必须要给予奖励啊。”甄氏嘴上是这样说的，心里也是这样想的。

“最大的赏赐是，册封她们谁做皇后！”

“请便……”

“那样你必死无疑！”

“正是臣妾所愿。”甄氏低着头说道。

或者像红珠那样佯装死去，或者当真死了，她也了无牵挂。

第四章　浊鹿城来客

1

山阳，这一地名在中国随处可见，是指山的南侧。废帝刘协迁徙的山阳，地处河南省北部，现在的修武县以西，层峦叠嶂的太行山脉以南，是个偏乡僻野的地方。

山阳公的居所处在小丘之上，无论从哪里都能望到，位置醒目。出入往来的人都被监视着。

在曹宙的周密警戒下，甄氏前来拜访了。

甄氏得到了宙母红珠居所附近的一所庵院草屋，那日前往拜访山阳公时，红珠也相伴而来。山阳公夫人是曹操的女儿，与红珠有血缘关系，她们共同的话题肯定有很多。

时值刘备在白帝城死后的黄初四年（公元 223 年）秋天，然而话题并未涉及刘备，而是围绕着皇弟曹彰突然暴毙的事情。

“还没有得到确切的消息。”曹宙说。

“子文或许真是因病而死的，但感觉多少有些蹊跷。曹家历来情况都隐晦复杂嘛。”红珠感叹着。曹彰字子文，红珠平时总是直呼曹彰的字。洛阳官邸传出的情报写着：曹彰遇恶疾而终。

“像我这种即使死了都无可非议的人，不是还照样活着嘛!”废帝山阳公发牢骚似的皱起眉头了。

“连大司马也没熬到寿寝的年龄就……”红珠接着说道，眼角有些湿润。

大司马指的是曹仁。他是曹操的堂弟，年少有为，曹操救助红珠时，少年的曹仁也伴同前往相助，因此红珠一提起这年三月去世的曹仁，就特别的伤感。

“可惜不知道得了什么病，确实是没到六十岁就走了。”曹宙接过话来。他自己的年龄再加十五岁，就是曹仁的年龄。

“再说，关于子文，连我这置身事外的人都听到了很多闲话。比如‘谁也没期待过子文，而他本人却有谋取皇位的野心’这样听了能让人担心的话。……而且，自从吉利（曹操）故去以后就传开了。”红珠又想到了什么补充道。

曹操在世时，提到的继承人无非就是曹丕与曹植。按理是从正室卞夫人所生之子丕、彰、植三人中选。这中间，父亲曹操总是教诲曹彰说：“汝不读书慕圣道，而好乘汗马击剑，此一夫之用，何足贵也!”这是希望他增加些学识的意思。喜欢读书的曹操，对只迷恋武艺不肯读书的曹彰评价不高，而曹彰为自己辩解：“御才是最重要的嘛!”

《周礼》上说过，士学六艺分别为礼、乐、射、御、书、数。

据《史记》记载，孔子弟子三千，而精通六艺的有七十二贤人。

“即使六艺不能全部掌握，但至少精熟一半，且是乱世中最为重要的一半!”面对父亲的不满，曹彰这样解释着。曹操听了此言却眉头紧锁。

曹操最讨厌像这样强辩的人。这也是曹操为什么会处死孔子的后裔孔融的原因所在。孔融什么事都要议论一番，在曹操面前颇不合时宜。曹操说他浮华交会，是个只会逞口舌之快的人。

“彰让我失望，仅是个将才罢了。”曹操当众这样说。

——骑大将军，于是曹家军营上下都这样称呼曹彰。

孔子时期的御，并不是人直接骑在马上，而专指以马拉车，人坐车中，通过操纵缰绳来驾驭马车之意。汉族人骑马的技术，是诸侯国从赵、秦以北的游牧民族那里学来的，并且延续到了战国时代。春秋时期的车马战术，统称为御。到了三国时期，人骑在马背上战斗已有数百年的历史了。所以彰说的“御”，准确地说就是“骑”。

曹家的儿郎们都是骑马的好手，特别是曹彰，骑技拔群。“现在的乱世，书礼之道对打仗能有什么用处?”虽然没在喜欢文人墨客的父亲面前说出，曹彰却经常在军队的将领面前直言不讳。他好像也满不在乎周围的人会把这话传到父亲耳朵里去。

因为知道父亲的评价，曹彰对争当家族领袖的念头也就断了。周围的人们这样认为——他在争嗣这一点很了不起，无欲无求地当个武将，是曹家少有的爽快人物，所以世评颇高。

长子曹丕和三子曹植有文采，为父亲所瞩目，只是次子曹彰，简直是一点儿文学气息也没有的武勇之人。

“父亲是个抱有帝王理想的人，认为若不是文武兼备就难以登上帝王的宝座，所以二哥开始就被排斥在外，二哥也知道的吧。”山阳公夫人欲言又止想起心事。

山阳公夫人曹节是曹操的女儿。

当年，曹丕在举行禅让的仪式时，曾经派大臣逼她交出汉帝的玉玺。

“决不！”

身处洛阳的深宫，曹节紧咬牙关。

“这可是陛下的命令！”

那时的陛下指的是她的长兄——就要登基的魏皇帝曹丕。她没法再强硬下去了。

“拒绝的话，兄长会杀了我夫君的。我还是不能违抗我哥哥啊。”曹节悲愤地哭了，并且之后又不得不应允隐居山阳浊鹿城。那时如果坚持拒绝的话，皇帝大哥必然会加害她这个妹妹，还有妹夫。

现在到了浊鹿城，她还反复地思考着洛阳的事儿，耿耿于怀。皇族们不久前聚集洛阳庆祝夏至的到来，后来二哥曹彰就死了。

2

山阳公夫人曹节，暂时沉寂了片刻，终于再次开口了。

夏至是白昼最长的日子，在阳历的六月二十二日前后。黄初四年的夏至是阴历五月初七。

夏至和端午的节气连到了一起，这个时节，魏的皇亲国戚汇聚到洛阳。端午节本来是指“最初”的“午月”（端同初，午月同五月）。从汉朝末年到魏国建立开始，脱离了农历十二支，固定为五月初五这一天。端午节除了庆贺，还要举行避邪驱瘟的仪式。人们采摘草药而食，最有代表性的就是菖蒲。

“二哥最初没那样的欲望，可父王一去世，他也许开始有了想法，以为自己能坐上帝王的座位了吧。父亲刚去世的时候，二哥也是由于离得较近，先赶回来了。当时二哥竟打听起玺绶的下落来。可玺绶是除了王太子大哥以外，谁也没权用的呀。结果被谏议大夫责备了。好像二哥还不服，觉得自己也同是魏王的嫡子，找这玺绶有什么错？结果这以后他就被大哥给猜忌上了。”曹节一气说了这么多，之后，她又苦思冥想似的闭起了眼睛。

洛阳传来官府的公文，曹彰患急病死了。

曹节哪里会相信。二哥被曹丕大哥给谋杀了！她深信不疑的就是这个。

“死人是不能再去杀人的了。”

红珠突然说了句奇怪的话。

在场的人们都转过脸来，对她这发言不能理解。红珠一边苦笑了一下，一边说道："文和去世比子文仅晚了十天。好像也就七十七岁。"她的目光投向了缥缈的长空中。

贾诩字文和，同训斥过询问玺绶有无的曹彰的谏议大夫贾逵一道，在曹魏政权中并称二贾。二贾的共同之处是，都在很早就效忠于曹丕，并且倾注全力辅佐曹丕成为魏的后继者。作为二贾，皇弟曹彰、曹植无疑是最让他们全力防范的人。特别是曹植，文才比其兄曹丕更出众。曾几何时，曹操也动过让他担当魏国统帅的打算。但是，战国的指挥者要具备冷酷的性格。曹操最后选择了不讨人喜欢的长子曹丕。

另一方面，父亲也不得不担心曹丕加害曹植。为此，父亲暗中规劝曹植借酒避祸，所以导致曹植的食邑也因喝酒之罪而比其他异母兄弟们的五千户少，仅有二千五百户，就算谋反也没有力量了。

和曹植相比，武骨雄风的曹彰，倒成了对魏王室相对安全的人物。作为皇室的先锋表率，食邑超过了一万户。但到了汉朝禅让给魏国的时候，曹彰的处境有了微妙的变化。多半是他对皇位的野心萌发了的缘由吧。况且他的性情也天生不擅长掩饰。

虽说是兄弟，曹彰和哥哥、弟弟之间却少有共同语言。喜好文学的曹丕与曹植之间，以诗文为话题，能在诗中产生共鸣，而曹彰若有这种闲暇的话，骑马弯弓则更能使他心胸舒畅。

“秦始皇、汉刘邦、后来的刘秀，一代王朝的始创者们，无不是在马背上建立了丰功伟业。”父亲去世后，曹彰无所忌惮，这样说：“屈原、司马相如……他们这种出口成章的文人们，有谁夺得过天下了？”

被父亲三番五次地规劝读书，曹彰好像要完全否定读书的样子，讥讽起文人来。

史书上记载曹操——统领军队三十余年，手不释卷，白天讲武策，夜晚思经传，登高必作赋，是个特别重视文学的人。父亲在世的时候，自己成为继承人的可能性几近于渺茫。

“现在可就不同了，总是强调以文会友，以文治天下的兄弟，不也否定了贾诩的主张了吗？”

曹彰嘴里的兄弟，指的正是当今的皇帝曹丕。

洛阳宫廷里这段时期，就魏国的基本国策展开了论战。太尉贾诩主张先文后武。不同意对吴蜀作战的论调，提出应当先发展民政，辅之仁德教化，打牢国力基础。

对此，皇帝曹丕更倾向于支持主战论。

曹彰无疑是个主战论者，所以对贾诩不会怀有好感。和平论者贾诩七十七岁了，对于他的死并没有多少意外。不过，被比如曹彰那样过激的主战论者所暗杀，这种可能性也不是没有。从洛阳传出的情报，有意地被颠倒了顺序。曹彰的死讯暂时被隐瞒了一段时间，贾诩的死讯先传出来了。

而且，皇帝是主战的。作为国家的最高机密，一般外人还不知道。红珠开始还怀疑过是曹彰一党把贾诩暗害了，但是后来得到的情报却是，曹彰死于前，所以红珠说了那样一句："死人是不能再去杀人的了。"

曹彰死于六月甲戌，贾诩则是死于十日后的甲申日。

"魏国的同僚们没有相互迫害杀戮真是太好了啊！"红珠松了口气似的说道。

"但是任城王怎么就死了呢？"山阳公嘟囔着。

任城王，指的就是拥有任城领地的曹彰。

曹操的三个儿子中，处境最好的当了皇帝，处境最差的是曹植，争夺皇位失败，封为只有二千五百户的鄄城王。曹彰要算第二好的，是食邑一万户的任城王。本来是五千户，文帝即位时，增加到了一万户。

通过续报得知，彰不是死于洛阳宫廷，而是死在自己的官邸。平时注重习武锻炼且骁勇壮猛的人就这样死了，自然招来众说纷纭，也确实令人费解。

——按照东平王的礼仪厚葬。

宫廷传来了正式的通知。东平王刘苍——汉王朝光武帝的第八个儿子。是皇族里的俊秀人物。哥哥明皇，外甥章帝，对他都非常尊敬。曹彰的葬礼仪式参照东平王的标准举行，朝廷或许是想把挥之不去的，发生在皇族身上的那些谣言掩饰掉吧。

死去的曹彰追谥威王，赏赐辇辂（天子乘坐的车、挂铃）、龙旗、虎贲兵三百。

尽管举行了那样高规格的（天子同级别）葬礼，但是街头巷尾悠悠众人之口也还是没能堵住。当然，浊鹿城中的人，对洛阳公开发布的官方消息也是不屑一顾的。

3

魏有监国谒者这一职务。

魏国继承了汉朝的官制。中央除了有任命官吏的州、郡、县以外，还有名义上分给皇亲国戚的内属国。州、郡、县设有刺史、太守、县令等，国家设有相府掌管军事、行政、司法。而皇族牵涉到皇位的继承问题，对官制也必须特别注意。对分封了属国的皇族进行监视的，就是监国谒者。他们专门负责传达汇报对皇族的监视内容。监国谒者直接隶属于皇帝，虽然很少被记载却有很大权限。《三国志》中，出现的监国谒者估计只有灌均一人吧。

> 监国谒者灌均希指，奏植醉酒悖慢，劫胁使者
> ——《三国志》

这里特别写上“希指”二字，是为了迎合皇帝而写的。

灌均的上司是朝廷的丞相府。魏朝廷首先考虑的是皇位，把关系较近的皇族随便安上个名义发配出去，离皇帝越远越好。特别像曹彰、曹植这样同父同母的亲弟弟，关注的程度更加严密。

魏朝廷的意思，已经背离了皇帝个人的意愿。即使是作为皇帝的曹丕，也要受到朝廷相府维持长治久安意向的约束。皇帝的兄弟们要尽量地远离权力中心，不仅仅是指被分封到遥远的地方去，还有种把他们送到黄泉去的一层

意思。

听到二哥曹彰病死的噩耗，曹植的心绪自然是波澜起伏，悲怆异常。这绝不是正常的死，聚首洛阳为迎接节日而来的皇族们内心惶惶。

在皇族当中，也是年龄相仿的兄弟们更有亲近感，毕竟从孩提时候就在一起了。

曹操光是儿子就生有二十五人，在当时夭折的孩子也不少。晚年，他又得爱子曹干（由王昭仪抚养），比曹彰要小二十岁之多。

曹植在洛阳最谈得来的兄弟，要数小他三岁的曹彪了。曹彪是孙姬之子，字朱虎，幼年时与曹植同是竹马玩伴，他们相见时无话不谈。

“二哥太过粗心率直，有时我在他身边看着都替他捏一把汗。”曹彪不认为曹彰是偶然死的，曹植当然也一样。

“我们都要谨慎小心啊，一定要好好活着！”曹植言道。

“没办法，恐怕以后再也没有机会像现在这样畅所欲言了。什么同胞骨肉皇族兄弟，简直把我们当囚犯了！”曹彪垂头丧气地抱怨。

节日过后，诸侯王族们要返回各自的封地。曹植和曹彪本打算途中同行，但是朝廷竟然不允，意思好像是说：你们这两个人一起走，是商量谋反的事情吧？太可疑了。曹彪气得嘴里似要争辩些什么，但最终还是什么也没说。

作为文人的曹植，创作了一首长诗，抒发当时抑郁忧愤之情。在他留存的大量作品中，此诗堪称千古绝唱。这就是《赠白马王彪》，序文如下：

黄初四年（公元 223 年）正（五）月，白马王曹彪、任城王曹彰与我一起前往京城朝觐，迎奉节气。到达洛阳后，任城王不幸身死；到了七月，我与白马王返回封国。后来有司（监国谒者）以二王返回封地之故，使我二人在归途上的住宿起居相分隔，令我心中时常忧愤！因为诀别只在数日之间，我便用诗文自剖心事，与白马王离别于此，悲愤之下，作成此篇。

这一年，曹植三十二岁，曹彪二十九岁。

魏国皇族的封地时常被更换。他们不会在每个封地上居住太久。朝廷出于对皇族积蓄谋反力量的担心，短时间内就要几度更换他们的封地。

曹植自魏国建立后，依次被封为临淄侯、安乡侯、鄄城王，基本一年换一处地方。他去洛阳朝拜前还是鄄城王，可返回的时候又被改成了雍丘王。

曹彪也被频繁地更换寿春、汝阳、吴等处的封地。进洛阳时是吴王，第二年又回到寿春，之后到了白马，但在白马封地上待了七年多，和其他皇族相比实属少见。

《赠白马王彪》的序文中的白马王彪，本该是吴王彪。自古以来，这一点存在着争议。有人怀疑序文是别人所作的，但从内容看——自剖，与王辞焉，愤而成篇。这样的言辞，除了曹植本人，还会有谁写得出呢？

当时洛阳的文学氛围很浓，建安诗歌为文学爱好者们争相抄阅，本作品通过文人的反复抄袭，一时洛阳纸贵。

曹彪被封为吴王、寿春王的时间很短，因为当白马王的时间相对长些，在这段时期作品被反复抄录流传，序文中的“赠白马王彪”就不难理解了。

以下节选自这七章长诗中的最后一章。曹植在赠诗惜别的情意之中，表示了对天命的怀疑和对神仙否定的悲愤情感。

苦辛何虑思？天命信可疑。
虚无求列仙，松子久吾欺。
变故在斯须，百年谁能持？
离别永无会，执手将何时？
王其爱玉体，俱享黄发期。
收泪即长路，援笔从此辞。

（辛苦思虑所谓何事？应天奉命实属可疑。
虚无缥缈求仙问道，赤松仙人常欺我心。
变故乍起近在须臾，百年大限谁能把持？
离别在即恐难相会，执子之手将在何时？
王爱玉体共享终老，收泪上路罢笔长辞。）

4

浊鹿城中虽然得到了洛阳方面的消息，但大家还要费心去推测消息的真伪。需要辨别真伪的信息大都堆到了红珠那里。儿子曹宙是她得力的左膀右臂，他还能收集到匈奴最有价值的情报。

“他对子桓说过要一个人过来，这之后就经常跑来看我。”红珠说道。子桓是文帝曹丕的字。

“那个人不是个好酒的人哪。”曹节对兄长曹丕称谓“那个人”。

而曹彰对那个不喜欢豪饮的人却没有引起警觉就欣然赴宴了。

其实曹彰尊敬爱戴着自己的哥哥。

曾经，曹彰在讨伐乌丸取得大胜的时候，有些得意忘形，曹丕悄悄地对他说：“你还是不太了解父王，他最讨厌居功自傲的人了。你不如就说自己是得力于友军的援助而取得了最终的胜利。”果然，曹彰这样一说，父亲大为高兴，夸奖说他也算稍微明白了战争的真谛，期待他更加努力。

“哥哥为我的事操心了，得好好谢谢他。”曹彰抱有这样的想法。

但是，他不知道曹丕对他的刚勇暗中防范。曹彰没有太多学问，那份刚猛勇武有被别人利用的可能。派遣到任城的监国谒者密报了很多“证据”。

如果真的谋反了，朝廷又没收到提前密报的话，那么监国谒者就要被处刑。所以，无论多么微小的言行，只要忠实地向朝廷汇报，他们就可以明哲保身了。

曹彰独自和哥哥曹丕见面，相互劝酒共叙往事，心情愉快地回到了府邸。显贵的皇族们在洛阳都有各自的府邸。

府邸驻留一批家臣用人，联络京城皇都大小事宜，并根据朝廷中的人事变动，在一定程度上揣测朝廷的意向，写成邸报传送。这可以算是中国报纸新闻的鼻祖了。

那日，曹彰返回府邸，叫嚷着准备酒菜："今天请客的虽是兄长，可那也是皇帝，吃得不算尽兴，还饿着呢。快做点什么拿来吃！"

端上来的食物被吃得精光。

然而，第二天清晨，身体已经僵死冰冷了。死得不明不白。尽管谁都不在现场，但众人都怀疑是他杀。

从曹彰死后的待遇，或从曹彰的离奇死亡这一点上，大家就已经猜得到答案，但想要改变什么是不可能的了。

浊鹿城的人都无法参加曹彰的葬礼。关于参加了葬礼的卞太后，有人描述了她当时的情形——那位刚强的母亲，终于没能止住泪水。

想当年曹植被监国谒者弹劾之时，卞太后袒护着说："不过是喝点儿酒而已。"结果让曹植更换了封地逃过一劫，但是这次连袒护的机会都没有。曹彰不是遭到弹劾，而是孤单地死在了府邸。

红珠说道："曹宙得到的消息，洛阳十有七八的人都认为，曹彰是吃了慢性毒药中毒死的。大家默不吭声，投毒这种事若是子桓做的，他也真是太无顾忌了。……阿厚说'是我自己的孩子杀了我的儿子！'陷入无尽的哀思中了啊。"

阿厚是卞太后的名字。

只有山阳公刘协这样说："我不认为任城王是被毒死的。最该被杀的当然是我，可我不是还健在吗？"曾经被万众称呼陛下的人，现在却为苟且活着而庆幸。

作为退位的条件，刘协是可以像往常一样称呼自己“朕”的。同时别人称呼他“陛下”也能被允许。然而，当他不想要这种特权的称谓时，他禁止别人对他的称呼的权力却是没有的。山阳公可以使用汉朝天子的礼乐，并且最终他有四个儿子被封为了列侯。

5

东吴与蜀国开战前，为了不至于腹背受敌，一时权宜向魏国称臣，但是魏国却要求东吴送太子孙登到魏国当人质。对此孙权故意闪烁其词拖延答复。

不久后，吴蜀之战以东吴大胜而告终。孙权也认为没必要去理会魏国的要求了。

刘备的死使得吴蜀两国有了重新探讨和平相处的可能。因为对两国不言而喻的是，只有握手言和，才能与强大的魏国对抗。

蜀国向东吴派遣的使节邓芝，虽然有些笨口拙舌，但为人正直。孙权很欣赏他。若谈判没有他在场，心情就会郁闷。有次孙权谈论吴蜀联合灭魏之后，天下平分，共同治理的话题时，邓芝摇头道：“天无二日，地无二王。灭魏后，吴蜀必将为争夺天下，重擂战鼓决一雌雄。”态度坦诚率直，孙权大为感动。在给诸葛亮的信中说：“若非邓芝，两国和好恐怕难上加难。他诚信为人，使谈判进展顺利，不似其他派来的使节浅薄艳饰不能务实。”

与此相对，东吴派往蜀国的使节张温，则是个完全亲蜀派的人物。因为太过于赞美蜀国，事后孙权很恼火。后期此人政治上失意，很大程度上是缘于这次入蜀的表现不佳所致。

在蜀国邓芝、东吴张温的大量工作下，吴蜀恢复了和平。魏国终因人质要求没有达成，同东吴关系恶化了，却由于忙于新王朝的创建，尽管偶尔和东吴有小规模的战斗，但可以说天下一改动荡局面，进入了短暂的平稳发展时期。

红珠的儿子曹宙忙得不可开交，而当他从外面不知哪里回家的时候，就会聊起很多外地的风土见闻。就连山阳公这个被世人忘记的人也了解了很多外界的事情。

“魏国以北是匈奴的领地，匈奴与魏是友好邻邦，这让我们不能出手攻打他。而蜀吴的周边地带除了一部分部落外，都是些不毛之地，且为外夷所占。他们稍作努力就会把势力延伸到那里。我想为了积存国力，吴蜀都会决定开拓疆界。孔明马上要对南疆用兵，吴国也有出兵的征兆。”曹宙说道。

曹宙在外有妻子数人，洛阳有，京兆（长安，现在的西安）也有，甚至连东吴也有，或许这是他能获取各地情报的原因所在。

东吴有个叫虞翻的人，既是大学者，也是刚毅之士。

——翻性疏直，数有酒失。《三国志》中记载他常常因酒获罪，可能患有酒精依赖症。

“这厮借酒放肆，无理欺君。”连孙权也拿他没办法。“总之要把他发配到我看不见的地方去！”孙权到底是把虞翻流放到了泾县一个偏僻的地方。忍着杀他的怨念，远远地发配了事，若把这位虞翻大学者处斩了，免不了要受到天下人对吴国的恶评。

尽管如此，东吴的有识之士们还是做了让这位硕学虞翻复职的努力。进攻关羽的吴军统帅吕蒙被任命时，声称自己患病，请求带医生同行，许可的旨意下达后，吕蒙说出的医生名字竟是虞翻。“得，就那样吧，反正是去我看不到的地方就行了。”孙权摔掉奏表说道。

虞翻作为医师，据说在当时也是首屈一指的人物。

6

当战胜关羽，吴军凯旋的时候，举行了盛大的庆功酒宴。孙权高傲地举着酒杯，在会场不停地巡行斟酒。见到大臣，“喂，你先干三杯!”无不强行要求他们饮酒。虞翻待孙权走近时，猛然醉倒于地长睡不醒。“什么，竟然醉成这样?”孙权边说着，边走了过去。回头张望，突然发现虞翻已然坐起又和大臣聊上了。

“岂有此理，你这是不想和我喝酒吗？那就不要让我再见到你!”孙权抽剑怒视。

孙权曾经在酒醉的时候叫喊着要杀掉他的劝谏重臣张昭，被众人劝阻，酒醒后下了一道命令，凡今后他饮酒时说要杀某人时，都不得杀，但是这次拔剑的势头究竟要怎样收场，群臣们都惶恐得不知所措。最后事情好不容易才平息下去。

那位重臣张昭某日在朝堂上与孙权谈论神仙的事情，当时虞翻冲着他说：“你这老死鬼，到底是何时死掉的呀？”

再怎么说，张昭也是东吴最有资历的长者，对他说出这种话实在太过分了。

“仲翔（虞翻的字），这话成何体统？！”孙权厉声喝问。

“非也，”虞翻不慌不忙地答道，“我们这些苟活现世的人，还没有谁真正拜识过神仙的，倒是听说他们都是在冥界才会有，不知道子布（张昭的字）怎么就看到了？所以想请教他何时去的黄泉呀？”

“住口！简直是忍无可忍！来人，把他给我撵出建业（东吴都城，现在的南京），流放交州去！”孙权当时没有喝酒，却也是满脸通红。

听到交州这个地名，大多数臣子们缩起了脑袋。这个在以前曾叫交趾的地方，直到二十年前（公元 197 年）才改名交州。包括现广东、广西、越南北部，当时是人烟稀少未曾开化的地区。九年后（公元 226 年），交州又分为了广州和交州两部分。

曾经有个叫赵佗的人，在此地建立了南越国。汉武帝把它给灭掉了，但是因为此地远离中原，中央统治一旦变弱，该地区又有了独立的迹象。

士家大族为了躲避西汉王莽之乱，来到交州，成为当地的土豪，代代在此扎根。毕竟是从中原来的名门，通常以献物称臣的形式顺服于中原的实力派。赤壁之战后，士家向孙权朝贡不说，还派出子弟作为人质，但他们也还没有丧失其独立性。

曹宙详述了吴国的情报后说："我感觉孙权和虞翻在演戏。谁知道今后会发生什么？"

交州的实权统治者士家的现任家长是年过五十的士徽。他的父亲士燮八十岁了，引退后，专注于学问的研究。他被称为研究《论语》《老子》《左氏春秋》的第一人。不过，虽然引退了，可士家的实权好像多半还掌握在他老人家手里。

"孙权和虞翻呢？"红珠问。

"士燮那里收到了孔明的多次密信。"曹宙手抵着额头说道。

"复杂着呢，那个地方。"山阳公说。

浊鹿城里最关心世事的要数红珠，而最漠不关心的是山阳公。山阳公的这次搭话更像是应和红珠的。

吴蜀腹地的港口犬牙交错，又集聚着西南少数民族。苗、彝、壮、侗、瑶等各族时而联合，时而争斗。西南蛮夷的头目称为耆帅。当时的耆帅是雍闿。

向吴国称臣的士燮指使雍闿在蜀国背后煽动民族骚动。不过吴国或许察觉到士燮与孔明有所联系。以谪迁为名派虞翻前往调查，怕是吴国也开始担心西南蛮夷的动向了吧。

吴蜀虽然和平了，但是正如邓芝所说，友好是短暂的，迟早要发生战争。假意装醉却是为将来的某日做准备，各个阵营都在未雨绸缪。

第五章　驾崩洛阳

1

黄初四年（公元 223 年）正月，曹植前往洛阳朝觐。同年六月，曹彰死于洛阳府邸。

七月曹植回到封地，入朝前是鄄城王，入朝后本该先回到鄄城去的，但他当时被更换了新的封地，成了雍城王。因此也有可能从洛阳直接去了雍城。

雍丘在开封附近，是春秋时期的杞国。历史上，夏王朝被殷灭亡后，夏朝的子民迁徙到这里建立了杞国。亡国的难民移住的土地并不肥沃，且为邻国人所轻蔑。

杞人忧天的成语就出自这里。

《列子》记载，杞国人成天忧心忡忡。外人觉得奇怪，问起原委，竟然是担心天会塌下来，由此嘲讽了那些自寻烦恼的愚蠢之人。

但是，若是真的愚蠢的话，就不会有什么天塌地陷的烦恼了。杞人真正专注的是哲学上的理性思考，是对背井离乡、战乱亡国的世代反思才对。

曹植为这块贫瘠的土地感到悲凉，为这里民风的朴实无华感到满足。

农历的七月已是秋天，曹植骑在马背上还是感受到了秋老虎的热度。他擦着汗来到了雍丘。监国谒者灌均，依旧在马上迎接他。

曹植望着灌均，心里愤愤不平："他的马都比我骑的这匹气派。"

作为下臣的监国谒者，看上去比皇弟的派头都大，那也是魏国的举措，尽可能削弱皇族的地位，使皇位不受威胁。

"我这个囚犯又被投到新的监狱里了。"曹植自怜自叹，通过了雍丘王的宫门。

曹植从平原侯平迁临淄侯，相隔了稍长的一段时间，安乡侯升迁鄄城王，只用了匆匆一年。现在成了雍丘王，又能维持多久就不知道了。

在从洛阳到雍丘的途中，曹植想到了二哥的死。

二哥曹彰的言行，确实让人担忧，但无论如何也想象不到作为大哥的皇帝会如此介意。多半人们会认为是身为兄长的皇帝杀了同胞弟弟，可是曹植觉得怎么也不可能是那样。

同母所生的三兄弟，儿时一起成长。只热衷武艺的曹彰，是三人中的怪人。他的言行有时让曹植感到不安。即便自己想耐着性子忍他，也会情不自禁地轻轻摇头。

"振作点，那家伙从生下来就是这个熊样儿。"

每到那时，曹丕总是握住曹植的手臂轻轻摇晃。被曹彰刺激到的不仅仅是曹植，曹丕也同样。曹植能从手臂传来的力量感觉得到。

刚开始学习诗文时，曹彰很抵触，随便找个理由就开溜了。

“要是那样讨厌的话，就别勉强他了。何况在此处也碍事儿。”曹丕时常因为曹彰逃出课堂，同老师商量着。

关于诗文，曹丕与曹植都很感兴趣。要是曹彰横插进来，真的有些碍事儿。

曹植和曹丕的诗作有时也互相交换欣赏。

“只是交换着看，不要互相品评啊。本来是你的诗，如果我忍不住修改了，那不成了我的诗了吗？”曹丕那样说，曹植完全赞成。

兄弟俩的交谈，还是在曹丕十八岁之前。换言之，是在强娶绝世美女甄氏夫人的建安九年（公元204年）以前的事了。那时的曹植虽然只有十二岁，已经能背诵诗、论、辞、赋等，被誉为神童。

自从曹家从许昌移居邺城，曹植被年长他哥哥几岁的嫂子吸引住了，也因此唯恐在诗作中表现出这种思慕之情，被兄长看破。

“大哥暂时没时间作诗，反倒让我轻松了。”曹植自语道。

因为弟弟是按照哥哥所作的诗韵来作诗的，自从哥哥娶了妻子，诗赋就不怎么作了，弟弟也就不用再去为附和哥哥而作诗，所以发出了感叹。

曹植每每回忆兄弟之间的事情，总是关于曹丕的多。同胞三兄弟中，曹彰痴迷武艺，总是骑马射箭乐此不疲。一马当先冲到前面去的曹彰被曹丕看在眼里，很不以为然：“练武是好事，但只会武功，岂能是我曹家需要的人才?”

“我也这样想。”曹植有同感。

曹植和曹丕骑在战马上，齐头并进，向战场冲杀。

“敌人在哪里?”曹植问。

旁边的曹丕手指前方大笑起来：“你看，就是我弟弟，你的二哥啊，哈！哈！哈!”

这刺耳的大笑声，突然惊醒了梦中的曹植。

周围没有人，稍微镇静了一会儿，隐约听到灌均在同几个卫兵说话，只是声音太小，听不清楚。

“这是……雍丘……”曹植彻底醒了。

听说皇帝曹丕为了准备和东吴作战，已经东巡了。

皇帝的预定行程连监国谒者这种小人物都知道了，却没人通知他的皇弟曹植。朝廷这样的做法对吗?!

怒火在曹植的胸中升腾。但是，愤懑情绪又岂能让灌均看到。

2

黄初五年（公元224年)，曹丕从许昌回到洛阳。

自魏国成立后，相互告发在朝廷之中就悄然兴起，最后演变成激烈的诉讼大战。为此，曹丕采取了果断措施——禁止相告。

朝廷除了谋反和大逆不道事件接受诉讼以外，其余概不受理。如果还有人执迷不悟坚持告发，那么被告人所应受到的惩罚，也要由原告人来承担。真是令人瞠目结舌的举措！

如此一来，公府朝廷的官员们不再为处理诉讼而浪费时间，可以进行自己本职工作了。另外，朝廷也在各处加派了大量维持治安的人员。

朝廷采取措施，恢复了自初平元年（公元 190 年）以来被废除的太学制。也就是大体上模仿汉朝的制度，重新建立太学，设置博士。尽管处于乱世中，魏国仍然希望成为崇尚文化的国度。

曹植从别人言谈中所了解到的皇帝东巡的事情，是从七月开始有所行动的。

和吴国作战，有准备水战的必要。尚书仆射（官吏任免、公文开封的官职）司马懿负责镇守后方的许昌。皇帝御驾亲征，乘龙舟渡淮河前往寿春。九月抵达广陵。

但是这一年长江洪水暴涨，皇帝的龙舟都差点儿被掀翻，连擅长水战的吴军也在濡须口按兵不动。

尽管魏国决战心切，但是孙权却避而不战。

曹丕出征后，曹植意外收到了司马懿传来的曹丕军情文书。收到文书时的曹植心情非常激动。（大哥还是没有无视我啊！）

当初两人在争夺王位的时候，都有各自的亲信辅佐，然而这些亲信成了他们相互间沟通的障碍。

后来，暂时借酒避世，向曹丕暗示退出竞争的曹植，其内心深处隐藏的对嫂夫人甄氏的思慕之情大概也被曹丕看穿了。

在告知赐死甄夫人的同时，曹丕低声对曹植说："她死了，和红珠去了相同的世界。"

红珠的实情，曹植当然也熟知真相。曹丕特意告诉曹植，不但是说甄夫人像红珠那样活着，还在于暗示着曹丕早已知道曹植爱慕甄夫人这件事。

对此，曹植对兄长皇帝怀着深深的谢意。

但是，作为兄长的曹丕不得不在自己忠实的亲信随从间，藏起对弟弟的那份柔情。

这些忠实的亲信们，把皇帝的一切当成自己生命的全部。那种执着和热情笼罩宫廷四周，让人压抑窒息。皇帝的身边不允许有别人的一席之地，明确地说，皇室宗族也被当成了潜在的敌人。

同胞兄弟更被他们加以防备，不久前曹彰的突然去世，可能也是他们中的人做的手脚。

"被他们杀害了。"有些人这样想。

"雍丘王怎么还活着呢?"

"'曹彰已被你们害了，至少要给我保全曹植的性命。'是卞太后强烈地对曹丕要求，才使得曹植保住了性命。"这种煞有介事的解释，理所当然地被大家认同。

了解曹家内情的人，都知道卞太后疼爱曹植。连父亲曹操也喜欢他。当然，曹丕作为长子很早就受到特殊的照顾，只是曹丕的脾气秉性不招人喜欢。这造成曹植很长时间都是王权的有力争夺者。也正因如此，曹丕的亲信对曹植虎视眈眈，持续到现在。

3

黄初六年（公元225年），蜀建兴三年，诸葛孔明发兵南中。南中是少数民族盘踞的地区，山势险要，尚未对蜀臣服。反蜀联军的耆帅雍闿被俘，遭到斩首。接任的耆帅孟获则集结残兵败将们继续抵抗。

名留青史的“七擒孟获”之战旋即在南中展开。南中是现在的广东、广西，包含了云南的周边地区。史料记载孔明降服孟获期间曾到达过滇池。滇池位于现在的云南省昆明附近。

待到蜀国平乱后，孔明率军全部撤回了成都。南中没有派驻军把守。孔明认为，这次战役，并非要攻占城池，而是意在夺取人心。对孟获的“七擒七纵”，并非穷兵黩武般地大动干戈，而是反复耐心地进行民族协商，通过谈判对话争取民族和解。

此番战役的意义，不是为了争夺某种有形的实物，而是为了同魏国交战时没有后顾之忧，要和南中的少数民族进行谈判，建立友好的关系。期望长久的和平而兴师南中。蜀国仰仗并且展示自己强大的军事实力，与南中确立了和平的盟约。

蜀军三月出征，同年七月业已凯旋。魏国的间谍刺探到蜀国军情，曹丕对蜀的南中战役了如指掌。

“嗯，孔明这次……干得还真漂亮。当地的金、银、丹、漆收获颇丰不说，还有南中的良马也会增强蜀军的实力吧。”曹丕有时间想对策。他知道孔明加快了北伐的准备。他想赶在蜀国前面，率先征讨吴国。

在孔明班师凯旋的第二个月，曹丕亲率的水军就推进到了淮水。十月入驻广陵，在那里排兵布阵。魏军举行了声势浩大的阅兵仪式。曹丕壮志凌云，乘兴在马上赋诗一首。

> 观兵临江水，水流何汤汤。
> 戈矛成山林，玄甲耀日光。
> 猛将怀暴怒，胆气正纵横。
> 谁云江水广？一苇可以航。

这是雄壮而充满自信的阅兵诗的前部。曹丕其人底蕴深藏不露，但本诗却写得逸兴遄飞，甚好理解。难道是向孙权炫耀的吗？

这首《至广陵于马上作》，是在与吴军一江相隔的长江边阅兵时所作，表现了曹丕的非凡声势和魏军的军容之盛。但是，不久他们就遭到了吴军固若金汤般的防守，同时老天也不遂人愿，天寒地冻河道冰封，让舟船无法行进。曹丕也不得不望江兴叹：“唉，此番无法统一南北，实属天意啊！”

十万魏军奉命返回洛阳，途中宿营休息时，不承想竟然遭到了吴军五百人的敢死队的偷袭。曹丕当然安然无恙，但皇帝的副车、羽盖（鸟的羽毛织成的华丽车盖）被抢跑，叫这位魏军统帅甚感狼狈。于是魏军改道，打算先在许昌稍事休整。途中又听说许昌的南门突然无故崩塌了。

“还真是流年不利啊。”曹丕又放弃了去许昌的打算。

“回洛阳前，就先到雍丘看看吧。”像是心中想起了什么，曹丕下了命令。

4

曹操是从谯郡起家的，然后因为迎接身处长安的汉献帝，改许昌为据点。讨灭袁绍后，把家眷都移到了邺，建立了王城。后来等到满目疮痍的汉朝故都洛阳修葺完毕，重新被定为首都。魏王朝成立后，洛阳还是首都，但许昌和邺城也同样重要，皇帝曹丕还是经常驾临。

许昌南门崩塌，皇帝没有进城，改道前来雍丘。得到通知的曹植高兴的同时不禁有些疑惑——这好像不似大哥的风格。

还记得父亲曹操对怪、力、乱、神极为反感。年轻时平定迷信的太平道，升迁为济南相之时，他首先做的事情就是禁止淫祀邪宗。当时，血气方刚的曹操在济南发出的命令是：将巫咒祈祷等用来蛊惑人心的祠庙全部毁掉。哥哥曹丕对邪教的厌恶也不亚于父亲曹操，甚至比曹操厌恶得更加彻底，是个现实主义者。卜凶卦吉的迷信行为，对曹丕而言根本不可能有过，因此曹植侧着脑袋揣测曹丕的来意，感觉有些不可思议。

曹丕来到了雍丘。

曹植从曹丕的身影里，竟然没看到往昔皇帝的威严。还记得身处洛阳城中的曹丕，总是表现出高高在上的龙颜威仪，而能给曹植亲哥哥形象的时候简直少得可怜。近来仅有一次，就是曾经压低声音对曹植私语暗示嫂夫人甄氏还活着的那次，让曹植感受到了哥哥的关怀。除开那次之外，再无亲近。这回从进入雍丘开始，突然感觉好像那位儿时熟悉的哥哥又回来了。

“在去许昌的途中，心底总是浮现出旧时的回忆，好像提醒我，能在战后安抚我这疲惫身心的地方，没有比植弟住的雍丘更好的去处了。”

曹丕进到房间里，盘腿坐下来，看到那边儿站着的监国谒者灌均，又说道：“今天想多和植好好聊聊，你们都退下吧。”

灌均碎步退出屋子，好像害怕自己的尴尬表情被人看穿似的，一路低着头。

“听我作的秋胡诗歌怎么样？我也好久没听到你的诗歌了，今天让我好好地听一听，对了，从我的诗开始。总之，差的先来，由我抛砖引玉。”曹丕含笑发了话。

说起填诗作赋的游戏，他们在十年前经常作。结果总是曹植赢，这点连一向要强的曹丕都甘拜下风。抿了口浊酒之后，曹丕吟诵起这首《秋胡行》。

朝与佳人期，日夕殊不来。
嘉肴不尝，旨酒停杯。
寄言飞鸟，告余不能。

俯折兰英，仰结桂枝。
佳人不在，结之何为？
从尔何所之？乃在大海隅。
灵若道言，贻尔明珠。
企予望之，步立踟蹰。
佳人不来，何得斯须。

（朝起相约与你相见，等到傍晚也未到来。
佳肴美味无心品尝，端起酒杯停在嘴边。
有心托鸟传递书信，唯恐唐突而未如愿。
俯身采折兰英，仰头许愿桂枝。
你不在我身边，许愿为了哪般？
你不来我身边，可需我做什么？
即使你在天涯，我也要托海神送去明珠。
企盼你的到来，抬脚投足不知迈向何方？
最终你也没来，这可让我如何是好？）

吟诵终了，曹丕早已湿润的眼睛极力地眨了几下，忍耐了片刻，还是溢出了大颗的泪珠。他任由泪水无声地流下也不去擦拭。

还记得父亲曹操在邺城修建铜雀台之前，曹丕像今天这样泪水滂沱的景象，曹植看到过几回，可他一次也没有问过哥哥原委。当时也确实没有询问的氛围，尽管那时他俩的身边别人都不在场。（哥哥只在我面前流泪啊！）曹植心有戚戚焉。

铜雀台是赤壁之战两年后的建安十五年（公元210年）所建，当时的曹植十九岁，还记得曹丕带着他五岁大的儿子曹叡登上铜雀台时的情景。从那以后，哥哥就再也没有当着自己的面流过泪了。

“植弟，有多少年了啊，我这个样子？”曹丕终于止住泪水，深冷的雍丘官邸里充满了惆怅。

“自从陛下荣任五官中郎将开始，就连靠近您都难了。”

“……是啊。那之前我也只在你面前流过泪，以后就再没有过了，而我其实……”曹丕伸手抹着眼泪，说不下去了。

雍丘停留了一夜，皇帝第二天启程向洛阳进发。在出发的时候，皇帝对侍中（传奏官）说：“朕见雍丘王，乃是突然决定的。增加食邑五百户赏赐他吧。”

5

有情不忘也好，睚眦必报也罢，曹丕是个固执的人。

骠骑将军曹洪是曹操的堂弟，家境富裕却为人吝啬。曹丕还是皇太子的时候，曾经需要向这位叔父借绢百匹，被拒绝了。

以此来说曹洪吝啬也不尽然。曹洪在年轻的时候，追随曹操讨伐董卓，有一次，被董卓的部将徐荣追逼得急迫，曹操甚至连战马都没了。曹洪那时把自己的马让给曹操。当曹操谢绝时，曹洪道：“天下没有我曹洪，什么也不会改变，而一旦失去您，必会大乱。”他硬要曹操骑马，自己徒步逃到谯地。

曹丕仅仅凭着曹洪的食客犯罪的理由，就要连坐处死他，于是洛阳的街头巷尾传唱起了“百匹绢布买命钱”的儿歌。

母亲卞太后气愤地对曹丕说：“虽说你那时小，曹植也没出生，可是若没有你的叔父，哪里还有我们曹家!”这句话，救了曹洪的命。但是，被没收的财产还是拖了很久才还给他。曹丕对曹洪的怨恨由此可见一斑。

再有就是他的做法相当的偏激。也许那些追随曹植的人，也正是因为看不惯曹丕的这种偏激性格才要支持曹植的吧。

曹丕回到洛阳已是第二年的年初。《三国志》记载，黄初七年春（公元226年）正月壬子（10日），还行洛阳宫。三月筑九华台。九华台类似于铜雀台，是宫殿的名称。确切地说，当时正在洛阳建造。

据《文帝纪》记载，夏五月丙辰，帝疾笃，召中军大将军曹真、镇军大将军陈群、征东大将军曹休、抚军大将军司马宣王，并受遗诏辅嗣主。（到了当年的五月，皇帝曹丕就因病驾崩了。曹真、陈群、曹休、司马懿四人奉遗诏，辅佐新的皇位继承人。）

实际上在这之前，决定谁当新皇帝才是最迫切的问题。曹丕还没有册立皇太子，因为曹丕也不过刚到四十岁，还年轻得很。决定继承人的想法是太早了点。

曹丕有九个儿子，他死的时候，成年的只有甄夫人所生的曹叡一个人，而且曹操也特别喜欢他。曹丕也曾有过让他当继承人的想法，只是，甄夫人被赐死这件事，总让人觉得立曹叡有些不合适。

当然，关于后继人的问题也不是太复杂。甄氏毕竟是已经死了，代替她的正皇后郭女王也没有子嗣，还是曹叡的养母。

曹丕病危的五月丙辰日（16日），遣散后宫淑媛、昭仪等宫女们各归其家。丁巳（17日），帝崩于嘉福殿。

《三国志》出于魏国正统的立场，将曹丕的死写成"崩"，刘备、孙权的死则写成"殂"。然而，著名的宋代编年体史书《资治通鉴》认为，只有统治了全国的皇帝才能用"崩"，所以把三国时期各个君主的死都使用了"殂"这个字。

6

接到曹丕兄长的讣告，曹植痛哭不已。眼泪无休止地流淌着，似乎明白了那时兄长流泪的原因。待在前些天才和哥哥相会的屋子里，他回想着兄长的音容笑貌，忘记了擦拭不断涌出的泪水。

二人同为诗人，他们在诗的世界里心意相通，彼此互相钦佩，感情也在诗词中互相交融，甚至于无须再用任何语言去表达。曹植将悲伤倾之于笔端，把心中抑制不住的哀情，流露在《文帝诔》的字里行间。

惟黄初七年五月七日，大行皇帝崩。呜呼哀哉！

于时天震地骇，崩山殒霜，阳精薄景，五纬错行……

曹植一口气写道。大行皇帝是死去之后还没有赠谥号时的称呼。后来，曹丕史称世祖文皇帝。“诔”是文学中述德并表达哀思的悼念死者的写作文体。曹植写的这首《文帝诔》既是对哥哥曹丕的述德，更是对他哀情的寄托。

这篇诔文很长，曹植写了一整天。

在乱世中，三强分立，时而相互结盟，时而互动干戈。当初吴魏结盟与蜀开战的时候，吴国曾非常希望得到魏国文人所写的书籍，也曾经提到过，非常想要五官中郎将的书。

曹丕是建安十六年（公元 211 年），被任命为五官中郎将的，他作为魏的继承人也在那时被决定了下来。到了建安二十二年（公元 217 年），疫病流行，死者众多。王粲、徐干、陈琳、应玚、刘桢等很多建安文人相继死去了。当时的曹丕才三十一岁。

“他们都是优秀的文人，但死后什么也没有留下。我应该考虑留下些什么。”曹丕拿定了主意。

从那以后，他把自己的文章保存了起来，因为是没有印刷的时代，只能手写。他给自己的文集命名为《典论》。这样手写了好几部，吴国希求时，就送给他们。

曹丕还把文集赠送给朋友，文集被许多人竞相传抄，一时间洛阳纸贵，他在文学上也越来越有声望了。

魏的宫廷中特别重要的文书是写在绢上记录的。曹丕赠送给吴国的《典论》有两部，送给孙权的是写在绢上，送给吴国重臣张昭的则是写在纸上。

文帝大葬之后，皇室向皇族重臣们分赠遗物，其中的一份由曹宙送到了雍丘王曹植的住处。

“这是先帝的墨宝。先帝叮嘱我务必把此物送到雍丘王您这里。”

打开箱子看时，里面有个被密封的包裹。

“当我接受遗命时，先帝特意让我看了里面的东西。”曹宙从箱子里毕恭毕敬地取出包裹，低着头轻轻言道。

“陛下的墨宝，应当是《典论》吧?”

“不仅仅是这些……”

“想必还有其他诗文也在其中吧。”

“正是，而且只有给您的，有一部分没有写在纸上，是写在绢上的。”

“多谢。”

曹植泪水夺眶而出。

“《洛神赋》也是写在绢上的。”

听了曹宙的话，曹植伏下身，两手掩住被泪水浸湿的面颊，情不自禁感伤涕零。

第六章 《洛神赋》

1

传说洛神本名宓妃，乃八卦的创始者伏羲氏之女。昔日投身洛水化为洛神，是位绝代佳人。

曹植每次漫步洛水河畔，都会想起这位传说中的女神。他心目之中的这位女神若不是投影在现实中某位女子身上的话，又怎会让他在此地长久地流连忘返，心底念念不忘呢？

这位现实中的女子，自不必说就是嫂夫人甄氏。

曹植凝神注视着渺渺的洛川，仿佛祈盼江水清澈处能够浮现甄氏那娇美的容颜。

甄氏现在住在红珠那里，靠近山阳公的府邸。能够经常进出山阳浊鹿城的，只有红珠的儿子曹宙等个别人。

——知道这些就足够了吧，她又不是就此下落不明。

仿佛皇帝哥哥在他耳边细细叮嘱似的，曹植独自点着头。在陷入深深思念的同时，感觉说话的人已经不再是曹丕，而是嫂夫人甄氏在同他低低私语，相问相答。

《洛神赋》所叙述的时间，是在吴国的陆逊攻破蜀军的黄初三年（公元 222 年），即曹植被封为鄄城王离开洛阳途中的时候。赋中描述的，是曹植经过洛水河畔，身处梦幻之间，和美丽的洛神相互应和，惜别思念的经历。

但是，同洛神的相会在曹植看来，其意义并不仅仅是一场虚幻，因为与其认为它是梦境的话，倒不如说那梦境更加接近于现实。曹植心目中的洛神——甄氏并没有死，她还生活在浊鹿城中。

曹植饱含着忧伤的思念之情创作了《洛神赋》。

赋是一种主要使用对仗的韵文。当诗人抒发满溢的情感时，感觉使用工致华美的文体更能表现得贴切、恰当。曹植为了表达对甄氏的思念情怀，选择了赋这种具有诗歌特点的优美文体。

"建安文学"之所以被后世所称道，是因为其文学作品区别于前世，开始表现出抒发个人情志的特点。文学爱好者对当时的文学作品耳熟能详，他们争相铺纸研墨，等待传抄文人们的新作。

曹植在洛水岸边伫立，沉思酝酿着什么，周围爱好文学的人们议论纷纷，都认为曹植一定是在斟酌文章吧。大家期待着曹植的作品。

终于，曹植执笔的《洛神赋》问世了。

余从京域，言归东藩。背伊阙，越轘辕，经通谷，陵景山。日既西倾，车殆马烦。尔乃税驾乎蘅皋，秣驷乎芝田，容与乎阳林，流眄乎洛川。于是精移神骇，忽焉思散。俯则未察，仰以殊观，睹一丽人，于岩之畔。

《洛神赋》由此开篇。

我（曹植）在精神恍惚思绪飘散之间，看见一位绝妙佳人立于山岩旁。不禁对车夫询问道：“你看见那个人了吗?”当然车夫不可能看见。但是，车夫听说过这附近河洛之神经常出现，车夫还知道河洛之神的名字叫宓妃。

“她的样貌怎样，我倒很想听听。”车夫反问起我来。

《洛神赋》中的洛神容貌的描写，曹植是以谈话的形式说给车夫听的。

曹植知道这部作品通过抄写，会有很多的文学爱好者读到。他的兄长曹丕必然也在其中，而且曹植以甄氏为投影描写出的洛神形象，曹丕也会看出端倪。

曹植对洛神举止容貌的描述，想象丰富，辞藻清新四溢。

其形也，翩若惊鸿，婉若游龙，荣曜秋菊，华茂春松……

当时的曹植，把洛神和甄氏的形象在脑海中萦绕在一起了。他听任自己的心声，将它自然流露到笔端。

……我钟情于她的淑美，不觉心旌摇曳而不安，因为没有合适的媒人去说情，只能借助秋波来传递话语。但愿自己真诚的心意能先于别人表达，我解下玉佩向她发出邀请。可叹佳人实在美好，既明礼仪又善言辞，她举着琼玉向我做出回答，并指着深深的川水以为期待……

……但是离别的时间转瞬而至，她要和众神随着叮当作响的玉銮一齐离去。当时的洛神朱唇微启，缓缓地陈诉着人神有别的严格界限。只怨恨彼此虽然都处在盛年而无法长久厮守。她说着说着，不禁举起罗袖掩面而泣，止不住泪水涟涟沾湿了衣襟，只能赠与明亮的饰品作为永久的纪念，并说自己虽然深处太阴，却会时时怀念着君王。洛神说毕忽然不知去处，我为众灵消失隐去光彩而深感惆怅……

——吾将归乎东路。揽骓辔以抗策，怅盘桓而不能去。

《洛神赋》写到这里黯然收笔。

曹植多次修改润色，因为想到兄长曹丕定然也会读到的吧。作品发表的时候，曹丕、曹彰都还活着。

在《洛神赋》执笔过程中表现出苦闷之情，是因为虽然曹彰可能不会读，但是曹丕、甄氏一定会读到。他们会做何感想呢?

现在，两位兄长都去世了。

曹植孤单单地坐在雍丘的官邸中，深深地陷入回忆之中。

2

曹植有些怕他的父亲曹操，并且也有些畏惧他的哥哥曹丕。同样的，他连自己内心的冲动有时也感到害怕。他知道自己的血液里，隐藏着连自己都无法驾驭的冲天豪情。

父亲让他害怕。就在他刚出生的时候，祖父曹嵩被陶谦的部将杀害了。父亲勃然大怒，攻下取应、睢陵、夏丘三县并杀害了全部的住民。这是真正意义上的屠杀。

攻取应、睢陵、夏丘，皆屠之，鸡犬亦尽，墟邑无复行人。——《资治通鉴》如是记载。

“听闻父亲遇害，吾怒发冲冠无法克制。”提及虐杀平民，曹操总以此作借口。

其兄曹丕也令曹植畏惧，因为曹丕对他人太过计较。

对在做王太子时期没借给他百匹丝绢的曹洪叔父，曹丕想以食客连坐的罪名杀之，幸亏母亲卞太后阻止了他，但还是没收掉曹洪的财产总不见还。曹丕对有钱的叔父做得太过分了。还是在母亲的调解下，曹洪才最终幸运地收回了自己的财产。

曹丕的为人处世似乎总让生母卞太后感到棘手。太后实际上对曹植疼爱有加，如果不是要开创霸业，取代汉王朝的话，必定会推荐曹植为继承人的吧？将来必须要面对的是腥风血雨建立王朝的战斗，相较之下也只好选择曹丕了。

曹丕确实是优秀的人物。若不是他，也不可能无情地推翻四百年的汉王朝。当然，从另一角度来看，他也是存在太多非议的人。

《三国志》对他的评语是："文帝天资文藻，下笔成章，博闻强识，才艺兼赅；若加之旷大之度，励以公平之诚，迈志存道，克广德心，则古之贤主，何远之有哉！"意思是说他天资聪颖，文采不凡，下笔成章，博闻强记，才艺双全，如果再具备博大的气度，修养公平的德行，追求远大的抱负，心存宏伟的道义，那么与古代的贤君相比，也差不多了。

曹丕欠缺公平的德行。自私极端的性格不能自我调解，当然，在他看来也没有调节的必要，尤其是在当上皇帝之后。对待兄弟他也是那样，嫌厌曹彰而嫉妒曹植。曹彰的突然死去，曹丕被人怀疑也是理所当然的。

曹丕对大臣的谏言也不重视。自信十足的他，听不进别人的忠告。这是曹丕另一个缺点，和他没有博大的胸襟气度有关。

鲍勋是泰山郡平阳县人，因为谏言太多而遭曹丕厌烦。但是，鲍勋为人清廉，受世人敬慕。他的父亲鲍信在黄巾之乱时任济北相，当时是曹操的盟友。为了营救遭敌军围困的曹操，鲍信在乱军中战死。鲍信的弟弟鲍韬也在和黄巾军的交战中战死了。之后，曹操施重金悬赏以求鲍信的遗体，终未如愿，于是模仿鲍信的模样雕刻木人，并放声大哭来祭奠他。由此可见鲍信对于曹家有恩，在曹操心目中的地位是较特别的。

但是，曹丕却说："那都是儿时的事情。是我祖父当太尉的那个年代，是陈太丘去世时的事了。”曹丕的意思是：鲍信救我父亲是很久以前的事情，那时的我也不过是个孩子，怎么能记住呢？

曹丕他祖父的年代，国家设有三公。三公在当时位极人臣，是指任太尉、司徒、司空三职的官员（现在分别对应国防、行政、司法三方要员）。他们统一称为宰相，掌管整个国政。

曹操之父曹嵩于中平四年（公元187年）十一月，由司农（农业大臣）晋升为太尉，只是翌年四月便卸任了，在任顶多半年。以当时的风气，要想当上三公，肯定上缴了巨额的钱财。这样的千金散尽，是为了将来的墓碑能刻上“曾担任太尉”这几个字，光宗耀祖罢了。不仅如此，同年五月继任的太尉樊陵也很快在六月辞任。那时国家正值设立西园八校尉，三十三岁的曹操担当了其一的典军校尉。

也是在中平四年，太丘县令陈寔去世了。世人多称他为仲弓先生。汉朝的郡县制，郡比县的级别大，州又比郡级别大，所以陈寔一个区区县令，与《三国志》中出现的某州刺史或某郡太守相比，官位级别要低，尽管如此，他却是全国知名的人士。他以品行高尚，德行服众而闻名。传闻世人尽管害怕刑罚，但更害怕被仲弓先生责备“那样是不好的呀”。陈寔去世时，前来吊唁的人排起长队，听说达到三万人之多。曹丕却经常这么说：“陈年旧事大家早就忘了，倒是仲弓先生的孙子，大名鼎鼎无人不识。”曹丕临死前，拟遗诏托付四位重臣来辅佐嗣子曹叡之一的镇军大将军陈群，非他人也，正是仲弓先生的孙子。

曹丕任王太子时爱妾郭夫人的弟弟获罪。曹丕拜托鲍勋设法帮忙，被鲍勋拒绝后，就记恨在心。等到曹丕登基后，虽然也曾采纳过鲍勋几次谏言，但对做了皇帝的他来说感觉非常不痛快。曹丕不是能忘记旧仇的人。

黄初七年（公元 226 年），皇帝曹丕的反攻倒算开始了。

从长江返回的途中，曹丕在陈留郡驻扎，太守孙邕请求觐见，当时营垒还没有建好，孙邕绕道而没从正路走，被军营令吏刘耀弹劾。鲍勋以护城河城墙没建成为由，解除了对孙邕的论处。时过不久，刘耀犯法，鲍勋禀奏欲罢免刘耀官职。刘耀却暗中奏表鲍勋私自解除对孙邕论处一事，正好让曹丕抓到了把柄。

“马上逮捕交由廷尉治罪。”曹丕下了命令。廷尉是掌管刑罚的官。

“判正刑五年。”廷尉宣判道。

正刑是剃头戴枷锁，并且用铁圈束颈服劳役的刑罚。在魏国，廷尉的判罚妥当与否，由三官（廷尉正、廷尉监、廷尉平）再进行分别判断，而三官认为依据情节，顶多“罚二斤黄金”。并立刻向曹丕呈报。廷尉察言观色，感到皇帝对鲍勋的愤怒非比寻常，所以判处正刑五年，而三官秉持公正，并不考虑其他，判罚黄金二斤。

曹丕大怒，青筋暴跳起来：“你们都判了些什么！鲍勋早就该死，竟然只罚黄金二斤？处死鲍勋！三官也同罪查处！”

太尉钟繇、司徒华歆、镇军大将军陈群等魏国重臣们都为鲍勋求情减刑。尤其是廷尉高柔，固执不从诏命，反对到最后，把尚书台都叫了出来。“鲍勋的父亲鲍信可是太祖的盟友啊。”

即使旧事重提，也无法说动曹丕。鲍勋被当即处死。

仅隔二十天后，皇帝就驾崩了。

3

文帝四十岁意外早逝，他成年的孩子只有甄氏所生的曹叡一人。让他继位看上去本该没有什么问题的。文帝共生有九个儿子。《魏末传》记载，曹丕杀了甄氏，因而不太喜欢曹叡。曾说过想立徐夫人所生的儿子曹礼为太子。只是，有一天，曹丕和曹叡外出狩猎，曹丕先射杀了母鹿，又命曹叡射小鹿。曹叡流着眼泪恳求道：“陛下已杀其母，孩儿不忍心再杀其子。”这件事让曹丕对曹叡十分赞许，因而确定了立他为太子的心意。

此语多少有些造作之嫌，况且《魏末传》也已失传，用参阅过这一时代各种文献记录的裴松之的话来概括就是，《魏末传》所言，率皆鄙陋，所以不足为信。但是，通过这种小故事的描写，充分地反映出当时文学创作的氛围和风气。

文帝葬在首阳陵。他于黄初三年十月，在首阳山建造了寿陵。还活着的时候所建造的陵墓都叫寿陵。当时的诏书中有这样的话：

——骨无痛痒之知。

曹丕是个现实主义者，比他的父亲曹操更甚，也可以说是个唯物论者。他冷酷直率地认为，对死去的人不管做什么都无关痛痒。

他对于自己死后的指示是：棺材能把朽骨装进去就行，衣衾能裹住朽肉即可，然后指示在不能耕种的土地上建造陵墓，并且禁止放置金银铜铁，禁止建造祭殿、园邑、墓道等。担心指示不被遵守，除正本存放在宗庙之外，让尚书、秘书、三府各抄录一份保存，以此作为魏王朝葬法的宪法。

曹丕在跟随父亲远征的时候，遵照父亲命令，挖掘了前汉梁孝王（景帝的弟弟）坟墓。以写檄文而闻名的陈琳曾经这样批判他们——破棺裸尸，掠取金宝。

裸尸是因为把被葬者身上穿着的金缕衣剥掉而造成的。估计看到赤裸的王侯凄惨的尸身，曹丕认为是因为身上戴着金宝才遭到那样的横祸。曹丕一定是不想自己也遭遇同样的惨事。

陈琳的檄文使父亲曹操在当时受到了严厉的声讨。那篇檄文被很多人抄写，必定被众人广泛地传阅。

“盖文章，经国之大业，不朽之盛事。”这是文帝曹丕独具特色的名言。有的人寿命很短，却能千古流芳。毕竟人的生命总归会走到尽头，但是，他留传下来的文章却能千古不朽。这不也正是文学的独立宣言吗？曹丕是文章至上主义者。在文学地位上他也可以青史留名了。

曹植想到了相信文章力量的哥哥曹丕。关于对待鲍勋的行为，尽管无论如何也不会认同他的做法，但是，分明自己身上也同样具有曹丕表现出的那种强烈的爱憎之心。自己对甄氏所持的火一样的情感，想必哥哥也会知道。

曹植也担心自己会过于冲动，由于他迷上了文学，实际上多少让他缓和了情绪。

之前是哥哥当皇帝，从现在开始，要称呼侄子为陛下了，多少让他松了口气。比如在以前，他为了魏王朝的社稷，即使想出了某些良策，也不能发表，担心会被怀疑自己又有什么野心吧。更朝换代，他认为没必要再担心了。作为王朝的皇族，又是曹家的一员，他想在今后有所作为。

王朝肯定最担心的是有谁会篡夺王权。迄今为止，他都是被防范的对象。曹植的心绪焦急难耐，他开始研墨构思文章。很快，要陈述的内容在脑海中归纳起来，曹植又执笔了。

曹丕当皇帝的时候，赐死了正妻甄氏。黄初三年，立后宫中最宠爱的郭氏为皇后。因为甄氏并没有当上皇后，亲生儿子曹叡即位后追赐甄氏，谥号文昭皇后。

曹植知道甄氏活着，并且知道她住在山阳公官邸附近，这点燃了他的雄心豪情，使他的心灵又萌生出了寄托和希望。

4

黄初七年（公元226年）五月，文帝曹丕去世。八月，东吴趁魏大丧之机发兵作难，孙权率军袭击魏国的江夏郡。

吴军擅长水战，此番要在陆路进击。新皇帝曹叡轻蔑地说："敌人小看我魏国，想借大丧之时浑水摸鱼。我有江夏太守，足以摆平他们！"

江夏太守文聘，本非曹家嫡系将领。他原来是荆州刘表的将军。刘表死后，其子刘琮投降，他也投靠曹魏，时任江夏太守。

文聘坚守城池严防吴军攻城。曹叡仅仅派来千骑兵马助战，孙权就引兵逃离了。援军登上高山，点起松明火把，吴军远远望到，便丧失了战意。孙权原本以为文帝刚死，魏国会混乱，可能想趁着内讧时捕捉战机。

刚刚即位的二十一岁的明帝（明帝是他死后的谥号，这里为了方便而使用），用此次江夏之战的胜利，证明了自己作为皇帝的资质是合格的。

紧接着，吴将诸葛谨进犯襄阳，被魏国司马懿击退了。

"较之吴国，我们必须把蜀国作为主要的敌人，认真对待。"明帝在当时已经清醒地认识到，魏国应该集中力量对付诸葛孔明统率的蜀军，并且事先决定委派骠骑大将军司马懿率军防范蜀国。

曹植现在非常担心一件事。

像自己这样受到不公的待遇也没什么，但是，皇族全体都深受拘束，行动不便。特别是有皇位继承权的皇族们，各方面的行动尤其受到严格的约束。万一曹家有个意外，恐怕连自家的援助都得不到吧。

分封到各地的皇族，虽然也养兵二三百人，却都是中央政府派遣而来，且起不了什么作用的老兵。至少应该是自己挑选、自己训练的士兵才适用吧，这不才真正算是皇族的藩屏吗？

然而，魏王朝只热衷于削减皇族的力量。好像把皇族的力量削弱了，皇帝就能安然无事。甚至认为，即便是几个无力的皇族联合起来，也会构成对皇权的威胁，所以连皇族之间的交往也要禁止。黄初四年（公元 223 年），曹植自洛阳归途，就被禁止和异母弟弟曹彪同行。

曹植执笔写下了《求通亲亲表》。此文宗旨是，请求皇帝解除禁令，准许诸王与皇帝正常往来，加强皇族间的团结。

“朝廷担心皇族间联合起来谋反，而我们要团结起来保卫皇室，”曹植恳请皇帝理解他的良苦用心，“……想要夺取帝位的，难道只限于我们皇族吗？且不说曹家和夏侯家都有血缘关系，更何况那些没有血缘关系的人家，不更容易对皇位虎视眈眈吗？为什么只对我们皇族防范这样深呢？比起皇族，那些拥有更强武力和雄厚财力的朝臣不是大有人在吗？例如……”

文章写到这里就中断了。

写给同族同宗的人看，自己人之间不用多说，言外之意是谁都能明了的。

先帝曹丕临终，嘱托四位重臣辅佐曹叡。全部都是大将军。四人分别是曹真、陈群、曹休、司马懿。其中，曹真和曹休都是曹操的侄子。陈群是圣儒陈寔的孙子。既不是曹家，也不是天下知名的圣人子孙的只有司马懿一个人了。

懿，是优美、高尚、公正的意思，是个佳字，那个时期常常被用作人名。用懿字命名的人多被别人称呼他的字，司马懿被称作司马仲达。同样，亮，是光明、明亮的佳字，也常被用作人名。别人也称呼字，如诸葛亮，别人称呼诸葛孔明。本书将司马懿称呼为司马仲达。

司马仲达是河内郡温县人，出身名门，父亲司马防是东汉的京兆尹（京城长官），辅佐曹操，推进屯田。他也是由那时起开始养兵的。文帝在位期间，司马仲达官职由丞相长史晋升侍中、尚书右仆射。负责提供军需物资和保障军需物资的沿途安全。

“为什么不防备仲达呢？武力是我们的数十倍，其家室财力光是比一比就让我们自愧不如。”曹植长长地叹了口气。

实际上，朝廷对司马家也不是不防范，只是越防备，司马家族越团结一心，结果力量就越发强大起来。

5

魏国西南与蜀国东北部接壤。此地有时从属于魏，有时又服从于蜀。其中上庸这个地方，从现在的地图上看是湖北省领地，在白帝城的正北方，当初属于蜀国。其太守是蜀国部将孟达。

当年关羽在荆州与魏国交战时，孟达原本要派兵助阵，被关羽的“子度，不用你多管闲事！”一喝而制止了。关羽太自信仅凭一己之力就能获胜。至此，孟达不管关羽和魏吴联军怎样苦战，始终按兵不动。关羽最后战败被杀。

孟达考虑蜀帝刘备必然震怒，揣度自己何时也会大祸临头。他决定防患于未然，迅速投靠了魏国。这是发生在黄初元年（公元220年）七月的事情。

孟达仪表堂堂，皇帝曹丕封他为散骑常侍、建武将军兼新城太守。

“男人外貌出众固然好，但是内心本质更重要不是吗？不光是子度（孟达的字），他的父亲也有问题嘛。”到访浊鹿城的曹宙对孟达靠容貌被封为新城太守感到不满。

孟达的父亲孟佗，向中常侍的监奴行贿，赠送大礼，因此得到了凉州刺史的职务。这是在汉灵帝时期发生的事，那个中常侍，就是曹操年轻时见到的张让。

孟达被任命为新城太守。魏的行军长史刘晔曾经反对过，说孟达有苟得之心，即他这个人有问题，而且新城位置重要，不能不防。

新城也叫房陵，距离蜀地汉中和吴国宜都都很近。把这么重要的地方委派给孟达这样曾经在蜀国做官，又背叛关羽的将军合适吗？刘晔反对的理由非常具有说服力。

尽管如此，曹丕还是坚持对孟达的任命。

魏国的重臣桓阶，在曹丕曹植相争之时，旗帜鲜明地站在曹丕一边，曹丕即位后，重用于他。还有一位自曹丕任命五官中郎将时就追随他的夏侯尚，曹丕即位后，他占据着宠臣的位置。孟达对文帝的这两位宠臣，格外阿谀奉承，像个跟班似的。然而，就在明帝即位不久，他所依靠的这二位相继死去。依仗的人一旦不在的话，自认为身处远离皇帝视线且位置险要的新城，羁旅日久难免遭他人忌恨，孟达无法心安下来。

孟达和魏兴太守申仪关系不和，他露出的马脚还真就被申仪发现了。孟达定下的保身计策是与诸葛亮联络，一旦在魏失脚，将投奔蜀国。结果密信被申仪发现，申仪再次将此事密奏了朝廷。明帝开始还不相信孟达会谋反。尽管以前申仪就屡次密奏孟达有谋反的意图，但是，先皇曹丕对孟达从没有怀疑过。老臣桓阶和夏侯尚也都说过孟达不会有问题。

当年，看着密奏，两位老臣极力袒护孟达。司马仲达私下对文帝说："两位老臣年轻时确实很优秀，但自从上了年纪开始……"

"你是说他们老糊涂了吗?"文帝侧着脑袋问。

"臣说的是那个妾的事……"仲达连忙转移了话题。

文帝听罢，深深地点了点头。

"是啊!"叹息之后，再无言语。

夏侯尚在曹家迎娶了正室，却对后来纳入的侧室非常宠幸。当时，曹丕很生气，认为是不把曹家放在眼里，派人杀死了那个爱妾。夏侯尚自此变得有些精神失常。《三国志》这样记载——尚悲感，发病恍惚。夏侯尚悲愤过度，生了场大病。爱妾下葬时，他还追念不已，又挖开墓穴再睹遗容，做了很多越出常规的行为。

孟达也很担忧，"倚仗这样的老人，真担心将来啊!"从文帝末期开始，孟达也变了想法。而且，文帝突然就去世了。

至此，依靠仰仗外援，坐享天成的孟达决定投靠蜀国。一旦下定决心马上行动就好了，可惜他还磨磨蹭蹭。只能怪那个文帝死得太快了。

“叛徒，快快出城决一死战!”司马仲达把新城包围起来，仅用了十六天便攻克下来。

孟达在给孔明的信中曾这样写着：“宛（南阳）的仲达不会马上攻打我，他要先去洛阳面见天子，然后奉旨调兵，最少也要花一个月的时间。”

太和二年（公元228年）正月，孟达被斩。

蜀国诸葛孔明此时已从汉中出发，并发表了闻名于世的《出师表》，与魏国的决战即将展开。

第七章　天下三帝

1

——《出师表》

公元227年（蜀建兴五年，魏太和元年，吴黄武六年）三月，诸葛孔明率军出征时，这篇有名的文章已经发表了。

在前一年的五月曹丕去世时，蜀国曾经讨论过突袭曹魏的速战军策。孔明认为，虽然曹家家主故去，但新帝业已成年，且据谍报分析，此人沉着果敢。魏依然是强国，不可轻举妄动。孔明的一席话否定了速战论。

果不其然，吴国趁大丧之机举兵寻衅，接连在襄阳、浔阳等地为魏所败，还搭上了勇将张霸的性命。

蜀国花了将近一年的时间准备伐魏。此次终于由汉中出兵了。《出师表》是向天下昭告的文章。这也是表的表述原则。相对于表，奏则与它不同，是用于机密的奏折。此表公诸天下，为世人瞩目。

"先帝创业未半而中道崩殂，今天下三分，益州疲弊，此诚危急存亡之秋也……”

表是古代文体的一种，专为臣下对君王进行陈述请求时使用。这里说的先帝，指的是刘备。此表的对象，是刘备的儿子刘禅。他刚到二十一岁，比魏帝曹叡小一岁，不过，公认的资质不及曹叡。白帝城刘备对孔明的遗诏中说：“如果我的子嗣还有辅佐价值的话，希望你辅佐他；如果他没那个才能，你就取而代之。”

抱有的希望越大，看到刘禅的缺点越多。有可能这也是孔明烦恼的地方。

“在这危急存亡的时刻，宫廷里侍奉守卫的大臣们毫不懈怠，战场上忠诚的将士们奋不顾身（地作战）的原因，是他们追念先帝的厚遇，想要报答在陛下您的身上。（陛下）实在应该广泛地听取别人的意见，来发扬光大先帝遗留下来的美德，扩大有志将士们的勇气，绝不应当随便看轻自己……”孔明的《出师表》词婉意切，循循善诱。

孔明身高一米八以上，刘禅即位后他操劳过度且积劳成疾。《出师表》也可以看作是孔明的遗愿。

“……陛下亦宜自谋，以咨诹善道，察纳雅言，深追先帝遗诏。臣不胜受恩感激。今当远离，临表涕零，不知所言。”

《出师表》至此结束。

不仅是蜀国，魏吴两国的人也竞相抄写广泛诵读，并且此表流传后世，至今影响深远。

该表问世于魏明帝太和元年三月，而蜀军从汉中发兵，是在第二年的年初。

诸葛孔明亲率蜀军主力，从成都进军。邓芝、魏延、吴懿、向朗、杨仪等随军，老将赵云也进军箕谷诱敌。但是，防守街亭的主力部队却指派马谡率领。

马谡是有名的“马家五常”中的一人。他们兄弟中最优秀的白眉马良，在夷陵之战中战死了。刘备对马谡的评价不高，曾对孔明说：“马谡其人言过其实，不堪大用。”孔明却想：“那是先帝去世前的事了。自那之后，通过对马谡的多方培养，应该不要紧吧。”出于这种考虑，孔明决定重用他。

实际上，这之前马谡在和西南夷的作战中，也确实立下了大功。

只是，人们总愿拿他和马良比，总是感觉马谡比起他的兄弟还有欠缺，而马谡自己也不甘落后，想着有朝一日，走出他兄长的阴影，展露自己的才华给别人看看。

因此他时常表现得盛气凌人，骄傲狂妄。刘备说他不可大用恐怕也是基于此人爱逞强的原因，而产生的不安吧。

孔明这回做了细致的安排：“渭水河畔稳扎营垒，坚守城池。”

马谡点了点头，心中却不以为然：“那是循规蹈矩的做法，何必啰唆这么多呢，兵者，诡道也。待我选择，看哪个好，都由我来决定！我这回可是军中都督！”心里嘟念，不如说那时他已考虑放弃常规战法，而采用诡道的策略御敌。若是采用常规战法，大家怎么想？——真不愧是丞相的指示英明！功劳不都变成诸葛孔明的了吗？

“全军听令，上山扎营！”马谡在街亭下达了命令。

“可是，丞相他……”部将王平有些吃惊，想起孔明曾经吩咐的在渭水构建防御的话。

“为将者，应临机应变审时度势。此战的主帅是我!”马谡断然道。登上山可以清楚地看清敌情。

垄断，占尽地利。

《孟子》中有个故事，说从前有个男子，每天站在市场的最高处观察行情，垄断收购便宜的东西，再高价推销，利益独占。

可以清楚地看清敌军，登上山确实有利，不过那也仅限于少数人上山，如果全员登山被包围，不仅起不到垄断的效果，反而有全军覆没的危险。

在战斗中虽然从上往下攻打有利，但是还得要有后续部队支援才行。全军上山，马谡想趁敌军后到，摸不清情况并且扎营未稳时，突击敌军速战速决，将敌军一举歼灭。

魏的领军大将是张郃。他是从平定黄巾之乱时起就征战不止的老将，领军经验非常丰富。听说蜀军的都督是马谡，他下达了命令。“是那个人吗？骑兵四处打探，大军紧守阵角，稳扎稳打向山寨合围!”不久，魏军层层将山围住，切断了蜀军的水源。

蜀军所希望看到的敌人扎营不稳的样子根本没有出现。

“毫无疑问，我军赢了。这场战役不像是孔明指挥的嘛。”

张郃慢悠悠地坐到折凳上，安下心来。

2

街亭之战，以蜀军大败收场。违反命令的马谡被绑进狱中，按军法论斩。孔明把马谡一直当弟弟看待。马家与诸葛家也像亲戚一样交往，那是众所周知的事。

“减免死罪，量刑轻判一等如何?”替他求情的声音传入孔明的耳中。

“不行，军法要严格执行。这是王法，不可违犯。”孔明坚定地说道。

丞相参军蒋琬也来劝说孔明道：“春秋时期，尽管晋文公打败了楚国，但是文公说楚国还有得臣，不能安心。当听说由于城濮之战失利的原因而要处死得臣时，文公才喜形于色。这是《左传》里记载的。马谡的死只能让敌人高兴，不是吗?”

“其性质和当初你酒醉误事，岂能相提并论!”孔明驳回了他的请求。

入蜀时，湘乡人蒋琬追随刘备曾经出任广都县令。一次，刘备、诸葛孔明等人出巡至广都。发现蒋县令政务不理，且沉醉不醒。刘备勃然大怒，要就地处死蒋琬。诸葛孔明忙加拦阻。“蒋琬是国家栋梁，不是治理百里小县的人选。他为政以安民为本，非修饰浮夸之辈。希望主公重新考察。”诸葛亮一席话，使蒋琬得以免死，虽然一时被罢免官职，但不久就又被起用。

确实，战败之罪和醉酒失察之责不可同日而语。战败追责，蜀国也要做到赏罚有度。

被张郃打败的蜀军各自逃命，只有裨将（副将）王平率领千余人，鸣金自守，秩序井然地后退，而张郃又疑蜀军有伏兵，不愿意强行追击，于是王平得以集合分散的军队，向诸葛亮大军处撤退。

虽然战败，王平由于进谏有功，被任命为参军，晋升讨寇将军，封亭侯。列侯有县侯、乡侯、亭侯之分。亭侯虽然处于最下位，但也是进入贵族的行列了。

——赏不逾日，罚不还面。《孙子》中有这句话。即论功行赏在当天进行，惩罚有错不待转过面再处理。强调要把握好赏罚的时机与尺度，做到及时适当。

孔明痛下决心，挥泪斩马谡。

作为诱敌先锋的赵云和邓芝也在箕谷失利了，但是这支部队只是佯攻，为了吸引魏军大部队的注意，把敌军引诱过来。从最初就没有期待过能发挥多大的战力。尽管也是失败而归，但这支部队把损失降到了最低。仅从这一点就能看出，赵云是多么优秀的老将军！军备物资不但没受损失，衣料还有剩余。孔明想把这些军资分配给将士，赵云却认为军败不应受赐，婉言谢绝，把所剩物资存放于对岸的仓库中。

魏国，皇帝曹叡本想在战役打响时御驾亲征，被司马仲达劝阻了。“蜀国刘禅没有出成都一步，陛下何需亲往，敌方委托诸葛孔明，我方委派张郃将军就可以了。”

“可是，待在洛阳不动太无聊了。不去祁山，至少也要往长安走走。”说着，曹叡就动身了。

街亭和箕谷的战斗出乎意料地很快分出了胜负，四月，曹叡回到了洛阳。

天子临时停留的地方称“行在”。长安是魏、蜀交战时，魏国的行在所。平素在严加戒备的宫廷中生活的青年皇帝，在长安的行在所中连空气都觉得清新，生活得非常惬意。再加上去街亭战场观战回来的曹宙，成了他难得的聊天伙伴。曹宙是父亲的堂兄，长他一辈。尽管曹宙和父亲的关系密切，也不能让别人知道。皇帝看到曹宙很高兴。

“和微臣出去游玩一番如何?”曹宙建议道。

“这样方便吗?”曹叡虽年轻，但也知道皇帝实际上也不像想象般的自由。

“负责警备的长官和我这边的中护军关系很好嘛。”曹宙笑着说。

“他们不会妨碍到我们吗?”

“正是，陛下可以暂时避开这两位随从。二人以前就想去匈奴逛逛，没办法，那里有心上人啊。之前还和我这边的中护军提出商量来着。”

“明白了。那个，我们可以像庶民一样逍遥多久呢?”

“可以三天，不过两个朋友外出，为了方便起见，要是有五天就更完美了!”曹宙说完话，意味深长地点点头。

3

长安行在所准备撤走的时候，发生了大事。

皇帝曹叡不知去向。已经持续了三天。朝中大臣都惊慌失措，但听说曹宙也同时失踪，这多少让人有些安心。

“可能又是南台先生坏的事。真是个麻烦的人啊!”

洛阳人不知道该怎样称呼这位神秘的人物曹宙，便用他经常下榻的地址南台作为称呼，还有的人以为曹宙是某个了不得的人的私生子呢。

沉浸在皇帝失踪的阴云中，长安一片混乱。此时的曹植正起草着《求自试表》。不甘心被埋没才华的他，哪怕是在西面的大将军曹真帐下当名校尉，或是在东面的大司马曹休所属某条战船上做个统帅也好。如果真能如愿，何憾之有啊!

曹真和曹休，是曹操一族的旁支子弟。曹植却是曹操的嫡子，这个比其他人离正统皇亲血缘近得多的人，竟说出了甘愿在他人帐下做个兵卒这样的话，足见悲哀。

正在曹植专心致志地写文章时，从洛阳传来了紧急公文。询问是否有南台先生的消息。

“就算有什么书信往来，也是监国谒者比我先开封。至少我手中没收到南台先生的信。发生了什么事?”曹植询问道。

记得上次和曹宙见面，还是从洛阳回来的路上。当时，曹植就连和同父异母的弟弟曹彪同行都被禁止，曹宙却能随便进出队伍。监国谒者灌均并不加以制止，多半曹宙的名分很特殊。

南台的曹宙是何许人，曹植非常清楚，但是不明白大家突然找他干什么。监国谒者伙同着几个人，跟在后面来到这里。当说话时，感觉像是要从曹植身上刺探出什么消息似的。与以往不相同的是，看得出有些明显的献媚和讨好。灌均也判若两人，搓着手一副低三下四的样子。

发生了什么事？好像又回到了从前他被阿谀奉承的人群包围的氛围里了。曹植如此想。

洛阳来的人后来悄无声息地一个个走了，像是气泡似的消失在空气里。

曹植的神经本来就非常敏锐。那脆弱纤细的神经捕捉着外界各种信息，这次捕捉到的，是很熟悉的气息，是在不久之前曾经纠缠过自己，挥之不去的一场梦。

“那么，请回吧。……以后也不知道能不能再见面啊。”灌均对离开的这伙人中的某位说道，并且还捶了那人的肩膀。他的同伙好像没什么事情做了。看着他们离开，曹植彻底想通了原因。

是皇帝发生了什么大事了！

曹叡自从当上了皇帝，就中规中矩，在宫中一定是厌烦透了。他是兄长曹丕二十岁时（裴注《三国志》中是十九岁）所生的孩子，当然是曹丕的长男。当曹丕四十岁去世时，成年的儿子也就只有他一人。另有八个异母兄弟，都还小，说不上话。从小曹叡就很孤独。

正在这时，南台曹宙出现了，虽是同宗，但因为某些原因不能公开。有些事要等曹叡长大了才知晓。皇帝向往着北方草原上长大的“叔父”曹宙的生活，对于有着塞外奔放性格的叔父是无比羡慕。

“怎么样，听听我的经历如何？”如果曹宙开口，曹叡一定会被约出来。行在所的警备没有洛阳宫廷那样严密。

曹叡会很相信叔父的话。曹宙当然自信，对于长安城的周边状况，没有比他更熟悉的了，或者可以说，曹宙正带着皇帝侄儿在长安城中到处逍遥呢。

皇帝不在宫中，晚饭时也没回来，甚至发现连护卫也不见的时候，宫廷里应该进行了多次商议。

必须设想最恶劣的事态。

“皇帝就这样不回来，去向不明的状态持续下去怎么办?”

“国不能一日无君。皇帝并不是遇害了，只是失踪而已。找到的时候还要做皇帝。这期间，却是由谁能代替皇帝呢?”

“在这天下动荡的时候，再挑选个孩子做皇帝非明智之举。”

宫廷里的权贵们做那样的考虑也合乎常情。

要说血缘最近的亲属，没有人能超过子建（曹植）。从武皇帝曹操开始算起，曹操的正夫人卞氏还健在。她生的三个儿子是正统，其他则都不能算。现在也只有曹植活着。曹植正值三十七岁的壮年，作为乱世的统帅也许不合适，但作为文人的话，其名声是哥哥文帝都无法媲美的。

“到叡现身为止，让他做个假皇帝吧。”

“如果宣称假皇帝的话，有欠威严，作为摄政皇帝不好吗?”

皇帝曹叡不在，关于雍丘的讨论纷乱不止。

——陛下回来了!

收到消息，是在四日后。萦绕在雍丘府邸的紧张，如阴雨过后，云散天开。

“看把你们辛苦的!”

曹植冲着给同僚们送行后返回的灌均说道。

4

马谡率全军上山是蜀军战败的主要因素。另外，本该和蜀国同盟的吴国没有配合行动也是原因之一。总之，魏是大国，进攻不能草率仓促。不过，吴国也为了同盟的蜀国准备了一次作战，想削弱魏国的力量。

吴国鄱阳郡太守周舫，仔细推敲并制定了诈降的战略。赤壁之战时黄盖曾经使用了这一手段，重复使用看来不会太顺利。

“再次重演，魏国会轻易上当吗?”吴国方面也很有顾虑。

“我有把握!”周舫断言。

周舫很早以前就被吴国的主君怀疑，还被弄得世人皆知。

——削发。

削发就是把头发全部剃掉。这是最高级别的谢罪表现。在日本也有剃光头以示谢罪的，在政治上失策，剃光头谢罪。

尽管如此，周舫好像也没被宽恕，快马加鞭地跑回鄱阳。这事情是在街亭之战前很早的时间里发生的。非常秘密的一件事，让魏国的间谍机缘巧合地侦察到了。“周舫近来反常，可能在吴国出了什么问题。”预兆提前报知给了魏国。

终于，周舫自己的一封严封密书的乞降信，从鄱阳几经周转，艰难地摆在了魏国扬州牧曹休的案几上。

“……怕蒙受谴责，遭到迫害，想献鄱阳郡投诚。”

这封密信虽然被怀疑可能是个圈套，但是，吴国的工作非常巧妙，也付出了非比寻常的耐心。周舫煞有介事地就降魏之事做了通盘的考虑，而且周舫学识渊博，用激昂文字打动了对方。

或许曹休为周舫的文章所倾倒，他相信周舫会反叛，派出十万兵马响应。结果却是，不仅没有期待到降敌，自己反而在石亭大败。

败军之将曹休上书谢罪，皇帝念其是皇族，不加追责。然而石亭败战一个月后，曹休因为羞愤，后背生疮而死。大家怀疑说，不会是愧疚自杀了吧。同时，大家就挥泪斩马谡的孔明的军纪，和因为是皇族就能免除责任的魏国的军纪进行了比较，也引发了一些争议。

魏军在街亭大败蜀军，四月，魏明帝曹叡从长安凯旋洛阳。同年（太和二年，公元 228 年）九月，魏国曹休落入吴国诈降的圈套而战败。南台曹宙把皇帝约出来引起一时的轩然大波，是四月以前的事情。

曹宙带了百十个匈奴兵来到洛阳附近，但很快又南下而去。

“吴国真是有意思啊，多半还是要以石头城做首都的样子。”曹宙说。

吴国到目前为止，三番五次地改换首都。从京口（镇江）、秣陵（南京）又改到武昌，不过吴国高官们大都是江南人，从迁徙到武昌时起，好容易盼到建安十七年（公元212年）秣陵建造的石头城竣工，他们要求返回秣陵的呼声越来越高。达官显贵们基本上都移住到了秣陵。

人们都不喜欢“秣陵”这个地名。原先这儿被称作“金陵”。战国时期的楚国把这里建成了楚都，说这里有王者之气。秦始皇认为有王者之气的地方，只该是秦的咸阳才对，废“金陵”改“秣陵”。“秣”是指干草，饲料。

孙权利用在此地筑石头城的契机，将“秣陵”改名“建业”。

曹宙悠闲自在地继续旅行。好久没有这样了。部下说是匈奴兵，可看起来更像当时经常流浪各地，所属不明的散兵。他们称自己为“天下的散兵”。

人数太多会招惹注意，太少又要被小觑。天下的散兵，总之是个要寻找雇主的武装集团。百人的程度，雇主这边也较为合适。

但是，曹宙率领的散兵不管去哪儿，不管怎么被劝说，都不会去做雇佣兵。

“我们要去的地方已经决定了，”好像要用力推开前来劝诱的人似的，继续前进，对于那些听了回话还执拗不去的家伙，“我们要去东冶。怎么样？跟着去吗？”

这样说，对方就会缩着脑袋：“即便是东冶……你们疯了吧？”吃惊地伸出舌头。

东冶位于现在福建省福州附近，当时被认为是遥远的南方的尽头。即使是对于适应了水上生活的江南人，提起东冶，也被认为是海的尽头，最边远且语言不通的地方。

“那样啊，得，请您慢走，一路保重！即使在那边儿听到好话，也别轻信啊！”也有那样提出善意忠告的人。

“谢谢！我们也不是小孩子，不会那么容易上当。”曹宙豪爽地笑着说。

5

三国时代，在中国历史上也是最悲惨的时代。政治腐败并由此引发战乱，伴随着疾病、饥饿，众多的人失去了生命。

西汉末年，平帝时期，人口大约有六千万。到了王莽时期，人口锐减。东汉光武帝建武中元二年（公元57年）统计，勉强达到两千一百万，大约在九十年后的本初元年（公元146年），恢复到四千七百五十六万人。后来三国时期结束，晋国夺取魏的江山，吴国又献上版图的时候，吴国仅有五十二万户，二百三十万人口。蜀国先被魏吞并，魏被晋取代，人口大约五百五十万，全国人口合计只有八百万左右，相当于现在东京二十三区的住民那么多。

哪个阵营都苦于兵员不足。吴国征召了很多外族兵。通过战争，经常把俘虏作为自己的士兵。有人专门对《三国志》的吴志进行了研究，通过统计，吴国采用这种方法获得的外族士兵不下十六万。

除了战争获取俘虏，也有像曹宙这样的商人，带领散兵进行推销兜售的情况。几乎没有人觉察曹宙的集团是匈奴兵，江南人只知道他们是北方人。另一方面，对于北方人来说，江南人被称为“蛮子”，而对于江南人来说，东冶、广东、交州的人才是“蛮子”。

吴国的孙权把建有石头城的秣陵改名“建业”后，迁都于此。在武昌留下了太子登，由陆逊辅佐，尚书九官（相当于魏国的九卿）也留在了当地。

“让我固执己见一回，见识见识仲谋（孙权）皇帝的排场吧，令我意外的是，他做皇帝还挺像那么回事啊！”曹宙决定暂时留在建业。

魏太和三年（公元 229 年）四月丙申，吴国的孙权终于称帝。这是继魏、蜀汉之后，吴国也有人冠上了皇帝的头衔。在和魏的同盟时期，被魏帝分封为“王”，这次是自立为皇帝。

天下三帝的时代到了。

吴国在孙权为“王”的时期，使用“黄武”年号。当了皇帝，年号当然要改。新年号为“黄龙”，有传言，在夏口、武昌都看见了黄龙，代表着天降吉瑞。中国信奉五行（金木水火土），根据此学说，汉是火德统治天下，火是红颜色，以红为尊。汉灭亡，接下来是土德统治天下。土是黄色。蜀汉自认为是正统，所以依然用火德，红色为尊。年号由刘备时期的“章武”改为儿子刘禅的“建兴”。自负是汉的下一个王朝的魏，建国年号是“黄初”。同样自称汉的下一个王朝的吴，则把年号定为“黄龙”。

包括交州在内，吴国的领土非常辽阔，但是人口仅仅二百三十万，虽说在建业聚集着百官，也举办不出多么豪华壮观的建国典礼，最多就是做到了与民同庆。这里不管发生了什么，庶民百姓也立刻就知道了，甚至是作为旅行者的曹宙的小集团，典礼仪式的样子也知之甚详。

吴国功勋卓著的元老重臣，是年已七十四岁的张昭。孔明的哥哥诸葛瑾被封为大将军，诸葛瑾的儿子诸葛恪被封为“太子左辅”要职。吴国初次设立了“辅正”“翼正都尉”等官职，从这些地方可以感受到新王朝的气派。

即位时，孙权喝得烂醉，冲张昭说：“那时若听了张公之言，现在恐怕还在乞食吧？”

赤壁战前，张昭极力主张投降曹操，周瑜主张抗战，孙权赞同周瑜抗战，击退了曹操大军，奠定了三分天下的基础。如果听从张昭之言，投降曹操的话，现在孙权必然是在曹魏手下谋个闲职，孙权用“乞食”这个词来表达他的不满。

有书记载，听了这句话，张昭羞愧难当，伏地流汗不止。

孙权即位的同时，追尊亡父孙坚“武烈皇帝”，哥哥孙策为“长沙桓王”。

二百三十万人差不多都知道这事了吧。要是在魏、蜀，会通过快马传递情报，吴国是通过星罗棋布的水路，用大小舟船去传达。

玄武湖的西南修筑城郭正是这个时候，秦淮河的水路交汇于此。

“我有个老婆在当地。巧了，和周郎（周瑜）的夫人认识。周夫人是有名的美女，和她姐姐孙策夫人，虽说现在都成了寡妇，但依旧是远近闻名的美女姐妹，而且我老婆也很漂亮，世人都说这里是美女云集之地啊。哈！哈！哈！正赶上武昌的住处迁移到国都建业来，为了安全，我带着匈奴兵来了。”

曹宙在秦淮河的舟楫上大声地说着话，因为是在河中，无论发出多大的声音，也不会被外人听到。

曹操父亲的朋友里，有个叫乔玄的人，隐居在梁国睢阳。曹操拜访他，为自己相面。

“我看了很多人的面相，不过，像你这样的，少有。……这是命世之才吧。你要保重啊！我年事已高，不能照顾妻儿老小的时候，也许要拜托你啊。”乔玄注视着曹操说。

这是光和年间（公元 178 年）发生的事。之后，乔玄的两个被誉为美貌倾城的女儿分别嫁给了孙策和周瑜。

从那时起到现在又过了整整五十一年。

第八章　跨海之征

1

三国是人口骤减时期，为此，每个阵营都为确保人口增长而煞费苦心。像曹宙那样能兜售百人队伍的商人将会大有商机。

得知某个地方有壮丁，若再和当地族长协商的话，商人们会很顺利地招揽到士兵。那种商机一旦顺利达成，将会很赚钱。在建业还有卖这种情报赚钱的人。

会稽住着一个叫伍桂的人，他在南平的深山密林里，招募了三千人当兵，孙权褒奖了他。从那以后，这里三百，那里五百，此人把失业者集合起来，卖给吴国。

伍桂有点学问，知道秦始皇时期，有个叫徐福的人率童男童女数千人海渡蓬莱，寻求长生不老之药，并听说徐福留在当地定居为王。四百几十年来他的子孙繁荣兴盛。据《临海水土志》记载，那个地方是当时的夷州、亶州。当地住民时常来到会稽，以物易物做交易。

吴国的弱点是居民太少。把那儿的住民抓来充当壮丁，增加吴的人口如何？孙权觉得这是个好主意。他经常这样想："和蜀、魏交战时，要是兵力再充足点儿就好了。"

"怎么样，让秦始皇帮一次忙，没什么坏处吧？"孙权环视众人，第四杯酒喝下肚去。

"正是，想我先祖们没少受秦始皇的压迫，这回从他子孙那里讨回来，没什么不好的。"将军卫温回答。

"好，就由你统率士兵，为祖先们讨回颜面。"孙权喝着酒说。

"请等等，"大将军陆逊劝谏道，"桓王（孙策）始创江东基业时，不过一旅之兵（五百人）。现在与之相比，江东的兵力不能算少。远涉不毛之地，万里奔袭他人，实非有益之举。不仅会挑起预想不到的风波，士兵们也会水土不服，造成疫病流行。恳请陛下三思！"

尽管陆逊全力劝阻，也没有改变孙权出兵之意。除陆逊之外，全琮等重臣也不赞成这次远征。说起秦始皇和徐福的典故，也够蹊跷。徐福为求长生不老药，可能去的地方是东海的三神山，重要的是以后没人能证实真伪。

"徐福是为了躲避秦始皇，出海逃跑了，准没错。"

"开始就没打算要回来，是藏起来了。"世人大都持此观点。

"这次的远征，最热心的好像是伍桂啊，而且听说他也报名参军了。"曹宙说道，他身处建业小乔的宅邸，是陪同夫人来拜见小乔的。

孙策和周瑜的遗孀是姐妹，父亲叫乔玄，是东汉末期的大官僚，因为给曹操相面，说曹操是命世之才而名声大盛。他的两个女儿大乔、小乔，至今尽管已是六十出头了，仍然保养得很好，风韵犹存。曹宙说话的对象，主要是妹妹小乔。

“伍桂这个名字，以前听到过啊。”周瑜的未亡人小乔说道。

伍桂出生在庐江郡舒城，和周瑜是同乡，现在还有安徽省舒城这个地名。乡里乡亲的人们关系都很亲切，通常会在一起谈天说地。

“伍桂是个很有煽动力的人。我的朋友说，她的儿子听了伍桂的话，竟然也要去海那边儿，正为此事烦恼呢。”小乔说。

不只是她朋友的儿子想出海，接二连三地，很多人都要出去，甚至有些不想在吴国待下去的人也不断加入。

“和魏国相比，吴国政治太苛酷了点儿吧，因为人少的原因就有这么大差别。但是，除了人口多寡外，一定还有其他原因吧？”曹宙自言自语。

“那人的堂兄，前几天从东冶回来了。听说比这里还糟糕。魏国曾经在东冶偷渡过铁匠，打那以后，警备就越发严格了。”小乔说的“那人”是她的丈夫周瑜。周瑜虽已亡故，但吴国对这位赤壁英雄，仍旧爱戴着，尊称为“周郎”。周瑜的堂兄任尚方令之职，是武器制造的主要负责人。

东冶是吴国制铁业的中心地区，在现在的福州一带。东冶的“冶”意为冶铁业。铁是国防的根基，吴越的铁匠们整天在辛苦劳作。

在尚方令的严密监视下，他们像奴隶一样工作，逃跑的人接连不断。吴国的军队把抓捕逃跑者当成主要任务。外国的魏、蜀也是频繁地诱拐铁匠。让他们乘船逃亡的事时有发生。

如果听任他们逃跑出海，就不能轻而易举地抓住他们。现在对东吴来说，要不要和辽东的公孙渊结盟是极为重要的问题。公孙渊是盘踞在东北的地方军阀。吴国如果能同公孙渊结盟，就会对魏国进行海上封锁。但是，那个辽东的公孙渊正在扩充海上势力，似乎想通过其海上势力和吴国平起平坐。近年来从吴国逃亡的人，有受公孙渊庇护的迹象。

"不管哪方势力要偷渡东冶的铁匠，都不得不借助公孙渊的力量。吴国到底是和他们缔结同盟还是变成敌对关系，是接下来的问题吧。哈！哈！哈……很有意思啊。"曹宙看着小乔的眼睛说笑着，好想要刺探出一个答案来。

2

曹植再三地被更换了领地。由鄄城王换到雍丘王是在黄初四年（公元223年），直到长兄文帝曹丕去世为止，在这个位置上没有变动。但是，太和元年（公元227年），领地更换为浚仪。之后仅仅过了一年左右，太和二年（公元228年），再度成为雍丘王。在曹植看来，可以说是重返故地为王了。频繁地更换领地的原因大概是防范他在某个地方积蓄实力，威胁到皇帝。

魏国在街亭打败蜀军后，逐渐重视起了辽东的公孙渊。

“宙叔还没回来吗？现在有更急的事情要交给他办，和江南相比，辽东这边由他参与更适合吧。想尽办法，叫他回来。”曹叡在和重臣们研究了辽东的作战方案后，小声地追加了一句，“辽东的事，暂时保密。”

人口不足，是各阵营苦恼的根源。辽东成了中原人逃避战乱的去处。被称为辽东王的公孙家，原先是玄菟郡的属吏。董卓时期，始祖公孙度被推举为刺史，渐渐扩大了势力。曹操任命他为武威将军，封永宁乡侯。

公孙度的儿子公孙康，因杀死了被曹操穷追猛打的袁尚，并献上首级有功，被封为襄平侯、左将军。同时期，袁尚的哥哥袁熙也被杀了。袁熙的妻子是美貌的甄氏，在邺被曹丕强娶为妻的事情广为传播。

公孙康死后，是公孙度的孙子公孙渊的时代。祖父那一代与曹操交情深厚，这一代则开始向吴国倾斜。魏明帝任命公孙渊为扬烈将军、辽东太守，吴国却封他为燕王。这时的公孙渊可以说是脚踩两条船，对魏、吴都保持从属关系。

为什么会对魏国的态度有所转变了呢？那是吴国后来居上，给公孙渊势力送来重礼的结果。吴国晋封他的是王位，这和公孙渊在不久前自封的王位相同，而魏国只是封他太守之位。吴国毫不吝惜地将金银珠宝送来取悦于他。

公孙渊也在搜集从山东半岛传来的三国各地的情报。据说，吴国的世评最差。吴国政治苛刻，上厚下薄。皇室孙氏家族的门第并不好，家臣张昭、周瑜这边的家族门第要远高过孙家。因为有像张昭、周瑜、诸葛瑾、顾雍这样名门世家的人做吴国的大臣，才使得孙权声誉高涨。孙权为了不失去大氏族重臣的辅佐，给这些人的待遇非常优厚，也正因为如此，吴国对平民百姓的剥削就更为无情，一如东冶的铁匠们。民间的舆论对此激起很大的反响。听了那些舆论，公孙渊逐渐也有摆脱吴国的想法了。

魏该怎样对待辽东的公孙渊呢？

是应该打倒他，使之成为魏国的直辖领土，还是作为傀儡拥有，并自由地操纵控制好呢？魏国有好几种选择。不过，一直以来持续的做法，先收拾吴、蜀，再动手辽东的方案已经从选项中取消了。魏国很难在短期内打败吴、蜀。与此相比，基础薄弱的公孙势力，应该可以比较轻易地先行解决。曹操时期，魏在柳城讨灭了乌桓，对这方面自信满满。

据传说，令汉高祖头痛的匈奴冒顿单于打败了东胡势力后，那些残党分成了两部分。以北方西拉木伦河为据点的是鲜卑族，以南方老哈河为据点的是乌桓族。被曹操打败的乌桓族后来听说投靠了鲜卑族。不管怎样，他们都属于东胡的派系，语言也是东胡语种。

“想商量有关辽东的事，有劳宙叔。亟盼早归。”密诏看起来相当着急。

“想和我商量……不会是普通的事吧。”曹宙抱着胳膊。无论如何他都要为快点回洛阳做准备。他像突然想起了什么似的，向小乔问道：“我想把阿每胡仙带走可以吗？今天他来这里了吗?”

“去船上帮忙了。”小乔说。

阿每胡仙是漂泊在钱塘江中被救起的人，自称是倭人，说是有事想要来拜见临海的官吏。倭人的国家在遥远的海那一边儿，他说三年前就来过。操着生硬的乡音，语言好歹可以沟通。

“那么，请让人把他带到我的宅邸来吧。拜托了。”曹宙说道。

海边附近正在建造大船，因为人手不足，流浪者阿每胡仙也被带去干活儿了。尽管如此，他还是每天一如既往死乞白赖地要求:“我要见官人!”

曹宙对走进来的阿每胡仙说:“从现在起，带你乘船去见官。”

3

阿每胡仙是倭国的使节，但能证明是使节的信物，一样也没有。如果对方不相信他，他自己也没办法。——掺杂着手势，他终于用简单的吴国话，表明了自己的来意。

倭国周边有几个敌对集团。他们联合进犯，即使最强的倭国，地位也岌岌可危，因此想和海对面的大国势力结盟，以便紧急时候能得到援助。阿每胡仙总是那样说，反反复复地重复，在建业没有不知道这事儿的。尽管这样，能认真理睬他的人却一个也没有。

“地方不对。在建业无论你怎样高声叫喊也无济于事。

别说是要援助倭国，都快要去那里抓壮丁了！吴国就是那样的国家。到别处去吧，也许会有人帮你。”南台曹宙那样说是为了引诱阿每胡仙出来。他是魏国的人，当然要站在魏国的立场上考虑事情。

阿每胡仙自称是倭国使节，曹宙初次和他见面，就相信是真的。但是，吴国还有一些人，是要拿“倭国”作为幌子，另有所图。

那些讨厌吴国并准备亡命海上的人，打着要去倭国把徐福的子孙带来的幌子，让孙权建造大船，图谋到了那个地方就逃跑。如伍桂等人，自称知道倭国的情况。他们在这个抱有亡命希望的集团里，进行着种种准备，还考虑在船中增加亡命希望者的人数。在这种时候，出现了真正的倭国使节，让亡命集团做计划都困难。只有当这个使节不存在，不去搭理他，计划才能顺利进行。倭国的使节对他们来说是个大麻烦。

“阿每胡仙在以后或许会派上用场，现在还是暂时消失为妙。”伍桂那伙人这样想。

不久，阿每胡仙真如他们希望的那样消失了。他正被曹宙带着，快马加鞭地赶往洛阳。曹宙从北方带来的百名匈奴兵，北归之时，只有半数同行。

“现在魏国召我回去，吴国的事还没有进展。总之，沿着这条路走，我还不得不去夏伯那儿打个招呼。”曹宙说道。

夏伯，夏王朝的第一个皇帝夏禹。禹陵坐落在浙江省绍兴县东南的会稽山，禹就是在这里集合众诸侯，立下功绩。向夏伯打招呼，就是要参拜江南的禹陵。

他们从禹陵所在的会稽乘船，沿淮水的入河口淮阴（广陵）逆水而上。曹宙张开双臂，说道："顺便到很久没去的山阳看看吧。"

山阳公刘协近来消除了皇帝时期的紧张。听侍者说，他曾看着镜中自己的脸对曹操的女儿，自己的妻子曹节边笑边说："是不是变得渐渐像个人样了？"

但这次曹宙来看望山阳公，好不容易消除的紧张又显现在他脸上了。曹宙想：不会是发生了什么事情吧？

"曹节去洛阳了，"山阳公无力地垂着肩膀。夫人曹节去了洛阳，一定是发生了大事。"那两位置身事外的夫人，也急匆匆前往司州方面去了。"山阳公补充道。

"那么，东阿王呢？"曹宙问。

东阿是现在的济南稍上游的地方。雍丘王曹植于太和三年（公元 229 年）十二月被封为东阿王。

从山阳公的表情上，曹宙分析洛阳一定是谁死了。那一定是皇族最高龄的卞太后，作为曹操的正夫人长期居于后宫的最高位，不过听说这几年一直卧病在床。卞夫人最初不是正室。曹操有位正夫人叫丁氏，因为没有子女，把侧室刘氏所生的儿子曹昂作为养子。刘氏生下曹昂后去世。建安二年（公元 197 年），在和张绣的战争中，曹昂把战马让给父亲骑，自己阵亡了。从此以后，丁夫人不再跟丈夫曹操说话，最后离了婚。这之后，卞氏成了正夫人。卞氏后来也拜访过丁夫人，两人关系和以前没有两样。

卞氏是曹丕、曹彰、曹植三人的亲生母亲，最喜欢曹植。听说从前曹植几次违纪被问罪，虽然受到了重罚，但都因为曹操和曹丕顾虑到卞氏而保全了性命。

甄氏和红珠去了洛阳。二人都是本该不在人世的人，所以行动比较自由。曹宙特别问道“东阿王呢?”是因为担心曹植。

对于母亲的死，易动感情的曹植不知道会做出什么样的举动。

“当然，他也被叫到洛阳去了。听说是派车子送他去的。”

听了山阳公的回答，曹宙松了口气。

明帝太和四年（公元230年）六月戊子，太皇太后卞氏病死。亲生儿子中最后剩下的曹植守在母亲的床边，静静地目送她离开人世。当医师宣告死讯后，曹植仰天号啕大哭。

4

曹宙暂且停留在了洛阳。

曹植也没有回到领地东阿，虽然现在曹植处于皇族的最高位，但他对那样的待遇感到不满。魏国仍然冷落皇族。曹植考虑向侄儿明皇帝直抒心意。

——曹植发表了这篇《求通亲亲表》。

魏国立下了禁止皇族交往的法律。为此，黄初四年（公元223年），曹植在参加洛阳皇族间的聚会后，想和同父异母的弟弟曹彪同行，受到“有司”的责难。有司是指监国谒者等专门行使管束皇族任务的人。

“南台啊，你不那样认为吗？”曹植对着曹宙说，“皇族越来越没有力量，别说集合起来造反，这样下去的话，就连自保也难啊！”

“我希望陛下做事懂得适度，过犹不及。像前年那场雨下得恰到好处，再下大些，像今年的雨就不好了。要像你《喜雨》诗中的雨最好。”曹宙说。

前年夏天，曹植再次更换领地到雍丘，正担心干旱时降了雨，于是作了《喜雨》诗。

天覆何弥广，苞育此群生。
弃之必憔悴，惠之则滋荣。
庆云从北来，郁述西南征。
时雨中夜降，长雷周我庭。
嘉种盈膏壤，登秋毕有成。

“前年那场喜雨，正好灌满了井水。”曹宙说道。

然而今年，大雨持续下了三十天，使得魏军无法通过蜀地的栈道进攻蜀国。

魏国到目前为止对蜀国都是以防守为主，今年魏国准备主动出击。曹真大将军的开战论压倒了陈群的慎重论调，魏决定对蜀用兵。此前都是诸葛孔明先发制人，这次曹真从斜谷主动进兵。张郃从子午谷分兵攻击前进，防备吴国的司马仲达也调兵转向西城配合作战。万事俱备，可是，一场大雨让栈道无法通行。

——撤兵！

曹植来参加母后葬仪期间，明帝下达了让曹真撤兵的诏书。

“听说子丹病了，好像还很重。”曹宙说。子丹是曹真的字。

“子丹过于勉强了……这种时候，即使谏言也不会有什么效果。我还是回东阿去吧。”曹植这样说。

曹真是曹操的族子，原本姓秦。在初平年间的战乱时期，他的父亲在为曹操招募兵马时被州郡所杀，他被曹操收养，与曹家的孩子共同成长，和曹丕年龄相仿并且朝夕相处。对于文帝曹丕，曹真是个值得信赖的人。因此文帝临终前，把后事托付给了中军大将军曹真、军队的最高统帅司马仲达、百官之首陈群和征东大将军曹休四人。

“司马仲达的力量越来越强，要对陛下说，如果不加强皇族的力量就危险了……”曹宙说道。

“危险……的确……”曹植重复了他的话。

这一年，曹真升任大司马。这是建国初期曹仁就任的职务，位于三公之上，有“剑履上殿”“入朝不趋”的特权。一般上殿时，要取下佩剑，脱掉鞋子。上朝时，还要碎步疾走。曹真不用那样做了，这是对臣下最高的待遇。

但是那只是表面的事情。无论大司马有多少特权，本人如果是个病人的话，行使特权不也很困难吗？

“如果陛下询问到我的话，可以提个建议，但是我现在无论如何还要到东边的大海去一趟。”曹宙说。

明帝从前线率军队回到洛阳，是十月乙卯（11 日）这一天。

5

孙权是吴郡富春人。富春江下游是钱塘江，再往前是钱塘湾。就像我们知道的那样，孙家是与海有着很深渊源的世家。

吴国的正史记载，孙权这边家世很好。孙权的父亲孙坚传记里记载，在他十七岁的少年时代，便和海贼王胡玉作战，长大又平定妖贼许昌之乱。深读他的家史，大致会让人有一种推测——他家不会是海盗世家吧？

孙权自身也同样，只要是关于海的事情，都会固执己见。对于徐福、秦始皇的传说，不管别人怎么劝谏，都固执地认为那是事实，绝无怀疑，其实也是有些根据的。少年时期，他在船上碰到过倭人，进行过接触。那个倭国人漂流到了会稽，三年后，被前来做交易的同国人带回去了。

现在的吴国苦于人口稀少。这不仅局限于吴，蜀、魏两国也都一样。当然吴国最差，地广人稀的情况格外严重。正在这时，伍桂进言说倭国改名为“夷州”“亶州”，那里的人很多，并且当地人都憧憬着返回始祖徐福的故地。

吴国的将军卫温、诸葛直完全相信伍桂的话，并三番五次地说给孙权听，当然皇帝孙权本来就对徐福的传说深信不疑。

“不能输给秦始皇，准备好！四百年了，思念故国的游子们……这是多么悲伤的话题啊……”孙权像往常那样边喝着酒，边说话。在吴国，皇帝喝醉的时候，即使叫嚷着："把这家伙处死！"也不需要执行，甚至经常是酒醉时大叫了些什么，在酒醒后他本人都不记得了。

——只是带走徐福的子孙就行了。来谏言赞同出海的大臣不少，也很快就被落实到行动中去。建造大船，这是只有吴国才办得到的事情，在短时间内能够建好。全国到处都开建了造船所。首都建业附近的造船所规模很大，那里传来的皮鞭声不绝于耳。

干活儿的大半是囚徒，阿每胡仙那样的流浪者也有不少。他们在粗暴的环境下工作。如果有人死了，官吏也要跟着受罚。人口就是那样的少，也正因此才要出海捕猎奴隶。

魏太和四年（公元230年），也是吴国的黄龙二年。在春天，载有武装士兵一万人的吴国船队，从建业和会稽两地向着夷州、亶州进发。从建业开出的十数条战船由卫温指挥，聚集在会稽的二十多艘战船组成的舰队由诸葛直率领。他们二人是众所周知的最积极主张跨海把徐福的子孙带来吴国的将军。两位统领对伍桂的话从来都没有怀疑过。

出海要找的是徐福子孙所在的地方，当然包括倭国。《三国志》中的这部分指的是夷州和亶州。这两个地名屡次变更，研究者大都认为夷州是台湾，亶州是种子岛，而夷州太远无法到达。当时的常识认为，传说中的三神山也在东方大海上。吴国擅长水战，船也不完全是新造，以前有的也用上了。

船舷相摩擦，吴国的船队浩浩荡荡驶入东海。熟悉近海的船师很多，可是知道远海的人就少了，而且他们大都是伍桂的手下。

诸葛直前往亶州的船队没能到达目的地，又追赶卫温去往夷州的船队。他们去的夷州其实是在九州的某个地方。那里来了前来接应他们的人。“是从女王国来的。”伍桂做翻译。

紧接着，在这里的一万武装士兵发生了内战。

“在这里，自己种地自己收获，买卖也自由。比起被皮鞭威胁、像奴隶似的劳动的吴国来，不是天堂吗？我要留下来！再也不回那个奴隶式的国家！喂！大家怎么想的？”伍桂大声地煽动着。他周围已经聚集了三百人以上的同伙。来接他们的当地人大都是半裸身子手持弓箭的男子。

“已经说了要我们把这边的人带回去。四百多年，这里的人想回去不是吗？不是你亲口说的吗！”卫温也不示弱。

“哈！哈！哈！不那样说，吴国能准备好船吗？哈！哈！谁千辛万苦来到天国，又特意要回地狱呢！”伍桂为了让大家能听见，用手摆成喇叭状反复说。

“叛徒！”

“是啊！在吴国我们吃尽苦头，不造反就不是男人！”

就这样，战斗开始了。

船中的士兵虽说是武装兵，他们只是快要出发时才穿上盔甲，在那之前都是些普通的劳动者，和伍桂说的奴隶没什么区别。

“杀掉叛徒！”卫温徒劳地喊着，没人响应。

伍桂大喊："凿船！对啦，他们没有船就回不去！夺船啊！"

听了这一声，士兵们全跑了。有乘小船的，有就那样在水里游的。他们拼命赶到大船边，爬了上去。

几个停船的地方都能看到同样的光景。开始就打算留下来的人，并没有那么热衷于夺船。慌张地跑回船上去的，大都是想回去的人。还有本来打算回去又改主意的，则没有加入夺船战，他们在中途弃船上岸了。

伍桂高声叫喊，让想回去的人丧失了战意，不顾一切地为了保住船狂奔而去。战斗很快结束了。停船的地方，大约有一半船只留了下来。

卫温和诸葛直在出发一年后返国。士兵因为疾病而死的十有八九。据报，一万人出发，回来时士兵只剩一两千人。

当然报告并不真实。很多人并不是因为疾病而死，而是到达目的地后逃跑了。两位将军要是也跟着逃亡还好。但是，他们采取了权宜之计，在归途中，从不知名的小岛上掳掠了两千住民，报告抓捕的功绩，想将功抵过。

为了人口稀缺的吴国能抓捕到更多的奴隶而准备了船只，并派出一万士兵劳民伤财，结果却搞成这副狼狈相，比打了败仗还丢脸。

"街亭战败的马谡的命运知道吧。"狱卒狠狠地对被投入监狱的那两位前将军说道。

太和五年（公元231年），吴黄龙三年二月，卫温、诸葛直被诛杀。

人们都说："对于像伍桂那样花言巧语的人，必须防范啊。"

魏景初三年（公元239年），倭国女王卑弥呼送使节到魏，被封为亲魏倭王。距吴国的跨海远征仅仅相隔了八年。

第九章　往来洛阳

1

东阿王曹植颇有危机感。魏国长此以往将何去何从？只给皇帝穿上厚厚的铠甲，却让皇族们轻装上阵。最初就是轻装，现在甚至连轻装也要被迫脱掉了。

“已经感觉赤身裸体了。”曹植言道。

“赤身裸体就不防了吗？这以外，还有再能被剥掉的吗？哈！哈！哈！”曹宙大笑。

“不，要不了多久，连这张皮也会让他们害怕吧。”曹植掐着自己的胳膊说。

魏国照旧坚持皇权集中制。皇帝穿着重重的权力铠甲，却故意削弱有血缘关系的皇族的力量。“有司”一门心思认定了这是加强魏国的方法似的。

“哈！哈！哈……”曹宙继续笑着说，“盯着东阿王纤细的胳膊吗？我们魏国的有司吗？即使不剥皮，好像也没有多少肉啊！”

虽然有司这个词经常被使用，但是含意非常模糊。在日语里，用“那些当局的人”来表达，能更加贴切。

“和南台同来的阿每胡仙，这个人讲的话有点意思。听说在海对岸有个倭国，我们不能和倭国结盟吗?”曹植问。

“就是，陛下找我南台，是为了要探听辽东那边儿、高句丽、扶余、乐浪等地的情况。尽管如此，来到那儿探访的国家又增加了一个。”

“哪里？是肃慎氏的国家?”

“不，是刚才说的倭国。哈！哈！正巧把阿每胡仙带来了，听说有司立刻找他打听关于倭国的情况了。”

“呵呵，东吴的孙仲谋准备好船，费尽心思到了那儿，不过事与愿违……后来却叫两个将军顶罪，听说他们已被处斩了。”

“是被骗了！伍桂能说会道，骗仲谋建造了那么多的大船。对吴国统治失望的人只靠自己是无法造船离开的，就想出了这么个主意。哎，吃亏的是阿每胡仙。真正的倭人被当作冒牌货对待了。”曹宙如是说道。

“南台以后如何打算?”

“我想不久要离开中原。东阿王也不要太过勉强为好。毕竟我们都是上了年纪的人了。”曹宙说着，翻开地图。

从倭国渡海来中原，像后期遣唐使那样，由明州（现在的宁波）或会稽（绍兴）登陆最方便，但是三国时期，这些地方都是吴国的领地。吴是三国中最弱的政权，倭国一旦发生问题，让吴国做后盾还是略显不足。倭国意识到这点，所以指示阿每胡仙尽量在淮水以北寻找登陆点。

不过，就当时倭人的航海技术，能找到陆地就已经很辛苦了，稍微向北方变换航线，就立刻会被马韩的船队拦住去路。

“我想雇用青州优秀的船员做一些调查，看看那些受马韩威胁的人，有没有愿意被我方保护的。马韩应该还没有和我们正式往来。”曹宙边看地图边说。

“南台是不是打算亲自到倭国去啊？”曹植问。

“哈！哈！哈！成为第二个徐福也不错嘛。”

“倭国太远了，又隔着海。阿每胡仙也曾想过再往北边走，不是被海风给推回去了吗？”

“……我又不是马上走。还要商量辽东的事儿，这不，把我从江南叫到这儿来了。”曹宙笑了。

魏国决定了作战方略。蜀和吴是大敌，各自建国并自封皇帝。对任何一方作战都要扎扎实实稳妥进行。

包括魏国在内的三国，都在加强各自边境的防卫。

在和魏国决战前夕，蜀国进行了南征，七擒七纵西南蛮夷的首领孟获，只为收揽人心、消除后顾之忧。谋划这次作战策略的，是之后失街亭而被处斩的马谡。

吴国也派将军吕岱，成功讨灭了士燮在交州建立的长达四十年之久的独立政权，然而对夷州和亶州的远征却告失败。

魏国确保了通往西域的丝绸之路，在东面还容忍着公孙氏的存在。

“那么，我再打听一下辽东的情况，之后去东面。玄武池的水兵训练比过去更加卖力啊。我也得快点儿动身。”离开时，曹宙那样说。

曹植、曹宙都把曹操当作家族领袖，但他们之间的亲族关系却不能公开。曹宙年长，曹植也不年轻。只是曹植现在是被封为东阿王的皇族。两人交往十分投机，说话也随意，不大使用敬语，他们都不希望像客人般的过分多礼。

玄武池是魏国水军训练的场所，把擅长水战的吴国视为假想敌。不过，最近吴国那边儿建造了远洋船并进行了训练。大概不只是长江，好像把外海也设想为今后的战场了。

公孙家的海军也必须仔细调查。切断吴国和公孙家的联络，对于魏国来说是个重要的战略课题。

2

——盖尧之为教，先亲后疏，自近及远。

东阿王曹植的《求通亲亲表》是这样开头的。引自《书经》。由近及远，九族和睦，就可以公平地治理百姓。顺便提一下，日本的年号“昭和”，就是从《书经·尧典》中的“百姓昭明，协和万邦”来的。

然而，看看魏国的现状，尽可能不让亲族间交往。这不是杜绝了问候，废除了喜丧之礼了吗？魏国的皇家一族正因为相互亲密，所以才能同喜同忧啊！曹植虽没有直截了当地写出来，但真正想说的是：倘若魏出了事，谁能最先援手相助？皇族如果平时有通信能联络，就可以相互通知各种事情，而现在的情形像是在鼓励疏远似的。

对于这份上书，明帝通过诏书给予答复。“本来禁止诸国间通信等的诏书就不存在。是下级官吏过分地害怕担负责任，矫枉过正以至于此。现在敕使有司，依照东阿王的奏文去做。”

曹植对这份诏书抱有很大的期待。明帝是哥哥曹丕之子。对曹植来说，明帝是自己少年时就爱慕的甄氏的儿子。哥哥曹丕在邺城迎娶甄氏的时候，曹植还是十三岁的少年。他至今也不曾忘记见到甄氏时的激动心情。甄氏虽表面被赐死，实际还活着，在山阳和曹宙的母亲生活着。

“你去过山阳？真是太好了！”曹植知道曹宙来洛阳之前路过山阳，实在是羡慕。和曹宙不同，东阿王没有去山阳的自由。

“羡慕吗？”曹宙问道。

“当然，我哪儿都不能去。只是，还能和南台这样的哪儿都能去的人见面说说话……想去的地方去不了，不想去的地方不去也不行。”曹植半闭着眼睛，提起笔。

门有万里客，问君何乡人。
褰裳起从之，果得心所亲。
挽裳对我泣，太息前自陈。
本是朔方士，今为吴越民。
行行将复行，去去适西秦。

（门前路过万里而来的旅人，不禁使我问起他的家乡。

撩起衣裳跟上他的脚步，真心换得他对我的认同。

挽着衣衫向我哭泣，叹息声声自陈经历。

原本只是朔方人士，如今流落吴越为民。

还将不断迁徙不断前行，此去西秦居住能否不再奔波?)

从自古被咏颂的《门有车马客》得到启发，曹植作了这首诗。本来这首诗是以一个无家可归不得不踏上旅途，到处流浪的人的悲哀经历为主题写的。曹植的封地从平原、临淄、安乡、鄄城、浚仪，到东阿，被屡次迁徙，和古歌谣的《门有车马客》的主题完全一致。现在母亲的葬仪结束，他要沿黄河向东阿行进。——这真是像浮萍一般漂泊不定的人生啊!

曹植只不过刚到四十岁，却像老人那样越来越多地回忆起往事。同胞兄弟，除了他都去世了。现在魏国的皇帝已经是孩儿辈了。曹植觉得自己好像被时代甩下了似的。他时常会仰起头，这是以前没有的毛病，头痛的时候就会这样。每次仰起头，疼痛好像暂时就消失了。

从洛阳到东阿相当远。带着老兵百十人上路，曹植感到凄凉。本来还期待着曹宙能不能从什么地方常来看他。但是，曹宙在临别时却说了这样一句话，“灌均那家伙暂时老实了，但对他也疏忽不得，还是要小心点。我也尽量少去看你为好啊。”

3

太皇太后卞氏，与曹操合葬在高陵。高陵是曹操墓地所在。曹植谒陵后，回到了东阿。曹宙则不知所踪。

魏国的主要敌人是蜀，但是对吴也加紧防范。那时的国界并不像今天这样明晰，地方豪族的属地也无法准确来划分。同样是扬州，吴国的扬州是现在的南京附近，魏国的扬州则是指寿春（安徽省）。因此魏吴都设有扬州的官吏。

魏国的扬州刺史王凌，字彦云，太原人。他的叔父王允因在长安谋杀董卓而成名。后来，董卓的部将李傕、郭汜反戈一击为董卓报仇，杀害了王允全家。王凌和哥哥王晨年龄尚小侥幸逃脱，再后来王凌在家乡太原任职，从县令晋级升迁。文帝即位时，被任命为散骑常侍，就任扬州刺史。

满宠在曹休死后掌管朝中大权，年轻的王凌对他很不服气。满宠被任命为征东大将军督扬州事，这让王凌很不高兴，他要自己在扬州一手遮天才称心。

“在这个地方都要听我指挥才行。现在却像个摆设似的，朝廷在我头上找个老朽的玩意儿压着，希望他别太碍事儿！”王凌琢磨着。

当时吴将孙布受孙权密旨向魏诈降。吴经常使用诈降伎俩，当然，也有真降的。如何分清这其中的真假，是决定胜负的关键。

王凌认为是“真降”，而满宠认为是“诈降”。在意见分歧之下，王凌给朝廷写了封奏折——征东将军满宠，年迈饮酒，丧失判断，不堪大任，请求朝廷召回。

明帝把此奏折送给给事中（咨询的官）郭谋看，郭谋回答：“满宠历任汝南太守、豫州刺史、扬州都督，二十余年功勋卓著，镇守淮南期间是吴国最忌惮的名将。朝廷倒可以召他回来询问关于东面的战事，以辨真假，不知意下如何?”

满宠很快被召回，入朝赏赐酒食，果然能喝善饮又丝毫不醉。见他思路清晰，明帝采纳了郭谋的建议，询问了东面的战况后，立刻派他返回任地。不用说王凌有多么失望。

在入朝前，满宠、王凌收到了将要投降的孙布的密信。

——道远不能自致，乞兵见迎。（路途遥远我无法到达，请无论如何派兵接应。）

当时满宠对此判断道：“派兵少了无济于事，派兵多了又会泄露行踪，但不管怎样要对吴国保守秘密。”于是命令留守长吏即使王凌要求也不许发兵，他留下话后去了洛阳。

果然王凌强请出兵无果。万般无奈下，只好派督将带着自己的亲兵七百人前往迎接。结果，这是诈降。满宠判断对了，可要是当初那样说的话，王凌一定不服：“我欲立军功，你那么反对吗?”

因为是诈降，吴当然设了伏兵。督将率领的七百人，陷入埋伏而溃败。督将逃脱，士兵折损过半，史书如此记载。

坚守在这里二十多年的满宠，熟知敌方的诡计。在赤壁之战时，吴国也用过诈降计策。诈降的人装作犯了大过，如果不逃跑，会受处罚。赤壁时的黄盖表演了一出在众人面前被主人孙权破口大骂的好戏。魏国间谍亲眼看到，报告给曹操，让他误以为这绝不是诈降。

这次是孙布，说是因和被处刑的卫温、诸葛直有关系，正要接受调查。听到传言后，满宠感到可疑。他在合肥常年研究吴国的战略。对吴国将领也调查得颇为详细。说孙布和卫温他们的关系亲密，听起来总觉得这太唐突了。——可能是诈降的准备。

从开始就注意到了，因此当收到孙布降信时，满宠想："终于来了！"

立功心切的王凌哪里会听这些。满宠没办法，离开的时候才指示留府长吏"不要发兵"。

之后王凌随意调兵，那就不是他征东将军的责任了。

4

类似于扬州这样的小争斗，在别的地区也时有发生。不过曹植所在的东阿没发生过争乱。东阿在济南上游，现在的山东省聊城，也可以称作中原地区。春秋时期叫柯，是齐桓公和鲁国国君会盟的地方。从秦时起被称作东阿直到如今。

东阿虽无领地内的争端，但是魏国就不太平了。特别是吴蜀交界处，紧张持续，战火一触即发。

吴国因夷州、亶州的远征失败而力量衰竭，只能做孙布诈降那样的游击战。蜀国由于马谡的失败而一时退兵，不久又复出攻打祁山。对此，魏派出身经百战的司马仲达、张郃、郭淮等率军迎战。

“提防仲达!”曹植对周围的人说，注意军权在握的司马仲达。

祁山之战，曹植耳闻了洛阳的军事官吏传来的信息，对行动消极的仲达持有怀疑。

“孔明诡计多端，不可轻易上当。这场战役应该是拉锯战、持久战。加强辎重部队的编制训练!”司马仲达正说着，传报蜀军已全部收获了上邽的麦子。那里原本是魏国控制的地方。

“进攻，夺回失土!”张郃等将领怒不可遏。

“且慢!孔明他们在挑衅，正是要等着我们去进攻。现在出击不妥，暂且观望，等待敌军粮食用尽吧。”仲达依旧那样说，企图阻止出兵。但是，坚持主动出击的将领占了大多数。

“司马大将军简直是畏蜀如虎!孔明能做什么!我在街亭还不是把他打得狼狈逃窜吗?那样畏惧蜀，只会成为天下的笑柄。”军事会议中听到了对仲达非常露骨的责难声。

“没有办法，那么诸位尽最大努力，战胜蜀军吧!不过先要上奏朝廷批准!”仲达同意出击。

军议记录被立刻送往洛阳。如果读了，就会明白仲达直到最后都是反对出击的。他从以往的战役中推测，孔明会尽可能地安插伏兵在意想不到的地点阻击魏军。

孔明命令魏延、高翔、吴班等部将从正面作战，并指示当军力受到一定程度损失后，要马上撤退。

战场上，想着稍作坚持就可以返回的蜀军将士们竭力奋战，而且在出乎意料的地方突然出现了大股的援军，结果勇气大增，优势明显。魏军大败。蜀军获甲首（武装兵首级）三千，仲达下令返回军营。

不久孔明粮草用尽，撤军了。仲达派张郃去追，“不要走山路!”虽然让他注意，但张郃没听，紧紧追赶着蜀军的行踪。沿着山路追赶的张郃，在天水县木门谷遭到了弓箭的乱射。飞矢深深扎进张郃的右膝，他终因流血过多而死。

起初张郃作为袁绍的校尉在攻打公孙瓒时立下大功。之后，官渡战役，曹操和袁绍对战时，他归顺曹操。张郃同司马仲达大约同时在曹操手下做官，但出身各有不同。仲达的父亲是东汉的京兆尹（首都的市长）司马防，河内郡温县（河南省）的豪门。相比之下，张郃只是讨伐黄巾之乱时应募的士兵出身。

“魏的军权会落在谁的手中？是司马仲达还是张郃?”士兵们也分成了司马仲达派和张郃派两个集团。

“仲达的竞争对手不存在了!”张郃的死，使那些低声私语多了起来，“征西车骑将军在前线阵亡了!”

传达张郃死讯的是监国谒者灌均。这期间虽然同在东阿城内，曹植却很少见到灌均。征西车骑将军是张郃出征祁山前，明帝授予的称号。车骑将军和骠骑将军都是野战将军的最高职务，早在三国时代就设置了该名誉称号。提起骠骑将军，就必然联想到汉代的霍去病，所以将军们更喜欢车骑将军这个名号。

“殿下，这次的战役比起弓矢、刀剑来，怎样能输送更多的粮草成为胜负的关键。据蜀国谍报，那边儿的工匠因为制造出能在栈道上行驶的木牛流马，其功绩竟然超过了射杀张郃的作战人员的功绩。请殿下也在这方面进行一下研究如何？”灌均说。

“的确，那是个了不起的工作啊，对魏有好处吧？”

“正是对魏有利的事。除此以外，还有其他各种事情……”灌均注视着天棚说道。

“各种各样是吧……”曹植苦笑了一下。（是啊！削弱魏的皇族力量，权力集中在皇帝一人手中，这也是对魏有好处吗？……）他想起了这事。

“等下次见到陛下的时候，我陈述此事好了。”

灌均把视线收了回来，静静地施了一礼。他为什么要说这事儿，曹植数日后明白了。监国谒者之间，对于宫中的动向，非常敏感，还互通联络。

不久朝廷发下诏书，来年（太和六年，公元 232 年）正月，让皇族们到洛阳朝觐。

“为了让皇族们少些抱怨，我等监国谒者应当小心为宜，但不能想些应对之策吗？”这种消息传递给了各地的监国谒者们。

据记载，明帝像母亲甄氏，容貌出众，但“口吃少言”，不擅长在朝廷上高谈阔论，所以发展下去变成了公文政治。对于监国谒者的报告，也是要求“以公文形式呈递上去”。

监国谒者们制定了应付公文政治的对策。他们说自己是抱着强烈的爱国心捍卫着魏国的王权。

“倘若诸侯变强大了，魏的皇帝怎么办呢？我们明明知道这是被讨厌的职务，但为了国家拼命工作。”分散在全国各地的监国谒者们，是带着自豪感去监视皇族的。

5

曹植在洛阳时，监国谒者总是跟在身边，连参加母亲的葬礼也不例外。没有机会和非正式到场的甄氏、红珠相见。不过，文采出众的曹植名声在外，他的诗文，被抄写下来并争相传颂。他的读者中，让曹植总是放在心上的就是甄氏。连以《卞太后诔》为题目，写给母亲的祭文也如此，最希望甄氏读到它。

虽然诏书上说是让曹植等皇族经常到洛阳去，皇帝却从来没有正式直接地和他们见面。魏自建国以来就如此，切断皇帝与诸侯间的交往，让他们不要产生更深的交集，是魏立国的大方针。

曹植对此提出了反对意见。上奏被驳回，但是，诏书以“朕唯不见诸王十有二载”开头，使人预想到皇帝要恢复皇族间的情谊似的。

比起皇族，先嗅出宫廷气味的是监国谒者。他们的态度起了微妙的变化，曹植等立刻就察觉到了。诏书命令

“明年正月，诸王及宗室、公侯等进宫朝觐”。

诏书说的十有二载之前，是魏的建国年份（公元 220 年）。魏最初年号黄初元年。当年十月曹丕即位，十一月命令诸王、公侯们各赴封地。身为皇子的曹叡（明帝）自那年以后就没和诸王见过面。

太和六年（公元 232 年）正月，阔别十二年后，曹植和诸王又去洛阳朝觐。曹植满怀欢喜，对于明帝，他总觉得他不仅是魏的皇帝，更是甄氏的孩子而令他亲近。

明帝生了个叫淑的公主。诸王朝觐后不久，曹淑因病而死。明帝非常喜欢这个孩子，对她深感痛惜，追谥“平原懿公主”。不仅如此，还把母亲甄氏已亡故的侄孙甄黄跟爱女合葬“冥婚”，追封甄黄侯爵，做出有违常理的事来。明帝断然拒绝司空陈群的劝谏，亲临送葬。儒家的习惯是，七岁以下不行葬仪之礼。尽管如此，明帝依然进行了哭礼（放声大哭）。

曹植本来满怀希望，但看到明帝在曹淑的葬仪上违背常理的样子，希望落空了。（这样下去，魏还有前途吗？）再看一眼陈群的表情，仿佛感到魏已经完了。

东阿归来的途中，曹植心情黯淡。沿着黄河行走的他突然停下马车。不仅想起母亲葬仪期间发生的事情，还一句接着一句地想起母亲从前说过的话。说的不是故事，母亲说话的对象是红珠，是说自家人这儿那儿的事。

“叡（明帝）像谁呢？真是不一样的孩子啊！”这是红珠的话。

曹植远离宫廷，不知道明帝是什么性格。明帝因为偏爱曹淑而举措荒唐，也是才看到的。

“像植啊，不是一模一样吗？只是他叔侄俩所处位置不同罢了。有些事情，如果把植换成叡，会做完全一样的事，我可清楚哪。”这是自信满满的回答。

母亲的话一时接踵而来，曹植跳着下了车。曹叡是哥哥的儿子，因血缘的关系，他们相似也很正常。曹植突然明白了曹叡和自己很相像，不仅仅是容貌，简直比这更加的相似，是的，简直是没有什么不同。这种相似之处又让曹植避无可避，想到这里令他坐卧不安。

东阿王外出，总是派十多台车和护卫兵士二百左右跟随着。太和六年的朝觐过后，曹植由东阿王迁封为陈王，食邑三千五百户。这一年，诸王、公侯的待遇和以前比稍有改善。以前虽然也称王，有封为郡王的，有封为县王的。自秦以来，几个县划为一个郡，这次朝觐以后，所有皇族一律成为郡王。曹植想，皇族的待遇改善，是自己多次呈递奏文的结果吧。

如果我是皇帝的话……曹植经常那样换位思考。皇族待遇改善的问题只是其中之一。当然这也未必是他上奏的功效。明帝起初，不会也是那样想的吧，毕竟他们太相似了。

侄儿皇帝和自己相像，重新审视，对国家是否是好事呢，这想来是个大问题。自己和哥哥曹丕在争夺继承人时，感觉父亲决定把指挥权交给哥哥，直到最后都还犹豫不定。母亲疼爱自己，对哥哥则抱着反感。尽管如此，母亲作为家族的领袖，也只是感觉自己勉强够格。

曹丕到去世前也没立皇太子。他自己也没料到四十岁就会死去。长男曹叡已经二十岁了，曹丕作为皇帝也许期待着更加优秀的儿子出现。文帝守着那样的想法，把立太子的事一直拖延到最后了吧。

曹叡也太像他叔父曹植了。宫女们经常说明帝："长得很像子建大人。看起来简直是子建大人又变年轻了似的。"

年轻时的曹植，装束打扮就非常出众。现在的明帝也像他——立发垂地。据记载，说是站立起来，长长的头发垂到了地上。当年曹操在邺城修筑铜雀台时，曹植就是个喜欢个性装束的少年。

新封给曹植的陈王领地，比东阿距离洛阳更近了些。因为曹植的车停了，陈王的车队都停下来。曹植从车上下来后，静静地站着没有任何吩咐。从另一辆车里，监国谒者灌均慢慢地走过来。

第十章　山阳庵

1

“封地虽然从东阿改成陈国，可还是需要先回一趟东阿。当然，暂且绕道也没关系。怎么样？先顺路去山阳走走？一旦到了陈国，再出行就费事了。”灌均像是善解人意似的侧近身前小声说道。

“那倒也是。”曹植点了点头。

监国谒者灌均，近来不像以前那样满脸严肃，或许是被监视的曹植不像以前那样激烈冲撞，又或者是灌均本人为了明哲保身，觉得有温和的必要。作为监察高手，直觉告诉他如今的皇帝很像皇叔曹植。由此判断今后对曹植示好一些会更有利，而在曹植看来，灌均的态度可谓骤变。

“对灌均那家伙，不能疏忽大意，要处处提防啊！”分手前曹宙的话还回响在耳边。灌均是因为保身才态度骤变，还是为了功绩而蛰伏起来，尚不清楚。对他而言的大功绩，只能是揭发皇族的叛逆，扮演一生一次或者百年难遇的大事件的主角。从灌均的阴晦性格考虑，确实不能缺乏警惕。不过，曹丕死后，时代有了很大的变化，灌均也在适应调整自己吧。

重新坐回车里的时候，灌均言道："西面的战场引人关注，东面现在也战云密布了。东西两边，取胜的会是谁呢？"

要是换了南台曹宙，说完后跟着就会是哈哈大笑。可灌均不是，他面无表情，所以就让人往其他的方面想很多。

曹植也想过了。现在西边作战的是司马仲达，对手是蜀国丞相诸葛孔明。由于战争，魏国内部势力扩张最厉害的除了司马仲达没有别人。谁都看得清楚，魏国的皇帝最该警戒的人，比起没有实力的皇叔曹植来，是每次战争都增加了军事力量的司马仲达。

陈王的车队刚接近山阳，灌均的几个部下就迎了过来。他们开会似的单独讨论了一会儿，灌均才走到曹植面前。

"殿下，长期以来发生了各种各样的事情，现在我奉洛阳之命赶往辽东。请您务必多多保重，恭祝身体康健！"

"嗬，辽东……南台也去了辽东是吗？"事情来得太突然，曹植也不知道如何应声，提起了曹宙。

"大概是南台大人召唤我的吧。"灌均说。

"战云弥漫哪。"

"据报，是碧眼儿（孙权）派使者到了辽东。"灌均透露了些消息。

辽东的占有者公孙渊，接待了孙权的使者。这在形式上可以判定为，一直臣服于魏国的公孙氏反叛了。以往吴国和辽东的往来，都是在背后秘密进行的，没有达到表面化的程度，但这次吴国派遣将军周贺、校尉裴潜去辽东，从开始就高调公开进行着。吴国认为没必要掩盖了。岂止如此，公孙氏和吴国通好还成为威慑魏国的宣传材料。

不过，让其公开化，感到为难的是公孙氏家。——辽东反叛！给了魏国讨伐的口实。

辽东是个聚集了众多移民的偏远地方。中原饱受战乱生计艰难，人们丢下家园，向往着没有战火的地方。辽东就是这样的乐土。这也是因人口不足而备受困扰的吴国所羡慕的。去夷州、亶州抓捕奴隶的时候，曾有反对的人说，与其到那些未知的地方，还不如把明确知道有人居住的辽东当作目标。

魏国得知吴派使节前往辽东，就授予汝南太守田豫兵权，令其阻止。为了阻止吴国的使节周贺等人，海陆两处陈兵布阵。正是那个时候，朝廷命令曹宙去了辽东，然后灌均也同样受命前往辽东。

灌均的继任，是由以前作为他的助手名叫李堺的人升任的。灌均随行带走了几个手下，陈王府没有再补充他们的人数。

陈王府就是被分封为陈王的曹植的官邸统称。后人总是用前人最后的官职名称来称呼历史人物。曹植从二十岁时被封为平原侯，这之后，被封为临淄侯和雍丘王的时间最长，而最后只有十个月的陈王成了后人对他的一般称呼。

“那么，后会有期。”

曹植自车下告别，由李堺指引着前往山阳。灌均没有顺道前去，而是匆匆赶往辽东了。从前被灌均的影子遮盖，完全没人注意的李堺，骑在马上扬起了眉梢。

2

山阳，山阳公刘协居住于此。他是东汉王朝的最后一位皇帝，是身后被魏国追赠谥号“献帝”的人。生前将天下禅让给魏文帝曹丕后成为山阳公，妻子是曹操的女儿曹节。

曹植来到山阳和妹妹曹节相见。虽说是兄妹关系，这个才华横溢的皇叔和异母妹妹由于成长的环境不同，以前并不那么亲近，但是骨肉亲情与同遭坎坷的命运，让他们的心贴在了一起。

“陛下还好吗？”曹节问。她知道今年正月皇族聚会洛阳，曹植正是由那里来的。

“英俊神武，一表人才啊。”

听到曹植这样说，曹节眉心舒展：“多亏殿下上奏的文章，终于让我们能相聚到一起了啊！殿下也只是见过小时候的陛下吧，我想除了印象里的仪表改变外，对现在的陛下也是一无所知吧。”

“这就是皇族的命吧！”

“虽然以前没有和殿下亲密交谈过，但一直拜读您的文章。昨天还有人抄来了殿下在洛阳写的文章，……悼念陛下夭折的小女的，看到您所描写的陛下是何等的悲伤呀！这也是殿下对陛下感同身受、触景生情而做的文章吧。正像以前大家议论的那样，你们某些方面很像啊。我想，那真正是曹家的血脉相承啊!”曹节感慨地说道。

关于皇帝曹叡亲临淑公主的葬仪，并亲自送葬的行为，有记载说，大臣杨阜极力劝谏过。“文皇帝（曹丕）和武宣皇后（卞太后）的葬仪，陛下都没去送葬。为了江山社稷考虑，应当防备落人口实……”

山阳公刘协不住点头，想起了往事，微微闭上眼睛说：“曹丞相直到最后都难以决定魏嗣的人选。五官中郎将过于冷淡，而你太温和。……作为天子必须冷酷。你我都不能胜任。”

在禅让的时候，魏允许刘协像原来那样保持汉天子的某些特权。例如演奏天子的礼乐，使用“朕”这个自秦始皇以来，只限天子使用的第一人称称呼自己。刘协虽然没有行使这些特权，但是，对曹家的天子，也从来不称其为陛下。对曹操顶多称其为丞相，总以五官中郎将来称呼曹丕。

“接下来要去见那两位夫人吗?”曹节问道。

“是，接下来就去。”

传说世间有亡灵，但对还没死却被当作已死之人，没有别的称呼。知道的人给起了个名字叫“存灵”。

文帝之妻甄夫人希望遁世红尘，估计是受到洛阳白马寺西域僧人的影响。当时佛教一词还不普及，有的说是浮屠教义的影响，或者由于月氏族人的信徒众多，也说成是月氏教义的影响，等等。因为那时还没有“出家”的观念，所以只能是让她假死了。

曹操的堂妹红珠，受到婚配的夫家“谋反”的牵连，一家都得连坐被诛杀，所以红珠和甄夫人都是“存灵”。

“灌均捎来了口信，她两位听说您来，都很高兴。”曹节别有深意地抿着嘴笑了。

曹植出了山阳公府邸，朝着不远处两位夫人居住的存灵庵院走去。不仅是山阳公府邸，连存灵庵院也有卫兵把守。只是，卫兵们固然知道对山阳公府邸负有警备的义务，却不知道庵院里住的是谁。两位“存灵”的事情被隐匿起来，连朝廷的重臣都不得知道。

把曹植送出山阳公府邸的时候，曹节微微皱眉，心有不忍地说道：“王其爱玉体（王兄，请珍重玉体啊）!”

黄初四年（公元223年），曹植和异母弟弟曹彪在洛阳归途想要同行时，被官吏阻止，忧愤之余，作了首《赠白马王彪》的诗。现在曹节说的话，直接引用了诗中的原句。曹节最后紧接着加上了自己的话：“您脸色不太好，令妹担忧，请多保重啊!”

3

辽东的公孙家，向来受魏国的威胁。只是魏的主力被动员和蜀国作战，从早到晚忙于应对诸葛孔明的攻防，魏国在东方战线上没有投入太多的兵力，虽说辽东战云笼罩已经很久，却还没有发生实质性的战斗，但是，太和六年（公元232年），吴国送将军周贺去辽东的情报突然传来，魏国迅速派遣了汝南太守田豫、幽州刺史王雄进行阻止。

而在吴国国内，也有不少反对派遣使者的人。很多大臣联名向孙权上书劝谏，结果未被采纳。左迁到交州的奇人虞翻也反对，“——想要人口增加的话，和东海的夷州、亶州，中原人亡命的辽东那些遥远的地方相比，吴国眼前不是有五溪蛮吗？若征讨那里将会更可靠些”。结果孙权更加生气，把他流放到更远的苍梧郡猛陵的蛮乡僻野去了。

魏国田豫督青州军在海上拦截吴使，王雄则在陆地两面夹击配合，但当时强风呼啸，海战根本打不起来。吴国的使节周贺选择在成山躲避台风。魏将田豫率军袭击了成山，最后在那里抓住了周贺并杀死了他。

“可怜可叹啊，周贺本该在江南安居乐业，不想却在江北命丧黄泉。人这一生，总是时运不济，命途多舛啊！”曹宙眺望着大海上空密布的阴云，感慨万千。

“人活着的时候，很少去想自己将来会死在哪里。能死在自己出生地方的人太少了。南台大人也越来越少回匈奴了吧。”灌均在身边说道。

“匈奴人追逐着牧草不断地变换住处，自己到底是在哪里出生的，恐怕有好多人都不知道。”

“这也不限于匈奴。连我都不知道自己出生在哪里。天涯浪子，也不仅仅是我如此啊。军营中出生，军队里养大，连个亲兄弟都没有，光是像我这样的就有十多个。父母在战争中怕是都已死了吧？……我们生下来，命运如蓬草漂泊不定。遗憾的是，只会去对那些生活在幸福中的人怀恨不已。……监国谒者不就是这样一群可怜可恨的人吗？”灌均凝视着天边的暗霾，语调低沉地说道。

“漂泊不定的蓬草吗？……陈王在《吁嗟篇》中描写过蓬草，我因为喜欢，都能熟读成诵了。”

吁嗟此转蓬，居世何独然。
长去本根逝，宿夜无休闲。
东西经七陌，南北越九阡。
卒遇回风起，吹我入云间。
自谓终天路，忽然下沉泉。……

（啊！可叹这命途多舛的飞蓬，居于世间何其艰难！
长辞故土随风而逝，宿夜奔波不得安闲。
东西吹荡几多幽径，南北飘越多少荒田。
猝然风起吹入云间，期盼尽头又堕深渊。）

（陌、阡是指田间的道路，东西为陌，南北为阡。）

曹宙吟起诗来神情陶然。他虽然生长在匈奴，但作为汉的贵人寄宿在首领的家中，因而受到过良好的教养。——喜欢这首诗的人很多，由于没有被收录在《文选》里，也有议论者因此怀疑《文选》编辑人见识有限。这首诗是曹植从雍丘王迁任东阿王（公元 229 年）时所写的作品。

灌均言道：“在皇叔殿下那儿，我经常听到他吟诵此诗。那时我就在想，终归，人是不同的。还是在建铜雀台之前，我们的孤儿学堂设在那里，虽然教我等读书写字，但不是为了写诗论赋，而是学了些工作上需要的，最多就是写些弹劾奏折之类罢了。皇叔殿下的文章只能想成是描写另一个世界的事物。背诵那种诗文的南台大人，对我来说也是另一个世界的人啊。最近，不由得怀念起那个人来了，不知是何缘故?”

南台宙停顿了片刻，继续吟诵下文。

……

惊飙接我出，故归彼中田。

当南而更北，谓东而反西。

宕宕当何依？忽亡而复存。

飘飖周八泽，连翩历五山。

流转无恒处，谁知吾苦艰！

愿为中林草，秋随野火燔。

糜灭岂不痛？愿与株荄连。

(扶摇惊风将我吹起，把我送归当初的田野。

忽而向南忽而向北，不知向东还是向西。

飘荡之间无所依靠，忽觉消亡而复生还。

曾经飞遍八大湖泽，翩然阅历了五岳三山。

始终流离无有定所，有谁知道我的苦艰！

愿做林中那株野草，宁愿身随秋火焚烧。

就算要在苦痛中糜灭，能与根荄相连我也心甘情愿！)

曹宙把最后的诗句又重复了几遍，说道：“我们会在什么地方与根荄相连啊？白马寺的朋友曾说过，这似乎叫作玄机、因缘来着。”

4

甄夫人和红珠这二位“存灵”隐居在山阳，离山阳公的府邸不是很远。曹植辞别山阳公后，朝二位夫人的庵院走去。甄夫人在曹植十三岁时，还是敌将袁熙的妻子，被俘成为哥哥曹丕的夫人。从那以后，她对于少年曹植来说，一直是暗自仰慕之人。即使四十一岁的他现在也没有改变。

方才辞别的时候，成为山阳公夫人的妹妹曹节对他说“您脸色不太好”。其实用不着曹节说，曹植也知道，感觉身体好像在发烧。被让进庵里，腿脚都使不出劲儿来，勉强踉踉跄跄地走着。以李堺为首的侍卫在庵外等待。庵院虽小，周边的庭院和空地颇为宽敞，陈王的随行人众在那里敞心闲暇地休憩起来。

曹植被让进庵院的客室，只有甄夫人一个人在等他。带路的、照顾的，大都是庵院里的用人，以女童为主。

直到和甄夫人见面前，曹植都精神恍惚，如坠梦里。他想起了，少年的时候，和嫂夫人见面总会令他目眩神迷。双目迷离半闭半醒之间，心中的喜悦油然而生。心思所动之处，身体情不自禁地跟着颤抖，为之羞涩难耐，还要不露痕迹地用衣服遮掩起来。

“真有好久没见了啊。”曹植微微笑着，感慨地寒暄。

甄夫人听到，也微笑了，但凝视片刻后蹙起了眉头：“殿下和上次相见时比，气色堪忧呀。”

曹节和甄夫人都说他脸色不好，别人见了也都会这么说吧。以前曹植的气色就不好，和那时相比更不如前，估计二人的意思是想说相当不妙吧。

“我来……是想和你道别的。比起逝去的皇兄文帝来，我已经痴长了一岁。要是去分封的地方赴任，恐怕就不容易见面了。所以……”曹植本没打算说这些话，尽管如此，却不由得说出了口。自己的话意味着什么，他很清楚，终没有忍住不说。总算是说了点什么，他这样想着，希望能少留下些遗憾。

“……是要永别吗？咳，咳，”咳嗽了两声，甄夫人说道，“每次和殿下相见，我都做永别的准备啊！”

“……想我们总是会永别的，……但可能真的要……”

“您是说这次？”

“……是的。”

“对我们浮屠来说，这叫作一期一会。建安甲申（公元204年）年间，我曾是袁熙的妻子，当时二十三岁。后来又成了小我五岁的曹丕的夫人。从那以后，我总是生活在一期一会之中。前夫袁熙逃到公孙家，三年后被公孙康杀害，这让我更加体会到一期一会浮屠的真意了（一期一会，你我有缘在此地相遇，或许这是今生中仅有的一次机会，所以要珍惜这一瞬间，要你我付出全部的真情来对待）。”

“我的侍卫也有热心浮屠的弟子。说是兵，净是些年迈老者。如你所知，不少人皈依浮屠教诲，还向我推荐。我自己也在研究，希望能早些达到涅槃的境界。”

“呵呵，殿下在研究吗？我想浮屠可不是研究的学问，那是在冥想之间，领悟到精神境界的涅槃，感悟成佛的大道。”

“感悟？”问着，曹植轻轻地摇了摇头。本来他只是想轻轻地摇，可身体突然不停地晃得厉害。

“像殿下那样读书多，不必用手比画，也能理解呀。”

“手……不比画……”曹植的两手前伸着，像要扶住什么，但是，身体不由自主地摇摆着，他的手指四下张开。

东汉的灵帝喜欢胡族文化，这让异民族坐椅子的生活方式传到了中国。曹植和甄夫人此时正坐在相对摆放着的椅子上。椅子之间大约相距两米，对曹植来说，感觉这个距离远得没有边际。

坐在椅子上的曹植，身体摇摆得厉害，尽管如此还是焦急地伸出了两手站起身来，他像游泳似的，身体倾向前方。曹植看到了坐在对面的甄夫人的脸上，闪烁着金色的光华。曹植的眼睛不禁痴痴地眨了两下。

5

亲人的脸庞一个接着一个地浮现，又从甄夫人金色的光辉边缘消失了。同母所生的丕、彰兄弟的面容，在黄金般的光泽中浮现，又在此光泽中渐渐黯淡消逝。（是了，他们不再是这个世上的人了啊，所以……）

又一眨眼睛，金光随之亮起，那里浮现出一张留着漂亮胡须的面容。“啊！这不是朱虎吗？”朱虎是小自己三岁的弟弟曹彪的字。今年正月刚在洛阳见到过。九年前也是洛阳相会，本想同路而归，却被监国谒者阻挠了。遗憾之余赠了首诗给他。

“王其爱玉体。”刚才山阳公夫人曹节说的这句话，是引用了诗里的其中一句。从此曹氏皇亲，每次有事都要把这句《赠白马王彪》里的诗句反复使用。

一闪一闪，金光变得亮起来了。“等等……”曹植焦急地喊出声来。好容易变亮的容颜又暗了，慌张间只是又眨了下眼睛，这次连光也消失了。

“王其爱玉体。”只有自己的诗句在耳边祈祷回响。曹彪以前是白马王，今年二月（公元232年），当曹植成为陈王时，他被封为了楚王。

为什么光亮消失了？彪还活着啊！“还活着……”重复了心中的疑问，只是迷茫着分不清说的是曹彪，还是自己。

“我还活着呢……”曹植恢复了些自我意识，但四周还是漆黑一片。“是要死了吗？”他向着冥冥中的主宰问去。

室外的光线照进眼帘，他苏醒过来了，马上察觉到自己本来好不容易站起的身体，正跌坐在椅子上。

“必须要站起来！”甚至已来不及分清是自己，还是别人在鼓励他了，“要迎着光站起来！”他意识到了自己的渴望。——好想再次沉浸在那金黄色的光芒中！然后能亲手摸摸那光中的人！

曹植又张开双臂，以摸索的姿势站了起来，眼神之中透露出寻求的目光，他要用眼睛找寻，用指尖触摸那金黄色的光影。他站起身，踉踉跄跄地慢慢张开双手。多想抱一抱啊，尽管那样，曹植的眼光散乱已不能确定焦点。

甄夫人坐着目不转睛地看着曹植，举动异常的皇叔对她而言，似乎一瞬也抛不开。曹植的身体摇摇晃晃，面向着甄夫人，感觉失之毫厘，又差之千里。周围只有他们两个人，用人们在休憩，等屋主吩咐才会进来。

甄夫人没有出声，曹植双脚站住，像鸟儿展开羽翼般伸开了手臂，还稍微有些踉跄，不久手腕恢复自如了。他五指张开，像一尊塑像立在那儿。他的动作刚停止，就像等着她似的，甄夫人静静地站起身，走向前来。她的举止翩若惊鸿，体态优雅如风吹落雪。

曹植张开的双臂，做出容纳的姿势，甄夫人若将飞而未翔般投入了他的怀中。两个人终于互相拥抱在一起了。那一瞬间，两人闭上眼睛，任何语言情感的流露都成多余，或许是达到了心醉神迷恍惚至极的程度，曹植被自己永远爱恋的甄夫人抱着，遗憾的是这一场面没有人看到。曹植的身体僵直，一动也不动，拥抱的时间或许只有一会儿，或许停留在了永久。

甄夫人轻轻退去，曹植的身体静静跌落，仰面朝天躺倒在地上。甄夫人蹲下身，扶起他的头，仔仔细细端详着，呼唤来人。

庵院立刻骚动起来，在屋外的陈王侍卫和新升任的监国谒者一齐挤进房间。

“皇叔殿下身体欠佳，在谈话时昏过去了。郎中来了吗?”甄夫人问。庵院里甄夫人和红珠住在一起。在曹宙去了辽东以后，红珠的健康状况恶化，所以郎中在这里日夜守候。

郎中给曹植诊脉的时候，他清醒过来了。他回想起刚才自己异常地看到佛光的时候，正是神志不清的开始。他也明白，为了不使自己完全昏迷，他努力坚持着，其行为表现有些反常。意识渐渐稀薄，又慢慢清晰，反反复复。当时甄夫人在身边，那是真的吧。如果那只是自己幻想的话，恐怕在一开始就会放弃徒劳的挣扎，体力已经到了尽头了。看似徒劳的挣扎，绝不是毫无结果，因为那里有甄夫人。只要她在，就会和她心意相通。哪怕仅存着这点心意，他也要活下去。曹植是在那一丝微薄的意识鞭策下回到了现实，然后抱住了甄夫人，不，也许是被抱着吧。

“心愿已了……”

就这样好了，在那渐离渐远的意识里，他只记得周身被甄氏的淡淡清香围绕。甄夫人离开，自己倒地的一切，全都不记得了。

第二次苏醒是在郎中检查的时候。郎中问了几个简单的问题，曹植虽然很清醒，却口不能言了。他左右摇着头。

枕边不同的人，说着不同的事儿。因为病人在，他们都压低了声音。曹植都听得明白，他想告诉他们却办不到，完全发不出声了。

“应该留在山阳暂时休养。身体最重要不是吗?”

“还没到新的封地陈国，朝廷的命令不好违抗。”

下属分成了两种意见。然而，害怕承担责任，谁都无法决定。这时，甄夫人开口了："依奴家所见，皇叔殿下只是太激动而暂时失语，但头脑应该很清晰。这里请求殿下做决断怎样？涉及大家的责任问题，以殿下的字据为证如何？"她一直在曹植身边，确认他除了一时失语，身体并没有麻痹异常。然后，让庵中的女童准备笔墨。

从病床立起半个身的曹植，提起蘸墨的毛笔，写下三个字。

——速赴陈。

第十一章　陨落之星

1

跟随南台曹宙的匈奴骑兵有三十余名，和灌均同来的官吏也有五人。众人远远地落在后面。曹宙和灌均并骑在前。他们越过辽西，进入了公孙氏族的势力范围。

“离东部战役的发动不远了。公孙氏与背后势力保持怎样的关系，请好好调查一下。唉，这项任务非他人可以胜任，拜托了！”来之前，南台宙受到镇军大将军、司空陈群的特别委派。

“能否带皇叔子建的谒者灌均同往？”曹宙只提了一个要求。

“不可声张，权宜便是。”陈群边笑边说。

陈群是名门之后。祖父陈寔字仲弓，是当今天下的大儒，听说光出席他葬礼的就有三万多人。陈寔生有二子，陈纪、陈谌，兄弟俩都才学非凡。“难兄难弟”成语的典故就缘于他们两人。陈寔评价这两个儿子难分高下，比喻两物并美，各有千秋。陈群是陈纪的儿子。

他有这样的家世，就任的职位也主要和施文授教相关。人人都说：“孔孟之道可以问长文（陈群），战争之道如果问他，也能不战而屈敌。”但是，他的本领当时谁也没太在意，那就是——知人。

三国时期的人际关系复杂。表面上友好的人，心底下可能对你燃烧着嫉妒仇恨之火。陈群能从有限的情报中察觉出这种微妙关系。魏国的君主所看重的，正是他的这种表面上似乎无甚建树的内在能力。

为了完成魏王朝的大业，当朝国君认为，与其监视陈王曹植，不如对下一个敌手公孙氏的周边势态进行打探更为重要。魏与公孙氏的关系还没达到剑拔弩张的程度。公孙氏现在防范的，是和魏国保持友好关系的匈奴。尤其在后期，公孙氏以曹操当年曾经咏过诗词的碣石为边境，在辽东到燕之间修建了一处险峻的长城关隘——山海关。

渡过辽河，则完全进入了公孙氏的腹地。当然，曹宙等人来辽东是事先向公孙氏通报过的，如果没通告而闯入的话，不知道何时就会发生问题，即使是向对方刺探情报，也必须要稍微表现出一点儿光明正大的样子来。

曹宙和灌均并驾齐驱，随从们落下很远。他们的对话别人听不到。

“南台殿下，”灌均这样称呼曹宙，只限于无人在场的时候，平时会叫南台先生，“这次，为什么选择我和您同行呢？关于辽东的情况，我所知还不及殿下的三分之一……当然这种事儿，不是在下该考虑的。但是，总觉得这一次的任务可能会丢掉性命，所以临死之前想解开这个疑问。”

“你说些什么啊，渡过了辽河，我们就没什么好顾虑的了。不过就算再怎么逍遥自在，如果我真到了临死的那一刻，或许要说也不是没有可能。……现在还早呢……哈！哈！哈！”

“还没到时候吗？”灌均惴惴不安地问。

那时，一家人甚至一个家族在交战中被屠杀的悲剧多次发生，无论如何也避免不了出现战争孤儿。魏国有个专门的部门，收容那些孤儿，灌均就是来自那里。他连自己的真实姓名也不清楚，最初自己究竟叫什么，现在的名字由谁起的，为什么起这个名字，他对这些都不知道。虽然想弄清楚，但是却不能问。这些孤儿被叫作“缘者”，大多从事和国家的最高机密相关的工作。只是，缘者们对自己的身世毫不知情。

“只有这个，即使想知道也不行！关乎性命！”不幸的缘者们，从孩提时就被这样教导。据他们长期暗中留意，魏国的朝中要臣里，知道缘者秘密的，估计不足五人。这五人里，就有这个皇族待遇的匈奴贵族南台宙。

这次的任务，似乎要以性命为代价。灌均希望死前知道自己的身世。那份热切的企盼，不知不觉感染了曹宙。

“也对呀，知道的这些，如果是在活着的时候告诉你，或许更痛快点儿吧。”曹宙突然开口说话。可能是被灌均的热切执着所打动。

他在马上微微坐正，清了清嗓子：“缘者中的几个孩子，就是辽东出生的。……初平元年（公元 190 年）的时候，此地大乱，很多平民流离失所，命丧黄泉……”

这是距今四十年前的事情，当年灌均大概刚好出世。

2

当年，关东诸州郡举兵讨伐董卓。袁绍当选为盟主，但由于内部意见不合，讨伐军最终解散。当时曹丕还只有四岁，曹植也没出生。在辽东，公孙度就任为辽东太守。公孙度原先是玄菟郡的一名小吏，受到了当地人的轻视。他在辽东上任后，立刻疯狂屠杀当地的豪族和名士，被灭绝的家族据说就达百余户。他对那些轻视自己的人进行彻底的报复清算，在当地掀起腥风血雨。

有个叫李敏的人对公孙度的暴行异常憎恶，考虑到不能同流合污，又恐遭杀身之祸，于是携家眷潜逃而去。他们想到了走陆路会很快被抓到，于是雇船从海路逃走。对于李敏及家眷的巧妙逃逸，公孙度火冒三丈，掘开李家的坟墓，抛棺毁尸，焚烧破坏。公孙度的愤恨由此可见一斑。那些和李敏有关系的人，一个不留，全部逮捕并施以暴行。虽说是四十多年前的事情，但听着就让人作呕。

说话的曹宙，也不能完全说得清那个时代发生的事情。

听着的灌均，虽然那么想知道，也时不时地背过身去，脸露不忍之色。

后来，公孙度被曹操封为武威将军、永宁乡侯的时候，曾说：“我是辽东之王，怎么才封为乡侯呢?”还不满地把玺绶丢到仓库里去了。如果曹家没有实力的话，他肯定会那样说，“我没必要从你们那儿拿个什么玺绶，自己就称王了，这个破印对我什么作用也没有！”

正因为曹家有实力，如果他顶撞拒绝的话，曹家必然会来攻打他。公孙氏还没有和曹家对抗的实力，从曹家得到玺绶，姑且假意高兴地收下，最多不过是扔到库房里罢了。

建安九年（公元204年）公孙度死了，儿子公孙康继位。曹家的势力愈益强大，建安十二年（公元207年），公孙康斩了逃亡而来的袁尚、袁熙，把首级献给了曹操。如果不这样，辽东的公孙康就要做好被曹操讨伐的准备。公孙氏即使是到了公孙康这一代，对曹家的实力也是相当畏惧的。

虽然有独立的打算，公孙康时代终究没能如愿。他很快就死了，儿子尚小。弟弟公孙恭其后继位，但因为公孙恭孱弱多病，不得众望，公孙康之子公孙渊长大后，又从叔父手中夺回了大权。

曹宙和灌均结伴到达辽东就是在公孙渊揽权时期。公孙渊的愿望是独立，很久之前就想了很多计策，曹宙对此看得很清楚。

公孙渊目前正犹豫不决。“现在还为时尚早，魏国实力强大，不能轻视！”“不对，现在不正是攻打魏的好机会吗？魏蜀战事胶着，向辽东发兵不是腾不出手脚来吗？只要和吴国顺利结盟……”“吴国要是真能靠得住的话，可……”，公孙渊现在举棋不定。

当接近公孙氏的中心地区时，曹宙突然指着左前方问灌均：“那是什么？知道吗？”“那是神社的社碑吧？”灌均望了望。

佛教在进入中国初期，白马寺等地的僧众们主要以西域人为主。像这样在路旁建造类似神社等建筑，多半出自当地民间的某些信仰。曹操曾在黄巾之乱后，被任命为济南相。他上任伊始就禁止淫祀邪宗，即使在远离中原的辽东，情况也都相同。

这是一座和人的高度差不多的石塔。塔前有块可以容人坐下的石台。当然这是摆放供品的台子。石台上面现在是什么也没有，应该是祭祀结束以后，东西都被拿走了吧。

“传说这里祭祀的是水神，”曹宙勒缰翻身下马，灌均也跟过来。“人没有水不行啊！就连作物，没水也生长不了！这里很久以前就开始虔诚地祭祀水神了。在战乱中失去双亲的孤儿，往往会被抛弃在这儿，成为水神保护的孩子。”曹宙说到这里，回过头。灌均随着他，二人并排注视着石塔。

灌均沉默了好一会儿说：“我是水神的孩子吗？”

“水神的石碑别处也有，不过这里是最大、最古老的一座，或许四十多年前，你就是被带到这儿来的吧。”曹宙说着，用手指了指石塔上雕刻的字——灌神。

读了那两个字，灌均默念：“这就是我的姓氏由来啊！”

“除此之外我也是一无所知。你虽是本地人氏，但应该和李敏的关系不太密切。如果关系近，李敏肯定会带着你一起逃的，也正因为和他没什么关系，才能在当时安全地活下来，公孙度可不是个普通的人。……不，应该说不是人啊！你知道的哪怕只有这些，不是也很好吗？你是水神的孩子!”

“谢谢!”灌均深深垂着头,“我是水神的儿子。除此以外没什么再想知道的了。”二人又骑上马背,作为去探访辽东公孙氏的客人踏上了旅途。

3

太和六年(公元232年)曹植昏倒在山阳,虽然性命无忧,但一直口不能言,而后就那样直接去了自己的封地陈国。

南台宙和灌均正带着三十余名随从做辽东之旅。公孙渊的态度依然微妙。能从魏这一巨大的势力中独立出来,好像除了和南方的吴国结盟别无他法,但即使和吴结盟,看样子也对抗不了魏国。

公孙氏脚踏魏、吴两只船。若是可能的话,独立最理想。在这个想法实现之前也不得不脚踏两只船了。最理想的是魏、蜀、吴三方混战直至全部精疲力竭,让自己有机可乘为妙。

吴的缺陷是国土辽阔,人口稀少。这一点让探查过吴国的曹宙也深有体会,另外感到吴国还有四处招摇的恶习。“吴国真正想要得到的,归根结蒂就是马。”曹宙刺探出了吴国的本意。所谓南船北马,南方的吴国擅长水战,但一旦在陆上进行大决战时,马匹就会显得捉襟见肘,供应不足。他们与公孙氏的交往就是要求得到战马。魏国的田豫在成山斩杀了吴国的周贺,也是斩断了吴国前往辽东寻马的希望。

太和六年十一月初，甄夫人去世了。

她已在黄初二年（公元221年）被赐死。作为“存灵”又活了十一年。讣告从山阳送到陈地的时候，曹植也正躺在床上奄奄一息。他还是不能说话，不过可以看字。山阳来的讣告就那样横放在床头，曹植读完后静静地合上了眼睛。有人说他很悲伤，但更多的人说他——嘴角含着笑容。

十一月庚寅（28日）陈思王曹植与世长辞。

根据追赐谥号的用字来看，“思”是追悔从前过失之意。“前过”是指他和哥哥曹丕争夺皇位的事，虽然他不想争，但曾经围绕着他的势力，比如杨修等人，确实是争斗过。

想当年，批判曹植的文书也是接连不断，监国谒者灌均作得最多。其中有一些相当严厉的弹劾，差点害死曹植。当时若不是哥哥在暗中袒护的话，也没人能庇护弟弟了吧。不管怎样，在文帝时期，尽管是同胞皇弟，也还是有人提出趁机收拾曹植的建议，但曹丕果然还是偏爱着这个才华横溢的弟弟。

曹丕去世后，其子曹叡对叔父曹植抱有好感，因此当得知曹植的死讯时，明帝曹叡发下诏书。——黄初年间上奏的对曹植的弹劾书，包括大臣们的议论，尚书、秘书、中书等处所收藏的所有奏折，全部废弃。

因此，弹劾曹植的正式记录，从魏的王室中全部被废弃了。第二年的太和七年正月，听说摩陂的水井中有青龙出现，二月明帝亲往摩陂观龙，并看到了龙。为此，改太和年号为青龙元年，改摩陂为龙陂。

曹宙前往辽东期间，公孙氏提出向吴国称臣。

“臣服于吴国的时间肯定长不了。公孙渊派往吴国的谍报者不止一两个，估计现在对吴的实力应该了解了吧。”曹宙分析道。

吴国的实际情况，比如对外称守城兵力有十万，顶多只有半数。这些情报都用不着特意去打探就能看明白。果然公孙渊没花太长时间就掌握了吴国的实情。不，可以说在公孙氏与吴国订立同盟的时候，就发现那些为了同盟出过力的间谍们都销声匿迹了。估计是他们谎报实情，被公孙渊诛杀了吧。

曹宙接到了讣告，伤心地闭上了眼睛：“皇叔殿下和甄夫人，基本上同一时间去世，估计是互相召唤着彼此的魂魄同赴那片乐土了吧。”

“话虽如此，山阳变得凄凉了啊！”灌均说。

“我都虚长五十四岁了。家母也以‘存灵’的身份生活了这么多年。被看作死得最早的母亲，活得最久……”曹宙几乎从来不言及母亲。他的眼圈稍微有些发红。

4

吴国封公孙渊为“燕王”。派使节张弥、许晏同往辽东。紧接着，当得知吴国并没有强大实力后，公孙渊竟然杀了吴国的使者，又对魏国宣誓不存二心。于是魏国任命公孙渊为大司马，封乐浪公，太守职位却不变。

“此事姑且告一段落。”公孙渊不甘心地嘟囔着。

魏国在和蜀国殊死战斗，此时无暇顾及辽东。第二年，吴国的孙权攻打魏的合肥新城，但因为名将满宠应付得当而遭败北。公孙氏暂时安宁了。甩开吴，姑且回到魏国的保护下。

吴的使者被杀，孙权对公孙渊咬牙切齿。加之合肥新城战役被满宠击败，真是旧恨未去，新仇又起。

反之魏将满宠，老早就曾说过：“总有一天要雪赤壁之耻!”在他漫长的军旅生涯中，经历了无数的胜败，赤壁大战让他感到最耻辱。上了年纪，引退的时刻快要临近，赤壁之仇依旧没报。——正是这次，时机来临，他总算能心满意足了。

战役初起，蜀国诸葛孔明率十万大军，越过了秦岭。作为协同策应，同盟的吴军也由皇帝孙权率领，以十万兵力北上，其主力攻向合肥新城。

“说是十万，吴能动员的兵力最多也就七万吧。”孔明是那样预测的。但是，实际数量只不过五万人而已。吴国的最高机密就是如何使这些兵力看起来像十万大军。

然而，真不愧是久经沙场的老将军，满宠看穿了孙权的虚实。通过对辎重、兵粮等物资进行周密计算，他估计出吴军的兵力至多五万。吴军要伪装成十万，行兵布阵都很勉强，必定会留下破绽。满宠远望敌阵，思索起对策来。

“听说十万大军进攻，魏国定然会变得小心谨慎吧。”这是吴国的期待。

“不用害怕，果敢出击!”这是满宠指挥下的魏军的基本方针。

战争起始，魏军就勇往直前没有丝毫迟疑。“吴军没有增援部队，我军只要攻破前锋就赢了！”魏军大声喊叫。满宠招募敢死队，放火焚烧吴军后阵的舟船和军械营仓。二十六年前的赤壁，魏王因为火攻败给了吴军，当时的耻辱，满宠这次同样要以牙还牙。

敢死队只有数十人，但对地形都很熟悉。满宠夜间发动火攻，取得了惊人的战果。“总算在活着的时候，一雪赤壁前耻了！”满宠望着退败的吴军，满意地想。

实际上，在这次混战中，皇帝孙权的侄子孙泰中箭而亡。孙泰是孙权的第四个弟弟孙匡的长子，皇族重要的一员。

同时，孙权收到了来自洛阳的谍报——“魏帝御驾亲征，正在东进”。魏国皇帝亲征，如果不是相当有把握，就不会那样做。魏国皇帝的自信是从何而来呢？难道是吴军调动兵力的消息泄露给魏了吗？

原本这次出兵，是因为同盟的约定而协同蜀军，所以吴国举兵亦是仓促，新集结准备的兵力勉强也就两三万人。孙权并没有太重视，认为做做样子就好。然而，吃肉碰到了硬骨头，打仗遇到了强对手。

“那个老糊涂，就那么想拼他的老命吗？”孙权心底咒骂着，在众人面前说，“孙泰阵亡，撤退！撤退！”归根结蒂，他判断再坚持下去，那个老顽固满宠将会迫使吴军牺牲更多。

魏明帝的大军到达寿春之前，合肥附近的吴兵逃得连人影也看不到。“碧眼儿逃跑的本领真是名不虚传，让朕叹为观止啊！”明帝笑着说。

“孙权遁往江东，那是他有自知之明。接下来该是诸葛孔明了，屈尊帝驾前往长安如何?”侍中韦诞问道。

十万蜀军由孔明率领，越过秦岭在五丈原附近布阵。同盟的吴军五万兵力号称十万，在攻到合肥时遭到满宠的火攻，又听到魏帝亲征，便撤退了。一般而言，皇帝亲征必定精锐尽出，所以敌人也就闻风而逃。魏帝车驾前往长安，则皇帝亲征蜀国之意不言自明。“那样的话，蜀军才能从五丈原撤军吧。”韦诞建议魏帝亲征的意图便是如此。

但是明帝摇了摇头：“孔明可不是孙权那种逃得飞快的人，和一听到亲征动静就望风而逃的孙权比起来，孔明为人不同。”明帝的意见是反对亲征。

反对的理由实际上韦诞也清楚。对峙五丈原的魏军由司马仲达将军指挥。如果亲征军去了那里——“大将军在五丈原到底磨磨蹭蹭些什么?”有可能会让仲达觉得朝廷对他不信任。

现在魏国的军事力量，大部分攥在司马仲达的手中。这不是因为以前担心曹植嘛！由于担心魏的皇族成为皇帝的敌人，所以限制他们持有武力。皇弟时期的曹植作为地方藩王，允许持有的兵力仅有二百人，而且都是些派不上用场的老兵。像这样的皇族即使汇集十数人，也比不上地方的小军阀。当然现在就算想急急忙忙加强皇族的实力，也有些顾忌监国谒者的力量而只好放弃。

“一切委托大将军处理了！”明帝留下话，返回许昌。

两年前，魏在许昌营造了宫殿。和洛阳相比，明帝更喜欢许昌的景福殿和承光殿。他要在那儿施行新的政治，希望魏王朝更加繁荣昌盛。到达许昌后，他终于可以思考王朝下一步的发展了。

5

魏青龙二年（公元234年）三月庚寅日（6日），久卧病榻的山阳公辞世。山阳公是汉王朝的末代皇帝。禅让于魏，十四年后崩，享年五十四岁。

“朕姓刘名协，唯一的愿望就是成为自由自在的刘协。从先帝末年黄巾叛乱时起，四百年的汉王朝就名存实亡了。之后的三十余年，汉朝形同虚设仅剩下遗骸。”这是山阳公的口头禅。十四年前，当他禅让给魏，成为山阳公刘协时，说过自己的想法。魏国允许他不向魏朝廷称“臣”，也可以自称为“朕”。

山阳公生前能够利用上这些特别待遇的，大概只是祭祀天地和先祖之时，他能按照汉朝的礼乐制度，并根据汉朝年历选择时间，来做这一类的事情。

魏明帝身穿素服来发丧。山阳公死后，追谥“汉孝献皇帝”，按照汉朝礼仪埋葬在山阳国。他的墓被命名为“禅陵”，山阳公的嫡孙刘康即位。魏王朝就是这样，通过照顾山阳公的“汉朝子孙”，期待着上天赐给魏国的天运能长久持续。

三十年后，魏元帝曹奂禅让晋的司马炎，魏国灭亡。

晋也把魏一族作为宾客对待，并让他们领有比山阳大得多的陈留国，另外据记载，魏灭亡之后，山阳公的子孙血统仍然持续着。

山阳公禅让天下十四年后，汉室之星业已失去了光芒。

“那颗星没有带给世人不祥和苦难，已经是很难得了，所以我们才会一直安心地生活在他的光辉里吧。”红珠近来经常那么说，和同是“存灵”并生活在一起的甄夫人的死相比，山阳公的死，对红珠的打击更甚。山阳公死于三月，被埋葬在禅陵是八月。禅陵位于浊鹿城西北。

同年八月，蜀国的丞相诸葛孔明在五丈原去世了。这颗巨星甚至到陨落之后，其光辉都还在照耀着世间。

“有星赤而芒角，自东北西南流，投于亮营，三投而返，往大还小，俄而亮卒。”《三国志》“诸葛亮传”的注解里有这样的记载。

当时，孔明在五丈原病倒，魏国军队很快得到这一情报。司马仲达却还是谨慎地说：“这种消息有可能是孔明的计策，蜀军不会突然扑过来吧？”命令部下们小心防范。

青龙二年二月，孔明率领蜀军十万，越过秦岭的斜谷道，直奔渭水南岸。翌月，山阳公卒。四月，孔明在五丈原布阵。五月，号称十万实则五万的吴军逼近合肥新城。七月，魏明帝御驾东征。

受到魏军满宠的火攻并听说明帝亲征后，吴军战意丧失而撤兵。另外，吴军中当时疾病肆虐，更加上魏军大声地到处散布吴军实际兵力，要比对外宣扬的兵力少很多。这也使得吴军的战意受挫。

——吴军至少会分散魏军兵力，拖住魏军数月吧？

蜀国的这种期待完全落空了。吴国的实际人数，魏和蜀在某种程度上都清楚。只是，吴军在合肥附近很快撤军是他们完全意想不到的。

魏帝的亲征军没有顺便去长安而是返回了中原。这也等同于宣布——这场战役魏方已经赢定了，同时向魏的实力最高者司马仲达表明了一种信赖——同越过秦岭的蜀军作战，一切委托给大将军司马仲达，他绝不逊色于诸葛孔明。

孔明病情严重，生命垂危，尽管这一点仲达知道，但依旧说，“孔明有可能使计谋”。命令魏军不要出战。

朝着魏军，蜀军阵营中传来了齐声大喊：“是个男人，就滚出来开战！”蜀军信使亦前来魏军军营给司马仲达送上妇人衣服和头饰。

嘲弄司马仲达——你是个女人！

“真是恶劣的玩笑！太不像诸葛孔明了！羽扇纶巾的丞相……近来怎么不见身影了？到底怎么了？还活着吗？”司马仲达反击道。

前些日子，孔明乘坐白木造的车子，戴着蜀锦织成的头巾，手持羽扇指挥三军作战，可是次数不断减少，近来几乎看不到了。——孔明死了。谣言多次从魏军阵地传出。每次，孔明都稍微露一下面。

在渭水南岸的五丈原，魏蜀对峙局面已经持续百余日。孔明一天比一天消瘦。成都的蜀国皇帝派遣敕使到达五丈原。敕使是尚书仆射李福。他此时就是为了来听诸葛孔明的遗言的。将来丞相不在，可由谁接任好呢？

“公琰……”孔明说出了接班人的名字。公琰是蒋琬的字。

“公琰之后呢？”

“……费祎。”

“之后呢？”

“……”

孔明话说到那儿已经很吃力了，之后良久没有声响。

第十二章　魏国三代

1

孔明是蜀国的镇国柱臣。现在他离开了。没有孔明，蜀军还能坚持战斗吗？孔明的死暂时被保密起来，但随时可能隐瞒不住。混入五丈原的间谍很多。蜀在五丈原屯田时，从地方调来了很多人口，这其中也就混进了魏国间谍。

间谍最初曾向司马仲达传递了孔明的死讯，实际上孔明当时还活着，有明确的证据，所以前来汇报的人被处以二十笞刑。当孔明真的去世时，由于害怕汇报错误遭到刑罚，所以谁也没敢通知魏军。

——蜀国的丞相孔明去世了。

蜀军主力退入秦岭谷道后，才开始发丧。对于蜀军南归的情报，魏军采取了追击的态势。不过大将军司马仲达下令："有可能是圈套，摆好进退两宜的阵势，追击前进！"这也就是说，不是怒涛似的冲上去，而是怀疑死去的孔明在哪里设了伏兵，战战兢兢地前进。

现在的魏国无法深入到蜀国的腹地作战。根据曹宙的情报，辽东依然存在一触即发的危险。担心入蜀之前就被朝廷召回的将领也不少。司马仲达成为魏国实力派的代表，他自己深深地感到，想要削弱他势力的竞争对手，正在魏的内部抬头。

“让战势胶着甚至是己方略处下风，这不也是为了自己吗?”对蜀军的作战，司马仲达是这样盘算的。对方是诸葛孔明这样的绝代高手。这场战斗无论打得怎样窝囊，都算正常。

蜀军中所有作战方案都由孔明来规划制订。五丈原对峙百日，其中有一半的时间，他是在推敲如何撤退的方略。

自到达五丈原时起，孔明就意识到身体不好。他在隆中过着晴耕雨读的生活。少年时曾考虑将来成为医生，做个有用的人，所以经常读一些关于医药的书籍。他比别人更了解自己身体的情况，对于自身的健康，他可以从医生的角度判断——相当糟糕。就是来自成都的名医，其诊断也很悲观——回成都静养方为上策。

然而孔明没有同意：“比起我回成都，让健儿们（兵士）安全返回故里显然更加重要。设想其他方法吧!”孔明说着，不住地咳嗽。他做了设计图纸，叫来主要的将领进行说明。孔明把自己做的图纸叫作《南归图》。

叫来的将领有姜维、费祎、杨仪等人。没叫同级别的将军魏延。魏延，只有他是主战派，同时只有他是反孔明派。魏延以队长身份随刘备入蜀，作为牙门将军立下了无数战功。刘备成为汉中王，政治中心要转移到成都，战略重镇汉中要交给谁来镇守，大家都推断是张飞，连张飞本人也是这样想的。但出乎意料的是魏延成了汉中太守。全军都感到意外。

魏延在性格上也和张飞有些相似，随孔明出征时，曾经申请要单独带兵一万，在别处进军然后会合，但是孔明不许。为此魏延公开说孔明胆小怯懦，使自己的才能不得发挥。

——如果我死了，全军都要撤退回蜀！

孔明的这一遗言不用说，魏延一定不会服从。孔明预先知道自己死后，魏延是不会遵守自己的指示的。

司马仲达在孔明死前，派人打探蜀军动静，情报多半是说蜀军在谋求南归。其中也有继续抗战，意志不衰的。

“这是从哪儿得来的情报?”仲达问。

“是根据文长阵营的可靠情报而来的。”负责情报的官吏回答。文长是魏延的字。

“是吗，要是文长阵营的，气氛就对了。只是，那不代表蜀军全体的意见。”说着，仲达把情报从“采用”的箱子里取出，投到旁边的蓝色箱子里。那是处理不采用的情报的地方。

“扑通”，随着信纸落到蓝色的箱子里一声响，仲达闭上眼睛，片刻后嘟哝了句：“他的命也没多久了吧!”他，指的是魏延。

仲达的情报操作的确是惊人。甚至连敌方的丞相诸葛孔明的病室，也混进了仲达的人，那就是照顾病人打杂儿的哑巴，虽然不能说话，但可以听动静。从隆中时起就负责照顾孔明，已经是六十多岁的老人，没有人怀疑过他。他虽不识字，但似乎头脑还灵敏。“如果有什么消息，请通知我。”仲达那样托付他。

孔明临死前躺在病床上，官职仅次于他的将军问他，如果有将领反对南归怎么办？回答：“没办法，只能杀掉！为了挽救上万人的性命！”

传来了消息，虽没指出人名，但显然第二位大将军是姜维，反对南归的大将军是魏延已再清楚不过了。根据这一情报，仲达嘟囔说魏延的命没多久了，而且加上了自己的见解——即使就这样置之不理，蜀国三十年之内也不再可能有向魏发兵的力量了。仲达将此意见报告给了明帝。至于明帝对此如何判断则是另一个问题了。

倡导主战论的魏延，其部下四散而逃，谁也不想打仗。最后在汉中，魏延被杨仪的部将马岱所杀。当时追随他的只有几人而已。

“真不愧是大将军啊，能看透一切。”由于能预知魏延的死，司马仲达在魏军中得到了相当高的评价，但是蜀国的军队成功撤退，市井之人中也有人说仲达只是个平庸的将领。

——死诸葛吓走活仲达。

五丈原之战，成了后世永久的话题。

2

“‘兔死狗烹’这句谚语，现在还经常被使用。”辽东的海岸边，曹宙有感而发。

“以前学过，是《史记》上的话吧。”灌均想起孤儿学堂的往事来。

“哈，哈，大将军可是帮了狡兔大忙了。有种先让他们逃回蜀中，静等下回再来的感觉啊。似乎是想叫这边儿也烹不得猎狗似的。”

“威公好不容易逃回去了。”灌均说。威公是杨仪的字。他杀了主战派的魏延，有率领全军归还的大功，但后来因为自己的言行不够检点，陷入了自杀的境地。五丈原的战果，此时已经在辽东广为流传了。

杨仪原本就是说话过激的人。他杀掉魏延，与其说对方是主战派，不如说是担心魏延将来成为自己的竞争对手。蜀国最重要的职位是已故孔明担任的丞相之职。杨仪就是瞄准了丞相的宝座，可是，论资历军功，蒋琬是大家一致认可的人。因此，杨仪公开说，除了自己没有人能胜任丞相。当决定不让他做丞相时，他愤然辞去官职，开始攻击朝廷。由于杨仪毫无节制的言行，朋友们畏惧他的出言不逊，都避而远之，但还有后军师费祎继续与他交往。杨仪向他大发牢骚，动不动就过了头。费祎感到太过分，说不定听者也会被误解为赞同他的意见，实在忍无可忍就向朝廷告发了杨仪的言行。

“我也是落魄潦倒的人了！早知今日，不如当初率全军投往魏国。真是追悔莫及啊！”杨仪的这种发言确实成问题。于是他被贬为庶人，流放到汉嘉郡，但他再次上书，措辞更加激烈。朝廷最终派人将他下狱。结果杨仪自杀，结束了他跌宕起伏的一生。

“话说，那个阿每胡仙是在沸流水（鸭绿江）沿岸等我们吧？蜀军一时半会儿攻不出来，这次该轮到辽东了。我们的魏国真有能人啊，就是我们的大将军，丝毫不输孔明呀！”曹宙想到哪里就说到哪里。

司马仲达已经升任为太尉。曹宙等人还像以前那样称呼他为大将军。仲达早晚要和公孙渊打一仗，为了不使对方向南逃到朝鲜半岛而出现消耗战的局面，魏国想和辽东以南的高句丽、带方以南的三韩，甚至是隔海相望的倭国建立友好关系。

阿每胡仙开始和吴国建立联系，想谋求倭国的安宁。然而，与吴结盟，不如和魏国结盟对倭国更有利，因此他就与魏的使者曹宙和灌均接触。他暂时先返回倭国，说服朝中的高官，为和魏国建立正式关系而努力。看来大体上成功了，所以阿每胡仙前来迎接带着国书的曹宙一行人。

乐浪、真番、临屯、玄菟四郡，原先在汉的势力范围内。不过，自从公孙氏祖孙三代占领了辽东，汉的天子就把这四郡作为“绝域”搁置了。

据《史记》记载，朝鲜是汉朝初期燕王亡命匈奴时，燕人卫满及其部下千余人，在没有原住民的地方建立的国家。建都于王险这个地方，大概就是今天的平壤。汉武帝（公元前 141 年—公元前 87 年）时期，朝鲜是卫满的孙子右渠称王。以前，认定朝鲜是汉朝的外臣，约定朝鲜有义务维持边境稳定，当诸蛮夷的首领远来进入汉朝时，不可以妨碍阻挠。作为独立的王国，被允许不用朝见。但是到了汉武帝时期，突然要求朝鲜也像诸侯国那样必须每三年入朝一次，所以关系恶化起来。

原因是当时匈奴的威胁解除，汉朝有了对朝鲜施加压力的余地。汉朝海陆并进攻打，终于平定了朝鲜，但战斗非常艰苦，可以用惨胜来形容。主战派的左将军被处斩，和睦派的楼船将军因败退被判诛戮，后又改判贬为庶人。

平定朝鲜的结果是设置了乐浪、真番、临屯、玄菟四郡。这次战役没有将军被封为列侯。因为不是大胜利，汉朝统治此地区的力量就非常薄弱，所以像辽东公孙氏那样的势力一出现，该地域立刻沦为了汉朝的“绝域”。

曹宙首先就和高句丽取得了联系，以防止公孙氏势力南下。

“魏的大将军是绝对不亚于蜀国丞相的。但是，只有国君才更能主宰魏国将来的命运吧。”灌均接过曹宙的话题说道。

言者无意，听者有心。曹宙不知为什么感觉一丝紧张。“魏的皇帝远比蜀的皇帝优秀得多，这点很清楚。但是，问题不在这儿。”

“您说的是……”

“魏的大将军若是一定要和魏的皇帝比的话……哎！麻烦哪！”

曹宙仰望着天空若有所思。辽东的上空亦是阴云笼罩。

3

国内有“毌丘”这一罕见的姓氏。

明帝在东宫时，派遣非常器重的毌丘俭讨伐公孙氏，但当时辽河水位上涨不便行军，所以毌丘俭无功而返。这一年是青龙五年（公元 237 年）。同年三月改国号为“景初”。

魏蜀之战告一段落后，讨伐辽东公孙氏的时机到了。先是派遣毌丘俭为幽州刺史讨伐公孙氏，但考虑他负担过重，又决定让司马仲达作为讨伐军都督。

公孙渊独立，定国号为燕，自称燕王，立年号“绍汉”。之所以没有称帝，是考虑一旦要向吴蜀等国求助时，以王自居较为妥当。

在把蜀军赶出五丈原后，司马仲达仍然驻留在长安附近，没被召还洛阳。那段时期，吴国老臣张昭、魏国的司空（三公之一）陈群相继去世了。二人的死同是青龙四年。两国都进行了世代交替。

魏明帝终于召来司马仲达，命令他讨伐公孙氏。这次辽东远征共准备了四万人马。

“此次出征往复几时?”对于明帝的提问，仲达眨了两下眼睛，张口即答：“四千里地，往百日，攻百日，还百日，休息六十日，大约一年足矣。”“吴国的动向呢?”“吴使被杀，孙权不可能援助燕。”“南面的带方不会派来援军吗?”“不会，那里应该没受过燕的恩惠吧！而且……”仲达刚一张口又不说了。“而且?”明帝催促着问。

仲达想提南台的事儿又作罢了。南台的遣派是明帝和司空陈群提议的，当然也告诉了身为重臣的仲达。他想还是不从自己这儿说出为好，暂时找了别的话题。“高句丽国王位宫，已经派人把吴国使节的脑袋送到了幽州。带方也会效仿位宫的做法吧，应该绝不会跟随吴国的!”仲达说。

“若是那样就好了。……倭国肯定也在看着带方的动向，必须要做好带方的工作! 啊，对了，那附近有南台呀!”明帝在这里第一次想起了南台的存在。“确实，听说正在襄平附近。”“那么，预祝你马到成功!”明帝说。

司马仲达亲率四万大兵，于景初二年（公元 238 年）六月到达了辽东。以辽河为中心，东面是辽东，西面是辽西。辽东郡的首府一直以来就是紧贴着辽河的襄平。现在的锦州市是在河的西部，尽管如此，此处周边也依然算是辽东。

知道魏出兵的消息，公孙氏为了守备襄平，在通往此处的交通要地辽隧配备了上万士兵，然后挖掘堑壕，做好了抗战准备。魏军从西面正路而来，一般认为不攻陷辽隧就不能突入襄平。但是，司马仲达只用了小部分兵力牵制辽隧，让主力从难走的上游渡河，直扑襄平。公孙军只得放弃挖好的堑壕，在首山这个地方防守魏军，结果大败，退守襄平。

于是魏军包围了襄平城。这一年七月，连日降大雨。据史书记载——“大霖雨，辽水暴涨。”若不撤军，有被水淹的危险。但是，仲达抱着胳膊摇了摇头。“说撤退者，斩！”都督令史张静因为提出意见，“军士泡在水中苦不堪言，应移营高处”。违反了仲达的命令，被当即推出斩首。三军为之震慑。

4

雨停了。

仲达让包围大军造了土山。从襄平城里看，包围军军寨有几处比城壁还高。从那里矢石如雨般不分昼夜地射向城内。

城内粮草用尽，饿死者甚多，史书用到“人相食”来形容，襄平陷入饥饿绝望的地狱。一个多月的时间就变成这样，是因为辽东郡城的襄平没有准备充分，就被猝不及防地围困起来的缘故。

“这一仗，南台先生功不可没啊！除了辽隧，还有渡河地点以及城内储备空虚等情况，简直让我军了如指掌！就连辽隧的公孙氏守将杨祚投降，都如南台先生所料啊！”谁都不在的时候，仲达那样嘟哝着，并叫来搜集机密情报的部下问道：“现在南台先生在哪儿？”

“好像启程去倭国了。带方比襄平先投降了。这也多亏南台先生的努力，过几天就会从带方收到南台先生的消息吧。”部下回答。

攻陷襄平是在八月壬午（23日）。之前公孙渊曾提出送人质讲和，被仲达拒绝了。“你们只有投降和战死可以选择！送人质没有用！”公孙渊带着儿子脩及数百骑的亲卫队突围逃向东南，被紧追不舍的魏兵捉拿，斩于梁水河畔。

进入襄平城的魏军，杀了公孙氏的官吏、兵民约七千人，用尸体堆成“京观”。当时的战争，胜利者把敌人的尸体像山似的堆积在一起称作京观。那是胜利的宣言。司马仲达还下令释放了被幽禁的公孙恭。之前，公孙氏的第二代传人公孙康去世后，弟弟公孙恭被定为继承人。公孙康的儿子公孙渊幽禁了叔父公孙恭，自己成了公孙氏的首领。

公孙氏的内部，被视为亲魏派的大臣纶直和贾范，因反对公孙渊而遭杀害。魏不仅善待他们的遗族，还修建了宏伟的坟墓。

仲达在终战处理上，做得得心应手。关于辽东，他有过深入的研究。从包围公孙氏时起，仲达就联系了乐浪和带方的海上势力。也就是说，确保了制海权。

曹宙等由阿每胡仙做向导来到了倭国，成功地说服了倭的女王卑弥呼派使团朝觐魏国。卑弥呼从吴国的降兵那里打听大陆的情况，判断还是应该依靠魏国。于是决定派遣大夫难升米前往魏。难升米说：“只有阿每胡仙和我去，没把握。请南台将军随行同去觐见魏皇。”曹宙在倭国被称为南台将军，“南台将军的母亲，现在正在魏的中山病危卧床，也是想越早回去越好。”

灌均早就开始跟着阿每胡仙学倭国话，基本上可以自如地表达意思进行沟通了。

快出发吧！倭国的使节非常急迫地准备着。

在另一边的辽东，司马仲达则是不紧不慢，表现得很悠闲。“和陛下约定了，包括休息在内要有一年的时间。”

在想早点回家的士兵面前，仲达说起话来坦然自得。自己今后该如何行事，已到未雨绸缪的时候了。他不着急，因为洛阳传来了绝密的情报——明帝，患病。

在皇权的时代，皇帝的健康直接左右着臣下的命运。仲达的军队现在正路过汲县。他们将经过修武、荥阳、河内后凯旋洛阳。

"不要靠近洛阳，直接兵赴长安！蜀军退出五丈原后，西藏地方的散兵又有些闹事。"朝廷下达了新的命令。仲达抱着胳膊沉思起来。没有卷入到皇权交替的忙乱中，这不是幸运吗？但是，那么重要的时刻，自己却远离政治中心好吗？

若是皇帝的病情恶化，作为朝中重臣理应在病榻旁守候，但如果皇帝对你什么指令都没有，那就等同于表明你绝不是国家的中流砥柱，而且皇帝也根本不信任你。

明帝无子嗣，这也使得之后的事情变得复杂起来。曹操的正室卞夫人所生的三个儿子，长子是文帝曹丕、三子是文采出众的曹植，中间是享有勇武盛名的次子曹彰。这三人中有几个年幼的孙子。明帝选了曹芳、曹询作为养子。那样早就必须选继承人的问题，明帝从来没想过，年长的曹芳才八岁。

今后将是幼帝时代。

辅佐幼帝的人将成为魏国的实力最高者。明帝痛苦地在床上冥思苦想。方法之一就是在皇族中选拔这样的人才出来。可惜的是，魏的皇族中像曹植那样有才能的人物太少了。

“九叔公还可以吧。”明帝边喘，边说。曹操的第九个儿子曹宇，被封为燕王。明帝孩提时就知道他是个贤者。宇的同胞哥哥曹冲，年纪轻轻就去世了。曹操原曾想立他为接班人的。曹操的二十五个儿子中，除卞太后生的曹丕、曹彰、曹植三人外，还有环夫人生的曹冲、曹据、曹宇三人受到过特别的待遇。

明帝把曹彰的孙子作为养子，选择曹宇来辅佐，是出于曹宇的特殊皇族身份来考虑的。再则，曹宇的妻子是“五斗米道”道教教祖的女儿，也让人感觉比较放心。

明帝决定授予将要辅佐新皇帝的曹宇“大将军”称号。司马仲达曾经是大将军，后来改封太尉，大将军职位还缺着。太尉和大将军比哪个更厉害？太尉是三公之一，相当于国防部长。大将军则超过了三公的职位。说厉害也厉害，不过可以认为更接近于名誉上的职位。封仲达为太尉，只是为了把具有实权的他围在三公这一框架之内。

曹宇将成为大将军负责辅佐皇帝，这竟然让一小部分人感到了危机。

5

在始祖曹操时期，设有“秘书郎”这一职务。是处理杂务的官职。曹操把自己的烦琐事儿都交由他们处理。因为是跑腿儿的，所以地位不太高，当时主要有刘放和孙资二人。刘放文笔好，负责重要文书的书写，曾经被任命为一方县令，不过曹操又马上召回了他。他与孙资一同共事，后世评价他们，在才能和策略上刘放出色，而品性方面孙资拔群。

文帝曹丕时期，秘书这一职位只负责和图书有关的工作，其他的职能由新设的“中书”这一职位来负责，也就是说，以前的跑腿儿的事情，图书保管的事情还是由秘书来做，其他的都交由中书省管辖处理。中书的地位重要得多，刘放和孙资都迁到了中书省，刘放就任的中书监及被任命的中书令孙资，薪俸都是千石，而秘书监才六百石而已。文帝之后，中书变得更加重要了，因为是替皇帝跑腿儿的，成为皇帝的咨询顾问。他们掌管诏书政令等，虽然抛头露面不多，但却是具有隐形实力的当权者。中书集团对明帝故后的人事变动，其实抱有很强的危机意识。

明帝在临死前不久，皇室的妃子之间也闹起纠纷。此事正好发生在司马仲达去辽东远征之前。起因是明帝在即位前喜欢虞氏，即位后抛弃了她立毛氏为皇后。之后，明帝又移情郭氏，形成了毛皇后和郭氏的相互争斗局面。最后毛皇后失败被赐死，明帝感到了内疚，赐予毛皇后谥号，把她埋葬在愍陵。明帝临终时，立郭夫人为后，当日是景初二年十二月辛巳日（二十四日）。

司马仲达接受命令前往长安，他此时还在汲县。他安插的亲信守在朝廷中，不断地向他汇报病重的皇帝及周围的形势。

皇帝刚决定让九叔公燕王曹宇辅佐幼帝，中书集团就开始准备反对。但是，因为曹宇总在皇帝身边，无法说上话。

魏以削弱皇族的力量作为国策，曹植等人就是其牺牲品。这一国策的执行者就是中书集团。现在，如果皇族摄政掌握权力的话，中书集团担心，自己多年虐待的敌人会来讨伐他们。

“现在如果不反击，我们就会被放入锅里煮了！”刘放对迟疑不决的孙资那样说。趁着曹宇离开皇帝身边仅有的空隙，立刻抱住病床，“陛下，先帝的遗诏中最重要的部分您忘了吗？远离藩王政治！这是我们魏国的建国根基啊……陛下，请您想起来吧！”

“明白了……”面对着流泪的哭诉，明帝只是竭尽全力地说了一句。

“请务必将它作为诏书写下来！”刘放焦急地说。

“朕，已经……力气……拿笔的力气也，那个力气也……已经，没有了。”“我给您帮忙。”

刘放像是要爬上病床似的，拿着笔和纸，附上明帝的手，写完了罢免曹宇的诏书。他冲动地要把它举起来，大声喊道：“出诏书了！罢免燕王曹宇的官职，立刻从宫中退出！后任者曹爽、司马仲达共同辅佐！”

在刘放的大声宣喝下，宫中的皇族集团立刻被撵出去，因为出现了司马仲达的名字，从辽东凯旋的数万士兵，必定是把皇宫包围了，皇族退得慢的话，会以抗旨为名被杀掉的。这个事件发生在景初二年十二月二十七日。这时，仲达的部队还没进入洛阳，但他的友军随时都可以包围宫殿。

从曹操末期计算，中书集团已经在宫廷盘踞了二十多年。从最初的跑腿儿的，逐渐占据了政权中枢的一角，而皇族集团从魏建国开始就只是个装饰性的存在，即使是燕王曹宇也不愿意在这种情况下出来摄政而只想着逃避。

中书集团拥戴的曹爽，从姓氏上看似乎像皇族，其实不是。他是屡战诸葛的曹真之子，曹操把曹真作为族子，他本姓为秦。刘放等人遵从遗训，拒绝皇族参政，但是能接受像曹爽那样的远亲。对此他们自认为自己不是变革派，只是改良派中的保守势力罢了。

“什么？昭伯……”昭伯是曹爽的字。听了他的名字，明帝好像很不满意。曹爽只因沾了父亲曹真的英勇之名，舒舒服服地发迹，到现在为止毫无建树，并无尺寸之功。明帝想托付更可靠的人辅佐自己的孩子，尽管只是养子。

擅长察言观色的刘放，读懂了明帝的心语。“辅佐的还有仲达。”

明帝微微地笑了。“要是那样就安心了。……”

刘放他们读懂了重病的明帝闭紧的嘴唇背后的意思。比起家室显赫却能力平庸的曹爽，有实战经验又掌握着军队的司马仲达，对于魏来说是个更加危险的存在。明帝需要见他。

在汲县的仲达收到了火速入朝的快马疾书。他立刻赶到了洛阳。这一天是景初三年（公元239年）一月一日。

明帝躺在病榻上奄奄一息，他用尽力气说：“以后的事，就拜托给你了。你和大将军曹爽共同辅佐太子吧。……在死前能见到你，想说的就是这些。……黄泉相见时……没有遗憾……芳啊，抱抱爷爷的头……”仲达在八岁的少年曹芳面前弯下腰，为了使他容易抱住自己，半途把孩子拉到了身边。

明帝话未说完却再也没能张开嘴。仲达哭倒于地。黄泉相见不存遗恨，是暗示仲达不要篡夺魏国江山。明帝果然对此最放心不下。

明帝从没想过自己会早死，也完全没有死的准备。十二月乙丑（八日）卧床，匆匆立郭氏为皇后，辛巳（二十四日）、甲申（二十七日）决定由曹爽、仲达辅佐幼帝。实际上召回仲达是在景初三年一月丁亥日（一日）。

齐王曹芳被册立为皇太子，是在这一天，明帝也于当日驾崩嘉福殿。《三国志》记载明帝享年三十六岁。比实际年龄大了一两岁的样子。裴松之（《三国志》作注的人。公元372年—公元451年）对此提出了疑问，其实享年多个一两岁，这在后世很正常。

明帝像曹植，所以其父亲文帝曹丕直到病危还在犹豫，是否要立他为太子。在那之前，文帝对五男曹礼寄予厚望，但是早在太和三年（公元229年）曹礼就去世了。曹礼无子嗣，以曹彰的孙子悌为后嗣。曹悌是明帝的养子曹芳的哥哥。

明帝驾崩，皇太子曹芳即位。

第十三章　汉中之战

1

“母子的缘分真够浅的啊。”曹宙一边摘下母亲脸上蒙着的绢织面罩，一边自言自语。红珠等到儿子回来，握着儿子的手去世了。这多少和明帝等待司马仲达来看上最后一眼才断气是相同的。总感觉母亲还在呼吸，曹宙揭开面纱轻轻地吹气。他重复地吹了好几次。“随着母亲用曹家的姓，到现在真是饱经风霜啊，以后改随了父亲姓宋可能会比较轻松吧?”凝视着母亲安详的面容，曹宙那样说。

“姓曹也好姓宋也好，家眷都很多。倒不如去倭国姓阿每怎么样?”灌均嘟囔了一句。倭语中的“阿每”好像是天的意思。“好姓啊，阿每……”曹宙把面罩又盖回到母亲的脸上，“朝廷里成了昭伯（曹爽）和仲达的争斗之地了，不管谁能赢，对我来说都一样。”曹宙侧了下身子看看灌均。

“和难升米一起去倭国怎么样？……听说他在这边只预定停留一年左右。”灌均言道。

二人都不想在魏国长期待下去。

周围净是些讨厌的人，围着曹爽竭力吹捧。朝廷的气氛较之从前大为不同。他们当中有个叫何晏的，是曹爽的亲信。何晏是东汉灵帝何皇后的哥哥何进的孙子，他的母亲尹氏带着他嫁给了曹操做侧室，所以何晏在后宫和曹氏兄弟们从小一起长大。后来，何晏与曹操的女儿金乡公主结婚，金乡公主的母亲是杜氏。部分杂书为了贬低曹操，把金乡公主的母亲写成尹氏，将公主跟何晏的关系写成了同胞兄妹，如果那样兄妹结婚，就变得荒诞无稽了，但不管怎么说，即使曹操后宫果真发生了什么不寻常的关系，那也是有可能的。

就是这位何晏，顾影自怜，被说成是个自我陶醉的人。他边走，边回头看自己的影子。“哎呀，太帅了!”尽管是个男人，却总是随身带着白粉眉笔等化妆用品。当然，因为他也是反司马仲达的，史书等作品故意丑化他也说不定。在后世，就有部分人说他实际上是个相当了不起的思想家。

反对司马仲达的核心人物是年轻的夏侯玄。他是曹爽父亲的姐姐所生的孩子，从很早时候起就担任要职。此外还有邓飏、丁谧、毕轨、李胜、恒范等人。

李胜是荆州刺史，在将要离开洛阳前对曹爽说，“正好趁此机会辞行，我去探望一下司马老头的虚实好吧?”最近，因为本该司马仲达参加的朝廷聚会他多半缺席，反对派稍微有些担心。

当时，司马仲达就任了太傅的官职。太傅是指皇帝的监护人。在三十四岁登上帝位的文帝时期，还没设此职位。

到了二十一岁即位的明帝时期，老臣钟繇担任了太傅，专门教授明帝习字。五年后钟繇去世，太傅职位就一直空缺。那时，太傅被看成是无用的官职。

“真是捉弄人，什么太傅！这不是什么权力也没有了吗?”仲达的儿子司马师和司马昭愤慨地说。太傅只是官位大点儿，基本等于没有实权。“不好吗?”司马仲达莫测高深地说道：“群臣的嫉妒和天下的猜忌都集中在我身上，现在可真是如履薄冰，被紧紧地束缚了手脚。不过，他们把我捧为了太傅，反倒让我可以随心所欲了啊。哈！哈！哈!”

听说李胜专程来打招呼，仲达特意装作年老昏聩的样子。

“欲去本州赴任，特来辞行。”李胜是荆州南阳出身，所以把荆州说成“本州”。可是，仲达故意听成了“并州”。“并州离匈奴近，你可要小心啊!”“不是并州，是本州，就是荆州。”“……呃，本州是荆州啊。……那么说，是要回荆州吗？……可并州呢？匈奴打过来怎么办呢?”“和匈奴没关系!”“啊，那，可真是……一件好事。”

仲达的声音和手都微微地颤抖，从嘴角不断流出口水沿胡须淌下来。他好像连站的力气也没有了，被左右侍女搀扶着，连说话都希望能有人帮忙似的，还慢慢腾腾地四下乱看。

看到仲达这个样子，李胜的脸上流露出与其说是怜悯，不如说是轻蔑的表情。(哼，这就是曾经在五丈原和孔明对阵，在辽东叱咤三军的大将军最后的下场吗?）他努力克制心底的想法不表现在脸上，但即使表现出来也没有办法。

李胜回去向曹爽报告说："司马仲达已经是奄奄一息的老朽，动根手指就能把他整倒，没什么可顾虑的了。"

可是，李胜刚一离开，仲达就把身子挺直，擦干口水开心地大笑起来。看到孩子们吃惊的表情时说道："傻瓜容易上当，愚弄你们可不行啊！"说完，还使劲地伸了个懒腰。

2

在五丈原与孔明对峙时的司马仲达，如同戏评所说的"死诸葛吓走活仲达"那样小心谨慎，而出现在辽东的仲达，完全变成了另一个人，大胆狂放，战后处理也再利索不过，还几乎率全军返回洛阳。

——不驻留军队，这样行吗？

"有什么要紧呢？带来的军队全部带回去，这不是很正常吗？按正常的方法去做，就不必一样样地担心出什么问题。"仲达说道。

天下都知道公孙氏军事政权的名声不好。公孙氏不止一次枉杀来投奔的人，以为把头颅献给魏国就能取得魏国的信任，其实是大错特错了。

"想趁我军回朝再次侵占辽东，只有像公孙渊那样三番五次背信弃义的人才做得出来。我在辽东大开杀戒，恐怕那种恶人已经很少有了。"半晌，仲达才解释了不要紧的原因。仲达因为兵少，所以要把精锐部队分配到重要地方。并且，带方郡也驻有训练精良的地方军。南台宙和灌均又在那里停留多年，做了许多相应的工作。

魏国的官员刘夏在带方郡和邪马台国的使者难升米进行了多次接触。（魏国当时承认邪马台国为倭的代表国）倭女王卑弥呼的使节团由刘夏做向导前往洛阳。一行人中也包括曹宙和灌均。途中收到曹宙母亲病危的通知，所以曹宙、灌均二人从白马津改路去往山阳。

倭国的使节所献之物为男生口四人、女生口六人（男女奴隶），班布二匹二丈。班布是倭人精心织的布，说起来也不算什么珍稀之物。带去的奴隶则是供魏皇帝自由支配差遣的。

曹宙和灌均在葬礼结束后，一同商量今后的打算。是和难升米返回倭国，还是先暂时和他们分开呢？两人的意见出现了分歧。近来，二人关系不再是主从，而是变成了近乎对等的朋友了。

“你我今后暂时分开行动如何？”曹宙问。“也可以。”灌均点头同意。他认为和难升米同去倭国比较好，而曹宙则暂时还想观察一下三国的形势。

两人最终都想去倭国居住——其风俗不淫（倭国的民风朴实，《魏志·倭人传》记载）。二人都喜欢倭国的清静。曹宙认为，若论民风朴素，倭国与匈奴一样；若论环境气候的清爽宜人，则倭国居上。

二人像这样采取了不同的行动。归根结底，明帝的死是其中最大的原因。司马仲达和曹爽现在已经斗起来了，尽管皇权暂时还没什么危险，但在曹宙看来，仲达夺取天下是早晚的事情，和曹家有着远亲关系的曹宙对魏国的将来还是有些放心不下。

“子建（曹植）的担心，并非杞人忧天哪!”曹宙叹息着。魏国为了江山稳固，处心积虑削弱皇族的力量。皇族或许会变成皇帝的竞争对手，但是，在继任者年幼或国家处于非常时期，皇族更会成为皇帝的强有力的支持者，所以明帝在病危时，想立皇族的燕王曹宇做大将军摄政。只是由于中书监刘放的阻挠申诉，说根据先帝遗诏藩王不能参政，才断了此念。必须和王朝共命运的皇族，在国家存亡的关键时刻却束手无策，只能眼睁睁地看着。

“倭国可是牛肉羊肉都不吃的吧。”曹宙临走时对灌均说道。

“为了使那里成为平静祥和的国度，我就先和难升米去专会吃鱼的倭国了。不过，要想和周围国家保持和平，我还必须要经常穿渡大海啊。”灌均踌躇满志地说。

“平静祥和的国度是?”

“不再有像我这样的战乱孤儿，一个和平的国家。”

“但是，倭国内部的邪马台和狗奴国关系可是很紧张啊，你的工作就是要使他们睦邻友好，尽量避免使用武力。”

“明白。”灌均微笑着抱拳而去。

注：《三国志·魏志·倭人传》记载，卑弥呼派遣使节于景初二年（公元238年）来魏，因为这一年辽东战役激战正酣，所以使节团安全通过此处应该是景初三年才对，我也赞同本该是三年而误记为二年的这

一说法。但是，考虑到当时的战争不会有像现代战争这样的规模，在公孙氏的襄平陷落前，魏的带方或乐浪太守把使节们秘密从海路带到郡中的可能性也是有的。所以，《东夷传》的韩的那部分记载，景初二年的说法也未必不可能。

3

曹爽和司马仲达成了辅佐幼帝的人。谁都觉得他二人的差别悬殊。曹爽倒是认为和仲达相比，劣势仅仅在于没有战功，还不是因为没什么机会去战场吗？所以别人若是以此来判断自己的能力低下，那就太不公平了。他是那样想的，围在他身边的人也随声附和。

"说仲达有战功，可五丈原他胜了吗？还不是退兵了？""外面可是传开了，说什么'死诸葛吓跑活仲达'，笑死人了。""这不是丢人吗？""我看，别说是战功，听了都让人替他害臊啊。""武安侯（曹爽）从散骑侍郎荣升武卫将军，虽说没有战功，却手执政权牛耳啊。""要是去趟战场，战功不就有了吗？""那是当然，希望武安侯能去战场扬名立威哪！"

就这样，曹爽一派开始了准备。

魏国的情报人员不断地把驻扎在汉中的蜀军动向汇报过来。到了正始以后（明帝逝后第二年，元号由景初改为正始），曹爽开始支配调度他们，这让曾经听命于司马仲达的间谍们对情报传递心存畏惧和担心。

——蜀军轮换，只见疲兵自汉中返回成都，未见任何补充部队进驻汉中。由此分析，汉中的兵力削减了。

类似的情报传来了很多。引起司马仲达的警觉。“这很危险。孔明虽死，韬略尚存。尔等焉知他的可怕！那样的情报不可信。轻易对汉中用兵，我反对！”仲达先是那样说了，不过没有强烈坚持自己的意见。“孔明已经不在了。”被曹爽那么一反驳，仲达禁不住生气，又装起了糊涂。在心底想的却是：“和蜀开战更好，看你曹爽也不像能赢的样子。”

正始五年（公元244年）魏国大将军曹爽亲率十余万大军，西出长安。汉中之战仲达都没赢过，若是曹爽得胜，那战功必定显赫天下。先锋军团由征西将军夏侯玄带队，从骆谷方向攻打汉中。

“孔明要是活着就好了。”曹爽坐在轿子里俨然胜利者的姿态。他要的结果不只是胜利，而且还必须是被世人评价成自己要比司马仲达优秀得多。五丈原一战，魏蜀平分秋色，那是因为对手是孔明的缘故。如果这次孔明活着和他对决，世间将会清楚地明白真正优秀的人是他。这实在是过于自信的想法。

蜀军的指挥者是汉中太守王平。诸葛丞相去世后，他因平安地带军队撤回成都，并打败了魏延有功而升迁，是蜀军的名将。

“十万对三万哪！……”王平紧锁眉头。他把汉中的蜀军尽量隐藏起来，使表面的兵力不断减少。

陈寿在《三国志》中评价王平：“平生长于戎旅，手不能书，所识不过十字，而口授作书，皆有意理，使人读史汉诸纪传，听之备知其大义，往往论说不失其指，遵履法度，言不戏谑。”

王平擅长打仗，尤其在战败时会保存实力，能够本能地选择最佳的策略，这一点在他指挥的撤退战中得到过充分的证明。

汉中三万蜀军对阵麇集而来的十万魏军，采取诱敌深入，再分兵制敌的作战谋略。如果正面迎敌蜀军毫无胜算，蜀军的优势在于可以从涪城和成都源源不断地派出增援部队，而魏则是孤军深入。王平把三万士兵分散开来，魏的兵力也相应地分散了。蜀军再集中力量各个击破，让对手疲于应付。从长安长驱而来的魏兵进驻到汉中后，被熟知地形的蜀军愚弄得疲惫不堪，又遭到涪城调来的蜀增援军的猛烈打击。

这一仗，魏国西部边境的百姓被搅扰得鸡飞狗跳，苦不堪言。附近的藏系血统的少数民族更是被曹爽的部队随意征用牛马等家畜，魏国因此一战大失民心。

魏国把曹操尊为武皇帝，因为他能征善战，几乎被当成了战神。而汉中，是蜀之门户，连曹操都难以攻破，却被曹爽轻易攻占了。一直到曹爽败退之前，他还是那么自信。亲信党羽也在身边不停地吹嘘他敢和武皇帝比肩。战况已经相当不妙，曹爽只听邓飏、李胜的主意，拒不退兵。他满以为这是超过武皇帝的良机。

参军杨伟就岌岌可危的现状进行争辩，“邓飏、李胜乃祸国殃民之徒，杀不足惜”，都到了怒不可遏的程度，但是曹爽还是听不进去。只是，前线战况越来越险恶，部队不是溃败就是覆没。曹爽面对回天乏力的残局，不得不听从杨伟的建议命全军撤退，可最终也没有杀掉他的那帮亲信。

蜀将费祎已然占领了三岭阻挡魏军的退路。三岭是指沈岭、衙岭和分水岭，岭中要道都被蜀军控制，魏军不得不走险僻小径。最后的撤退也是险象环生，要是撤回的速度再稍微慢一点儿的话，曹爽将会全军覆灭。魏军战死者众多，其中因为藏族原住民的反叛而丢掉性命的官兵不在少数。显然是败得一塌糊涂。

本想能凯旋，接受洛阳民众的热烈欢迎，曹爽的美梦像泡沫一般破灭了。

4

“虽然攻占汉中没有成功，但也不能算是打了败仗。”“这一仗的结果是我军阻止了敌军的反扑，蜀兵连个人影也没攻过来。”曹爽集团控制了舆论工具。确实，魏军主动侵入汉中，只是不顺利被赶了回来。魏国依旧寸土未失，所以不能算是打了败仗。

大家默不作声。唯一的对手司马仲达更是在公开的场合什么也没说。仲达看上去，好像连汉中到底发生了什么都不清楚，甚至连判断的能力也没有了似的。

曹爽依旧是大将军，带着何晏等溜须拍马的人为所欲为，一点儿没有从战败中吸取教训的样子。史书中也详细列举了曹爽的恶行，但是我们必须要考虑到史书是在司马氏的晋代写魏末的情况，真实性多少要打些折扣的。

曹爽的父亲曹真是曹操的养子。原本姓秦，不是皇族，所以能参政。他若是皇族的话，就会像曹植那样，受到监国谒者无休止的监视，连行动都会不自由，甚至惶惶不可终日。曹爽自出生起就在皇室内成长，因为没有血缘关系，所以不会被警戒防范。他在舒适的环境中长大，是个公子哥儿作风的大将军，根本不理解被周围人猜忌的感觉。当被人说成是“娇生惯养”的时候，他还不服气，振振有词地反驳道：“在汉中不是饱尝了所有的艰辛了吗?”

而在司马仲达的眼里，曹爽是个过于贪图舒适和优越感的无用之人。仲达有两个优秀的儿子，司马师和司马昭，他经常向二子讲述司马家的危险处境。

某一天，在庭院中的池塘边，仲达唤来这两个儿子。“争夺王位，是大逆之罪，但如果不夺权，早晚会被赶尽杀绝。遗憾的是，司马家现在就是这样的处境。何去何从，你们可有想法?”“是谁有这个狗胆能杀得了我们? 就凭在汉中失魂落魄的昭伯，他还没这份能耐。”哥哥司马师答道。“昭伯虽然无能，但他的党羽众多。其中不乏平叔（何晏）那样只会涂脂抹粉的无能文人，但也有和我同门学习剑术的人不可不防……迟疑什么！快夺兵权吧！”弟弟司马昭说。

司马仲达凝神注视着池面好久了。正有一截被风刮断的树枝静静地跌落水中。仲达等那枝叶无影无踪后，开口说道：“好，夺权！否则我司马氏危矣！不过，要夺权就必须有准备!”“需要多久?”司马昭问。“两年吧。战争的准备以及收买人心。这两项至关重要，你们要尽全力去做。为父假意称病，以掩人耳目。你等除了咱自家的部队，还要向各地的散军施舍恩惠才行。”仲达嘱咐着，严肃地看了看他们。

仲达的太傅职位，是担任天子的辅导工作，不一定非要上朝。他高龄称病，谁也不会怀疑，而且前些时候，曹爽也派李胜进行了侦察。“奄奄一息，苟延残喘。”李胜的回复让曹爽信以为真。

但曹爽还有所担心。“他的儿子们也该三十多岁了，要留意防范啊。”“子元（司马师）虽说容貌出众讨女人喜欢，但他不太有能耐，现在估计正在家照看老父吧。倒是弟弟子上（司马昭）这边，不可大意。”李胜按照印象做了汇报。他把司马师说成像何晏一样的风流人物，其实那也是一种韬光养晦。为了司马家族的兴衰，司马师也在拼命努力着。

曹爽一党，为了掌控魏国实权也是竭尽全力，只是在汉中意外地战败，受到了些挫折，而且他们的贵族气氛浓厚，在情报的收集处理方面也显得过分天真。

正因为曹爽不是皇族，反而更想让人看到他皇家的派头儿。不是皇族的身份，让他成了大将军，而大将军这至高荣誉的身份，使他能在政治的中心活跃。

——骄奢无度！史书这样描述他。

从饮食服饰到乘坐的车马，无不豪华奢侈。明帝召集的乐队歌姬也被他据为己有。他的理由是“陛下尚幼，还未到享乐的年龄”。

有资格能责备他行为过分的，除了德高望重的司马仲达以外，还真找不到别人。话说那位仲达也已经年老昏聩，曹爽在朝中真是没有顾忌的人了。

曹爽的弟弟曹羲时任中领军，他对哥哥的行为感到担心，并进行了劝阻，其他的弟弟当中也有提出善意忠告的，但都因关系太亲，曹爽领其兄弟情谊，却把良言当成了耳旁风。他们总是结伴出城，寻欢作乐。桓范是曹爽集团的军师，对此更为忧虑，苦言相劝道："你们这几个总揽大权的兄弟们不宜一起外出。万一有人将城门关了，就算掌管着禁卫军也没有用，全都进不了城。"曹爽听后哈哈大笑："把我们关到城外面？哪会有人敢做这种事儿？"

曹爽恣意横行不听劝阻，连散骑常侍曹彦，他最小的弟弟也带上，在皇城内外到处游玩。不光是兄弟几个，后面必定还要跟几个像何晏似的趋炎附势的人，春风得意到了极点。

司马仲达却是深居简出。至于有些不得不见的访客，他像对待李胜那样装成老迷糊。任谁都以为他真是老朽了。

5

邪马台国的女王卑弥呼，最初派遣使者到魏国是在景初二年。灌均和使者后来一同返回了倭国，南台将军在倭国使节回国一年后，乘带方郡的海船经由对马也东渡到倭国。

卑弥呼被封为亲魏倭王，魏赠予女王金印紫绶，封使者难升米为率善中郎将，赐予银印青绶，除此之外还赏赐了各种物品，其中有铜镜百枚。近代从日本古坟出土的三角缘神兽镜就被认定是其中的物件。

使者除了难升米外，还有副使牛利，他的职责是管理几年前跑来的吴国的逃兵。牛利也受封为率善校尉，赐银印青绶。当时，魏吴两国时有渔民和商人到倭国去。牛利从他们那里了解大陆的情况，学会了汉语，和灌均进行交涉的主要是他。

回到倭国的使者们建议说，通过辽东往来魏国比较方便，希望再次派遣使者到魏国。魏赏赐的物品很具魅力，卑弥呼命令做再次前往的准备。魏国赏赐的铜镜，分别赐给了她的大臣和邻近的部落族长。实际上前些年，吴国逃难而来的人中就有能提炼出铜的匠师，所以邪马台国也能制造出粗糙点儿的镜子，虽然没有魏国的精美，但作为邪马台国的特产也深受欢迎。

倭国在当时，涌现出了部族长等很多有势力的人，他们的坟墓规模也很大，即所谓的"古坟时期"。镜子作为殉葬品是不可缺少的，需求的数量也很大。邪马台国的镜子成为该国的特产也是有时代背景的。从这一时期的古坟中，偶尔会出土精巧的魏国铜镜，估算在当时价格必定非常昂贵。

被难升米带回国的真正的魏镜有百枚之多，而且是魏国宫廷特意为倭女王制造的，这才是纯粹的真货。而且，以往妨碍和魏国交往的公孙氏也被魏国消灭了。往来通畅，倭国的舆论一致倾向于和魏国建立睦邻关系。

“真不愧是魏国的东西！好漂亮啊！”“和我们的镜子比较，精致和粗糙是如此鲜明！太厉害了！”在魏国的铜镜面前，邪马台国的人们赞叹不已。当时基本没有人识字。铜匠们把样品摆放在旁边，仿制魏镜。古坟中出土的镜子之所以能分辨出是本地产的最主要理由就在于：镜中的汉字弄倒了！其中“多”字被反过来刻在了镜子中。这也是不识字的悲哀，但他们当时没看出来。

和魏国朝廷渊源颇深的南台将军曹宙、灌均这时都来到了倭国。魏的官方使节是建中校尉梯俊，倭人从梯俊对南台将军的态度上，明显感到曹宙在魏国是个身居异常高位的人物。“听说是和皇帝有联系的贵人。”梯俊偷偷地告诉了倭国的大臣们。当时有消息称马韩的南方、现在的全罗南道、庆尚南道附近的小国都和倭国关系密切，倭人也有很多移住到了那里。曹宙去倭国稍晚的原因是要和留在魏国的妻女们商量今后的安排。他还想知道魏国在穷途末路上能走多远。

倭国这边治理得非常好。女王很受拥戴，她作为巫女也在虔诚地向诸神祈愿和平。从祈祷中能够感受到女王为了国家的长治久安可以豁出性命的强大意志。

倭国使节再次去魏，是正始四年（公元 243 年）。使者是大夫伊声耆、掖邪狗等八人。魏国赐给他们率善中郎将的玺绶。之后的第二年，魏国大举进攻汉中。

曹宙已经让家人迁到倭国定居，并再次随着伊声耆渡海。倭国正式和魏建交，不想，却在分配得到的魏国赏赐的事情上，引起了倭国内部的一些番邦诸侯国的纠纷。“再去，再去！分给那些没得到的小国不就好了！”大臣们只能想出这种简单的解决办法。

“像那样的物品不带回来就好了，不是吗？有了欲望，倭地的淳朴民风像是被污染了似的。”曹宙哭笑不得。

“如果我们不带来的话，也会有别人带来。比如说镜子，这里的吴人铜匠们不是之前就做出来了吗？现在虽然有些粗糙，不久就会越做越好。……谁也阻止不了吧？”灌均发表看法。

“好在风景没有变！比起中原来，这里更像江南吧。”

“是啊，吹着江南的风。”灌均随声附和。

“比起江南，还是朔北的风对我比较适合啊！”说完，南台将军打了个哈欠。

第十四章　废帝归藩

1

魏国正始十年（公元 249 年）四月，改元嘉平元年，而这一年的正月，距明帝驾崩恰好相隔十年。一月一日是明帝的忌日，魏国年轻的皇帝曹芳去参拜先帝陵。

曹芳是曹操次子曹彰（任城王）的孙子。因为明帝曹叡无子，将曹芳收作养子。三十多岁的明帝由于还有生育亲子的可能，所以直到死前也没册立太子。司马仲达赶到病床边时，明帝对养子曹芳说了最后的话："抱住公公的头。"那时才表示同意立曹芳为皇太子。接受遗诏时，曹爽并不在场，在场的只有司马仲达。

正因为如此，曹爽想让自己在皇帝的心目中是唯一的。先帝的忌日，陪皇帝曹芳一起参拜的仅限于自己的族人。他们以曹家四兄弟——大将军曹爽、中领军曹羲、武卫将军曹训、散骑常侍曹彦为首，聚众党族向高平陵行进。

高平陵在距洛阳南九十公里处的大石山。队伍静静地前进，向沿途的庶民显示其肃穆庄重的皇威。

另一方，司马氏的间谍确认了曹家四兄弟都出城去之后，向司马仲达发出信号。皇帝不在宫中，朝廷如有必要，也可以由皇太后发号施令。

皇太后郭氏，当年争宠于明帝，展开了和毛氏的内宫争斗，最终成功地将毛氏从皇后的位置上拉下来，姗姗地在明帝死前当上了皇后。她本是河右的豪族出身，在黄初年间（公元 220 年—公元 226 年）由于原籍发生叛乱，她受到牵连，获罪被投入后宫，但世上的幸与不幸真是不可预测。本是戴罪之身的她，却意外被明帝喜爱，并且在和毛皇后的明争暗斗中最终胜出，由平常的夫人（后宫的妃子级别）上升到皇后，不到十日又平步青云成了皇太后。

她和曹氏、司马氏都没有关系，既无恩也无怨。非要说有点儿什么的话，那就是她当初作为罪人被投入后宫，对曹氏多少会存有一点儿怨恨，而现在能给自己提供保护的是司马氏。从她的角度来看，叔父是虎贲中郎将，位高权重，又是凭借自己的才智和实力得到的，所以郭皇太后对任何一方都没有什么好顾忌的。

司马仲达拿出关闭城门的请求书，皇太后那儿很容易就同意了，并盖了玉玺大印。司马氏为这一天早已做好了准备。他们的军队接到圣旨后，迅速占领了曹爽控制下的所有军营，解除了军队的武装。因此，洛阳城内曹爽的军事据点被连根拔起，快速消失了。

当洛阳城内大局已定，司马仲达来到城外，陈兵于洛水浮桥边。他派人将写有曹爽党羽恶行的表章向天子上奏：

“臣昔从辽东还，先帝诏陛下与秦王及臣等，升御床，把臣臂，深以后事为念……”

在表中，他阐明了打倒曹爽的正当性，这让曹爽不知如何是好。队伍停在了伊水南岸，随同而来的禁卫军数千人马四处戒备。这时，仲达派遣的侍中许允、尚书陈泰（陈群之子）也赶来劝说曹爽，还派来了曹爽非常信任的殿中校尉尹大目来游说：“朝廷只是罢免官职而已。”劝导曹爽赶快伏罪。司马仲达看透了曹爽的大少爷秉性，进行攻心战。

正当曹爽举棋不定之时，原先曾对曹氏兄弟集体外出进行劝说的智囊桓范，逃出洛阳，火速赶到了曹爽身边。

事发时，桓范正在城内。之所以能够逃出来，是因为平昌城门的门侯（守门的负责人）司蕃，曾经是他的部下。桓范当时手里握着上朝用的玉板大喊：“我有诏，卿速开城门!”当城门开启后，他回头看着司蕃说道：“太傅（仲达）图谋反叛，卿随我来!”于是，司蕃也跟着出来了。

桓范对曹爽进言道：“速带天子到许昌去！天子今年十八岁业已成年，用不着皇太后监护了。现在应迅速招募天下义兵，讨伐横暴的司马氏一族。”

许昌是曹家的根据地。倾向于曹家的人很多，特别是那些豪门大户。文帝曾屡次巡幸许昌。黄初七年（公元226年）准备去许昌的时候，南门无故坍塌，文帝考虑到不吉利没有去成，回到洛阳后没过五个月就驾崩了。

但这次，曹爽不赞成去许昌，随行的众人也都不愿意离开洛阳。

“只不过是关上了城门，不进里面和司马谈判一下吗?”大多数人没意识到事态的严重。年老愚钝的司马仲达竟然精力充沛地突然横行在他们面前，曹爽这些人本该深刻地反思才是。

但是，由于没有深入地思考认清现状，曹爽投刀于地：“好吧，搞政治我本来就没多大兴趣，大将军什么的就不做了！以后和大家享几年清福，度过余生吧!”他大声地宣布。

桓范脸色苍白。“什么？余生！你认为还有余生吗！过分天真也要有个分寸!”

只是桓范的声音再大，也没能胜过曹爽“回洛阳”这好似呻吟般的哼哼。

2

“我们拥戴天子!”曹爽曾以此为借口横行一时。皇太后郭氏没为曹家生过儿子，而且皇帝十八岁了，没有必要继续由皇太后监护。

但是，司马氏这边，在很长时间的蛰伏中终于想出了打倒曹爽的对策。——要彻底打倒，不能让其东山再起!

一方面曹爽认为，以往专横跋扈只录用近亲，凭这样的理由，最多是免职罢了。他不留恋大将军的地位，太过于乐观地以为今后做个名士悠闲地度过余生就好，不仅仅是曹爽这样想，他的党羽们也都盲目乐观地这样认为，只有桓范觉得不可能会那样简单的结束。曹爽一行人不打算去许昌，决定乖乖地回洛阳。桓范扼腕切齿，哭道：“曹子丹（曹爽父亲曹真的字）生了些猪狗不如的蠢材！为了他们，我一家都要被杀了呀！”

另一方的仲达从开始就打算对曹爽一派斩尽杀绝。曹爽集合家众参拜先帝的山陵，给这定罪不合适。集结党羽，一人独占官职，稍有权势的人或多或少也都会这样做，即使是说专横，最多也不过是免职的处罚。要斩草除根，无论如何也要给他们扣上大逆的罪名。

司马仲达的长男司马师担任对曹爽作战的参谋。如何给他们扣上大逆的罪名，是以司马师为首的参谋们的课题。他们想到要扩大判罪的范围，目的非常明确，为此想出了各种主意。

盗窃皇帝的东西，这可是名正言顺的大逆罪，不光是宝物，女人也算上。

宦官被称为“黄门”。在宫殿中有些宫房的门被涂上了黄色，起初是天子的侍从守候的地方。东汉以后，变成了宦官待命的场所。这样，黄门就成了宦官的别称。宦官的统领叫黄门都监，当时的黄门都监是张当，是曹爽一派的人。

曹爽这样堂堂的大将军，为何要与一个让士人不爽的宦官交往呢？

曹爽有权有势，但也有他无法涉足的地方，而身为宦官的张当却可以进入。——不用说也知道，那就是“后宫”。曹爽私下结交张当是为了寻花问柳。

服务于后宫的女性叫作“才人”。选拔录用才人的就是张当。曾有一段时期录用没有太大问题，毕竟那时皇帝才十岁左右，感觉录用奶妈这样的阿姨就好，但是皇帝十五岁以后就不能那样了。曹爽想掌控住皇帝的女人，换句话说，是要控制皇后的候选人。

“把选好的才人第一名，带到我这儿来好吗?”曹爽多次要张当这样做。“遵命！大将军，您还是喜欢啊！那么，像以前一样，嘿！嘿！嘿！”张当下去安排了。

曹爽和还是孩子的皇帝争女人，任谁都无法想象得到，这不是开玩笑吧？才人选拔的考试官，张当是主审，除此之外还涉及其他几个宦官，当中就有反对张当的，也可以说是盯着张当职位的人。

才人是后宫女官之一，以地位而言，排在“夫人”之后，在女官中最低。据说各个宫殿中，才人多达上百人。显然才人也是宫女，宫女全部归皇帝所有。盗窃皇帝的东西相当于犯了大逆之罪。

这次才人选拔时发生的暗中勾当，被紧盯着张当位置的宦官密告到司马仲达那儿了。

当时桓范主张去许昌的可能性还有，但为了让曹爽留在洛阳，“只是免掉官职罢了”，仲达派殿中校尉他们那样误导。仲达一开始就想把他们连根拔除，他在考虑是否就才人问题判曹爽的大逆之罪。

曹爽最终由于好色而自掘坟墓。大逆罪，免官职还不够。不光是主犯曹爽，曹家四兄弟，爱打扮的何晏，去司马家侦察的李胜，主张在许昌举兵反对司马氏的桓范，宦官张当等人，全部被杀。

洛阳城封锁时，逃出来的除了范桓，还有突破津门的武将鲁芝。他也是曹爽的手下，司马仲达不仅放了他，还将他提拔为御史中丞。

“他为了自己的主君，出事时火速赶到。作为武将是理所应当的！”

虎视天下的司马仲达也很注意收揽人心。

3

曹爽被杀后，年号由正始改为嘉平。

因为曹爽兄弟被杀，皇族们认为有机会可以参政了。曹爽他们的血统本非曹家，父亲曹真是曹操的养子，本家姓秦。可以说，夏侯氏才是曹家的本姓，和皇族曹氏靠得最近。和曹爽是亲戚关系的大鸿胪（掌一般殿廷礼仪的官职）夏侯玄，处在非常危险的境地，但他在事件发生后平安无事，还接连不断地就任要职。

那时，太尉（今天的国防部长一职）蒋济病死，王凌继任。以当时和吴蜀交战的国情来说，太尉是要职，但王凌对司马氏的专横早就暗中不满。他因没有足够的军权才没能下定决心反抗司马氏。当就任了太尉后，凭借对吴国作战的理由，他有了调兵的借口。

王凌开始谋划铲除司马氏，因为是在当上太尉后才开始进行的，所以在时间上显得不那么充裕。

“不能错过好机会！”正好此时得到吴军封锁涂水的消息，王凌得出了结论。他正式请求朝廷派大军“讨伐吴贼!”这是向朝廷要兵的最好理由。

司马仲达好像察觉了，或者王凌反对司马氏的行迹暴露了。仲达是绝不会允许反对他的势力抬头的。趁着这股势力还未壮大，坚决要把它打垮！王凌的派兵要求被拒绝了。

朝廷中的大臣们以司马氏为首，大部分拥戴年幼的天子，为的是他们自己可以把持朝政。与此相反，王凌等人则想重新物色壮年的皇族为天子，排除司马氏等的篡权，实现皇帝亲政。名义上虽是如此说，实际上是他们自己想代替司马氏。

八岁即位的曹芳在位十年到了十八岁，他相当清楚司马氏的专横，也曾流露过不满的情绪。“现在换掉怎么样啊?”当听到司马氏等朝中大臣们窃窃私语时，曹芳明白了自己的处境。(尽可能要保住性命，顶多是被赶下王座）他连这事儿都做了打算。

同样地被当成傀儡，王凌物色的是更有骨气的皇族——楚王曹彪。曹彪已经五十七岁，和异母哥哥曹植的关系很好，曾经得到过哥哥的赠诗。楚王曹彪也像兄长曹植那样，对皇族受到的冷遇愤愤不平，叹息多舛的命运，曾多次请求朝廷试用。“我们完全像个犯人，不是吗?囚犯到期还要被释放，我们还不如囚犯哪。”他总是这样告诫自己的儿子曹嘉：“这是我们注定的命运，既然如此就好好地听天由命吧。”

王凌让自己的外甥令狐愚和楚王曹彪联系。又派人去说服将军杨弘和刺史黄华。皇帝的废立是大事，杨弘、黄华二人得知此事非常惊骇，出卖了王凌，联名向司马仲达告密。仲达虽说已是暮年，却思维缜密，为了稳住王凌，先下令赦免他们的罪行，但随即调集大军把王凌逼得走投无路。王凌知道局势已难以挽回，最后不得不自杀。担任和楚王曹彪联络的令狐愚在前一年就病死了。

王凌的死是在嘉平三年（公元 251 年）五月。王凌和令狐愚的尸体被刨棺示众三日，接着全族被杀害。曹彪于六月服毒自杀。

楚王曹彪，由于是皇族，他的遗族全部被降为庶民，免于连坐处刑。取而代之，他的监国谒者及以下的官员们，因为犯了知情不加以辅正教导的过失，都被杀害了。后来在正元元年（公元 254 年）皇帝下诏，封楚王彪的世子曹嘉为常山真定王，到了景元元年（公元 260 年）增加封邑至两千五百户。

曹彪有浓厚的皇族意识。哥哥曹丕、曹彰、曹植三人是父亲的正室卞夫人所生，曹彪是孙妃所生。同胞兄弟在他前后也各有一人，但都已早亡，在孙妃房中像是独子似的成长。恐怕是这层原因，使他有了皇族意识吧。曹操的后宫有这种惯例。凡是生养了孩子的侧室每人都有独自的房子。除了卞皇后外，其他如刘夫人、环夫人、杜夫人、秦夫人、尹夫人、王昭仪、孙妃、李妃、周妃、刘妃、宋妃、赵妃等人，分别都有自己的房子。

王凌是当年在长安杀掉董卓的王允的侄子。董卓的部下为了报仇杀了王允一族，当时还是小孩的王凌有幸逃过此劫，回到故乡山西太原。王凌的口头禅是："没有什么可怕的！我已经是死过一回的人了，捡来的命随时都可以奉还！”他竭尽全力拥立曹彪，却没有什么周密的计划。

曹彪被告知因是皇族，允许在自己的宅邸内服毒自杀，也不会被陈尸街头。据说他服毒时笑着说：“身为皇族，只有这一点好处啊！”

4

继王凌和楚王曹彪死后，八月司马仲达也去世了。世上流传说这是王凌的鬼魂在作祟。仲达生于光和二年（公元179年），死时已经是年过古稀，本来就该算作寿终正寝才对。司马家族对这一天的到来早已有了准备。

寿床上的司马仲达留下了这样的遗言：“我终究没有成为谋反者。”

谋反的人，将会篡夺魏王江山。事实上，他用太傅的身份，已经在完全地支配着皇帝，他只是自己还没有称帝罢了。

这也和魏王朝一样。当时曹操是实质上支配天下的人，只是没有推翻汉室成为新王朝的主人。做那种事是从他儿子曹丕开始的。曹操说过：“成为周文王就行了。”讨伐殷纣王建立周朝的是周武王，但在王朝创立之前死去的文王才是周王朝的缔造者。在讨伐战中，武王还曾经让载有文王灵牌的战车冲在最前面。

周文王、曹丞相事实上都是王朝的创立者，但谁都没有推翻之前的王朝，在他们活着的时候没有成为谋反者。

像周文王这样的称号，是他死后，儿子武王追赠的。

仲达死后，司马氏的野心更加高涨，和长久以来效力于曹家的仲达相比，下一代人对曹家很不客气。长子司马师想起父亲对曹家的忠贞之情，心里总觉得不是滋味。仲达一死，魏的朝廷像是顺其自然似的，把司马师晋升为卫将军，第二年正月又升为大将军。仲达的弟弟司马孚（字叔达）封为太尉，这样，王朝的所有军权都落入了司马氏的掌握中。

司马师晋封为魏国大将军的这一年四月，吴国的孙权驾崩了，享年七十一岁。至此，三国志时期的第一代君主全都去世了。

在吴国掌握实权的是诸葛孔明的哥哥诸葛瑾之子诸葛恪。诸葛家族，兄长在吴、弟弟在蜀分别做官。岂止如此，同族的诸葛诞竟是在魏国供职。有人说这是诸葛家族采取了一族分散的方式来度过三国的乱世。

魏国司马氏铲除了曹爽的势力，接着又肃清了王凌等人。但是，还有夏侯玄、李丰、毌丘俭、文钦等对司马家族未必友好的实权派留守在魏的政权中。

“他们一党在防范我们，担心我们迟早会动手。我看应该先下手为强！”弟弟司马昭建议道。

“不，不急！”司马师摇摇头。

这时最着急的是皇帝曹芳。为了能够活命，该如何行动，是他现在尽力考虑的。要以史为鉴，尤其是年代越接近的，即视感越强烈。曹芳要效仿的是本朝的人物。

祖父任城王曹彰的弟弟陈思王曹植，正是皇帝曹芳理想的借鉴之人。

建安二十四年（公元 219 年），曹仁在樊城被关羽包围，曹操发出救援命令。曹植当时是南中郎将，却因为喝醉了酒，无法奉命前往。回想两年前哥哥曹丕被立为太子，听说也是和植喝酒放纵有关。在曹操心目中，也不能说立太子这件事就定下来了，他对富有文学天才的曹植好像依然留恋。对此，曹植找了那个机会用实际行动表示“我是个无用的人，掌管曹家不太合适，就像你们看到的一样只会喝酒堕落”。

曹芳从八岁时起，坐在傀儡皇帝的位子上，已经十年了。他只想着自己将来的命运会如何这件事。即位时还年幼，什么都不能自主。等他年过二十以后，明白了自己能做的事有哪些。能做的事情中，容易被杀的事情当然要避免去做。曹芳的祖父曹彰，上有兄长曹丕（文帝），下有弟弟曹植。被如此出色的兄弟包围着，祖父没有这种惶惶不可终日的烦恼。能作为参考的是祖父的弟弟曹植的行为。他喝醉了酒不能出征，还乘车在“驰道”上走，驰道可是只有曹操才能有特权行走的。他这样做，差点儿就被杀头了，却最终成功地逃脱蒙混了过去。

曹芳常常做被砍头的梦。一从梦中醒来，就像说梦话似的为自己辩解着：“我本来就不想做，不是吗?”当他梦醒之时已是满头大汗。

他最近常读曹植的文集。其中的文章、诗歌已经沁透了他的身心。同时，曹芳也经常读监国谒者的弹劾文。他们这些人也是够辛苦的！当楚王曹彪与王凌走上不归路的时候，楚王的监国谒者以下的官员也都要被处死。

曹芳是曹植的忠实读者。特别喜欢《野田黄雀行》那首诗。

> 高树多悲风，
> 海水扬其波。

皇族和皇帝就像高高的大树，时常遭遇不幸受到狂风的吹袭，就像那原本平静的海面被风搅动，不住地波浪迭起一样。

每次读这首诗，他总是长叹不已。

5

好像是在比赛谁能长寿似的，司马仲达和孙权都是在古稀之年，且仅相差一年去世的。仲达是嘉平三年（公元251 年）去世，享年七十三岁，第二年，吴国孙权在其七十一岁时驾崩。

中原虽说还是魏国曹氏的江山，但实质上，谁都知道，已是司马氏的天下了。

当然还有少数残留的反司马氏的掌握兵权者。正元二年（公元 255 年），毌丘俭和文钦等赴寿春举兵讨伐司马氏。

在此前一年，魏的皇帝曹芳终于如愿以偿，被赶下了皇帝的宝座，不是因为和夏侯玄、毌丘俭等合谋的原因。

曹芳好像和他们没什么瓜葛，当然他也密切注意着他们。离开帝位，这是曹芳很早就热切希望的。

——女色。

曹芳并不讨厌，所以当他决定要表现自己淫乱女色时，不费吹灰之力就真正地沉溺于女色中，他将自己精湛的演技向后宫以外的地方努力释放出去。

皇太后命令废除少帝——

“皇帝曹芳年龄已经不小，不理国政，却一味宠爱身边的小人。沉溺于女色，整天和倡优泡在一起，纵容她们种种不合礼仪的言行。还曾召来六宫家人在内房留住，破坏人伦之大理，扰乱男女之节操，况且他对母后也不孝敬，狂妄不听管教。如此作为，已不可承受天命，再做皇帝，祭祀宗庙……让曹芳去做齐国的藩王，退位让贤！”

听了皇太后的命令，曹芳在心中高呼：“成功了！”自己渴望着成为一个普通人。现在终于从随时可能被杀的境遇中解放出来了。他满心欢喜。皇太后发出命令后，曹芳的所有待遇，全部恢复到原来齐王的标准。那是他八岁时所拥有的待遇。由于过于激动还流下了眼泪，看到的人却好像误解了，他们理所当然地认为，把曹芳从皇帝的宝座上拉下来，他是感到委屈悔恨才哭的。当然那样想也很正常。

代替曹芳成为魏国皇帝的是高贵乡公曹髦。

文帝共生了九个儿子。脾气暴躁的四子东海定王曹霖已死，儿子曹启成为继承人。他的弟弟就是曹髦，时年十四岁，嘉平六年（公元254年）改年号为正元。

可能认为先帝曹芳不好对付，这回找来了更年轻又没有多少阅历，也不像能出什么问题的曹髦。司马氏认为曹髦作为被操纵的傀儡，其年龄刚好合适。

在曹髦登基前，司马师杀掉了反对司马家族的实权派代表人物中书令李丰，还捕杀了夏侯玄等人。正元二年（公元255年），司马师病死在许昌。这是当年正月的事情。弟弟司马昭随即成为大将军，掌管了军权。同年，毌丘俭因叛乱兵败身死，文钦亡命吴国。

三月，册立了皇后卞氏。卞氏是生下曹丕、曹植、曹彰三人的卞夫人弟弟的曾孙女。当时皇帝十五岁，而皇后的年龄却没能记载下来。

废帝曹芳从宫廷出去，新帝曹髦进来。他二人没见过面，不过曹髦在宫廷里还是听说了曹芳离开时的情况。

"先帝当时流泪不止，可能太伤心了吧。""伤心是一定的，但也感到后悔了吧！""要是后悔的话，当初为什么不举止谨慎点儿呢？""那是登基时太小了。在什么都不懂的时候被捧上皇位，心智未开只是个孩子，这也真没法勉强他。够可怜的……"

谁也不知道曹芳是满怀欢天喜地的心情逃离了皇位的。到处传出的消息都是些类似"大哭着离开了宫殿"的悲伤的描述。这些话又几经辗转传回了曹芳本人的耳中。

那时流下的可是高兴的眼泪，谁也不会知道。

齐王讳芳，字兰卿。出生后被当作祖父的哥哥文帝的孙子抚养，后来继承了明帝的皇位。明帝三十四岁病逝，（《三国志》记载为三十六岁）生前一直认为自己可以再生亲子。所以，曹芳不记得明帝对自己有多疼爱。现在，他的老家已经从任城搬到了济南，那是父亲曹楷正统儿子的藩国领地，而他应该是将要被朝廷封迁到哪个不知名的小国去吧。

“暂时住在藩国府邸。”曹芳只说了一句。其实哪里都行，只要离皇位越远就越高兴，曹芳持有那样的心情。在宫廷里玩儿，有趣归有趣，但他并不留恋。

回想起了在宫廷时的情景。有个宫里的人对他说：“陛下和倡优们一起玩儿，变得相当健谈了啊!”“可再怎么玩儿，也对我没什么帮助呀。”曹芳当时苦笑着言道。为了避开政治，他整天沉溺于玩乐。为了保住自己的小命才那样做，结果会如何他还不知道。

“说话把握分寸，玩乐讲究手段，看起来可以帮陛下大忙！只是不知道会在将来哪一天才能为陛下带来好运。”那个宫里的人意味深长地笑了。

第十五章　王朝倾覆

1

新皇帝曹髦是文帝曹丕的孙子，自曹操开始算乃四辈曾孙。即位时年方十四，被任命为高贵乡公。因在宫廷内的评价很好，所以他登上帝位也能孚众臣所望。

曹髦为了即位而前往洛阳城时，群臣们远出西掖门以南来迎接他并行叩拜之礼。曹髦赶忙下车回拜。司礼的官员启奏说："这种时候按礼仪不必答拜臣下。"但是少年曹髦说："我现在还是人臣呀。"继续对群臣进行答拜还礼。行到宫廷的正车门，曹髦又要和群臣一样下车步行。左右皆劝阻："按惯例您可以一直乘车进去。"曹髦说道："我被皇太后征召而来，至于安排我做什么现在还说不准呢！"还是坚决下车和群臣一样步行到太极东堂。皇太后在那里会见了他，当天他便在太极前殿正式登基称帝。

在决定废除皇帝曹芳时，司马师最初想立皇族的长老彭城王曹据为帝。曹据和司马师关系很好，但是皇太后郭氏反对说："彭城王相当于我的叔父。如果他称帝，我的位置又摆在哪里好呢？"

曹据是曹操的儿子，和文帝曹丕同辈，是比明帝长一辈的人。郭皇后是明帝的皇后，在曹芳即位时成为皇太后。因此她可以对幼帝进行监护，如果自己的叔父成了皇帝的话，她将会很尴尬。要保住皇太后的地位，无论如何也要从明帝的下一辈中选择皇帝才稳妥。

"如果是同辈，前朝倒是有先例。不过……皇太后的叔父当皇帝的话，无论如何也说不过去吧……"经筹备典仪的大臣们这么一说，司马师打消了拥立曹据的念头，改立文帝之孙曹髦。

在中国，皇帝的名字是需要避讳的，连名带字都得避讳。一般的文章里，"髦"这个字很少被使用，这还好办些，但像皇帝名字为"彦士"，其他人就必须把"彦"写成"谚"，把"士"换成"仕"。有时也会少写一画，或创造出新字去代替，即使到了二十世纪，清朝最后的邮传部大臣唐绍仪，在末代皇帝溥仪即位时，也把自己的名字"仪"改成了同音字"怡"。据《三国志》记载，皇帝即位时，曾下令把那些需要改动的字一一罗列进行上奏。

曹髦自皇太后手中亲自接过玺绶后，好像才开始把自己视为皇帝。在此之前的他始终是将自己当作人臣来约束着。对于十四岁的少年来说，做到这一点，实在是令人钦佩。

如果拥立一个年幼的小皇帝，会让人猜忌司马家族这是在操纵傀儡。与其如此倒不如立个年老皇帝，暗中操控不是更好吗？司马师本来是这样考虑的，但是在没办法的情况下立了十四岁的曹髦，司马师对这位少年也不甚了解。于是询问中书侍郎钟会，得到的回答是："文才似陈思王曹植，武勇似太祖曹操。""要是那样的话，对我魏国社稷真是可喜得很啊！"司马师嘴里喃喃道，但是心里却变得稍微有些微妙起来，原因是他始终谋略着篡夺魏王朝，若是有了英明的君主，他的计划就难以实现。"才十四岁，要仔细观察，我司马氏家族的方针不变。"司马师这样想。

司马氏家族的方针，不用说就是要取代曹家，建立司马王朝。

反司马势力的曹爽、何晏一伙首先被肃清，两年后王凌自杀，刚拥立曹髦不久，毌丘俭、文钦举兵造反也被镇压了。毌丘俭被当地士兵射杀，文钦逃去了吴国。司马师由于眼睛上长有瘤疾，终死于许昌。于是小他三岁的弟弟司马昭成了司马氏的统领。

皇帝曹髦到了成年，和沉溺于女色的曹芳不同，直言不讳地对司马氏的专横表示了憎恶，他的言行引人关注。

"都传到我的耳朵里了，有危险啊！果然还是你明智！"山阳公夫人曹节对废帝曹芳说道。

曹芳因为荒淫无度而被废。但是，他即位是在八岁，被废是在二十三岁那一年的九月。八岁的少年是不会表现出荒淫的吧。他行元服之礼（成年礼）是在正始四年（公元243年），十二岁。立皇后也是这一年。到那时为止，应该是始终在学习严肃的帝王权术。当时，魏的实权掌握在曹爽、何晏他们手中，司马仲达以生病为由，避不上朝。

对帝王权术萌生反感，应该是从那时候开始的。元服第二年，曹爽进攻汉中失败，舞象之年的曹芳终于感受到了自己危机四伏的处境。司马仲达诛杀了曹爽、何晏等人是在曹芳十八岁的时候。从那时起，他竭尽全力逃避政治。司马仲达死时，曹芳二十岁。

女色——让他找到了活路。

“明智吗?”曹芳苦笑了一下。曹节是曹操的女儿，她和祖父任城王曹彰是兄妹。

“是啊，像子建（曹植）那样啊！……当年太祖（曹操）决定从卞太后生的三人中选择一人即位。子建尽量避免和哥哥子桓（曹丕）争斗。你的祖父子文（曹彰）好像只对射箭、驭车、剑术感兴趣。就像众所周知的，子建装作沉溺于酒的样子。很明智啊，你也是。”曹节说道。

汉朝最后一位遗皇后——曹节，现在住在洛阳郊外。二十年前山阳公去世，之后她和曹宙的母亲红珠一起生活。之后红珠也去世了，曹节迁居回到了洛阳。

——曹节特别消沉。“宗族中年轻的一辈人里有谁能过来一下吗?”她盼求道。

尽管没有指明，但曹节是希望任城王的孙子曹芳来到她的身边。两人一个是被废的魏国皇帝，一个是被废的汉朝皇后，真是同病相怜啊！

2

曹髦即位半年后，发生了许多事情。毌丘俭败死，大将军司马师病殁，司马昭接替大将军职，十五岁的皇帝迎娶卞氏为皇后。卞皇后是曹操正夫人卞氏的弟弟卞秉的曾孙女。

曹操有二十五个儿子，曹丕却只生有九个男孩，而且夭折的很多。剩下的皇子中，以亲生子为后嗣的只有曹髦的父亲曹霖一人。曹霖是个残暴的人，虐待后宫的婢妾，被杀害和受伤的人很多，史评很差，但是他的儿子曹髦得到的评价却很高。残暴的父亲曹霖被封为东海定王，死于嘉平元年（公元249年）。其爵位由曹髦的哥哥曹启继承。

对于明帝来说，因为曹霖在家谱中是唯一继承了亲兄弟的血统，所以东海王家和其他的皇族相比，得到了极其优厚的待遇。食邑六千二百户，在皇族中占最多份。任城王曹彰家，曾经领有过一万户，但之后被减至四千四百户。

魏国已经完全被司马氏控制了。对此不满的人当然不少，然而他们成不了大势，没有后盾。魏尽量削弱皇族的力量，目的是不威胁皇帝的地位。可是皇帝要是危险了，谁来帮忙呢？

现在不正是这种局面吗？除了扼腕切齿，毫无办法。皇帝自己什么也做不了。年轻的曹髦开始考虑集合保皇志士，兴正义之师捍卫皇权。

“太危险！太危险！都传到洛阳城外与世俗无缘的我的耳朵里了。对于爪牙遍地耳目众多的人来说，那个孩子的话，就像亲自坐在旁边听似的。为什么不能学你那样聪明一点儿呢？”上了年纪的曹节，焦虑地眨着眼睛，向毕恭毕敬坐在面前的曹芳絮叨着。

“他难道不是比我更贤明吗？至少对自己诚实啊。”曹芳回答。“对自己诚实，不能说是贤明。这样下去，会把自己逼到绝路上去的。必须要从大局考虑。——从小处来说，也该为勉强维持曹家的地位而忍耐不是吗？就是太祖，年轻时候的理想也不过是要在死后的墓碑上刻上‘汉将军曹公’的字样罢了。”曹节说着，中途闭上了眼睛。

魏国征东大将军诸葛诞，担心司马氏的势力越来越大，在淮南举兵。这是甘露二年（公元257年）发生的事。是对司马氏的反叛。为此，诸葛诞和原先的敌人吴国通好。为了协助诸葛诞，吴国向寿春派兵。

司马昭已经把诸葛诞包围在寿春了。征讨战中，司马昭请皇帝和皇太后亲征。自己不在家期间无人来担负保卫两宫的职责大任。他其实担心的是再次发生反对司马氏的武装政变。两宫的亲征，使魏军士气高涨，救援而来的吴军无法接近寿春，最后只好撤退。寿春的反叛军失败，司马昭夺回了这一要地，翌年二月杀死了诸葛诞。

“把那孩子带到战场上是错误的啊！全军都对他叩拜。想必他也知道军队实际上不是曹家的，而是司马氏的军队，但是军队的气氛还是会感染他的。……啊呀，以为有按照自己的意愿而听命的士兵就麻烦了。太年轻，还不到二十岁啊！有什么办法转告那个孩子呢？”曹节说着，脸上流露出一副难以形容的担心神情。

“我什么也做不了。自己的命自己保，我也没办法，好歹我的命保住了。……说起来，髦现在开始沉湎女色已经晚了吧……”曹芳言道。

魏国禁止皇族间的交往。担心有力的皇族联合起来，会威胁到皇位。可换来的是，就算皇族合力也保护不了皇帝。太和五年（公元231年）曹植作了一首《求通亲亲表》上书明帝，希望解除皇族间交往的禁令。第二年曹植去世，这件事也就不了了之。

即使允许皇族交往，因为被分封的地方相距甚远，像谋反那样的紧密联络也不可能顺利进行。

曹芳和曹髦彼此的祖父（丕和彰）是同胞兄弟，所以在家族中应该是再亲近不过的了。即使那样，他们之间大概也没见过几面。

“没办法，出生在皇族的人很不容易啊，男女都是……”曹节叹了口气说道。身为曹操的女儿，她嫁给了汉王朝的末代皇帝，然后丈夫将皇位禅让给了她的哥哥，并由皇帝退位而变成山阳公。也不容易啊。

由于寿春之战取得了胜利，皇帝下诏书，司马昭升为国相，封为晋公，并食邑八郡加九锡。司马昭前后九次辞退。九锡是向有特别功勋的诸侯大臣赏赐的九样礼器。是最高礼遇的表示。这些礼器通常只有天子才能使用，包括车马、衣服、乐县、虎贲（近卫兵）三百，弓矢、斧钺、纳陛（登殿时特殊的台阶通道）、秬鬯（祭礼用的香酒）、朱户（红漆大门）等九种特权。

“即使住在朱户的家里，也不会有什么好事！到后来还是会像被戴上了紧箍似的。”曹芳言道。

曹节则慢慢悠悠地说：“曾问过太祖（曹操），听说只有纳陛有点用处，上朝时不会被雨淋着。在子上（司马昭）

看来，魏早晚都是他的，况且还年轻，用不着急急忙忙的，是吧?”

3

甘露五年（公元260年），皇帝曹髦对司马氏发动了武力对抗。这一年，他正好二十岁。

“司马昭之心路人皆知！朕不能坐受废辱!”从寿春回来后，曹髦经常那样说。

皇帝的亲信尚书王经，每次都向他说明现状，劝告说时机尚早。侍中王沈和散骑常侍王业等人，也对皇帝的言行心怀敬畏，认为皇帝缺乏警戒之心，即使抗争也不可能成功。他们害怕被人当成是皇帝的亲信，觉得除了要趁曹髦举兵前告密外，别无他法。

“你们到大将军那儿去吧！我一个人留下！殉帝者若连一人也没有，不感到悲哀吗?”只有王经留下了。

曹髦想奋起一击打倒司马昭，之后就依靠保皇的志士来捍卫江山。说是一击，可皇帝能动员的也只有身边照顾自己的合计数百人而已。皇帝将写有讨贼的诏书投掷于地，“朕意已决，虽死何惧!”他大声呐喊。

他们还没出宫，王沈和王业二人就向司马昭告了密。马上，大将军的队伍就冲入了宫中。司马昭的弟弟司马伷和中护军贾充指挥士兵正好阻挡住皇帝的去路。担任太子舍人的成济问贾充，“这该怎么办?”贾充激将道：“司马公养尔等何用？正为今日事也!”于是，成济挥起长戟刺死了皇帝曹髦。

杀死皇帝是大罪。

成济杀死了皇帝，不过带着相当多的兵力攻入宫中的是大将军司马昭的部队。关于攻击皇帝，被说成是皇帝悖逆不道，向皇太后的宫殿射箭，感到处境危险的皇太后遂请求大将军出兵，结果是只判了直接下手的成济死罪，其余的人无罪，草草了事。这是五月乙丑日（七日）发生的事情，据说当天降了大雷雨。

必须马上决定皇位的继任者。当司马昭看到曹髦不太听话，并对司马氏抱有敌意后，就已经开始物色新的皇位继承人了。

曹芳和曹髦都是正统出身。芳的祖父曹彰和髦的祖父曹丕是同胞兄弟，生母都是卞太后。魏的后宫很长时间都由卞太后支配，其间也并不是没起波澜。曹操一度想让环夫人生的曹冲代替卞太后的长子曹丕来做继承人。被誉为神童的曹冲，少年时期备受曹操喜爱。但是，曹冲在建安十三年（公元208年）病死，年方十三岁。曹操对曹丕说："冲的死对我来说是大不幸，但是对你来说是大幸。"

正统是卞太后生的曹丕、曹彰、曹植三人，还有早逝的曹熊。（他的遗族只有一个儿子曹炳，亦早逝，在公元238年曹熊家断了香火。）

仅次于正统的是环夫人生的曹冲、曹据、曹宇三人。被誉为神童的曹冲虽然早逝，但他的弟弟曹据和曹宇依然是被特殊照顾的。他们也很清楚自己的处境，所以也非常谨慎，和实权派司马家保持着良好的关系。如前所述，皇帝曹芳被废时，司马师曾想立彭城王曹据作为继承人。不过当时因为郭皇后的反对——觉得曹据是自己的叔父，才没能实现。

辈分再降一级，和皇太后同辈，前朝有把弟弟当成养子的先例，在伦理常情上也就没有问题。于是，曹据的弟弟燕王曹宇的儿子曹奂，就做了新皇帝。

曹奂，本名璜，字景明，已经被封为常道乡公，时年十五岁。他清楚自己将面临成为魏的末代皇帝的命运。

4

曹奂即位是在六月甲寅（二日），五日后己未（七日），汉王朝最后一位皇帝的遗孀曹节去世了。废帝曹芳，在祖父曹彰的妹妹曹节临终时到场。实际上，新帝曹奂也应曹节的愿望，到病榻边来过。

大约一年前，曹节走不了路了，但头脑还保持着清醒。等到曹奂来时，虽然曹节说话吃力，但把耳朵凑上去，好歹也能听见。

“你知道自己要做的事儿是吧?”曹节用微弱的声音问即位前的曹奂。曹奂用力点了点头。“别像霖的孩子那样，想些糊涂事儿！那种结果，父子都不明智啊。”霖的儿子就是曹髦，虽然都说曹髦比暴虐的父亲优秀，但是曹节却判定二人都一样，对曹氏家族成事不足，败事有余。“我想到我这儿就结束！那时一定不发生伤亡，让魏静静地落下帷幕。”曹奂说。曹节闭上眼睛，脸颊微微动了动。这是她向对方传达满意时的动作。

曹奂即位时十五岁，亲生父亲燕王曹宇健在。明帝病危时，因为无子，把曹芳作为养子让他即位。开始想让燕王曹宇作为大将军辅佐，因为魏的传统是皇族远离政治，所以曹宇推辞了。明帝和曹宇在一起长大，随着时间的推移，信任就更加深厚了。曹芳登基时，曹宇离大将军只差一步，这回是儿子当上皇帝了。

曹奂即位五日后，曹节离开了人世。曹节是曹宇的姐姐，要是在普通家庭，曹奂应该称曹节为姑母，但皇帝世家就不同，连皇帝的父亲也要对自己的儿子称“臣”。

曹节死，皇帝曹奂前往洛阳城内的华林园（以前叫芳林园，避讳皇帝的“芳”字而改名），追赠献穆皇后。车服礼仪皆依汉制。

——汉已经远去了。……

看了仪式，人们反而在想，汉的仪式恐怕是最后一次举行了，而魏的仪式又能举行多久呢？

这一时期，乐浪外夷韩、濊貊各率其属来朝贡。接着，鲜卑索头部的头人，拓跋力微父子一同到魏朝贡。周边诸国已经承认魏是中原的霸主，而且都知道魏国真正掌握权力的不是皇帝曹氏，而是司马仲达的儿子们。

司马氏想让天下人看到自己的实力，便频繁对外用兵。大军出动的同时，还必须警戒朝廷内保皇势力的出现。为此，在之前的淮南战役中，请皇帝御驾亲征。不过，现在出兵已用不着担心了。

景元四年（公元 263 年），魏的征西将军邓艾率兵三万向甘松方向进军。甘松位于秦始皇建造的长城西端。另外派魏的雍州刺史诸葛绪带兵三万从祁山向武街方面前进，准备抄断蜀国姜维军的退路。

魏的司隶校尉钟会同时率主力十万大军，越过斜谷向汉中挺进。他在行军中祭奠了诸葛孔明的陵墓。对敌方已故丞相表示敬意，一方面是向沿道的人们展示魏军从容不迫的军威，同时因为当地敬慕孔明的人很多，钟会也是在招揽人心。

魏军大兵压境，军威浩大，动员的兵力如此之多，蜀国朝野为之震动。朝中照例出现了投降派和抵抗派的争论。抵抗，说起来光靠蜀国一方的力量也是不够的，但是现在已经不像当初那样简单就能和吴国联合了，因为力量对比的关系，担心吴国不作为，除了向吴称臣投降来借调他的军队外，没有更好的办法。

蜀国光禄大夫谯周提议——应该向魏国投降。

即使投降吴国，吴也没有战胜魏国的可能。那样，蜀国就不得不再次投降于魏。也就是说，会受到两次羞辱。这次的屈辱不是只一回就过去了吗？谯周的意见让当朝的大臣们都动了心。毕竟诸葛孔明去世已经二十九年了。“我蜀国平安了近三十年哪！”不知哪里还传来了自赞的声音。不过也能听到冷笑的声音。“什么！降魏也不见得就会平安无事，魏能那样轻易撤兵来卖给蜀国面子吗？”

蜀国没做激烈的抵抗。

诸葛孔明最初无子，过继了吴国哥哥诸葛瑾的二儿子来抚养，取名诸葛乔，也在汉中出征时病殁了，时年二十五岁。后来，孔明有了亲子，名诸葛瞻，十七岁时迎娶公主（皇帝的女儿）为妻，升职为平尚书事。诸葛瞻率军在涪城和魏国征西将军邓艾交战不利，退守绵竹。

邓艾遣使送信给诸葛瞻，说如果投降就提拔他为琅邪王。诸葛瞻极为愤怒，斩了使者，接着率兵迎战魏军。蜀军本来人数就少，结果，他和儿子诸葛尚战死在沙场。

趁着击破诸葛父子的势头，邓艾长驱直入到达了蜀国都城成都。

诸葛尚临死的时候仰天长叹："只因为没杀了黄皓，蜀国才变成这个样子。太遗憾了！"灭亡前的蜀国宫廷里，由宦官黄皓专权。诸葛尚征集志同道合的人想杀死黄皓，但最终也没能如愿。

诸葛孔明、儿子诸葛瞻、孙子诸葛尚，诸葛氏三代都为蜀汉江山鞠躬尽瘁了。面对邓艾的大军，成都城内不知所措，蜀的皇帝刘禅投降了。蜀汉灭亡究其原因，是宦官黄皓专权所致。邓艾想杀了他，但是黄皓向邓艾部下行贿，免了死罪。邓艾原本是搞经济的文官，很有可能打算借此机会收揽钱财，为将来收买人心让吴国投降做准备。

司隶校尉钟会，这时正和蜀军名将姜维对峙。由于成都宫廷的命令，姜维被自动解除了武装。

至此蜀汉灭亡了。

5

钟会出身名门，他的父亲钟繇，乃是王羲之出现之前公认的天下第一书法家。

“我的家门才是最显赫的。”即使面对司马家，钟会也时常有种优越感。他忍受不了别人胜过自己。——是个嫉贤妒能又狂妄的野心家。

这次征讨蜀汉也是，他盯着同样率兵作战的邓艾，随时想找机会扳倒对方。一直以来，钟会对于超越自己的人都要想方设法去陷害一番。竹林七贤之一的嵇康就是遭他谗言所害，另一位阮籍假装沉溺于酒香而终于逃出了钟会的魔掌，其情形颇似曹植的逃命做法。

沿着这条路钟会越走越远，还自负无人能比，虽然邓艾也是个野心家，但他的野心只是用在战场上，并没有想过要背叛朝廷。邓艾考虑借蜀国投降的余威再进攻吴国，为此采取了各种办法，其中有些行为很容易使朝廷误解他是在为反叛做准备。

邓艾收买人心所做出的行为，被视同和反叛相差无几。由于收取贿赂得到巨额钱物，被视为筹集军资为反叛做准备。其中还有像宦官黄皓这种人拿钱买命，也使邓艾无从辩解。

邓艾有叛逆之心！钟会向洛阳密告的内容非常具体。

——召回邓艾，其军队编入钟会军统一指挥。洛阳的宫廷下达了这一命令。这样，钟会的部队就由原先的十万大军增加到十三万。

钟会任用投降的姜维做参谋，企图在蜀地自立 。

这回不是他告密邓艾，而是他本人要自立，自称“益州牧”，也就是不听从洛阳宫廷的命令。这不就是反叛了吗？

“我不用再听从上面这样那样的命令了！蜀地被誉为‘天府’，确实名不虚传。天府，那是上天赐予的肥沃土地。现在缺少治理他的人。哈！哈！哈！当初连孔明也难以胜任，现在有我钟会！孔明的大业不能实现的原因是兵力不足，可我钟会带来了兵甲十三万！”魏国外征能够动员的兵力他很清楚，各地的兵力凑在一起，真正能参加战斗的顶多还剩十万人。

“我现在拥兵十三万，魏国战胜不了我！除了十三万，还有投降的蜀军十余万由姜维掌握，胜负一目了然，魏也会认清形势吧！”

钟会以为自己将从益州牧变成蜀王，用不了多久就能称帝了。

“皇帝陛下！”说到那个称号，他眯缝着眼睛笑了。

蜀的皇帝刘禅已经向邓艾投降，从成都宫殿迁往洛阳。现如今邓艾也被召回，大权握在钟会手中。“我现在无所不能！”钟会那样想。

但是，他想错了，因为他只是考虑到麾下士兵的数量。事实上，他的兵都是魏国的士兵，而不是钟会本人的兵。士兵们来自中原，不管知不知道这里是天府，怀念的仍然是洛阳和长安附近的地方。战斗结束了，想立刻回去。尽管那样，钟会还是命令士兵们驻留当地。

于是发生了武装冲突，钟会和姜维被乱兵杀死了。

这起事件有很多谜团。钟会被杀，是魏国向司马氏的“晋”禅让前一年发生的。司马氏有企图利用这个机会去铲除不适合新王朝——晋朝的实力者的可能性。有人认为司马昭当时率大军从长安出来策应，是挑衅钟会军产生叛乱的主要原因。

《三国演义》上说，蜀国忠臣姜维用策反计，投降钟会，他企图杀掉魏军部队各统领，之后再杀钟会来复兴蜀汉。正史《三国志》说，姜维投降另有深意。《资治通鉴》说姜维是忠臣。

蜀汉皇帝投降魏国，是诸葛孔明在五丈原去世的二十九年后。蜀国废帝刘禅被魏封为安乐公。

钟会等人被杀的第二年，也就是魏咸熙二年（公元265年）八月，由晋公升至晋王的司马昭死了，其子司马炎为相国，继承晋王。十二月，按照预定，魏帝曹奂禅位于晋，至此魏国灭亡。

废帝曹奂被封为陈留王，迁往邺。

因为晋是接受了魏的禅让，所以汉、魏、晋三代都没有通过武力来进行王朝的更替。

山阳公刘协（献帝）崩，他的孙子刘康即位山阳公。魏废帝曹奂二十岁成为陈留王，五十八岁逝世。另外，晋让蜀的废帝刘禅作为安乐公住在洛阳，三位皇帝的血脉都得以承继下来。

咸宁六年（公元280年），吴国的君主孙皓投降，被封为归命侯。紧接着晋改元，年号为太康。

晋开国年号是泰始元年（公元265年）。翌年（公元266年），倭人千里迢迢渡海访问晋朝。他们原先想要朝拜魏的天子，不过时代已经变成了晋的天下。《晋书》泰始二年十一月可以看到这项记载。

——十一月己卯，倭人来献方物。

倭的使节团三十人，其中有两位老人，曹宙和灌均。他们曾多次经由带方渡海到魏。

“早晚魏国会被司马氏取代。”他们曾经都有同感。

“司马仲达不想做官，可是太祖却不喜欢让人才埋没于民间，硬逼着他做。仲达如果不做，就会像华佗一样被杀掉，没办法只好出仕。本来是为了明哲保身而积蓄力量，可到最后却凌驾在曹家之上了，于是不得不殚精竭虑保护自己，不得已才夺取了天下。真是天意弄人啊！”和曹家有血缘关系的曹宙仰望着天空长吁短叹。

名医华佗本来被曹操招去供职，但他以妻子生病为由拒绝了。当得知他的妻子有病是谎言时，怒火中烧的曹操杀害了华佗。违背曹操的意愿，可是有性命之忧的。

“哈！哈！哈……惜命而不得已仕官，惜命而不得已强大。”灌均笑着说道。

“话说回来，晋的朝堂上，到处都有皇族的身影啊。大摇大摆地招摇于市，他们可是知道魏是怎么灭亡的吧。”曹宙言道。

魏的皇族被虐待，关到不同的地方，朝廷对那些情况经常视而不见，所以当魏面临危机时，皇族们什么力量也没有，只能坐视魏王朝的灭亡了。

“但是，现在看到晋的皇族们那么飞扬跋扈，应该是有所考虑的吧。”灌均脑袋稍微倾斜着，曾经的监国谒者的身影重新出现了。

“对于皇族的控制太紧，则魏灭亡了，但太松的话，晋……”话说到这儿，曹宙噤声无语。

公元290年左右，控制军权的八个晋朝皇族相互残杀起来，史称“八王之乱”。离曹宙他们这次朝贡的时间相距仅仅不到二十年。

禅让于晋的魏帝曹奂，尚未卷入“八王之乱”就已经寿终正寝了。

最初刊载于日本月刊《中央公论》二〇〇四年一月号—二〇〇五年三月号

后　记

魏王朝只经历了五代四十六年，是禅让于晋的短命王朝。在写这段王朝的历史时，经常要重点描述一下前史，也就是说，必须先铺垫写出事实上的王朝创立者曹操的事迹。

有很多三国题材的小说，借鉴了演义，并以蜀汉为正统来写。曹操是理所当然的篡逆者，以历史的反派人物形象登场的写有很多。

我在《秘本三国志》中稍微修正了这种倾向，自那时起就想试着写一本在历史舞台上以曹操为中心的书。

从史料中看，历史诸人物的作品能实际留存下来的，以《三国志》为例，只有曹操父子和诸葛孔明寥寥数人而已。他们的作品有幸流传了下来。曹操著有《魏武帝集》，收编了一百五十篇文章和三十多首诗词。在《隋书·经籍志》中记载，七世纪时他的诗文集有近三十卷。

儿子曹丕也有《魏文帝集》三十卷流传于世，而从现存的不满五十首诗词中可以看出，其文采胜过了父亲。

曹植的诗文比起兄长来则更加优秀了。

“——陈思之于文章也，譬人伦之有周孔，鳞羽之有龙凤。”这是著名文学评论家，南北朝时期梁国的钟嵘对曹植的绝赞。他的意思是：曹植文章的地位，相当于人世间周公、孔子的地位，无人能及。实际上在唐朝杜甫出现以前，曹植曾被说成是中国的诗圣。

事实上我也非常喜欢读曹植的作品，把那样的人物写入小说亦是诚惶诚恐，深感敬畏。在魏灭亡后，曹植的小儿子曹志在晋做官，封为鄄城公，历任多地太守，博士祭酒（相当于大学总长）等。看到曹植的后代无恙我才得以放心，但是据《晋书·曹志传》记载，他因母丧而喜怒失常，太康九年（公元288年）五十九岁卒。从这一点看，他的子嗣确实有曹植的风范。

另外，接受魏国禅让的晋对待魏的皇族，比汉魏交替时要优待很多。汉的末代皇帝献帝，被魏封为山阳公，只不过相当于县令而已。当时，几个县合起来才能成为一个郡城。魏的废帝曹奂被晋封为陈留王，这是个郡王。二十岁让位的曹奂，到太安元年（公元302年）五十八岁去世为止，一直是郡王，甚至就连在他之前因操守不良而被废的曹芳，也被封为晋的邵陵县公。

写王朝的末路是件很痛苦的事，但魏的皇族好像没吃太多苦头。曹志曾一度被晋武帝罢免，但不久又官复原职，一生很是悠闲自在。曹操的子孙们没有像晋发生“八王之乱”那样，皇族间互相杀戮，横眉冷对，陷入残酷的斗争中，真是太幸运了。

这部小说大体上基于史实而作。曹操的堂妹（名字不详，以红珠代替）也是实际存在的人物。直到肃清皇后全族的命令发出前为止，所写的都是有史可依的。她在这场劫难中是否真的死了无人知道，或者她活着旁观历史潮流的变迁，也未必就是凭空的推测。

三国时代是色彩缤纷，波澜壮阔的大时代。邪马台国和倭国，第一次在中国的历史舞台上登场，也是首次向世界展现其风采，中国也好，日本也罢，都是这样认为的。

看历史独辟蹊径是我的心愿，在这本小说的末尾部分总算如愿以偿了。我衷心祝愿能将这份喜悦的心情传递给每一位读者。

陈舜臣　2005 年 6 月

解　说

从个人的事说起虽感惭愧，但我从中学时就是陈舜臣先生的崇拜者。十九岁时终于下决心给陈先生写了一封信。现在想起来真是年轻莽撞，当时把自己写的不成文的汉诗寄给陈先生。诗虽然是寄出去了，自己并没有期待陈先生会打开一读。对于十几岁的学生来说，也明白陈先生是很忙的人。

不过没有想到，信寄出后的第二年正月里竟然收到了陈先生的贺年卡。是陈先生的亲笔。“很抱歉回信晚了，请原谅。读了你的汉诗很受触动。下次，送给你我的汉诗集。”那以后不久，就送来了刚出版的《风骚集》，让我很是感激。

第一次见到陈先生是十年后的 1993 年，我在日本举办的中国学学会的宴会上，为了拜见陈先生靠近前去，正好听见陈先生向石川忠久教授问起“加藤君最近好吗”？当时，笔者正参加石川先生主持的汉诗创作会。陈先生竟然一直记着一个从来没有见过面的读者的名字，更加感到陈先生的亲切。

在陈先生庞大的作品里，感到有着一以贯之的东西——那就是深深地注视着人的亲切的目光。

包括古典小说《三国演义》，以前的三国的故事很多都是把人物的善和恶分开描写。但是，在这部作品里面，恶的人物没有登场。就算是篡夺者的司马仲达也是没有办法的侍奉，为了保身而蓄积力量，身不由己地取得了天下，而从负责监视曹植的灌均向曹宙询问自己的出身这些情节来看，关于配角的描写也很细致。

关于历史小说的本质，陈先生自己是这样说的，“我认为历史本身就是小说。往大方面说，是先作后写而成的。特别是《史记》就是这样的。为什么知道这些呢？比如，对当时的王朝怀恨的伯夷、叔齐跑到山里，只有野菜根充饥，最后饥饿而死的故事。饥饿而死有谁看见了吗？难道没有更好且能吃的东西了吗？在这些故事的深处，庶民希望是这样的，所以这些故事就出来了。实际上，也许真有这些事。在掌握这些历史上不确实的东西的基础上写历史小说是很重要的。眼光要看穿纸后面的东西。”（《陈舜臣中国图书馆》“十八史略/自作的周边”）

《三国志》的故事也是以史实为基础，庶民怀着“希望是这个样子的”愿望，传述了好多代而形成的。明朝的罗贯中写的古典小说《三国演义》也是自古就被评为七分实，三分虚。连正史《三国志》等也是以史实为基础，实写的部分占七分，虚构的部分占三分。

作为在神户中国人家庭里出生的陈先生来说，小时候就开始接触《三国志》的世界了。在中国，关羽被作为除厄运的神来祭祀。陈先生神户的家里就有一幅大大的关羽挂轴画。当他吃饭，把饭粒儿弄得到处都是时，总是会被父亲教育说："刘备就是那样蒙羞的。"在《三国志》里，有刘备和曹操吃饭，雷声响起刘备竟然吓得把筷子从手里掉下来这样一个插曲。陈先生孩童时候起，就从祖父那里听三国的故事。陈先生的父亲也时常问些比如"你怎么想那时候孙权的行动"这样的问题，三国的话题就是这样在家庭亲近的对话里自然出现的。

陈先生写的关于三国时期的小说到现在为止包括《秘本三国志》《诸葛孔明》《曹操：魏·曹氏一族》（上下），然后是本著作《曹操残梦》，共四部作品，依据了《后汉书》《三国志》《资治通鉴》等正统派的史书，驱使想象力这个小说的特权，在作品中补充丰富了史实。

在正史《三国志》里，对登场人物的家族往往没有描写。加上正史是儒学者写成的，商人和宗教家都没有登场。但是，在真正的历史里面，他们却起了很大的作用。陈先生的三国故事里，描写了家庭、商人和宗教，可以感到登场人物真正的气息。西域商人、北方匈奴，然后是邪马台国，周边国家也照顾到了。这些独特的视角很成功。本作的登场人物里，红珠和她的儿子曹宙，是"或许存在的"小说中的人物。另外，本书中有几个具有传奇色彩的设定是按照庶民理想"应该是这样的"来创作的。在中国，因病英年早逝的清朝顺治皇帝其实是出家五台山，他一直活着的民间传说也深入人心。这是出自于对顺治皇帝的同情心。本作里关于甄氏的传奇设定大概就缘于顺治皇帝出家。

曹植以兄嫂甄氏为模型所作《洛神赋》的浪漫之说，不是完全架空的，在李善注的《文选》中已经写到了。只是对于这些故事的真伪，在学者间也一直存在争论。

但是，传奇的逸话并不都被认同。曹植受曹丕迫害而作七步诗，这个《世说新语》中的典故从文献学的考察上受到怀疑，本作里也是被否定的。这种力透纸背的态度，从头到尾贯彻下来确实很了不起。

在中国史的时代区分里，曹操死后，从汉魏的王朝交替开始算作三国时代。但是，《三国志》故事的中心是曹操和刘备等第一代活跃在汉末的英雄人物。实际上，从吉川英治写的《三国志》开始，世间的很多作家，写到三国时代前期孔明的死就止笔了。

但是，真正意义上的三国时代在孔明死后仍然继续。本作《曹操残梦》就是描写那个时代的宝贵的例外。汉末和三国时代一样，虽然都是乱世，但是本质不同。按照中国历史的区分，古代在汉末在古代结束，从三国时代开始，就看成是进入了中世纪的学说也有。那个时代天下氛围的变化在《曹操残梦》里有深刻的描述。

无论东洋西洋，古代都是自由豁达的时代，中世纪是身份阶级等级压抑的时代。就像在陈先生的前作《曹操》里描写的那样，到曹操死去为止，乱世期待英雄的出现。豪杰和身份出身无关，凭借自己的智慧和武力出人头地。先祖是宦官的曹操把出身名门的袁绍击败。从雇佣兵出人头地的刘备，把名士诸葛亮收入门下。三国的前半期，社会等级纷乱，尽显智慧和武艺。进入三国时代后期，天下气氛一变。刘备的死象征英雄时代的结束。在那以后虽然三国抗争继续，后半期是孔明和司马仲达等名士之间的争斗。

这些战争与其说是弓弩、刀剑的战争，不如说是如何多运粮草就定了胜负的战争。

战争的胜败，不在战场，而在战略和补给能力上的优劣。已经不再是魏的张郃或蜀的魏延这样战场上的武夫能夺取天下的时代了。

魏的皇帝的傀儡化，是削弱皇族势力的政策性的失败，名士阶层暗中的共同谋议也是主要原因之一。本书中有中书一帮在明帝驾崩前强迫他写诏书的场面描写，国政中担任实务的名士阶层紧紧跟随同阶层的实权者司马氏。本来是曹丕采纳名士阶层的进言，采用了新的官吏制度。《九品中正制》颁布的时候，就为名士阶层贵族化开了路。在这种时代氛围变化之中，完成了魏到晋的朝代和平变迁。即便曹家再有曹髦那样武烈如曹操的豪杰出现，也无法恢复权力了。

前作《曹操：魏·曹氏一族》和本作《曹操残梦》里，曹操和两个儿子的诗被有血有肉地引用。比较父子诗的风格，能看到古代到中世纪的变化。

曹操的诗质朴雄厚，犹如日本《万叶集》的益荒男。曹植的诗纤细优美，流露贵族气息，和《新古今和歌集》的唯美主义相近。曹丕之诗风，则介于二者之间。这缘于三人个性之差，也缘于古代至中世纪的时代氛围的急剧变化。曹操是古代人，曹植是中世纪人。

虽说是古代人，却意外地有近代气息。凭自己的实力掌握自己的命运，是现实的合理主义者。近代由于和中世纪相克，以古代为典范，以文艺复兴为出发点，形成了近代人和古代人有些方面很相似的特征。

但是在曹植等第二代以后，急速演变成为中世纪人。中世纪人和现实保持一定距离，对清谈、艺术、哲学和宗教感兴趣。曹植的《洛神赋》属于幻想的唯美主义文学。魏的曹芳和蜀的刘禅轻易地退位，除了由于权力不足外，某种意义上属于中世纪时代的人也是其中一个原因。

无论东洋还是西洋，在古代，汉王朝和古罗马帝国都支配了强大的统一国家，但是进入中世纪后，在文明圈的中心部，凸现慢性的分裂，社会经济也长期停滞。取而代之的是，文明波及了广大的周边部，日本和西欧等后起文明诞生了。佛教和基督教等宗教的普及也是在中世纪。中世纪绝不是一个黑暗时代。

陈先生的《曹操残梦》的绝妙之处是把时代的氛围变化，自然地描写出来了。

三国时代是中国历史上不堪回首的乱世。汉王朝的户籍注册六千万的人口，到三国时代注册不足八百万。按实际的人口推测也有大幅度的减少。就这样古代结束，历史步入中世纪时代。尽管如此，文明也没有灭亡！历史仍然继续！魏王朝的灭亡在后世看来是新时代的开始。

无论何种乱世，无论时代怎样变迁，伴着“人都能活下去”这种不可思议的希望之光，陈舜臣的《三国志》完结了。这也许是经过包括第二次世界大战在内的，近代乱世的陈先生送给下一代的隐秘的信息吧。

和前作《曹操》一样，本作也通过《中公文库》问世了。借这个机会，真心希望有着闭塞感的日本的读者能够阅读到本作。

加藤　徹/明治大学教授